地势坤，君子以厚德载物。

(一) 本纪

[西汉] 司马迁 著

俞樟华 译

北京联合出版公司
Beijing United Publishing Co.,Ltd.

图书在版编目（CIP）数据

史记：简体全译版：全六册 /（西汉）司马迁著；
俞樟华译 . -- 北京：北京联合出版公司，2025.7.
ISBN 978-7-5596-8390-8

Ⅰ . K204.2

中国国家版本馆 CIP 数据核字第 2025Z79J21 号

史记：简体全译版：全六册

作　　者：[西汉] 司马迁
译　　者：俞樟华
出 品 人：赵红仕
责任编辑：牛炜征　徐　鹏　李　伟　孙志文

北京联合出版公司出版
（北京市西城区德外大街 83 号楼 9 层　100088）
三河市嘉科万达彩色印刷有限公司印刷　新华书店经销
字数 2278 千字　700 毫米 ×980 毫米　1/16　164 印张
2025 年 7 月第 1 版　2025 年 7 月第 1 次印刷
ISBN 978-7-5596-8390-8
定价：798.00 元（全六册）

史记总目录

出版说明

一、本书原文以百衲本为基础，同时吸收了殿本、书局点校本等的长处，为适应现代读者阅读习惯，对段落进行了较精细的划分，对其中的少量文字也加以酌情修改。

二、本书采用"磨铁全译·二十四史"统一体例，因此目录略有调整。如原标题"帝纪第一 五帝"改为"本纪第一 五帝本纪"；原标题"八书第五 天官书"改为"书第五 天官书"。本书另将传主姓名列入目录中，如原标题《帝纪第十 孝文帝》，改为《本纪第十 孝文帝刘恒》；原标题《列传第二 管晏》，改为《列传第二 管仲 晏婴》。此外，对于一些经典版本中能够体现人物特色的、富于文学性的题目，本书在列传部分有选择地加以采纳。如《列传第十四 孟子荀卿》，不拟作《列传第十四 孟轲荀况》；《列传第十七 魏公子魏无忌》，不拟作《列传第十七 信陵君魏无忌》。

三、为便于读者查找检索，本书对于《史记》原文中的立传人物，均列入标题之中。如《秦始皇本纪》一卷，本书分列"秦始皇嬴政"与"秦二世嬴胡亥"两节，但在标题分级上有所区别，前者高于后者一级。对于多个人物穿插叙述的，并不强行分列。如《列传第一 伯夷 叔齐》，则并列"伯夷""叔齐"两人于同一标题之中。

四、为方便读者阅读，本书力求做到译文平实流畅。另外，为兼顾尊重古籍原貌与提升阅读体验，个别地名或人物用字，原文与底本一致，译文改为当前通用字形，如原文中的"雒阳"，译文作"洛阳"。

五、本书为文白对照版，正文采用单页双栏排列，原文靠近切口，译文靠近订口，而非"左原右译"或"左译右原"。

六、为辅助阅读，本书"表"的部分，所有对开页左侧均添加表头。考虑令版式舒适、避免累赘等因素，本书只翻译了表序，史表中的内容未加翻译。

本书卷帙浩繁，又在体例与版式上作了诸多调整，限于译者及编者自身学力水平，书中恐不免仍有讹误与不妥之处，望广大读者不吝指正。

目录

五帝本纪

黄帝　颛顼　帝喾　尧　舜

黄帝

黄帝，是少典部族的子孙，姓公孙，名轩辕。他一生下来就显出神灵之气，襁褓中就能说话，幼年时聪敏机智，长大后诚实敏锐，成年后多闻明辨。

轩辕时代，神农氏日渐衰弱，诸侯相互侵犯攻伐，暴虐百姓，而神农氏没有能力征讨。轩辕就经常动用干戈，来征讨那些不来朝贡者，因而诸侯都来归顺他。而蚩尤最为残暴，没有人能讨伐他。炎帝想侵犯、欺凌诸侯，诸侯全都归附了轩辕。轩辕于是修养仁德，整顿军旅，研究五行之气，种植五谷，抚慰万民，丈量四方土地，训练熊、罴、貔、貅、䝙、虎，以此与炎帝在阪泉郊野交战。双方作战多次，然后黄帝才战胜炎帝。蚩尤作乱，不听从黄帝的命令。于是黄帝就征调诸侯的军队，与蚩尤在涿鹿郊野交战，之后就擒获并杀死了蚩尤。而诸侯全部尊崇轩辕为天子，取

黄帝者，少典之子，姓公孙，名曰轩辕。生而神灵，弱而能言，幼而徇齐，长而敦敏，成而聪明。

轩辕之时，神农氏世衰。诸侯相侵伐，暴虐百姓，而神农氏弗能征。于是轩辕乃习用干戈，以征不享，诸侯咸来宾从。而蚩尤最为暴，莫能伐。炎帝欲侵陵诸侯，诸侯咸归轩辕。轩辕乃修德振兵，治五气，蓺五种，抚万民，度四方，教熊罴貔貅䝙虎，以与炎帝战于阪泉之野。三战，然后得其志。蚩尤作乱，不用帝命。于是黄帝乃征师诸侯，与蚩尤战于涿鹿之野，遂禽杀蚩尤。而诸侯咸尊轩辕为天子，代神农

氏，是为黄帝。天下有不顺者，黄帝从而征之，平者去之，披山通道，未尝宁居。

东至于海，登丸山，及岱宗。西至于空桐，登鸡头。南至于江，登熊、湘。北逐荤粥，合符釜山，而邑于涿鹿之阿。迁徙往来无常处，以师兵为营卫。官名皆以云命，为云师。置左右大监，监于万国。万国和，而鬼神山川封禅与为多焉。获宝鼎，迎日推策。举风后、力牧、常先、大鸿以治民。顺天地之纪、幽明之占、死生之说、存亡之难。时播百谷草木，淳化鸟兽虫蛾，旁罗日月星辰水波土石金玉，劳勤心力耳目，节用水火材物。有土德之瑞，故号黄帝。

黄帝二十五子，其得姓者十四人。

黄帝居轩辕之丘，而娶于西陵之女，是为嫘祖。嫘祖为黄帝正妃，生二子，其后皆有天下：其一曰玄嚣，是为青

代神农氏，这就是黄帝。天下有不归顺者，黄帝就去征讨他们，平定之后就离去。他除去山林草木来开通道路，未曾安宁地居住在哪里。

轩辕向东到达海滨，登上丸山和泰山；向西到达空桐，登上鸡头山；向南到达长江，登上熊山和湘山；向北驱逐荤粥部落，在釜山与诸侯合验符契，而在涿鹿山下修筑都邑。黄帝往来迁徙没有固定住所，走到哪里就在那里环绕军兵为营以自卫。官名都以云命名，军队号称云师。设置左右大监，监察各诸侯国。各国和睦相处，而祭祀鬼神山川的封禅之事，也数黄帝时最多。轩辕获得宝鼎，用蓍草推算未来的日月朔望之历法。推举风后、力牧、常先、大鸿来治理民众。他顺应天地运行的规律，推测阴阳五行的变化，讲解死生之道，论述存亡之理。按照季节播种百谷草木，驯化鸟兽昆虫，黄帝的仁德遍及日月星辰和土石金玉，他使心力耳目辛勤工作，有节制地使用水、火、木等物材。轩辕有土德之祥瑞征兆，所以号称黄帝。

黄帝有二十五个儿子，其中获得姓氏的有十四人。

黄帝居住在轩辕之丘，娶了西陵氏的女子为妻，这就是嫘祖。嫘祖是黄帝的正妃，生有两个儿子，他们的后代都领有天下：一个叫玄嚣，也就是青阳，青阳被分

封在江水；另一个叫昌意，被分封在若水。昌意娶蜀山氏的女子为妻，名叫昌仆，生下高阳。高阳有圣人之德。黄帝驾崩，葬于桥山。他的孙子、昌意的儿子高阳即帝位，这就是帝颛顼。

帝颛顼高阳，是黄帝之孙、昌意之子。他沉静稳重而有智谋，开明通达而知事理。他能够充分利用土地种植作物，推行四时节令以顺应自然，依顺鬼神来制定礼义，理顺四时五行之气来教化万民，用洁诚的内心来祭祀鬼神。他向北到达幽陵，向南到达交阯，向西到达流沙，向东到达蟠木。鸟兽草木，大小山川神灵，凡是日月所照之处，没有不被平定而归服的。

帝颛顼所生之子叫穷蝉。颛顼驾崩，而玄嚣的孙子高辛即位，这就是帝喾。

帝喾高辛，是黄帝的曾孙。高辛的父亲叫蟜极，蟜极的父亲叫玄嚣，玄嚣的父亲叫黄帝。玄嚣与蟜极都没能登上帝位，到高辛才得以即帝位。高辛是颛顼的族子。

高辛生来就显有神灵之处，能说出自己的名字。他普施恩泽于万物，却不顾及自身。他耳朵灵敏能了解远处的事情，眼睛明亮能洞察细微的东西。顺应天道，了解民众的危急。他有仁德而威严，施恩惠

阳，青阳降居江水；其二曰昌意，降居若水。昌意娶蜀山氏女，曰昌仆，生高阳，高阳有圣德焉。黄帝崩，葬桥山。其孙昌意之子高阳立，是为帝颛顼也。

颛顼

帝颛顼高阳者，黄帝之孙而昌意之子也。静渊以有谋，疏通而知事；养材以任地，载时以象天，依鬼神以制义，治气以教化，洁诚以祭祀。北至于幽陵，南至于交阯，西至于流沙，东至于蟠木。动静之物，大小之神，日月所照，莫不砥属。

帝颛顼生子曰穷蝉。颛顼崩，而玄嚣之孙高辛立，是为帝喾。

帝喾

帝喾高辛者，黄帝之曾孙也。高辛父曰蟜极，蟜极父曰玄嚣，玄嚣父曰黄帝。自玄嚣与蟜极皆不得在位，至高辛即帝位。高辛于颛顼为族子。

高辛生而神灵，自言其名。普施利物，不于其身。聪以知远，明以察微。顺天之义，知民之急。仁而威，惠而信，修身而天下服。取地之财而节用之，抚教

万民而利诲之，历日月而迎送之，明鬼神而敬事之。其色郁郁，其德嶷嶷。其动也时，其服也士。帝喾溉执中而遍天下，日月所照，风雨所至，莫不从服。

帝喾娶陈锋氏女，生放勋。娶娵訾氏女，生挚。帝喾崩，而挚代立。帝挚立，不善，崩，而弟放勋立，是为帝尧。

尧

帝尧者，放勋。其仁如天，其知如神。就之如日，望之如云。富而不骄，贵而不舒。黄收纯衣，彤车乘白马。能明驯德，以亲九族。九族既睦，便章百姓。百姓昭明，合和万国。

乃命羲、和，敬顺昊天，数法日月星辰，敬授民时。分命羲仲，居郁夷，曰旸谷。敬道日出，便程东作。日中，星鸟，以殷中春。其民析，鸟兽字微。申命羲叔，居南交。便程南

而守信，自己修身而天下归服。他收取土地上的物产而有节制地使用，抚爱教化万民而引导、教诲他们，根据日月的运行来制定历法从而迎送日月，明识鬼神而加以恭敬地侍奉。他神态宽和肃穆，道德高尚。他的行动合乎时宜，衣着如同一般士人一样。帝喾治理百姓像雨水浇溉农田一样不偏不倚而遍及天下，日月所照之处、风雨所到之地，没有人不顺从归服。

帝喾娶陈锋氏的女子，生下放勋；娶娵訾氏女子，生下挚。帝喾驾崩，由挚即帝位。帝挚即位后，统治衰微，而其弟放勋即位，这就是帝尧。

帝尧，就是放勋。他仁德如天，智慧如神。人们归附他如同葵藿倾心日光，人们仰望他如同百谷仰望云雨。他富有而不骄奢，尊贵而不傲慢。他头戴黄色的帽子，身穿黑色的衣服，乘着朱红色的车子，拉车的是白马。他宣扬顺应的美德，使九族亲睦；九族既已亲睦，便去安排百官；百官政绩昭著，各诸侯国则合和相处。

帝尧于是命令羲氏、和氏，恭勤地顺应上天，观察推算日月星辰的运行规律，制定历法，谨慎地传授给民众从事生产的时令。另外命令羲仲，居住在郁夷中名叫旸谷的地方。恭敬地迎接日出，根据时令安排春耕之事。春分日这天，白昼与黑夜

等长，朱雀七宿中的星宿在黄昏时出现在正南方天空，羲仲以此来确定仲春之时。这时民众分散耕作，鸟兽交尾繁殖。帝尧命令羲叔居住在南交。根据时令安排夏季的农事，勤谨地做好种植之事。夏至日这天，白昼最长，苍龙七宿中的心宿在黄昏时出现在正南方天空，羲叔以此来确定仲夏之时。这时老弱的民众也来帮助壮年人农作，鸟兽毛羽稀疏。帝尧命令和仲居住在西土中名叫昧谷的地方。恭敬地送太阳落山，根据时令安排秋收事务。秋分日这天，黑夜与白昼等长，玄武七宿中的虚宿在黄昏时出现在正南方天空，和仲以此来确定仲秋之时。这时民众平和谦逊，鸟兽长出新的羽毛。帝尧命令和叔居住在北方名叫幽都的地方。安排好冬天的储藏事务。冬至日这天，白昼最短，白虎七宿中的昴宿在黄昏时出现在正南方天空，和叔以此来确定仲冬之时。这时民众在室内取暖，鸟兽生长出细毛。一年有三百六十六日，设置闰月来校正四季的误差。他切实地整饬百官，各项事业都欣欣向荣。

尧说："谁可继承我这份事业？"放齐说："您的嫡子丹朱开通明理。"尧说："哼！他顽劣凶狠，不能用。"尧又说："谁可以？"谨兜说："共工广聚民力，多建事功，可以任用。"尧说："共工善于言辞，行事邪僻，貌似恭敬，实际上对上天态度

为，敬致。日永，星火，以正中夏。其民因，鸟兽希革。申命和仲，居西土，曰昧谷。敬道日入，便程西成。夜中，星虚，以正中秋。其民夷易，鸟兽毛毨。申命和叔，居北方，曰幽都。便在伏物。日短，星昴，以正中冬。其民燠，鸟兽氄毛。岁三百六十六日，以闰月正四时。信饬百官，众功皆兴。

尧曰："谁可顺此事？"放齐曰："嗣子丹朱开明。"尧曰："吁！顽凶，不用。"尧又曰："谁可者？"谨兜曰："共工旁聚布功，可用。"尧曰："共工善言，其用僻，似恭漫天，

不可。"尧又曰:"嗟!四岳:汤汤洪水滔天,浩浩怀山襄陵,下民其忧,有能使治者?"皆曰鲧可。尧曰:"鲧负命毁族,不可。"岳曰:"异哉,试不可用而已。"尧于是听岳用鲧。九岁,功用不成。

尧曰:"嗟!四岳:朕在位七十载,汝能庸命,践朕位?"岳应曰:"鄙德忝帝位。"尧曰:"悉举贵戚及疏远隐匿者。"众皆言于尧曰:"有矜在民间,曰虞舜。"尧曰:"然,朕闻之。其何如?"岳曰:"盲者子。父顽,母嚚,弟傲,能和以孝,烝烝治,不至奸。"

尧曰:"吾其试哉。"于是尧妻之二女,观其德于二女。舜饬下二女于妫汭,如妇礼。尧善之,乃使舜慎和五典,五典能从。乃遍入百官,百官时序。宾于四门,四门穆穆,诸侯远方宾客皆敬。尧使舜入山林川泽,暴风雷雨,舜行不迷。尧以为圣,召舜曰:"女谋事

傲慢,不能用。"尧又说:"哎,四岳啊,现在洪水滔天,浩浩荡荡地包围了高山,淹没了丘陵,民众对此很担心,有能派去治水的人吗?"大家都说鲧可以。尧说:"鲧违背命令,毁伤同族,不可用。"四岳说:"没有谁更合适了,让鲧试试,若不行再撤下他。"尧于是听从四岳的意见任用鲧。九年后,治水没有取得成效。

尧说:"唉!四岳,我在位七十年,你们谁能顺应天命,接替我的帝位?"四岳回答说:"我们德行浅薄,不敢玷污帝位。"尧说:"你们都举荐一下亲贵和疏远的隐居者吧。"众人都对尧说:"在民间有个鳏夫,名叫虞舜。"尧说:"对,我听说过他,他这人怎么样?"四岳说:"他是个盲人的儿子。父亲顽固,母亲跋扈,弟弟狂傲,而舜却能以孝悌之道与他们和睦相处,用和善的言行感化他们,使他们不至于变得奸恶。"

尧说:"那我就试试他吧!"于是尧把自己的两个女儿嫁给舜,通过两个女儿来观察他的德行。舜命令她们放下娇贵之心迁居到妫水边上去,恪守为妇之道。尧认为这样做很好,就让舜谨慎地理顺父子、君臣、夫妇、兄弟、朋友这五种伦理道德,人民都能遵从。于是又让他广泛参与百官之事,百官因而能各司其职。让舜在四方之门接待宾客,四门庄严美好,诸侯及远

方来的宾客都恭恭敬敬。尧派舜进入山林川泽，遇到暴风雷雨，舜在其中行走能够不迷失方向。尧认为舜圣明，把舜召来说："你谋事周密，说过的话都能做到，已经三年了。你可以登上帝位。"舜推让说自己德行还不能使人心悦诚服，不愿接受帝位。正月初一，舜在文祖庙接受了尧的禅让。文祖，是尧的太祖。

这时帝尧年老，命舜代行天子之政，来观察他是否秉承天命。舜于是通过璇玑和玉衡来观测日、月及金、木、水、火、土五星的运行是否正常。接着举行类祭来祭告上帝，举行禋祭来祭祀天地和四季，举行望祭来祭祀名山大川，又祭祀了大小川泽等神祇。他还收集五种瑞玉，择良月吉日，接见四方诸侯，又把瑞玉颁发给他们。这年二月，舜去东方巡狩，到达泰山，焚柴祭祀泰山，以望祭的仪式按顺序祭祀山川。于是接见东方各诸侯，校正他们的四时节气，月之大小，日之甲乙，统一音律和度量衡，修治吉、凶、宾、军、嘉五种礼仪，规定公、侯、伯、子、男所执五种珪玉和三种彩缯，以及确定卿大夫用羔羊和大雁两种动物，士用死雉作为朝见时的礼物，至于五种瑞玉，朝见典礼完毕以后仍归还给诸侯。五月，舜到南方巡狩；八月，到西方巡狩；十一月，到北方巡狩：都像当初在东方巡狩时一样。巡狩归来

至而言可绩，三年矣。女登帝位。"舜让于德，不怿。正月上日，舜受终于文祖。文祖者，尧大祖也。

于是帝尧老，命舜摄行天子之政，以观天命。舜乃在璇玑玉衡，以齐七政。遂类于上帝，禋于六宗，望于山川，辩于群神。揖五瑞，择吉月日，见四岳诸牧，班瑞。岁二月，东巡狩，至于岱宗，祡，望秩于山川。遂见东方君长，合时月正日，同律度量衡，修五礼，五玉三帛二生一死为挚，如五器，卒乃复。五月，南巡狩；八月，西巡狩；十一月，北巡狩：皆如初。归，至于祖祢庙，用特牛礼。五岁一巡狩，群后四朝。遍告以言，明试以功，车服以庸。肇十有二州，决川。象以典刑，流宥五刑，鞭作官刑，扑作教刑，金作赎刑。眚灾过，赦；怙终贼，刑。钦哉，钦哉，惟刑之静哉！

后，去先祖先父之庙祭祀，用一头公牛做祭品。五年一巡狩，中间四年四方诸侯来朝见天子。舜遍告四方诸侯治国之道，公开考察他们的政绩，根据功劳赐予车马服饰。舜开始把天下划分成十二个州，疏浚河流。舜制刑罚而无犯法之民，用流放的方式代替墨、劓、剕、宫、大辟五种刑罚来宽宥，使用鞭刑惩罚犯法的官员，学校教育用荆条为惩罚工具，可以用金来赎罪。因过失而造成灾害的，可以赦免；对怙恶不悛、坚持作恶之人，施以严刑。谨慎啊，谨慎啊，一定要审慎地使用刑罚啊！

谨兜进言共工，尧曰不可，而试之工师，共工果淫辟。四岳举鲧治鸿水，尧以为不可，岳强请试之，试之而无功，故百姓不便。三苗在江淮、荆州数为乱。于是舜归而言于帝，请流共工于幽陵，以变北狄；放谨兜于崇山，以变南蛮；迁三苗于三危，以变西戎；殛鲧于羽山，以变东夷：四罪而天下咸服。

尧立七十年得舜，二十年而老，令舜摄行天子之政，荐之于天。尧辟位凡二十八年而崩。百姓悲哀，如丧父母。三年，四方莫举乐，以思尧。尧知子

谨兜曾经举荐共工，尧说共工不可用而让他试任工师一职，共工果然骄纵邪恶。四岳举荐鲧治理洪水，尧认为不可以，四岳坚持请求试用他，试用之后没有成效，所以百姓深受其害。三苗在江淮、荆州一带多次作乱。于是舜巡狩回来后向尧帝进言，请求流放共工到幽陵，来改变北狄的风俗；流放谨兜到崇山，以改变南蛮的风俗；迁徙三苗到三危，来改变西戎的风俗；把鲧流放到羽山，来改变东夷的风俗：惩办这四人之罪，天下人都心悦诚服。

尧在位七十年得到舜，又过二十年而年老，命舜代行天子之政，把他推荐给上天。尧禅让帝位二十八年后驾崩。百姓非常悲哀，如同自己的父母去世一样。三年之内，天下没有人演奏音乐，以此思念帝尧。尧

知道儿子丹朱不肖，不能传天下给他，于是就传给舜。传给舜，则天下人都得到利益而只对丹朱不利；传给丹朱，则对天下人都不利而只有丹朱得到好处。尧说"终究不能使天下人受害而只让一人得利"，最终把天下传给了舜。尧驾崩后，三年的丧期完毕，舜把帝位让给丹朱，自己躲避到南河的南边去了。前来朝觐的诸侯不到丹朱那里去而是到舜这里来，打官司的人不到丹朱那里去而是到舜这里来，讴歌的人不讴歌丹朱而是讴歌舜。舜说："这是天命吧！"而后他回到京师，登上天子之位，这就是帝舜。

虞舜，名叫重华。重华的父亲叫瞽叟，瞽叟的父亲叫桥牛，桥牛的父亲叫句望，句望的父亲叫敬康，敬康的父亲叫穷蝉，穷蝉的父亲是帝颛顼，颛顼的父亲叫昌意：从昌意到舜已历七代了。从穷蝉到帝舜，这几代都是普通的平民。

舜的父亲瞽叟是个盲人，而舜的母亲死后，瞽叟又娶了妻子，生下了象，象为人狂傲。瞽叟偏爱后妻的儿子，常常想杀掉舜，舜都逃了过去；到舜有了小的过失时，舜就会接受惩罚。舜恭顺地侍奉父亲、后母和弟弟，每天都恭敬谨慎，没有丝毫懈怠。

舜是冀州人。他在历山耕种，在雷泽

丹朱之不肖，不足授天下，于是乃权授舜。授舜，则天下得其利而丹朱病；授丹朱，则天下病而丹朱得其利。尧曰"终不以天下之病而利一人"，而卒授舜以天下。尧崩，三年之丧毕，舜让辟丹朱于南河之南。诸侯朝觐者不之丹朱而之舜，狱讼者不之丹朱而之舜，讴歌者不讴歌丹朱而讴歌舜。舜曰："天也夫！"而后之中国践天子位焉，是为帝舜。

舜

虞舜者，名曰重华。重华父曰瞽叟，瞽叟父曰桥牛，桥牛父曰句望，句望父曰敬康，敬康父曰穷蝉，穷蝉父曰帝颛顼，颛顼父曰昌意：以至舜七世矣。自从穷蝉以至帝舜，皆微为庶人。

舜父瞽叟盲，而舜母死，瞽叟更娶妻而生象，象傲。瞽叟爱后妻子，常欲杀舜，舜避逃；及有小过，则受罪。顺事父及后母与弟，日以笃谨，匪有解。

舜，冀州之人也。舜耕历山，

渔雷泽,陶河滨,作什器于寿丘,就时于负夏。舜父瞽叟顽,母嚚,弟象傲,皆欲杀舜。舜顺适不失子道,兄弟孝慈。欲杀,不可得;即求,尝在侧。

舜年二十以孝闻,三十而帝尧问可用者,四岳咸荐虞舜,曰可。于是尧乃以二女妻舜以观其内,使九男与处以观其外。舜居妫汭,内行弥谨,尧二女不敢以贵骄事舜亲戚,甚有妇道,尧九男皆益笃。舜耕历山,历山之人皆让畔;渔雷泽,雷泽上人皆让居;陶河滨,河滨器皆不苦窳。一年而所居成聚,二年成邑,三年成都。尧乃赐舜絺衣与琴,为筑仓廪,予牛羊。瞽叟尚复欲杀之,使舜上涂廪,瞽叟从下纵火焚廪。舜乃以两笠自扦而下,去,得不死。后瞽叟又使舜穿井,舜穿井为匿空旁出。舜既入深,瞽叟与象共下土实井,舜从匿空出,去。瞽叟、象喜,以舜为已死。象曰:"本谋者象。"象与其父母分,于是曰:"舜妻尧二女

捕鱼,在黄河边上做过陶器,在寿丘做过各种家用器物,曾在负夏经商。舜的父亲瞽叟顽固,母亲跋扈,弟弟狂傲,他们都想杀掉舜。舜却恭顺行事,从不有失为子之道,对弟弟也慈爱亲厚。他们想杀他时,就找不到他;有事需要他时,他又总是在身边。

舜二十岁时因孝顺而出名。三十岁时,帝尧询问可让谁来继承帝位,四岳全都举荐虞舜,说他可以。于是尧就把两个女儿嫁给舜来观察他处理家庭事务的能力,派九个儿子和他共处来观察他处理外部事务的能力。舜居住在妫水边,他在家中的行为更加谨严。尧的两个女儿不敢因身份高贵而傲慢地对待舜的亲属,非常遵守为妇之道。尧的九个儿子也都更加笃诚忠厚。舜在历山耕种,历山的农人都互相推让田界;舜在雷泽捕鱼,雷泽的渔民都互相推让打鱼的位置;舜在黄河边做陶器,黄河边的陶器都做得精致、结实。舜所居住的地方,一年变成了一个村落,两年变成了小城邑,三年变成了大都市。尧于是赐给舜细葛布衣,还有琴,为他修筑仓廪,赐予他牛羊。瞽叟仍然想杀舜,他让舜爬上仓廪去抹泥,瞽叟从下面放火焚烧仓廪。舜于是用两顶斗笠保护着身体跳下来,逃走了,才得以不死。后来瞽叟又让舜挖井,舜挖井时在侧壁凿出一条暗道可以通往外

边。舜挖到深处后，瞽叟与象一起往下倒土填实水井，舜从旁边的暗道逃走了。瞽叟和象很高兴，以为舜已经死了。象说："这个主意是我出的。"象与他的父母瓜分舜的财物，于是象说："舜的妻子，也就是尧的两个女儿，还有琴，我取走；牛羊和仓廪分给父母。"象于是住进舜的屋子，弹着舜的琴。舜回来去见他，象既惊愕又尴尬，说："我正想你想得伤心呢！"舜说："是啊，你可真是个好弟弟啊！"舜又像以前一样侍奉瞽叟，友爱地对待弟弟，并且更加恭谨。于是尧试着让舜去理顺五种伦理道德和参与百官之事，舜都治理得很好。

昔日高阳氏有贤能的八个人，世人都因他们得到好处，称他们为"八恺"。高辛氏有贤能的八个人，世人称他们为"八元"。这十六个家族的人，世世代代延续着先人的美德，没有败坏他们的名声。到尧的时候，尧没有举用他们。舜举用了"八恺"的后人，让他们主管土地，揆度各项农事，没有不按时序进行的。舜又举用"八元"的后人，让他们教化四方，使得父义、母慈、兄友、弟恭、子孝，诸夏太平，夷狄向化。

昔日帝鸿氏有个不成材的子孙，掩蔽仁义，暗地做坏事，好行凶作恶，天下人称他为"浑沌"。少皞氏有个不成材的子

与琴，象取之；牛羊仓廪，予父母。"象乃止舜宫居，鼓其琴。舜往见之。象鄂不怪，曰："我思舜正郁陶！"舜曰："然，尔其庶矣！"舜复事瞽叟，爱弟弥谨。于是尧乃试舜五典百官，皆治。

昔高阳氏有才子八人，世得其利，谓之"八恺"。高辛氏有才子八人，世谓之"八元"。此十六族者，世济其美，不陨其名。至于尧，尧未能举。舜举八恺，使主后土，以揆百事，莫不时序。举八元，使布五教于四方，父义、母慈、兄友、弟恭、子孝，内平外成。

昔帝鸿氏有不才子，掩义隐贼，好行凶慝，天下谓之浑沌。少皞氏有不才子，毁信恶忠，

崇饰恶言，天下谓之穷奇。颛顼氏有不才子，不可教训，不知话言，天下谓之梼杌。此三族世忧之。至于尧，尧未能去。缙云氏有不才子，贪于饮食，冒于货贿，天下谓之饕餮。天下恶之，比之三凶。舜宾于四门，乃流四凶族，迁于四裔，以御螭魅，于是四门辟，言毋凶人也。

舜入于大麓，烈风雷雨不迷，尧乃知舜之足授天下。尧老，使舜摄行天子政，巡狩。舜得举，用事二十年，而尧使摄政。摄政八年而尧崩。三年丧毕，让丹朱，天下归舜。而禹、皋陶、契、后稷、伯夷、夔、龙、倕、益、彭祖自尧时而皆举用，未有分职。于是舜乃至于文祖，谋于四岳，辟四门，明通四方耳目，命十二牧论帝德，行厚德，远佞人，则蛮夷率服。

舜谓四岳曰："有能奋庸美尧之事者，使居官相事？"皆曰："伯禹为司空，可美帝

孙，毁弃信义，憎恶忠贤，粉饰邪恶的言语，天下人称他为"穷奇"。颛顼氏有个不成材的子孙，不可调教，不懂话语好坏，天下人称他为"梼杌"。这三个家族让世人感到忧虑。到尧的时候，尧未能把他们除掉。缙云氏有个不成材的子孙，贪恋饮食，图谋财货，天下人称他为"饕餮"。天下人憎恶他，将他与以上三凶等同视之。舜在四方之门接待宾客，就流放了四个凶恶的家族，把他们迁到四方偏远的地区，去抵御妖魔鬼怪。于是四门通达，大家都说没有凶恶之人了。

舜进入深山时，遇到暴风雷雨也不会迷失方向，尧于是知道足以传天下给舜。尧年老，让舜代行天子之政，巡狩四方。舜得以举用，执掌政事二十年，尧让他摄政。摄政八年后尧驾崩。三年丧期完毕，舜把帝位让给丹朱，可天下人都来归服舜。而禹、皋陶、契、后稷、伯夷、夔、龙、倕、益、彭祖从帝尧的时候就得到举用，却没有被分配职务。于是舜到文祖庙，与四岳商议，开放四门，了解四方的情况，命令十二州牧论述为帝者的功德，推行这种淳厚的仁德，疏远邪佞谄媚的小人，这样一来蛮夷都来归服。

舜对四岳说："有能奋力效命、光大帝尧事业的人，让他做官来辅佐我办事吗？"大家都说："伯禹做司空，可以光

大尧帝的事业。"舜说："啊，是啊！禹，你去平治水土。一定要勉力做好啊。"禹跪拜叩首，谦让给稷、契和皋陶。舜说："好了，你去吧。"舜说："弃，黎民在忍饥挨饿，你做后稷，按时播种百谷。"舜说："契，百姓不相亲相爱，五种伦理关系也不遵循，你做司徒，去谨慎地推行人伦教化，要做到宽厚。"舜说："皋陶，蛮夷扰乱中原，贼寇做奸邪之事，你做法官，五种刑罚要使用得当，并在符合规定的三个地方执行；五刑宽减为流放要有尺度，流放按远近分为三等：只有公开严明，才能使人信服。"舜说："谁能管理我的工匠事务？"大家都说垂可以。于是任命垂为共工。舜说："谁能驯化管理我山上泽中的草木鸟兽？"大家都说益可以。于是任命益为虞。益跪拜叩首，推让给大臣朱虎、熊罴。舜说："去吧，你适合这个职位。"于是让朱虎、熊罴做他的助手。舜说："哎！四岳，有谁能替我主持祭天、祭地和祭宗庙三种典礼？"大家都说伯夷可以。舜说："哎！伯夷，任命你为秩宗，要早晚虔诚恭敬，正直且清明。"伯夷推让给夔、龙。舜说："好，那就任命夔为典乐，教育孩童，要正直而温和，宽厚而严厉，刚正而不暴虐，简朴而不傲慢。诗是表达人的情感的，歌是延长诗的音节的，音调的高低要与诗句相配合，音律要与歌

功。"舜曰："嗟，然！禹，汝平水土，维是勉哉。"禹拜稽首，让于稷、契与皋陶。舜曰："然，往矣。"舜曰："弃，黎民始饥，汝后稷播时百谷。"舜曰："契，百姓不亲，五品不驯，汝为司徒，而敬敷五教，在宽。"舜曰："皋陶，蛮夷猾夏，寇贼奸轨，汝作士，五刑有服，五服三就；五流有度，五度三居：维明能信。"舜曰："谁能驯予工？"皆曰垂可。于是以垂为共工。舜曰："谁能驯予上下草木鸟兽？"皆曰益可。于是以益为朕虞。益拜稽首，让于诸臣朱虎、熊罴。舜曰："往矣，汝谐。"遂以朱虎、熊罴为佐。舜曰："嗟！四岳，有能典朕三礼？"皆曰伯夷可。舜曰："嗟！伯夷，以汝为秩宗，夙夜维敬，直哉维静洁。"伯夷让夔、龙。舜曰："然。以夔为典乐，教稚子，直而温，宽而栗，刚而毋虐，简而毋傲；诗言意，歌长言，声依永，律和声，八音能谐，毋相夺伦，神人以和。"夔曰："於！予击石拊石，百兽率舞。"

舜曰："龙，朕畏忌谗说殄伪，振惊朕众，命汝为纳言，夙夜出入朕命，惟信。"舜曰："嗟！女二十有二人，敬哉，惟时相天事。"三岁一考功，三考绌陟，远近众功咸兴。分北三苗。

此二十二人咸成厥功：皋陶为大理，平，民各伏得其实；伯夷主礼，上下咸让；垂主工师，百工致功；益主虞，山泽辟；弃主稷，百谷时茂；契主司徒，百姓亲和；龙主宾客，远人至；十二牧行而九州莫敢辟违；唯禹之功为大，披九山，通九泽，决九河，定九州，各以其职来贡，不失厥宜。方五千里，至于荒服。南抚交阯、北发，西戎、析枝、渠廋、氐、羌，北山戎、发、息慎，东长、鸟夷，四海之内咸戴帝舜之功。于是禹乃兴《九招》之乐，致异物，凤皇来翔。天下明德皆自虞帝始。

声和谐，八种乐器的声音协调一致，不要互相干扰，这样就能通过音乐达到神人相和的境界了。"夔说："啊！我来敲击石磬，百兽就会相继起舞。"舜说："龙，我厌恶谗言和伪善，它将动摇蛊惑我的子民，命你为纳言，早晚出入传达我的旨意，一定要诚实。"舜说："哎！你们二十二个人，要敬守职责，顺应天时来做事。"三年考核一次政绩，经过三次考核决定官员的升迁或贬黜，无论远近，各项事业都兴盛起来了。还分隔了三苗部族。

这二十二人都成就了功业：皋陶担任大理，公平公正，民众都佩服他能据实断理。伯夷主持礼仪，上下都能谦让。垂担任工师，百工都致力于自己的工作。益担任虞，山林水泽都得到开发。弃主管农业，百谷都能按时节繁茂生长。契担任司徒，百姓都能相亲和睦。龙主管接待宾客，远方的人都来朝拜。舜所置十二州牧推行政令，天下之民没有谁敢违背不听。其中唯有禹的功劳最大，他开辟大山，疏通湖泽，疏浚河流，划定九州边界。各州都按自己的职责前来朝贡，没有不合适的。方圆五千里，一直到遥远的边荒地区。向南安抚交阯、北发，向西安抚戎、析枝、渠廋、氐、羌，向北安抚山戎、发、息慎，向东安抚长、鸟夷。四海之内全都称颂帝舜的功绩。于是禹创作了《九招》乐曲，招来了各种珍奇的祥瑞之物，凤凰也飞来了。天下清明的德政都是从虞帝开始的。

舜二十岁时因孝顺而闻名，三十岁时被尧举用，五十岁时代行天子之事，五十八岁时尧驾崩，六十一岁时接替尧登上帝位。登上帝位三十九年，到南方巡狩，在苍梧郊野驾崩，葬于长江南岸的九嶷山，就是零陵。舜登上帝位以后，乘着载有天子之旗的车，去朝拜父亲瞽叟，态度恭谨，遵循为子之孝道。封弟弟象为诸侯。舜的儿子商均也不肖，舜就事先把禹推荐给上天。十七年后舜驾崩。三年丧期完毕，禹同样把帝位让给舜的儿子，就像舜让位给尧的儿子一样。诸侯都来归附禹，然后禹才登上天子之位。尧的儿子丹朱，舜的儿子商均，都有自己的疆土，以奉祀先人。他们仍然穿戴他们尧、舜时代的服饰，所用礼乐也还和从前一样。他们以客人的礼仪朝见天子，天子也不把他们当作臣下对待，以示不敢专有帝位。

自黄帝到舜、禹，都是同姓，但立了不同的国号，以显明各自美好的德政。所以黄帝国号为有熊，帝颛顼国号为高阳，帝喾国号为高辛，帝尧国号为陶唐，帝舜国号为有虞。帝禹国号为夏后而另有氏，姓姒氏。契国号为商，姓子氏。弃国号为周，姓姬氏。

舜年二十以孝闻，年三十尧举之，年五十摄行天子事，年五十八尧崩，年六十一代尧践帝位。践帝位三十九年，南巡狩，崩于苍梧之野。葬于江南九疑，是为零陵。舜之践帝位，载天子旗，往朝父瞽叟，夔夔唯谨，如子道。封弟象为诸侯。舜子商均亦不肖，舜乃豫荐禹于天。十七年而崩。三年丧毕，禹亦乃让舜子，如舜让尧子。诸侯归之，然后禹践天子位。尧子丹朱，舜子商均，皆有疆土，以奉先祀。服其服，礼乐如之。以客见天子，天子弗臣，示不敢专也。

自黄帝至舜、禹，皆同姓而异其国号，以章明德。故黄帝为有熊，帝颛顼为高阳，帝喾为高辛，帝尧为陶唐，帝舜为有虞。帝禹为夏后而别氏，姓姒氏。契为商，姓子氏。弃为周，姓姬氏。

太史公曰：学者多称五帝，尚矣。然《尚书》独载尧以来；而百家言黄帝，其文不雅驯，荐绅先生难言之。孔子所传《宰予问五帝德》及《帝系姓》，儒者或不传。余尝西至空桐，北过涿鹿，东渐于海，南浮江淮矣，至长老皆各往往称黄帝、尧、舜之处，风教固殊焉，总之不离古文者近是。予观《春秋》《国语》，其发明《五帝德》《帝系姓》章矣，顾弟弗深考，其所表见皆不虚。《书》缺有间矣，其轶乃时时见于他说。非好学深思，心知其意，固难为浅见寡闻道也。余并论次，择其言尤雅者，故著为本纪书首。

太史公说：学者大多称赞五帝，五帝的时代太久远了。然而《尚书》唯独记载尧以来的史事。而百家叙说黄帝，文字都并非典雅之辞，有知识的人也难说得清楚。孔子所传的《宰予问五帝德》和《帝系姓》，有的儒者也不传习。我曾经向西到达空桐，向北经过涿鹿，向东到达大海，往南渡过长江、淮水，到当地年迈的老人往往各自称颂黄帝、尧、舜的地方，风俗教化固然有所不同，但总之不背离古籍记载的说法，接近事实。我阅读《春秋》《国语》，其中阐发《五帝德》《帝系姓》的观点都清晰明了，只是人们没有做深入考察，其实它们所表述的都不是虚妄之言。《尚书》有所缺失已经很久了，它散佚的内容常常可以从其他书中找到。若非喜好学习、深入思索，用心体会其中的深意，确实很难向那些学识浅薄、孤陋寡闻的人叙述清楚。所以我整理这些说法，选择那些言辞特别雅正的，著为此篇，作为本纪部分的开头。

夏本纪

夏禹，名叫文命。禹的父亲叫鲧，鲧的父亲是帝颛顼，颛顼的父亲叫昌意，昌意的父亲叫黄帝。禹，是黄帝的玄孙，帝颛顼的孙子。禹的曾祖父昌意与父亲鲧都没能登上帝位，是大臣。

在尧帝的时候，洪水滔天，浩浩荡荡地包围了高山，漫上了丘陵，人们都为此感到忧愁。尧寻求能治理洪水的人，群臣和四岳都说鲧可以。尧说："鲧这个人违背命令，毁伤同族，不可任用。"四岳说："比较起来，没有比他更贤能的人了，希望您让他试试。"于是尧听从四岳的意见，任用鲧去治理洪水。过了九年，洪水仍然泛滥不息，治水没有取得成效。于是帝尧就寻求他人，便得到了舜。舜被举用，代行天子之政，巡狩天下。在巡视途中看见鲧治理洪水不成样子，就把鲧放逐到羽山，他也死在了那里。天下人都认为舜对鲧的惩罚是正确的。于是舜举用鲧的儿子夏禹，而让他继续鲧的治水事业。

夏禹，名曰文命。禹之父曰鲧，鲧之父曰帝颛顼，颛顼之父曰昌意，昌意之父曰黄帝。禹者，黄帝之玄孙而帝颛顼之孙也。禹之曾大父昌意及父鲧皆不得在帝位，为人臣。

当帝尧之时，鸿水滔天，浩浩怀山襄陵，下民其忧。尧求能治水者，群臣四岳皆曰鲧可。尧曰："鲧为人负命毁族，不可。"四岳曰："等之未有贤于鲧者，愿帝试之。"于是尧听四岳，用鲧治水。九年而水不息，功用不成。于是帝尧乃求人，更得舜。舜登用，摄行天子之政，巡狩。行视鲧之治水无状，乃殛鲧于羽山以死。天下皆以舜之诛为是。于是舜举鲧子禹，而使续鲧之业。

尧崩，帝舜问四岳曰："有能成美尧之事者使居官？"皆曰："伯禹为司空，可成美尧之功。"舜曰："嗟，然！"命禹："女平水土，维是勉之。"禹拜稽首，让于契、后稷、皋陶。舜曰："女其往视尔事矣。"

禹为人敏给克勤；其德不违，其仁可亲，其言可信；声为律，身为度，称以出；亹亹穆穆，为纲为纪。

禹乃遂与益、后稷奉帝命，命诸侯百姓兴人徒以傅土，行山表木，定高山大川。禹伤先人父鲧功之不成受诛，乃劳身焦思，居外十三年，过家门不敢入。薄衣食，致孝于鬼神；卑宫室，致费于沟淢。陆行乘车，水行乘船，泥行乘橇，山行乘檋。左准绳，右规矩，载四时，以开九州，通九道，陂九泽，度九山。令益予众庶稻，可种卑湿。命后稷予众庶难得之食。食少，调有余相给，以均诸侯。禹乃行相地宜所有以贡，及山川之便利。

帝尧驾崩，舜帝问四岳说："有谁能光大尧的事业，身居官位呢？"都说："伯禹做司空，可以光大尧的事业。"舜说："嗯，好！"命令禹说："你去平治水土，一定要勉力做好啊。"禹跪拜叩头，推让给契、后稷和皋陶。舜说："你还是快去做你的事吧！"

禹为人聪敏机智，刻苦勤俭；他遵守道德，仁爱可亲，言而有信；他的声音合乎音律，他的身躯成为尺度，被制定为标准用以权衡；他勤勉严谨，是天下人的典范。

禹于是就与益、后稷遵奉帝舜之命，命诸侯百官发动服徭役的人分散治理天下土地，他们翻山越岭，立下木桩作为标记，勘定高山大川。禹伤感先父鲧治水无功而受到惩罚，于是不顾劳累，苦心思索，在外十三年，路过家门都不敢进去。他节衣缩食，用丰富洁净的祭品孝敬鬼神。居室简陋，把资财用于治理沟渠。在陆地上行动就乘车，在水中行动就乘船，在泥沼中行动就乘木橇，在山路上行动就穿上有铁齿的鞋。左手拿着准和绳，右手拿着规和矩，载着测定方位的仪器，开通九州之地，疏通九条河道，修治九个大湖，测量九座大山。他让益发给民众稻种，可以种植在低洼潮湿的土地。让后稷赈济吃粮困难的民众。粮食匮乏时，就从有余粮的地方调集供给，从而使各诸侯国粮用均衡。禹于是巡行各地，根据各地适宜生产的东西决定向天子交纳的贡赋，以及考察那里的山川便利之处。

禹巡行治水是从冀州开始的。冀州：治理好壶口后，又治理梁山和岐山。修治好太原后，又一直治理到太岳山之南。在覃怀取得功效之后，又修治衡水和漳水。冀州的土质色白而松软。这里的贡赋属第一等，有时也杂有第二等，田地属第五等。常水、卫水疏通以后，大陆泽也修治完毕。鸟夷部族的贡品是皮衣，其进贡路线是绕过碣石山向西，进入黄河。

济水和黄河之间是兖州：这里的九条河道既已疏通，雷夏既已蓄积大湖，雍水和沮水汇合流入此湖，土地上既已种桑养蚕，这时民众得以从山上迁到平地居住。兖州的土质发黑而肥沃，水草茂盛，树木高大。田地属第六等，贡赋属第九等，在这里耕作十三年，才能和其他各州相同。这里进贡的物品是漆、丝，还有用竹筐盛着的有花纹的锦绣。进贡时经由济水、漯水进入黄河。

大海与泰山之间是青州：平治堣夷之后，潍水、淄水也得到了疏通。青州的土质色白而肥沃，海滨宽广含碱，农田多为盐碱地。田地属第三等，贡赋属第四等。这里进贡的物品是盐和细葛布，有时也进贡一些海产品，还有泰山谷地出产的丝、麻、

禹行自冀州始。冀州：既载壶口，治梁及岐。既修太原，至于岳阳。覃怀致功，至于衡漳。其土白壤。赋上上错，田中中。常、卫既从，大陆既为。鸟夷皮服。夹右碣石，入于河。

济、河维沇州：九河既道，雷夏既泽，雍、沮会同，桑土既蚕，于是民得下丘居土。其土黑坟，草繇木条。田中下，赋贞，作十有三年乃同。其贡漆、丝，其篚织文。浮于济、漯，通于河。

海、岱维青州：堣夷既略，潍、淄其道。其土白坟，海滨广潟，厥田斥卤。田上下，赋中上。厥贡盐绨，海物维错，岱畎丝、枲、铅、松、怪石，莱夷为牧，其篚檿丝。浮于汶，

通于济。

海、岱及淮维徐州：淮、沂其治，蒙、羽其艺。大野既都，东原底平。其土赤埴坟，草木渐包。其田上中，赋中中。贡维土五色、羽畎夏狄、峄阳孤桐、泗滨浮磬。淮夷蠙珠暨鱼，其筐玄纤缟。浮于淮、泗，通于河。

淮、海维扬州：彭蠡既都，阳鸟所居。三江既入，震泽致定。竹箭既布。其草惟夭，其木惟乔，其土涂泥。田下下，赋下上上杂。贡金三品，瑶、琨、竹箭，齿、革、羽、旄，岛夷卉服，其筐织贝，其包橘、柚锡贡。均江海，通淮、泗。

荆及衡阳维荆州：江、汉朝宗于海。九江甚中，沱、涔已道，云土、梦为治。其土涂

铅、松、怪石，莱夷之地可以放牧，进贡畜牧产品，还有用竹筐盛着的蚕丝。进贡时由汶水进入济水。

大海、泰山到淮水之间是徐州：淮水、沂水得以治理后，蒙山、羽山可以种植作物了。大野成了一个蓄水湖，东原的水也已退去。徐州的土质呈红色，是肥沃的黏土，草木丛生，渐渐茂盛。田地属第二等，贡赋属第五等。这里进贡的物品是五色土，羽山谷中的雉鸡，峄山之南的桐木，泗水之滨浮石所制的石磬，淮夷的珠蚌和鱼类，还有用竹筐盛着的黑色丝绸和柔细白绢。进贡时通过淮河、泗水，进入黄河。

淮河与大海之间是扬州：彭蠡既已蓄成湖泽，成为鸿雁冬天时的栖息之地。松江、钱塘江、浦阳江在此汇入大海，震泽地区也获得安定。竹林已经密布，野草茂盛，树木高大，这里的土质湿润。田地属第九等，贡赋属第七等，有时杂有第六等。这里进贡的物品是金、银、铜三种金属，瑶、琨等美玉及竹箭，象牙、皮革、羽毛、旄牛尾和岛夷人穿的花草编结的服饰，以及用竹筐盛着的贝锦，有时也进贡包好的橘子、柚子。这些贡品均经由大海、长江进入淮河、泗水。

荆山到衡山南面是荆州：长江和汉水涌入大海。在这里长江之水分为九道，甚得地势之中，沱水、涔水业已疏通，云土

泽、梦泽也已得到治理。这里的土质湿润。田地属第八等，贡赋属第三等。这里进贡的物品是羽毛、牦牛尾、象牙、皮革，金、银、铜三种金属，杶木、榦木、栝木、柏木，还有粗细磨石、砮石、丹砂，箘簬和楛木是汉水附近三个诸侯国所贡最有名的特产，精心包装在匣子里的菁茅，用竹筐盛着的黑色绸缎和穿珍珠用的丝带，还进贡九江所产的大龟。进贡时，经由长江、沱水、涔水、汉水，转行一段陆路到达洛水，然后进入南河。

荆山与黄河之间是豫州：伊水、洛水、瀍水、涧水既已疏通注入黄河，荥播也已蓄成湖泽，疏浚荷泽，覆被明都泽。豫州的土质松软肥沃，低洼处则是肥沃坚实的黑土。田地属第四等，贡赋属第二等，有时杂有第一等。这里进贡的物品是漆、丝、细葛布、纻麻，用竹筐盛着的细丝絮，也进贡治玉石用的磬错。进贡时经过洛水进入黄河。

华山南麓到黑水之间是梁州：汶山、嶓冢山都得以耕种，沱水、涔水也已疏通，蔡山、蒙山得以祭祀、治理，协和蛮夷也取得了成效。梁州的土质是青黑色，田地属第七等，贡赋属第八等，有时也杂有第七等或第九等。这里进贡的物品是美玉、铁、银、镂钢、砮石、磬石，熊、罴、狐、狸、织皮。西倾山的贡品经由桓水运出，再从

泥。田下中，赋上下。贡羽、旄、齿、革，金三品，杶、榦、栝、柏、砺、砥、砮、丹，维箘簬、楛。三国致贡其名，包匦菁茅，其篚玄纁玑组。九江入赐大龟。浮于江、沱、涔、汉，逾于雒，至于南河。

荆、河惟豫州：伊、雒、瀍、涧既入于河，荥播既都。道荷泽，被明都。其土壤，下土坟垆。田中上，赋杂上中。贡漆、丝、缔、纻，其篚纤絮，锡贡磬错。浮于雒，达于河。

华阳、黑水惟梁州：汶、嶓既艺，沱、涔既道，蔡、蒙旅平，和夷厎绩。其土青骊。田下上，赋下中三错。贡璆、铁、银、镂、砮、磬，熊、罴、狐、狸、织皮。西倾因桓是来，浮于潜，逾于沔，入于渭，乱于河。

潜水船运，进入沔水，转入渭水，渡过黄河。

黑水、西河惟雍州：弱水既西，泾属渭汭。漆沮既从，沣水所同。荆、岐已旅，终南、敦物至于鸟鼠。原隰厎绩，至于都野。三危既度，三苗大序。其土黄壤。田上上，赋中下。贡璆、琳、琅玕。浮于积石，至于龙门、西河，会于渭汭。织皮昆仑、析支、渠搜，西戎即序。

黑水到黄河之间是雍州：弱水向西流去，泾水汇入渭水。漆水、沮水也跟着汇入渭水，沣水同样汇入渭水。荆山、岐山业已祭祀，终南山、敦物山至于鸟鼠山也是如此。原隰的治理也取得了成效，一直修治到都野。三危山地区已经可以居住了，三苗族也大有次序。雍州的土质细软色黄，田地属第一等，贡赋属第六等。这里进贡的物品是各种美玉、美石和珠宝。进贡时从积石山下走水路，顺流而下到达龙门山下的西河，到渭水湾里汇合。经过昆仑、析支、渠搜进贡织皮。西戎也都归服了。

道九山：汧及岐至于荆山，逾于河；壶口、雷首至于太岳；砥柱、析城至于王屋；太行、常山至于碣石，入于海；西倾、朱圉、鸟鼠至于太华；熊耳、外方、桐柏至于负尾；道嶓冢，至于荆山；内方至于大别；汶山之阳至衡山，过九江，至于敷浅原。

禹开通九条山脉的道路：一条从汧山和岐山通到荆山，越过黄河；一条从壶口山和雷首山通到太岳山；一条从砥柱山和析城山通到王屋山；一条从太行山和常山通到碣石山，进入大海；一条从西倾山、朱圉山、鸟鼠山通到太华山；一条从熊耳山、外方山、桐柏山通到负尾山；一条从嶓冢山通到荆山；一条从内方山通到大别山；一条从汶山的南面通到衡山，越过九江，最后到达敷浅原。

道九川：弱水至于合黎，余波入于流沙。道黑水，至于三危，入于南海。道河积石，至于龙门，南至华阴，东至砥柱，又东至于盟津，东过雒

禹疏导了九条河流：把弱水疏导至合黎山，使弱水的下游注入流沙。疏通黑水，经过三危山，注入南海。疏通黄河，从积石山开始，到龙门山，向南到华山以北，向东经过砥柱山，又向东到达盟津，再向

东经过洛水湾，到达大邳山，转而向北经过降水，到达大陆泽，向北分成九条河流，这九条河到下游又汇合为逆河，汇入大海。从嶓冢山开始疏导瀁水，向东而流进入汉水，再向东流就是苍浪水，经过三澨水，进入大别山，南折汇入长江，又向东汇合成彭蠡泽，继续向东就是北江，流入大海。从汶山开始疏导长江，向东分出支流就是沱水，接着向东到达醴水，经过九江到达东陵，向东斜行北流汇入彭蠡泽，继续东流就是中江，流入大海。疏通沇水，向东而流就是济水，注入黄河，两水相遇，溢为荥泽，向东流出陶丘北面，又向东到达荷泽，又向东北汇入汶水，继续向东北流入大海。在桐柏开始疏导淮河，向东与泗水、沂水汇合，向东流入大海。在鸟鼠同穴山开始疏通渭水，向东与沣水汇合，又向东北流入泾水，向东流经漆水、沮水，注入黄河。从熊耳山开始疏导洛水，向东北与涧水、瀍水汇合，又向东与伊水汇合，向东北流入黄河。

这时九州同一，四方之地已可居住，九州名山都已通道、祭祀，九州之川都已疏通没有壅塞，九州之泽都已筑起堤岸，四海之内都可以来会盟。金、木、水、火、土、谷六府的物资都治理得很好，各方土地根据高下评定出等级，让其谨慎地进贡纳税，都按三种不同的土壤等级来确定税

汭，至于大邳，北过降水，至于大陆，北播为九河，同为逆河，入于海。嶓冢道瀁，东流为汉，又东为苍浪之水，过三澨，入于大别，南入于江，东汇泽为彭蠡，东为北江，入于海。汶山道江，东别为沱，又东至于醴，过九江，至于东陵，东迤北会于汇，东为中江，入于海。道沇水，东为济，入于河，泆为荥，东出陶丘北，又东至于荷，又东北会于汶，又东北入于海。道淮自桐柏，东会于泗、沂，东入于海。道渭自鸟鼠同穴，东会于沣，又东北至于泾，东过漆、沮，入于河。道雒自熊耳，东北会于涧、瀍，又东会于伊，东北入于河。

于是九州攸同，四奥既居，九山刊旅，九川涤原，九泽既陂，四海会同。六府甚修，众土交正，致慎财赋，咸则三壤，成赋。中国赐土、姓："祗台德先，不距朕行。"

令天子之国以外五百里甸服：百里赋纳总，二百里纳铚，三百里纳秸服，四百里粟，五百里米。甸服外五百里侯服：百里采，二百里任国，三百里诸侯。侯服外五百里绥服：三百里揆文教，二百里奋武卫。绥服外五百里要服：三百里夷，二百里蔡。要服外五百里荒服：三百里蛮，二百里流。

东渐于海，西被于流沙，朔、南暨：声教讫于四海。于是帝锡禹玄圭，以告成功于天下。天下于是大平治。

皋陶作士以理民。帝舜

赋等级。在九州之内分封诸侯，赐给他们土地和姓氏，并说："要首先敬悦天子之德，不要违背天子的政教。"

命令规定天子之国以外五百里的地域为甸服：靠近王城百里之内的地域，赋税是缴纳带秸秆的谷物，一百里以外二百里以内的区域缴纳禾穗，二百里以外三百里以内的区域缴纳去掉禾芒的禾穗，三百里以外四百里以内的区域缴纳带壳的谷子，四百里以外五百里以内的区域缴纳纯净米粒。甸服以外五百里的地域叫作侯服：把靠近甸服一百里的区域作为卿大夫的采邑地，一百里以外二百里以内为小的封国，二百里以外三百里以内的区域分封给诸侯。侯服以外五百里的地域叫作绥服：靠近侯服三百里以内的区域，揆度民情施行教化，往外二百里以内的区域要振兴武威，保卫天子。绥服以外五百里的地域叫作要服：靠近绥服三百里以内的区域为夷人所居之处，三百里以外的二百里区域为流放罪犯之地。要服以外五百里的地域叫作荒服：靠近要服三百里以内的区域为蛮族居住地，再往外二百里的区域居住迁徙的人。

东临大海，西至沙漠，从北方到南方：天子的声威教化到达四海边陲。于是舜帝赏赐给禹黑色的玉圭，向天下宣告他治水成功。天下于是太平安治。

任命皋陶为刑狱长官，治理民众。帝

舜上朝，禹、伯夷、皋陶在舜帝面前相互交谈。皋陶陈述自己的意见说："只要诚信地遵从道德行事，就能使谋略高明，臣下和睦。"禹说："对，但怎样做呢？"皋陶说："啊！要谨慎地加强自身修养，要有长远的打算，以宽厚的态度使九族亲厚有序，这样众多贤明之人都会乐于辅佐你，德政也会由近及远地推及。"禹拜谢皋陶的美言，说："说得对。"皋陶说："啊！治理天下在于知人善任，在于安定民心。"禹说："唉！都像这样去做，恐怕连尧帝也很难做到。知人就是明智，就能正确地任用官吏；能安定民心就是仁惠，民众就会爱戴他。能做到明智仁惠，何必担忧驩兜，何必放逐有苗，何必害怕巧言令色的奸佞小人呢？"皋陶说："对，啊！行为有九种品德，就让我来说说这些品德吧。"他于是说道："开始办事，要做到宽厚而威严，温和而坚定，诚恳而恭敬，安治而敬慎，善良而坚毅，正直而温和，简率而廉洁，果断而务实，坚强而又讲理，能发扬这九种品德并坚持下去，那就能办好事情了。每天能够宣明其中三种品德，早晚恭敬勤勉，卿大夫就能保有自己的采邑。每天敬谨地实施其中六种品德，认真辅助政事，诸侯就能保有他的封国。能全面接受并普遍实施，使这九种品德都能被贯彻，就能使有才德的人居官任

朝，禹、伯夷、皋陶相与语帝前。皋陶述其谋曰："信其道德，谋明辅和。"禹曰："然，如何？"皋陶曰："於！慎其身修，思长，敦序九族，众明高翼，近可远在已。"禹拜美言，曰："然。"皋陶曰："於！在知人，在安民。"禹曰："吁！皆若是，惟帝其难之。知人则智，能官人；能安民则惠，黎民怀之。能知能惠，何忧乎驩兜，何迁乎有苗，何畏乎巧言善色佞人？"皋陶曰："然，於！亦行有九德，亦言其有德。"乃言曰："始事事，宽而栗，柔而立，愿而共，治而敬，扰而毅，直而温，简而廉，刚而实，强而义，章其有常，吉哉。日宣三德，蚤夜翊明有家。日严振敬六德，亮采有国。翕受普施，九德咸事，俊乂在官，百吏肃谨。毋教邪淫奇谋。非其人居其官，是谓乱天事。天讨有罪，五刑五用哉。吾言底可行乎？"禹曰："女言致可绩行。"皋陶曰："余未有知，思赞道哉。"

帝舜谓禹曰："女亦昌言。"禹拜曰："於，予何言！予思日孳孳。"皋陶难禹曰："何谓孳孳？"禹曰："鸿水滔天，浩浩怀山襄陵，下民皆服于水。予陆行乘车，水行乘舟，泥行乘橇，山行乘檋，行山刊木。与益予众庶稻鲜食。以决九川致四海，浚畎浍致之川。与稷予众庶难得之食。食少，调有余补不足，徙居。众民乃定，万国为治。"皋陶曰："然，此而美也。"

禹曰："於，帝！慎乃在位，安尔止。辅德，天下大应。清意以昭待上帝命，天其重命用休。"帝曰："吁，臣哉，

职，百官也都能严肃恭谨，不让人们行邪恶淫乱、策划阴谋之事。如果让不称职的人担任官职，就是在扰乱上天的安排。上天将讨伐有罪之人，用五刑分别惩罚不同罪行的人。我的话是否行得通呢？"禹说："你的话如果得到施行，就可以获得成绩。"皋陶说："我没有什么智慧，只希望有助于推行治理天下之道。"

舜帝对禹说："你也有话直说吧。"禹作揖说："唉，我能说什么呢！我只想每天孜孜不倦地办事。"皋陶追问禹道："什么叫孜孜不倦？"禹说："洪水滔天，浩浩荡荡地包围高山，淹没丘陵，百姓都遭受着洪水的威胁。我在陆地上行动乘车，在水中行动乘船，在泥沼中行动乘木橇，在山中行动就穿带有铁齿的鞋，翻山越岭，竖立木桩。我与伯益一起施予百姓稻谷和新鲜的肉食。疏通九条河道汇入四海，又疏浚田间沟渠引入河道。我与稷一道赈济吃粮困难的百姓。粮食匮乏时，从粮食较多的地方调拨余粮以补粮食不足的地方，或叫百姓迁居。民众于是安定，万国也都得到治理。"皋陶说："好啊，这是你做得好。"

禹说："啊，帝舜！要谨慎地对待您的位置，您的举动要安稳。辅佐的大臣有德行，天下人就会顺应您。要以清明的心态虔诚地奉行上天的命令，上天才会一再

地赐予您福兆。"舜帝说:"啊,大臣呀!大臣呀!大臣要做好我的手足耳目。我要引导人民,你们要辅助我。我想效法古人衣服上的图像,根据日月星辰的天象,绘制不同纹绣色彩的衣服,你们要明白这些事情。我想听六律、五声、八音,来考察政教的好坏,并宣布、采纳合乎五种德行的言论,你们要仔细听取。如果我有不当的言行,你们要纠正补救我。你们不要当面奉承,回去之后却诽谤我。我恭敬地对待前后左右的辅佐大臣。至于那些搬弄是非的佞臣,只要君主的德行能真正施行,他们就会被清除了。"禹说:"对。您如果不这样做,好人坏人混而不分,就不会有所成就。"

舜帝说:"不要像丹朱那样桀骜,他的爱好只有怠惰放荡,在无水的地方强行行船,聚众在家中做淫乐之事,因而不能继承帝位。我不能容忍他这样的行为。"禹说:"我娶涂山氏女儿,只过四天时间,就离家去治水,后来生下儿子启,未曾抚育过他,因此我才能完成平治水土的功业。我辅助天子划分五服,范围达到五千里,动用十二个州的人力,一直开辟到四海荒远的地方,每五个诸侯国设立一个首领,他们各尽职守,都建有功绩。只有三苗凶顽,没有功绩,希望您想着这件事。"舜帝说:"你宣扬我的德政,这都是你的

臣哉!臣作朕股肱耳目。予欲左右有民,女辅之。余欲观古人之象,日月星辰,作文绣服色,女明之。予欲闻六律、五声、八音,来始滑,以出入五言,女听。予即辟,女匡拂予。女无面谀,退而谤予。敬四辅臣。诸众谗嬖臣,君德诚施皆清矣。"禹曰:"然。帝即不时,布同善恶则毋功。"

帝曰:"毋若丹朱傲,维慢游是好,毋水行舟,朋淫于家,用绝其世。予不能顺是。"禹曰:"予娶涂山,辛壬癸甲;生启,予不子,以故能成水土功。辅成五服,至于五千里,州十二师,外薄四海,咸建五长,各道有功。苗顽不即功,帝其念哉。"帝曰:"道吾德,乃女功序之也。"

皋陶于是敬禹之德，令民皆则禹。不如言，刑从之。舜德大明。

于是夔行乐，祖考至，群后相让，鸟兽翔舞，《箫韶》九成，凤皇来仪，百兽率舞，百官信谐。帝用此作歌，曰："陟天之命，维时维几。"乃歌曰："股肱喜哉，元首起哉，百工熙哉！"皋陶拜手稽首扬言曰："念哉，率为兴事，慎乃宪，敬哉！"乃更为歌曰："元首明哉，股肱良哉，庶事康哉！"又歌曰："元首丛脞哉，股肱惰哉，万事堕哉！"帝拜曰："然，往钦哉！"于是天下皆宗禹之明度数声乐，为山川神主。

帝舜荐禹于天，为嗣。十七年而帝舜崩。三年丧毕，禹辞辟舜之子商均于阳城。天下诸侯皆去商均而朝禹。禹于是遂即天子位，南面朝天下，国号曰夏后，姓姒氏。

帝禹立而举皋陶荐之，且

功劳。"

皋陶于是敬重禹的功德，命令民众都效法禹。不照令行事，就用刑处罚。于是舜的德业发扬光大。

这时夔演奏乐曲，祖先的灵魂降临，各诸侯互相礼让，鸟兽飞翔起舞，《箫韶》演奏九遍，凤凰也飞来与乐声相和，百兽跟着起舞，百官忠诚和谐。舜帝因此作歌唱道："敬奉上天的命令，在于顺应时势，在于谨慎行事。"又唱道："股肱大臣欣喜尽忠啊，天子治功才能振起啊，百工的事业才能兴盛啊！"皋陶跪拜叩头高声说："要牢记啊，天子要带头努力尽职，众人要谨慎地对待您的法度，恭敬地处理事务！"于是又接着唱道："天子英明啊，大臣贤能啊，诸事安定啊！"又唱道："天子囿于细碎琐事胸无大略啊，股肱大臣便怠惰啊，天下万事将荒废啊！"舜帝拜谢说："对啊，就这么努力干吧！"于是天下都崇仰禹所昌明创制的法度和声乐，尊奉他为山川神主。

舜帝向上天推荐禹，让他做继承人。十七年后舜帝驾崩。三年丧期结束，禹在阳城辞让帝位给舜的儿子商均。天下诸侯都离开商均而去朝拜禹。禹于是即天子之位，面向南接受天下人的朝拜，国号称夏后，姓姒氏。

帝禹即位后就向上天推荐皋陶为继承

人，并把国政授给他，但皋陶还没继任就死了。禹把皋陶的后代封在英、六，有的封在许地。然后举荐益，任用他管理政事。

过了十年，帝禹东行巡狩，到达会稽时驾崩了。禹把天下传给益。三年丧期完毕，益辞让帝位给禹的儿子启，自己避居到箕山之南。禹的儿子启贤能，天下人心都归向于他。等到禹驾崩，禹虽把天下传给了益，但益辅佐禹时间不长，天下人并不归服他。所以诸侯都离开益而去朝拜启，说"他是我们的君主禹的儿子呀"。于是启即天子之位，这就是夏后帝启。

夏后帝启，是禹的儿子，他的母亲是涂山氏的女儿。

有扈氏不归服夏启，启前往讨伐，在甘大战。开战前，启作了誓词《甘誓》，于是召集六卿申明告诫。启说："喂！六军的全体将士，我向你们宣誓告诫：有扈氏蔑视仁、义、礼、智、信五行的规范，懈怠毁弃天、地、人之正道，上天因此要灭绝他们的性命。现在我奉行天命来讨伐他们。车左的兵士若不从左边进攻敌人，车右的兵士若不从右边进攻敌人，你们就是不奉行命令。驾车的兵士若没能驾驭好战马，也是不奉行命令。奉行命令者，将在祖宗灵前赏赐你们；不奉行者，便在社主前惩罚你们，刑戮便连及你们的子女。"于是灭了有扈氏。天下都来朝拜。

授政焉，而皋陶卒。封皋陶之后于英、六，或在许。而后举益，任之政。

十年，帝禹东巡狩，至于会稽而崩。以天下授益。三年之丧毕，益让帝禹之子启，而辟居箕山之阳。禹子启贤，天下属意焉。及禹崩，虽授益，益之佐禹日浅，天下未洽。故诸侯皆去益而朝启，曰"吾君帝禹之子也"。于是启遂即天子之位，是为夏后帝启。

夏后帝启，禹之子，其母涂山氏之女也。

有扈氏不服，启伐之，大战于甘。将战，作《甘誓》，乃召六卿申之。启曰："嗟！六事之人，予誓告女：有扈氏威侮五行，怠弃三正，天用剿绝其命。今予维共行天之罚。左不攻于左，右不攻于右，女不共命。御非其马之政，女不共命。用命，赏于祖；不用命，僇于社，予则帑僇女。"遂灭有扈氏。天下咸朝。

夏后帝启崩，子帝太康立。帝太康失国，昆弟五人，须于洛汭，作《五子之歌》。

太康崩，弟中康立，是为帝中康。帝中康时，羲、和湎淫，废时乱日。胤往征之，作《胤征》。

中康崩，子帝相立。帝相崩，子帝少康立。帝少康崩，子帝予立。帝予崩，子帝槐立。帝槐崩，子帝芒立。帝芒崩，子帝泄立。帝泄崩，子帝不降立。帝不降崩，弟帝扃立。帝扃崩，子帝廑立。帝廑崩，立帝不降之子孔甲，是为帝孔甲。帝孔甲立，好方鬼神，事淫乱。夏后氏德衰，诸侯畔之。天降龙二，有雌雄，孔甲不能食，未得豢龙氏。陶唐既衰，其后有刘累，学扰龙于豢龙氏，以事孔甲。孔甲赐之姓曰御龙氏，受豕韦之后。龙一雌死，以食夏后。夏后使求，惧而迁去。

孔甲崩，子帝皋立。帝皋崩，子帝发立。帝发崩，子帝履癸立，是为桀。帝桀之时，自孔甲以

夏后帝启崩逝，他的儿子太康即帝位。帝太康失去了国家，他的五个兄弟在洛水北岸等待他没有等到，作了《五子之歌》。

太康崩逝以后，他的弟弟中康即位，这就是帝中康。帝中康在位时，掌管天文历法的官吏羲氏、和氏沉湎于酒色，把节令、时日都搞乱了。胤奉命去征讨，作《胤征》。

中康崩逝，儿子相即帝位。帝相崩逝，儿子少康即帝位。帝少康崩逝，儿子予即帝位。帝予崩逝，儿子槐即帝位。帝槐崩逝，儿子芒即帝位。帝芒崩逝，儿子泄即帝位。帝泄崩逝，儿子不降即帝位。帝不降崩逝，弟弟扃即帝位。帝扃崩逝，儿子廑即帝位。帝廑崩逝，立了帝不降的儿子孔甲，这就是帝孔甲。帝孔甲即位后，喜欢模仿鬼神，做事没有节制，违反道德。夏后氏的德教衰颓，诸侯都背叛了他。上天降下两条神龙，一雌一雄，孔甲不会饲养，又找不到会饲养龙的豢龙氏的后代。陶唐氏衰败之后，其后代有个叫刘累的人，曾向豢龙氏学习过驯养龙的方法，以此侍奉孔甲。孔甲给他赐姓"御龙氏"，让他接受了豕韦氏后代的封地。后来一条雌龙死了，刘累就把它献给孔甲吃了。孔甲派人来取龙，刘累害怕了，就迁到别处去了。

孔甲崩逝，儿子皋即帝位。帝皋崩逝，儿子发即帝位。帝发崩逝，儿子履癸即帝位，这就是夏桀。帝桀在位时，由于自

孔甲以来诸侯大多都背叛了夏朝，而桀又不修德政，用武力伤害诸侯百官，百官都不堪忍受他的暴政。夏桀召来殷族首领汤，并把他囚禁在夏台，不久又释放了他。汤修德勤政，诸侯都归附于他，于是汤率兵讨伐夏桀。夏桀逃到鸣条，终被流放而死。夏桀曾对人说："我真后悔在夏台没有把汤杀死，以致让我落得如此下场。"汤于是登上了天子之位，取代夏朝而君临天下。汤分封土地给夏代后裔，到周朝时，夏代后裔被封到杞地。

太史公说：禹为姒姓，他的后代分封，就用所在的国名为姓，所以有夏后氏、有扈氏、有男氏、斟寻氏、彤城氏、褒氏、费氏、杞氏、缯氏、辛氏、冥氏、斟戈氏。孔子校正夏朝历法，所以有许多学者传习《夏小正》。从虞、夏时期开始，贡纳赋税的制度就完备了。有人说禹会合诸侯于江南，考核诸侯功绩时崩逝，于是就葬在那里，因此人们命名此地为会稽。会稽，就是会集诸侯计其功绩的意思。

来而诸侯多畔夏，桀不务德而武伤百姓，百姓弗堪，乃召汤而囚之夏台，已而释之。汤修德，诸侯皆归汤，汤遂率兵以伐夏桀。桀走鸣条，遂放而死。桀谓人曰："吾悔不遂杀汤于夏台，使至此。"汤乃践天子位，代夏朝天下。汤封夏之后，至周封于杞也。

太史公曰：禹为姒姓，其后分封，用国为姓，故有夏后氏、有扈氏、有男氏、斟寻氏、彤城氏、褒氏、费氏、杞氏、缯氏、辛氏、冥氏、斟戈氏。孔子正夏时，学者多传《夏小正》云。自虞、夏时，贡赋备矣。或言禹会诸侯江南，计功而崩，因葬焉，命曰会稽。会稽者，会计也。

殷本纪

殷契，他的母亲叫简狄，是有娀氏的女儿，帝喾的次妃。简狄三人结伴洗浴，看见玄鸟掉下了蛋，简狄就拾取吞下了，因而怀孕生下了契。契长大后辅佐大禹治水有功。帝舜就命令契说："百官之间不亲近和睦，父子、君臣、夫妇、长幼、朋友五伦也不和顺，命你为司徒，去敬慎地布行五伦教化，五伦教化的布行要宽容。"契被封在商地，赐姓子氏。契兴起于尧、舜、大禹时期，契治理百官的功业十分显著，百官因此和睦相处。

契去世后，儿子昭明继位。昭明去世后，儿子相土继位。相土去世后，儿子昌若继位。昌若去世后，儿子曹圉继位。曹圉去世后，儿子冥继位。冥去世后，儿子振继位。振去世后，儿子微继位。微去世后，儿子报丁继位。报丁去世后，儿子报乙继位。报乙去世后，儿子报丙继位。报丙去世后，儿子主壬继位。主壬去世后，儿子主癸继位。主癸去世后，儿子天乙继位，这就是成汤。

成汤，自契到成汤八次迁都。成汤开

殷契，母曰简狄，有娀氏之女，为帝喾次妃。三人行浴，见玄鸟堕其卵，简狄取吞之，因孕生契。契长而佐禹治水有功。帝舜乃命契曰："百姓不亲，五品不训，汝为司徒而敬敷五教，五教在宽。"封于商，赐姓子氏。契兴于唐、虞、大禹之际，功业著于百姓，百姓以平。

契卒，子昭明立。昭明卒，子相土立。相土卒，子昌若立。昌若卒，子曹圉立。曹圉卒，子冥立。冥卒，子振立。振卒，子微立。微卒，子报丁立。报丁卒，子报乙立。报乙卒，子报丙立。报丙卒，子主壬立。主壬卒，子主癸立。主癸卒，子天乙立，是为成汤。

成汤，自契至汤八迁。汤

始居亳，从先王居，作《帝诰》。

汤征诸侯。葛伯不祀，汤始伐之。汤曰："予有言，人视水见形，视民知治不。"伊尹曰："明哉！言能听，道乃进。君国子民，为善者皆在王官。勉哉，勉哉！"汤曰："汝不能敬命，予大罚殛之，无有攸赦。"作《汤征》。

伊尹名阿衡。阿衡欲奸汤而无由，乃为有莘氏媵臣，负鼎俎，以滋味说汤，致于王道。或曰，伊尹处士，汤使人聘迎之，五反，然后肯往从汤，言素王及九主之事。汤举任以国政。伊尹去汤适夏。既丑有夏，复归于亳。入自北门，遇女鸠、女房，作《女鸠》《女房》。

汤出，见野张网四面，祝曰："自天下四方皆入吾网。"汤曰："嘻，尽之矣！"乃去其三面，祝曰："欲左，左；欲右，右。不用命，乃入吾

始定都于亳邑，这是跟从先王建都之地而居，成汤还作了《帝诰》。

成汤征伐诸侯。葛伯不守祭祀之礼，成汤开始讨伐他。成汤说："我曾经说过：人看水就能看到自己的形貌，视察民情就能知道天下是否得到治理。"伊尹说："英明啊！能听取别人的意见，治国的水平才能提高。治理国家，抚育万民，做好事的人都在王朝的官员中。努力啊，努力啊！"成汤对葛伯说："你们不敬顺天命，我就要重重地惩罚你们，绝不宽恕。"于是他作了《汤征》。

伊尹名叫阿衡。阿衡想见成汤，却一直没有由头，于是做了有莘氏的媵臣，背着鼎和俎，以烹调之法比喻治国之道来劝说成汤，使成汤推行王道。也有人说，伊尹是个处士，成汤派人去请他，往返五次，他才肯前往跟从成汤，他对成汤讲了远古素王治理天下以及九类君主的故事。成汤举用伊尹，任以国政。伊尹曾离开成汤到夏王朝那里。后来他厌恶夏朝，又返回亳。他从北门进城时，遇到了贤臣女鸠、女房，作了《女鸠》《女房》。

成汤外出，看见有人在野外四面张网并祝祷说："天下四方的鸟兽都进入我的网。"成汤说："唉，这不是一网打尽了吗！"于是让张网的人撤去三面的网，祝祷说："想往左的就往左；想往右的就往

右。不听从这命令的，才入我网中。"诸侯听说此事后，都说："成汤的仁德达到极点了，他的恩泽甚至施于禽兽。"

就在那时，夏桀施行暴政，荒淫无道，而诸侯昆吾氏作乱。成汤于是起兵，率领诸侯前去征讨，伊尹跟随着成汤。成汤亲自拿着斧钺讨伐昆吾，之后接着讨伐夏桀。成汤说："你们大家都过来，你们都听我说。不是我敢于举兵作乱，而是夏朝罪行累累。我听你们各位也都说夏桀有罪。我敬畏上帝，不敢不去征讨他。如今夏朝罪行累累，上天命我诛灭他。如今你们大家可能说：'我们的君王不体恤我们，废弃我们的农事，妨害我们的正常活动。'你们可能还说：'夏朝有罪，又能怎么样呢？'夏王耗尽民众的力量，掠夺夏邑民众。民众争相怠惰，彼此不和，说：'这个太阳何时才能丧亡呢？我愿与你一起灭亡！'夏的德行已经败坏到如此地步，如今我一定要前往征讨。如果你们能和我施行上天的惩罚，我将会重重地赏赐你们。你们不要不信，我不会食言的。你们若不听从誓言，我将让你们成为奴隶或杀掉你们，不会有所宽赦。"成汤用这些话告谕军队，作了《汤誓》。于是成汤说"我很勇武"，号称武王。

夏桀在有娀之虚被打败，逃到了鸣条，夏军大败。成汤于是讨伐三㚇，取了他们的宝玉，义伯、仲伯作了《典宝》。成汤

网。"诸侯闻之，曰："汤德至矣，及禽兽。"

当是时，夏桀为虐政淫荒，而诸侯昆吾氏为乱。汤乃兴师率诸侯，伊尹从汤。汤自把钺以伐昆吾，遂伐桀。汤曰："格女众庶，来，女悉听朕言。匪台小子敢行举乱，有夏多罪。予维闻女众言，夏氏有罪，予畏上帝，不敢不正。今夏多罪，天命殛之。今女有众，女曰：'我君不恤我众，舍我穑事而割政。'女其曰：'有罪，其奈何？'夏王率止众力，率夺夏国。有众率怠不和，曰'是日何时丧？予与女皆亡！'夏德若兹，今朕必往。尔尚及予一人致天之罚，予其大理女。女毋不信，朕不食言。女不从誓言，予则帑僇女，无有攸赦。"以告令师，作《汤誓》。于是汤曰"吾甚武"，号曰武王。

桀败于有娀之虚，桀奔于鸣条，夏师败绩。汤遂伐三㚇，俘厥宝玉，义伯、仲伯作

《典宝》。汤既胜夏，欲迁其社，不可，作《夏社》。伊尹报，于是诸侯毕服，汤乃践天子位，平定海内。

汤归至于泰卷陶，中𥎖作诰。既绌夏命，还亳，作《汤诰》："维三月，王自至于东郊，告诸侯群后：'毋不有功于民，勤力乃事。予乃大罚殛女，毋予怨。'曰：'古禹、皋陶久劳于外，其有功乎民，民乃有安。东为江，北为济，西为河，南为淮，四渎已修，万民乃有居。后稷降播，农殖百谷。三公咸有功于民，故后有立。昔蚩尤与其大夫作乱百姓，帝乃弗予，有状。先王言不可不勉。'曰：'不道，毋之在国，女毋我怨。'"以令诸侯。伊尹作《咸有一德》，咎单作《明居》。

汤乃改正朔，易服色，上白，朝会以昼。

汤崩，太子太丁未立而卒，于是乃立太丁之弟外丙，是为帝外丙。帝外丙即位三年，崩，立

战胜夏桀后，想迁移夏朝的社神，没有迁成，作了《夏社》。伊尹向天下通告战绩，于是诸侯都归附商朝，成汤于是登上天子之位，平定海内。

成汤返回时到达泰卷，仲虺作了诰书。成汤废除夏朝的王命后，回到亳都，作了《汤诰》："三月，商王亲自到达东郊。向各诸侯国君宣告：'你们不能无功于民，应当勤勉地做好自己的事情。否则，我将重罚你们，你们可别怨恨我。'又说：'古代夏禹、皋陶长期在外劳作，他们有功于民，民众才能得以安定。他们分别在东边修治了长江，在北边修治了济水，在西边修治了黄河，在南边修治了淮水，治好了这四条大河，万民才得以安居。后稷传下播种的技术，农民得以种植百谷。三位古人都有功于民，所以他们的后代都被分封立国。昔日蚩尤与他的大夫们祸乱百姓，上帝并没有保佑他，这是有依据的事。先王的话不可以不用来勉励啊。'又说：'行事无道，就不能让他临国治民，你们可别怨恨我。'"成汤用这些话告诫诸侯。伊尹作了《咸有一德》，咎单作了《明居》。

成汤于是更改历法，变换服色，崇尚白色，在白天举行朝会。

成汤崩逝后，太子太丁尚未即位就死了，于是就立了太丁的弟弟外丙，这就是帝外丙。帝外丙即位三年，崩逝，立

外丙的弟弟中壬，这就是帝中壬。帝中壬即位四年，崩逝，伊尹就立了太丁之子太甲。太甲是成汤的嫡长孙，就是帝太甲。帝太甲元年，伊尹作了《伊训》《肆命》《徂后》。

帝太甲即位三年后，昏庸暴虐，不遵守成汤定下的法度，乱德败行，于是伊尹把他放逐到桐宫。三年中，伊尹代行政务，主持国政，朝会诸侯。帝太甲在桐宫住了三年，悔过自责，回归于善，于是伊尹就迎接帝太甲回朝，把政权交还给他。帝太甲修养德行，诸侯全都归服殷朝，百姓得以安宁。伊尹为嘉许帝太甲，就作了《太甲训》三篇，褒扬帝太甲，称帝太甲为太宗。

太宗崩逝后，儿子沃丁即位。帝沃丁之时，伊尹逝世。把伊尹安葬于亳都后，咎单便用伊尹的事教育后世，作了《沃丁》。沃丁崩逝后，弟弟太庚即位，这就是帝太庚。帝太庚崩逝后，儿子帝小甲即位。帝小甲崩逝后，弟弟雍己即位，这就是帝雍己。殷朝国势衰弱，有的诸侯不再来朝拜。

帝雍己崩逝后，弟弟太戊即位，这就是帝太戊。帝太戊立伊陟为相。亳都发生了怪异现象，桑树和楮树连生在朝堂上，一夜之间就长得有两手相围那么粗了。帝太戊很害怕，就向伊陟请教。伊陟说："我听说妖怪是不能战胜有德之人的，是帝王的政事中有什么缺失的地方吧？帝王还是

外丙之弟中壬，是为帝中壬。帝中壬即位四年，崩，伊尹乃立太丁之子太甲。太甲，成汤適长孙也，是为帝太甲。帝太甲元年，伊尹作《伊训》，作《肆命》，作《徂后》。

帝太甲既立三年，不明，暴虐，不遵汤法，乱德，于是伊尹放之于桐宫。三年，伊尹摄行政当国，以朝诸侯。帝太甲居桐宫三年，悔过自责，反善，于是伊尹乃迎帝太甲而授之政。帝太甲修德，诸侯咸归殷，百姓以宁。伊尹嘉之，乃作《太甲训》三篇，褒帝太甲，称太宗。

太宗崩，子沃丁立。帝沃丁之时，伊尹卒。既葬伊尹于亳，咎单遂训伊尹事，作《沃丁》。沃丁崩，弟太庚立，是为帝太庚。帝太庚崩，子帝小甲立。帝小甲崩，弟雍己立，是为帝雍己。殷道衰，诸侯或不至。

帝雍己崩，弟太戊立，是为帝太戊。帝太戊立伊陟为相。亳有祥，桑穀共生于朝，一暮大拱。帝太戊惧，问伊陟。伊陟曰："臣闻妖不胜德，帝之政其有阙与？帝其修德。"太戊从之，而祥桑枯死而去。伊

陟赞言于巫咸。巫咸治王家有成，作《咸艾》，作《太戊》。帝太戊赞伊陟于庙，言弗臣，伊陟让，作《原命》。殷复兴，诸侯归之，故称中宗。

中宗崩，子帝中丁立。帝中丁迁于隞，河亶甲居相，祖乙迁于邢。帝中丁崩，弟外壬立，是为帝外壬。《仲丁》书阙不具。帝外壬崩，弟河亶甲立，是为帝河亶甲。河亶甲时，殷复衰。

河亶甲崩，子帝祖乙立。帝祖乙立，殷复兴。巫贤任职。

祖乙崩，子帝祖辛立。帝祖辛崩，弟沃甲立，是为帝沃甲。帝沃甲崩，立沃甲兄祖辛之子祖丁，是为帝祖丁。帝祖丁崩，立弟沃甲之子南庚，是为帝南庚。帝南庚崩，立帝祖丁之子阳甲，是为帝阳甲。帝阳甲之时，殷衰。

自中丁以来，废适而更立诸弟子，弟子或争相代立，比九世乱，于是诸侯莫朝。

帝阳甲崩，弟盘庚立，是

修养德行吧。"太戊听从了他的建议，那棵怪异的桑树就枯死了。伊陟对大臣巫咸非常称道。巫咸把帝王的事务治理得很好，作了《咸艾》《太戊》。帝太戊在祭祀宗庙时赞扬伊陟，说不把他当臣下对待，伊陟谦让，作了《原命》。殷朝又兴盛起来，诸侯也都来归服，所以太戊被称为中宗。

中宗崩逝后，儿子帝中丁即位。帝中丁把都城迁往隞地，河亶甲又将都城迁到了相地，祖乙又把都城迁到了邢地。帝中丁崩逝后，弟弟外壬即位，这就是帝外壬。记载这些的《仲丁》一书现已不存。帝外壬崩逝后，弟弟河亶甲即位，这就是帝河亶甲。河亶甲在位时，殷朝再度衰弱了。

河亶甲崩逝后，儿子帝祖乙即位。帝祖乙即位后，殷朝又兴盛起来。巫贤这时在殷朝任职。

祖乙崩逝后，儿子帝祖辛即位。帝祖辛崩逝后，弟弟沃甲即位，这就是帝沃甲。帝沃甲崩逝后，他的哥哥祖辛的儿子祖丁即位，这就是帝祖丁。帝祖丁崩逝后，弟弟沃甲的儿子南庚即位，这就是帝南庚。帝南庚崩逝后，帝祖丁的儿子阳甲即位，这就是帝阳甲。帝阳甲在位时，殷朝衰落。

自帝中丁以来，经常废除嫡子而改立弟弟或侄子，他们有时互相争夺王位，造成连续九世的混乱，于是诸侯没有来朝见的。

帝阳甲崩逝后，弟弟盘庚即位，这就

是帝盘庚。帝盘庚的时候，殷朝已经建都于黄河以北，盘庚渡河南迁，又住回成汤时的故都亳地。从成汤到盘庚总共迁都五次，没有固定的地方。殷朝的民众都有怨气，不愿搬迁。盘庚于是告谕诸侯大臣说："昔日先王成汤和你们的祖先一起平定天下，他们定下的法则可以遵循。若舍弃它而不努力实现，如何才能成就德业呢！"于是，他们渡过黄河南迁，修治亳都，遵行成汤时的政令，然后百姓由此安宁，殷朝又兴盛起来。诸侯来朝，这都是因为他遵循了成汤的德政。

帝盘庚崩逝后，弟弟小辛即位，这就是帝小辛。帝小辛即位后，殷朝再次衰落。百官思念盘庚，于是作了《盘庚》三篇。帝小辛崩逝后，弟弟小乙即位，这就是帝小乙。

帝小乙崩逝后，儿子帝武丁即位。帝武丁即位后，想再次振兴殷朝，但没有找到辅佐他的人。三年中，他没有发表政见，政事都由冢宰决定，武丁则借此观察国家的风气。武丁夜间梦到自己得到一位圣人，名叫说。武丁按梦中见到的样子观察群臣百吏，都不是说的样子。于是武丁就让百官到民间去寻找，最后在傅险之中找到说。这时说正在服劳役，在傅险筑路。百官把他引见给武丁，武丁说就是这个人。武丁得到说后就与他谈话，发现他果真是圣人，

为帝盘庚。帝盘庚之时，殷已都河北，盘庚渡河南，复居成汤之故居。乃五迁，无定处。殷民咨胥皆怨，不欲徙。盘庚乃告谕诸侯大臣曰："昔高后成汤与尔之先祖俱定天下，法则可修。舍而弗勉，何以成德！"乃遂涉河南，治亳，行汤之政。然后百姓由宁，殷道复兴，诸侯来朝，以其遵成汤之德也。

帝盘庚崩，弟小辛立，是为帝小辛。帝小辛立，殷复衰。百姓思盘庚，乃作《盘庚》三篇。帝小辛崩，弟小乙立，是为帝小乙。

帝小乙崩，子帝武丁立。帝武丁即位，思复兴殷，而未得其佐。三年不言，政事决定于冢宰，以观国风。武丁夜梦得圣人，名曰说。以梦所见视群臣百吏，皆非也。于是乃使百工营求之野，得说于傅险中。是时说为胥靡，筑于傅险。见于武丁，武丁曰是也。得而与之语，果圣人，举以为相，殷国大治。故遂以傅险姓之，号

曰傅说。

帝武丁祭成汤，明日，有飞雉登鼎耳而呴，武丁惧。祖己曰："王勿忧，先修政事。"祖己乃训王曰："唯天监下典厥义，降年有永有不永，非天夭民，中绝其命。民有不若德，不听罪，天既附命正厥德，乃曰'其奈何'。呜呼！王嗣敬民，罔非天继，常祀毋礼于弃道。"武丁修政行德，天下咸欢，殷道复兴。

帝武丁崩，子帝祖庚立。祖己嘉武丁之以祥雉为德，立其庙为高宗，遂作《高宗肜日》及《训》。

帝祖庚崩，弟祖甲立，是为帝甲。帝甲淫乱，殷复衰。

帝甲崩，子帝廪辛立。帝廪辛崩，弟庚丁立，是为帝庚丁。帝庚丁崩，子帝武乙立。殷复去亳，徙河北。

帝武乙无道，为偶人，谓之天神。与之博，令人为行，天神不胜，乃僇辱之。为革囊，盛血，卬而射之，命曰"射天"。

便任用他为宰相，殷国得以大治。因而傅险就作为他的姓氏，号称傅说。

帝武丁祭祀成汤的第二天，有一只山雉飞到鼎耳上鸣叫，武丁很害怕。祖己说："大王不必担忧，先处理国家政事。"祖己就规劝大王说："上天监视着下民，以其道义为典范，上天赐给人们的寿命有长有短，并非是上天要让谁夭折，中断了他的生命。有的人不遵从道德，不改正罪恶，有天命降下纠正他的不良德行，他才说'这怎么办呢'。唉！大王继承王位，重视民事，做的事没有不顺承天意的，应按常规祭祀，不应信奉应该抛弃的邪道。"武丁修政行德，天下的人都很高兴，殷朝又兴盛起来。

帝武丁崩逝后，儿子帝祖庚即位。祖己赞许武丁因野鸡之鸣开始修明德政，便为武丁立庙，尊称为高宗，并作了《高宗肜日》和《训》。

帝祖庚崩逝后，弟弟祖甲即位，这就是帝甲。帝甲荒淫无道，殷朝又衰落了。

帝甲崩逝后，儿子帝廪辛即位。帝廪辛崩逝后，弟弟庚丁即位，这就是帝庚丁。帝庚丁崩逝后，儿子帝武乙即位。殷都又从亳地迁到了黄河以北。

帝武乙暴虐无道，做了一个偶人，称之为"天神"。他与"天神"博戏，命令别人代替"天神"投掷。如果"天神"输了，武乙便侮辱它。他做了一个皮袋子，里面盛了血，仰天射这个皮袋子，武乙说这是"射天"。武乙在黄河、渭水之间打猎，遭遇了暴雷，被震死了。儿子帝太丁即位。帝太丁崩逝后，儿子帝乙即位。帝乙即位后，殷朝更加衰落了。

帝乙的长子叫微子启，启的母亲地位卑贱，启不能继承帝位。帝乙的小儿子叫辛，辛的母亲是正室，辛是帝乙的继承人。帝乙崩逝后，儿子辛即位，这就是帝辛，天下人称他为"纣"。

帝纣天资聪颖，反应灵敏，耳聪目明；气力超过常人，能徒手与猛兽格斗；他的才智足以拒绝臣下的劝谏，他的口才足以为他掩饰过错；他在群臣面前夸耀自己的才干，让自己的声望高于天下的其他人，认为别人都在自己之下。他嗜好饮酒，放荡作乐，沉迷女色，宠爱妲己，只听从妲己的话。于是他让乐师涓创作新的淫邪乐曲，跳起北里的鄙俗之舞，奏响靡靡之音。他加重赋税来充实鹿台的钱库、填满钜桥的粮仓。他还搜集狗、马和新奇物件，充实宫廷，进一步扩建沙丘的园林楼台，大肆捕捉野兽与飞鸟，放养在里面。他对鬼神轻慢不敬。他招来许多乐工戏子，聚集于沙丘玩乐，把酒灌为池，把肉悬挂成林，让男男女女赤身裸体在里面追逐嬉戏，彻夜畅饮。

百姓对此有怨气，有的诸侯也背叛了

武乙猎于河渭之间，暴雷，武乙震死。子帝太丁立。帝太丁崩，子帝乙立。帝乙立，殷益衰。

帝乙长子曰微子启，启母贱，不得嗣。少子辛，辛母正后，辛为嗣。帝乙崩，子辛立，是为帝辛，天下谓之纣。

帝纣资辨捷疾，闻见甚敏；材力过人，手格猛兽；知足以距谏，言足以饰非；矜人臣以能，高天下以声，以为皆出己之下。好酒淫乐，嬖于妇人，爱妲己，妲己之言是从。于是使师涓作新淫声，北里之舞，靡靡之乐。厚赋税以实鹿台之钱，而盈钜桥之粟。益收狗马奇物，充仞宫室。益广沙丘苑台，多取野兽蜚鸟置其中。慢于鬼神。大冣乐戏于沙丘，以酒为池，县肉为林，使男女倮相逐其间，为长夜之饮。

百姓怨望而诸侯有畔者，

于是纣乃重刑辟，有炮格之法。以西伯昌、九侯、鄂侯为三公。九侯有好女，入之纣。九侯女不熹淫，纣怒，杀之，而醢九侯。鄂侯争之强，辨之疾，并脯鄂侯。西伯昌闻之，窃叹。崇侯虎知之，以告纣，纣囚西伯羑里。西伯之臣闳夭之徒，求美女奇物善马以献纣，纣乃赦西伯。西伯出而献洛西之地，以请除炮格之刑。纣乃许之，赐弓矢斧钺，使得征伐，为西伯。而用费中为政。费中善谀，好利，殷人弗亲。纣又用恶来。恶来善毁谗，诸侯以此益疏。

　　西伯归，乃阴修德行善，诸侯多叛纣而往归西伯。西伯滋大，纣由是稍失权重。王子比干谏，弗听。商容贤者，百姓爱之，纣废之。及西伯伐饥国，灭之，纣之臣祖伊闻之而咎周，恐，奔告纣曰："天既讫我殷命，假人元龟，无敢知吉。非先王不相我后人，维王

　　他，于是纣就加重刑罚，设置了"炮格"这种刑罚。他任用西伯昌、九侯、鄂侯为三公。九侯有个好看的女儿，他把她献给了纣。由于九侯的女儿不喜欢淫荡，纣非常恼怒，就杀了她，并把九侯剁成了肉酱。鄂侯极力强谏，为九侯辩解，言辞激烈，纣又把鄂侯做成了肉干。西伯昌听说了这些事，暗自叹息。崇侯虎得知西伯昌叹息的消息，就把它告诉了纣，纣便把西伯昌囚禁在羑里。西伯昌的臣子闳夭等人，找来了美女、奇珍、良马等献给纣，纣这才赦免了西伯昌。西伯昌出狱后，把洛河以西的土地献给了纣，请求他废除炮格这种刑罚。纣便答应了他，赐给他弓矢、斧钺，使他能够征伐其他诸侯，成为西方诸侯之长。纣任用费中掌管政事。费中善于阿谀奉承，贪图私利，殷人并不与他亲近。纣又任用恶来。恶来好进谗言，毁谤他人，诸侯为此与纣更加疏远。

　　西伯昌回去后，就暗中修养德行，推行善政，诸侯大多背叛纣而归服西伯昌。西伯昌的势力逐渐强大，纣自此逐渐失去了权势和威力。王子比干劝谏纣，纣不听。商容是位贤者，百姓爱戴他，纣却废之不用。等到西伯昌讨伐饥国，把它灭掉，纣的臣子祖伊听说此事后厌恶周国，心里害怕，跑到纣面前报告说："上天已经终止了我们殷朝的命运，贤人的观察和大龟的占卜

都没有什么吉祥的。这并非先王不保佑我们这些后代，而是大王你荒淫暴虐，自绝于天，所以上天才抛弃我们，使民众不能再安稳生活，你仍不思虑体察上天的意旨，不遵循先王的纲常旧典。如今我们的民众没有一个不希望殷朝灭亡的，他们说：'上天为什么还不显示威灵，灭商的天命为什么还不到来？'大王您如今想怎么办呢？"纣说："我生来做国君，不就是奉受天命吗！"祖伊从纣那里回来，说："纣已经无法劝谏了。"西伯昌去世后，周武王率军东征，到达盟津时，背叛殷朝前来与周武王会师的诸侯有八百个之多。诸侯都说："可以讨伐纣了。"武王说："你们还不了解天命。"于是都回去了。

纣愈加荒淫无道，没有停下来的迹象。微子屡次劝谏，他都不听，于是微子就与太师、少师商量后，离开了殷朝。比干说："作为臣子，不能不以死争谏。"因而极力劝谏纣。纣发怒说："我听说圣人的心脏有七窍。"于是剖开了比干的胸膛，挖出心来观看。箕子害怕，就假装疯癫，给人家当奴隶，纣还是把他囚禁了起来。殷朝的太师、少师便带着祭器和乐器逃奔到了周国。周武王便在这时率领诸侯讨伐商纣，纣也派兵在牧野迎击。甲子那天，纣兵失败。纣逃跑后，登上鹿台，穿上他的宝玉衣，跳进火中而死。周武王于是砍下

淫虐用自绝，故天弃我，不有安食，不虞知天性，不迪率典。今我民罔不欲丧，曰'天曷不降威，大命胡不至'？今王其奈何？"纣曰："我生不有命在天乎！"祖伊反，曰："纣不可谏矣。"西伯既卒，周武王之东伐，至盟津，诸侯叛殷会周者八百。诸侯皆曰："纣可伐矣。"武王曰："尔未知天命。"乃复归。

纣愈淫乱不止。微子数谏不听，乃与大师、少师谋，遂去。比干曰："为人臣者，不得不以死争。"乃强谏纣。纣怒曰："吾闻圣人心有七窍。"剖比干，观其心。箕子惧，乃详狂为奴，纣又囚之。殷之大师、少师乃持其祭乐器奔周。周武王于是遂率诸侯伐纣，纣亦发兵距之牧野。甲子日，纣兵败。纣走，入登鹿台，衣其宝玉衣，赴火而死。周武王遂斩纣头，县之大白旗。杀妲己。释箕子之囚，

封比干之墓，表商容之间。封纣子武庚禄父，以续殷祀，令修行盘庚之政。殷民大说。于是周武王为天子。其后世贬帝号，号为王。而封殷后为诸侯，属周。

周武王崩，武庚与管叔、蔡叔作乱，成王命周公诛之，而立微子于宋，以续殷后焉。

太史公曰：余以《颂》次契之事，自成汤以来，采于《书》《诗》。契为子姓，其后分封，以国为姓，有殷氏、来氏、宋氏、空桐氏、稚氏、北殷氏、目夷氏。孔子曰，殷路车为善，而色尚白。

纣的人头，悬挂在大白旗上，又处死了妲己。他释放了被囚禁的箕子，修缮了比干的坟墓，表彰了商容居住的里巷。周武王封纣的儿子武庚禄父，让他承续殷朝的祭祀，责令他施行盘庚时代的德政。殷朝的民众非常高兴。于是，周武王做了天子。后世降低了称"帝"的名号，改称为"王"。周武王封殷朝的后代为诸侯，从属于周朝。

周武王死后，武庚联合管叔、蔡叔发动叛乱，周成王令周公诛灭了他们，并封纣的兄弟微子于宋国，以延续殷朝的后嗣。

太史公说：我是根据《商颂》来编次契的事迹的，自成汤以来的事，采用了《书》《诗》中的记载。契姓子，他的后代获得分封，以封国为姓，有殷氏、来氏、宋氏、空桐氏、稚氏、北殷氏、目夷氏。孔子说，殷人乘坐的车很好，而且崇尚白色。

周本纪

周后稷，名弃。他的母亲是有邰氏的女儿，叫姜原。姜原是帝喾的正妃。姜原去野外，见到巨人的足迹，心里喜悦，想去踩它，踩到以后便觉得腹中蠕动好像怀孕了，到时间后生下了一个儿子。姜原认为这个孩子不吉祥，就把他丢弃在狭窄的巷子里，牛马经过都避开男孩而不踩踏他；又把他移置到山林里，恰好遇到山林里有很多人，就把他抱走了；而把他丢弃在结了冰的水渠上，有飞鸟来把翅膀盖在他身上，垫在他身下。姜原认为这些现象很神奇，便把他抱回去抚养长大成人。当初姜原想把他丢弃，所以给他取名叫"弃"。

弃在孩提时，就立下大人物那样的志向。他在游戏时，喜欢栽麻种菽，麻、菽都长得好。等他长大成人后，也就喜欢耕作庄稼，观察土地的质地，适宜庄稼生长的就种上庄稼，民众都效法他。帝尧听说此事后，就举用弃为农师，天下人都得到了好处，弃因而有功。帝舜说："弃，黎

周后稷，名弃。其母有邰氏女，曰姜原。姜原为帝喾元妃。姜原出野，见巨人迹，心忻然说，欲践之，践之而身动如孕者。居期而生子，以为不祥，弃之隘巷，马牛过者皆辟不践；徙置之林中，适会山林多人，迁之；而弃渠中冰上，飞鸟以其翼覆荐之。姜原以为神，遂收养长之。初欲弃之，因名曰弃。

弃为儿时，屹如巨人之志。其游戏，好种树麻、菽，麻、菽美。及为成人，遂好耕农，相地之宜，宜谷者稼穑焉，民皆法则之。帝尧闻之，举弃为农师，天下得其利，有功。帝舜曰："弃，黎民始饥，尔后

稷播时百谷。"封弃于邰，号曰后稷，别姓姬氏。后稷之兴，在陶唐、虞、夏之际，皆有令德。

后稷卒，子不窋立。不窋末年，夏后氏政衰，去稷不务，不窋以失其官而奔戎狄之间。不窋卒，子鞠立。鞠卒，子公刘立。公刘虽在戎狄之间，复修后稷之业，务耕种，行地宜，自漆、沮度渭，取材用，行者有资，居者有畜积，民赖其庆。百姓怀之，多徙而保归焉。周道之兴自此始，故诗人歌乐思其德。公刘卒，子庆节立，国于豳。

庆节卒，子皇仆立。皇仆卒，子差弗立。差弗卒，子毁隃立。毁隃卒，子公非立。公非卒，子高圉立。高圉卒，子亚圉立。亚圉卒，子公叔祖类立。公叔祖类卒，子古公亶父立。古公亶父复修后稷、公刘之业，积德行义，国人皆戴之。薰育戎狄攻之，欲得财物，予之。已复攻，欲得地与民。民

民百姓以前饥苦，你作为后稷要按时播种百谷。"封弃于邰地，号称后稷，别姓为姬氏。后稷的兴起，是在陶唐、虞、夏之际，历代都有美德。

后稷死后，儿子不窋即位。不窋末年，夏后氏政治衰败，废弃农官，不务农事，不窋因失去了农师的官职，而逃奔到戎狄之地。不窋死后，儿子鞠即位。鞠死后，儿子公刘即位。公刘虽然生活在戎狄之地，却能重新从事后稷的事业，致力于耕作，按照土地的情况种植作物，从漆、沮渡过渭水，伐取木材以供使用，使出门的人有旅费，居家的人有积蓄，人们都仰赖他的福泽。百姓得享其福，感念于他，很多人便迁徙过来归附于他。周的政治德业的兴起就是从这时开始的，因此，诗人作了歌诗乐章感怀他的功德。公刘去世，儿子庆节即位，在豳邑建立国都。

庆节去世，儿子皇仆即位。皇仆去世，儿子差弗即位。差弗去世，儿子毁隃即位。毁隃去世，儿子公非即位。公非去世，儿子高圉即位。高圉去世，儿子亚圉即位。亚圉去世，儿子公叔祖类即位。公叔祖类去世，儿子古公亶父即位。古公亶父重修后稷、公刘的大业，积累功德，躬行仁义，国人都很拥戴他。薰育这支戎狄前来攻打他，想得到他的财物，古公亶父就把财物给他们。过后又来攻打，想得到土地和人

民。人民都愤怒了，想要和薰育作战。古公说："人民拥立君主，就是让他给大家谋得福利。现在戎狄前来攻击我们，目的是我们的土地和人民。人民归属于我，或者归属于他，又有什么区别呢？人民想因为我打仗，杀害了人家的父子，我还做他们的君主，我不忍心这样做。"于是带着他的私家部属离开了豳地，渡过漆、沮二水，翻越梁山，定居于岐山脚下。豳地的人民举国扶老携弱，全部来到岐山脚下重新归附于古公。就连其他地方的人们，听闻古公的仁爱后，也多来归附他。于是古公废除了戎狄的习俗，营造城郭，建筑房舍，划分邑落让他们分别居住，还设立了司徒、司马、司空、司士、司寇五种官僚机构。人民都为此歌咏乐诗，颂扬他的功德。

古公有长子叫太伯，次子叫虞仲。古公的妃子太姜又生下了幼子季历，季历娶太任为妻，太姜、太任都是贤惠的妇人，太任生下了昌，昌有圣人的瑞应。古公说："我的后代应当出现能让家族兴盛的人，大概就是昌吧？"长子太伯、次子虞仲知道古公想立季历为继承人，以便传位给昌，于是二人逃到了荆蛮之地，随当地的风俗，身刺花纹，剪短头发，以便把位子让给季历。

古公去世，季历即位，这就是公季。公季继续推行古公遗留下的治国之道，致

皆怒，欲战。古公曰："有民立君，将以利之。今戎狄所为攻战，以吾地与民。民之在我，与其在彼，何异？民欲以我故战，杀人父子而君之，予不忍为。"乃与私属遂去豳，度漆、沮，逾梁山，止于岐下。豳人举国扶老携弱，尽复归古公于岐下。及他旁国闻古公仁，亦多归之。于是古公乃贬戎狄之俗，而营筑城郭室屋，而邑别居之。作五官有司。民皆歌乐之，颂其德。

古公有长子曰太伯，次曰虞仲。太姜生少子季历，季历娶太任，皆贤妇人。生昌，有圣瑞。古公曰："我世当有兴者，其在昌乎？"长子太伯、次子虞仲知古公欲立季历以传昌，乃二人亡如荆蛮，文身断发，以让季历。

古公卒，季历立，是为公季。公季修古公遗道，笃于行义，

诸侯顺之。

公季卒，子昌立，是为西伯。西伯曰文王，遵后稷、公刘之业，则古公、公季之法，笃仁，敬老，慈少。礼下贤者，日中不暇食以待士，士以此多归之。伯夷、叔齐在孤竹，闻西伯善养老，盍往归之。太颠、闳夭、散宜生、鬻子、辛甲大夫之徒皆往归之。

崇侯虎谮西伯于殷纣曰："西伯积善累德，诸侯皆向之，将不利于帝。"帝纣乃囚西伯于羑里。闳夭之徒患之，乃求有莘氏美女，骊戎之文马，有熊九驷，他奇怪物，因殷嬖臣费仲而献之纣。纣大说，曰："此一物足以释西伯，况其多乎！"乃赦西伯，赐之弓矢斧钺，使西伯得征伐。曰："谮西伯者，崇侯虎也。"西伯乃献洛西之地，以请纣去炮格之刑。纣许之。

西伯阴行善，诸侯皆来决平。于是虞、芮之人有狱不能决，乃如周。入界，耕者皆让畔，民俗皆让长。虞、芮之人未见西伯，皆惭，相谓曰："吾所

力于施行仁义，诸侯都顺从他。

公季去世，儿子昌即位，这就是西伯。西伯被尊称为文王，他继承后稷、公刘的遗业，效仿古公、公季的法则，笃行仁义，尊敬老人，爱护小孩。他礼贤下士，为了接待有贤德的人，每天忙到正午也抽不出时间进餐，因此很多士人归附他。伯夷、叔齐在孤竹国，听说西伯用心奉养老者，就一同前去投奔他。太颠、闳夭、散宜生、鬻子、辛甲大夫这些人都过去投奔了西伯。

崇侯虎在殷纣面前谮害西伯道："西伯积累善行，诸侯都归向于他，这将不利于您。"于是，帝纣便把西伯囚禁在羑里。闳夭等人很担心西伯，就去寻求有莘氏的美女，骊戎的毛色有斑纹的骏马，有熊氏的三十六匹好马，以及其他珍奇异物，通过殷纣的宠臣费仲进献给纣王。纣王大悦，说："凭这其中一件就足以释放西伯了，何况有这么多呢！"于是赦免了西伯，赐给他弓箭斧钺，使西伯拥有征伐之权。纣王又说："谮害西伯的人，是崇侯虎。"西伯于是献出洛水以西的土地，用以请求纣王废除炮格这种刑罚，纣王答应了他。

西伯暗地里行善事，诸侯都来请他主持公道。当时虞、芮两国的人有诉讼不能裁决，就到周国来。进入周国的国界，他们发现耕田的人都互让田界，民俗中都讲求谦让年长者。虞、芮两国的人还没见到

西伯，就自觉惭愧，互相说："我们所争的，是周人所感到羞耻的，还去找西伯干什么，只是自取羞辱罢了。"于是返回，互相谦让着离开。诸侯听说此事后，说："西伯大概就是有天命在身的君主。"

第二年，西伯讨伐犬戎。下一年，讨伐密须。又下一年，打败了耆国。殷朝的祖伊听说这些事，感到很害怕，就把这些情况告诉了帝纣。纣说："我不是承受天命之人吗？西伯又能把我怎么样呢！"第二年，西伯伐邘。下一年，伐崇侯虎。周同时营建了丰邑，将都城从岐山脚下迁到了丰邑。第二年，西伯去世，太子发即位，这就是武王。

西伯大概在位五十年。他被囚禁于羑里时，大概把《易》的八卦增演为六十四卦。诗人称说西伯大概是在裁决"虞芮之讼"的那年开始受命称王的。十年后崩逝，谥为文王。从此更改法度，制定历法了。之后追尊古公为"太王"，公季为"王季"，大概称王的瑞应是从太王时开始出现的。

武王即位，以太公望为太师，周公旦为辅相，召公、毕公等人留在王师中辅佐，继续文王的遗业。

武王九年，武王在毕地祭祀文王。向东检阅军队，一直到达盟津。用木头做了文王的灵牌，用车载着，供在军中。武王自称太子发，说他是奉文王之命进行征伐，

争，周人所耻，何往为，只取辱耳。"遂还，俱让而去。诸侯闻之，曰"西伯盖受命之君"。

明年，伐犬戎。明年，伐密须。明年，败耆国。殷之祖伊闻之，惧，以告帝纣。纣曰："不有天命乎？是何能为！"明年，伐邘。明年，伐崇侯虎。而作丰邑，自岐下而徙都丰。明年，西伯崩，太子发立，是为武王。

西伯盖即位五十年。其囚羑里，盖益《易》之八卦为六十四卦。诗人道西伯，盖受命之年称王而断虞、芮之讼。后十年而崩，谥为文王。改法度，制正朔矣。追尊古公为太王，公季为王季：盖王瑞自太王兴。

武王即位，太公望为师，周公旦为辅，召公、毕公之徒左右王师，修文王绪业。

九年，武王上祭于毕。东观兵，至于盟津。为文王木主，载以车，中军。武王自称太子发，言奉文王以伐，不敢自专。

乃告司马、司徒、司空、诸节：
"齐栗，信哉！予无知，以先
祖有德，臣小子受先功，毕立
赏罚，以定其功。"遂兴师。
师尚父号曰："总尔众庶，与
尔舟楫，后至者斩。"武王渡河，
中流，白鱼跃入王舟中，武王
俯取以祭。既渡，有火自上复
于下，至于王屋，流为乌，其
色赤，其声魄云。是时，诸侯
不期而会盟津者八百诸侯。诸
侯皆曰："纣可伐矣。"武王
曰："女未知天命，未可也。"
乃还师归。

居二年，闻纣昏乱暴虐滋
甚，杀王子比干，囚箕子。太
师疵、少师彊抱其乐器而奔周。
于是武王遍告诸侯曰："殷有
重罪，不可以不毕伐。"乃遵
文王，遂率戎车三百乘，虎贲
三千人，甲士四万五千人，以
东伐纣。十一年十二月戊午，
师毕渡盟津，诸侯咸会。曰：
"孳孳无怠！"武王乃作《太
誓》，告于众庶："今殷王
纣乃用其妇人之言，自绝于
天，毁坏其三正，离逷其王父

不敢独断专行。于是，他昭告司马、司徒、
司空和有关官员："的确要庄重谨慎啊！
我是无知之人，因为先祖有德行，我继承
了先祖的功业，现已制定了各种赏罚制度，
来完成他们的功业。"于是起兵。师尚父
太公望号令道："集合你们所有的人和你
们的船只，迟到者斩。"武王渡黄河，渡
到一半时，有白鱼跃入武王的船中，武王
俯身拾起，用这条鱼来祭祀。渡过黄河以后，
有一团火从天而降，落在了武王的屋顶上，
变成乌鸦状，它的颜色是红色的，发出"魄
魄"的声响。这时，事先未经约定而会集
到盟津的诸侯有八百位。诸侯都说："可
以讨伐纣王了。"武王说："你们不了解
天命，现在还不行。"于是班师回去了。

过了两年，听说纣王更加昏庸暴虐，
他杀了王子比干，囚禁了箕子。太师疵、
少师彊抱着他们的乐器逃奔到周国。于是
武王遍告诸侯，说："殷朝有重罪，不可
不全力讨伐。"于是遵行文王遗命，率领
兵车三百乘，虎贲勇士三千人，穿戴护甲
的士兵四万五千人，东进伐纣。武王十一
年十二月戊午日，军队全部渡过盟津，诸
侯全都来会合，说："勤勉努力，不可懈
怠！"武王于是作《太誓》，向众人宣告：
"如今殷王纣竟听信妇人的谗言，自绝于
天，违背天、地、人三正的规则，疏远自
己同一祖父母的兄弟，而且竟然舍弃先祖

创制的乐曲,谱制淫声,以此扰乱雅乐正声,去讨得妇人的欢心。所以,现在我姬发要恭谨地执行上天的惩罚。努力啊,各位壮士,不能有第二次,更不能有第三次!"

二月甲子日清晨,武王早早来到了商都郊外的牧野,举行誓师。武王左手持黄钺,右手握着用白色牦牛尾装饰成的旗子,用来指挥,说:"远来劳苦啊,西方的人们!"武王说:"啊!我的友邦君主们,司徒、司马、司空、亚旅、师氏、千夫长、百夫长,以及庸、蜀、羌、髳、微、纑、彭、濮各国的人们,高举你们的戈,排齐你们的盾,竖起你们的矛,我将要宣誓了。"武王说:"古人有言'母鸡不报晓。母鸡报晓,家破人亡'。如今殷王纣只听妇人之言,自己废弃了对先祖的祭祀,不知报答神恩;昏庸地抛弃国家朝政,遗弃他同一祖父母的兄弟而不加进用,却对那些从四方诸侯国逃亡到商国的罪犯特别对待,推崇他们、抬高他们、信任他们、任用他们,让他们来残害百姓,在商国为非作歹。现在我姬发要恭敬地执行上天对商国的惩罚。今日作战,前进不过六七步就可以停下来整顿队伍了,大家要努力啊!攻击不过四下、五下、六下、七下,就可以停下来整顿队伍了,大家要努力啊!希望大家威风勇武,如虎如罴,如豺如螭,在商郊作战,不要迎击那些前来投降的敌方士兵,

母弟,乃断弃其先祖之乐,乃为淫声,用变乱正声,怡说妇人。故今予发维共行天罚。勉哉夫子,不可再,不可三!"

二月甲子昧爽,武王朝至于商郊牧野,乃誓。武王左杖黄钺,右秉白旄以麾,曰:"远矣西土之人!"武王曰:"嗟!我有国冢君,司徒、司马、司空,亚旅、师氏,千夫长、百夫长,及庸、蜀、羌、髳、微、纑、彭、濮人,称尔戈,比尔干,立尔矛,予其誓。"王曰:"古人有言'牝鸡无晨。牝鸡之晨,惟家之索'。今殷王纣维妇人言是用,自弃其先祖肆祀不答,昏弃其家国,遗其王父母弟不用,乃维四方之多罪逋逃是崇是长,是信是使,俾暴虐于百姓,以奸轨于商国。今予发维共行天之罚。今日之事,不过六步七步,乃止齐焉。夫子勉哉!不过于四伐五伐六伐七伐,乃止齐焉,勉哉夫子!尚桓桓,如虎如罴,如豺如离。于商郊,不御克奔,以役西土,勉哉夫子!尔所不勉,其于尔身有戮。"誓已,诸侯兵会者

车四千乘，陈师牧野。

帝纣闻武王来，亦发兵七十万人距武王。武王使师尚父与百夫致师，以大卒驰帝纣师。纣师虽众，皆无战之心，心欲武王亟入。纣师皆倒兵以战，以开武王。武王驰之，纣兵皆崩畔纣。纣走，反，入登于鹿台之上，蒙衣其殊玉，自燔于火而死。武王持大白旗以麾诸侯，诸侯毕拜武王，武王乃揖诸侯，诸侯毕从。武王至商国，商国百姓咸待于郊。于是武王使群臣告语商百姓曰："上天降休！"商人皆再拜稽首，武王亦答拜。遂入，至纣死所。武王自射之，三发而后下车，以轻剑击之，以黄钺斩纣头，县大白之旗。已而至纣之嬖妾二女，二女皆经自杀。武王又射三发，击以剑，斩以玄钺，县其头小白之旗。武王已乃出复军。

其明日，除道，修社及商纣官。及期，百夫荷罕旗以先驱。

要让他们为我们西方人服役，大家一定要努力啊！你们谁要是不努力，你们自身将遭杀戮。"誓师完毕，诸侯的军队会合在一起，有兵车四千辆，列阵于牧野。

帝纣听说武王攻来，也发兵七十万人抵御武王。武王派师尚父与一百名士兵前去挑战，率领大军急驱向殷纣的军队。纣的军队虽然人多，但都无战斗之心，心里希望武王赶快攻进来。纣王的军队都倒戈攻向己方队伍，为武王开路。武王驱车前进，纣的军队都崩溃背叛了纣。殷纣败逃，返回城中，登上鹿台，穿上他的宝玉衣，投火自焚而死。武王手持大白旗以指挥诸侯，诸侯都参拜武王，武王也向诸侯揖手为礼，诸侯全都服从他。武王到了朝歌，朝歌的百姓都在城郊迎候。于是武王派群臣告诉商朝的百姓说："上天降福！"百姓都再拜稽首，武王也回拜作为答谢。于是武王等人进城，来到纣王死的地方。武王亲自用箭射纣的尸体，连射三箭后下车，又用轻吕剑刺他，用黄钺砍下纣王的头颅，悬挂在大白旗上。然后又来到纣的两个宠妾所在地，这两个女子都已上吊自杀。武王又射三箭，以剑刺她们，用玄钺砍下她们的头颅，将头颅悬挂在小白旗上。武王做完这些，才出城返回军中。

第二天，清除道路，修缮祭祀土地神的地方及商纣的宫室。到了预定之日，一百名士兵扛着罕旗在前开道。武王的弟弟叔振铎驾着武王的仪仗车,周公旦手持大钺,毕公手持小钺,侍卫在武王两旁。散宜生、太颠、闳夭都手持着剑护卫武王。进了社庙,武王站在社坛南面,大军的左右大臣都跟随着他。毛叔郑手捧明水,卫康叔封铺好草席,召公奭帮着献上贡品,师尚父牵来祭祀用的牲畜。尹佚诵读竹策上的祭神祷文说:"殷朝末代子孙季纣,毁弃先王的明德,怠慢轻蔑天地诸神而不祭祀,昏乱暴虐,残害商邑的百姓,他罪恶昭著,天皇上帝都已经知道。"于是武王再拜稽首,尹佚说:"承受天命,更革殷朝的天命,接受上天昭明的旨命。"武王又再拜稽首,然后离开社庙。

武王把殷朝遗民封给纣的儿子禄父。武王因殷地初平,尚未安定,于是派他的弟弟管叔鲜、蔡叔度辅佐禄父治理殷地。而后命召公释放被囚禁的箕子,命毕公释放被囚禁的百姓,旌表商容所住的里巷。命南宫括散发鹿台的钱财,分发钜桥粮仓的粮食,以赈济贫弱的百姓。命南宫括、史佚展示九鼎和宝玉。命闳夭给比干的坟墓培土筑高。命宗祝在军中祭祀战神。于是罢兵回到西方。武王巡行各诸侯国,记录政事,作了《武成》。分封诸侯,并颁赐殷朝宗庙的樽器给诸侯,作了《分殷之器物》。武王追思先代圣王的功德,于是

武王弟叔振铎奉陈常车,周公旦把大钺,毕公把小钺,以夹武王。散宜生、太颠、闳夭皆执剑以卫武王。既入,立于社南,大卒之左右毕从。毛叔郑奉明水,卫康叔封布兹,召公奭赞采,师尚父牵牲。尹佚策祝曰:"殷之末孙季纣,殄废先王明德,侮蔑神祇不祀,昏暴商邑百姓,其章显闻于天皇上帝。"于是武王再拜稽首,曰:"膺受大命,革殷,受天明命。"武王又再拜稽首,乃出。

封商纣子禄父殷之余民。武王为殷初定未集,乃使其弟管叔鲜、蔡叔度相禄父治殷。已而命召公释箕子之囚。命毕公释百姓之囚,表商容之闾。命南宫括散鹿台之财,发钜桥之粟,以振贫弱萌隶。命南宫括、史佚展九鼎保玉。命闳夭封比干之墓。命宗祝享祠于军。乃罢兵西归。行狩,记政事,作《武成》。封诸侯,班赐宗彝,作《分殷之器物》。武王追思先圣王,乃褒封神农之后于焦,黄帝之

后于祝，帝尧之后于蓟，帝舜之后于陈，大禹之后于杞。于是封功臣谋士，而师尚父为首封。封尚父于营丘，曰齐。封弟周公旦于曲阜，曰鲁。封召公奭于燕，封弟叔鲜于管，弟叔度于蔡。余各以次受封。

武王征九牧之君，登豳之阜，以望商邑。武王至于周，自夜不寐。周公旦即王所，曰："曷为不寐？"王曰："告女：维天不飨殷，自发未生于今六十年，麋鹿在牧，蜚鸿满野。天不享殷，乃今有成。维天建殷，其登名民三百六十夫，不显亦不宾灭，以至今。我未定天保，何暇寐！"王曰："定天保，依天室，悉求夫恶，贬从殷王受。日夜劳来定我西土，我维显服，及德方明。自洛汭延于伊汭，居易毋固，其有夏之居。我南望三涂，北望岳鄙，顾詹有河，粤詹雒、伊，毋远天室。"营周居于雒邑而后去。纵马于华山之阳，放牛于桃林之虚；偃干戈，振兵释旅：示天下不复用也。

褒扬并分封神农的后代于焦，封黄帝的后代于祝，封帝尧的后代于蓟，封帝舜的后代于陈，封大禹的后代于杞。然后分封功臣谋士，而师尚父是第一个受封的人。封师尚父于营丘，国号为齐。封弟弟周公旦于曲阜，国号为鲁。封召公奭于燕，封弟叔鲜于管，封弟叔度于蔡。其他人分别依次受封。

武王召集九州之君，登上豳城附近的土山遥望商邑。武王回到周都，在夜里睡不着。周公旦来到武王的住处，说："您为何不睡觉呢？"武王说："告诉你吧：上天不受殷的祭祀，从我姬发还没出生起到现在有六十年了，麋鹿在郊野，飞虫遍布山野。上天不歆享殷的祭祀，才有今天周的成功。上天建立殷朝，任用有名的贤人三百六十人，这些人既没有光大殷朝也没有使它被上天抛弃，一直到现在。我还没有确定会得到上天的保佑，哪有时间睡觉呢！"武王又说："确定得到上天的保佑，让人民依从周王室，将恶人统统找出来，对他们的贬责与殷纣一样。日夜慰劳人民，安定我们西方的领土，我只有显扬政绩，以及使德教弘扬远方。从洛水河湾一直到伊水河湾，地势平坦没有险隘，从前是夏朝定居的地方。我向南望三涂山，向北望太行山边邑，环视黄河，观察洛水、伊水，不要远离这里建立都城。"武王在洛邑规划了都城的营建，然后离开。将战马纵放于华山之南，把牛放牧于桃林之野，收起干戈，班师后解散军队：以此昭示天下不再用兵打仗了。

武王攻克殷朝两年之后，询问箕子殷朝灭亡的原因。箕子不忍心说出殷朝的罪恶，只是以国家存亡之道相告。武王也很难堪，所以向他询问有关天道的事。

武王生病了。天下尚未安定，王室大臣感到恐惧，恭敬地进行占卜。周公于是祭祀斋戒来求福免灾，自己当替身，想代替武王去死，武王有所好转。后来武王崩逝，太子诵继承王位，这就是成王。

成王年少，周朝刚平定天下，周公担心诸侯背叛周朝，周公就代行国家政事。武王的弟弟管叔、蔡叔怀疑周公有篡位之心，便与武庚一起作乱，背叛周朝。周公奉成王之命，讨伐他们，杀了武庚、管叔，放逐了蔡叔。又让微子开接续殷朝的后代，立国于宋。尽量收留殷朝的遗民，把他们封给武王的幼弟封，封他为卫康叔。晋唐叔得到了一种吉祥的禾谷，将其献给成王，成王把禾谷赠给了在军营中的周公。周公在东方接受了禾谷，讲述了天子的命令。当初，管叔、蔡叔背叛周室，周公征讨他们，用了三年时间完全平定，所以起初作了《大诰》，之后作了《微子之命》，之后又作了《归禾》，之后又作了《嘉禾》，

武王已克殷，后二年，问箕子殷所以亡。箕子不忍言殷恶，以存亡国宜告。武王亦丑，故问以天道。

武王病。天下未集，群公惧，穆卜，周公乃祓斋，自为质，欲代武王，武王有瘳。后而崩，太子诵代立，是为成王。

成王少，周初定天下，周公恐诸侯畔周，公乃摄行政当国。管叔、蔡叔群弟疑周公，与武庚作乱，畔周。周公奉成王命，伐诛武庚、管叔，放蔡叔。以微子开代殷后，国于宋。颇收殷余民，以封武王少弟封为卫康叔。晋唐叔得嘉谷，献之成王，成王以归周公于兵所。周公受禾东土，鲁天子之命。初，管、蔡畔周，周公讨之，三年而毕定，故初作《大诰》，次作《微子之命》，次《归禾》，次《嘉禾》，次《康诰》《酒诰》《梓材》，其事在《周公》之篇。

周公行政七年，成王长，周公反政成王，北面就群臣之位。

　　成王在丰，使召公复营雒邑，如武王之意。周公复卜申视，卒营筑，居九鼎焉。曰："此天下之中，四方入贡道里均。"作《召诰》《洛诰》。成王既迁殷遗民，周公以王命告，作《多士》《无佚》。召公为保，周公为师，东伐淮夷，残奄，迁其君薄姑。成王自奄归，在宗周，作《多方》。既绌殷命，袭淮夷，归在丰，作《周官》。兴正礼乐，度制于是改，而民和睦，颂声兴。成王既伐东夷，息慎来贺，王赐荣伯，作《贿息慎之命》。

　　成王将崩，惧太子钊之不任，乃命召公、毕公率诸侯以相太子而立之。成王既崩，二公率诸侯，以太子钊见于先王庙，申告以文王、武王之所以为王业之不易，务在节俭，毋多欲，以笃信临之，作《顾命》。太子钊遂立，是为康王。康王即位，遍告诸侯，宣告以文武

　　最后作了《康诰》《酒诰》《梓材》，这些事迹都记载于《鲁周公世家》。周公摄政七年，成王长大后，周公将政权交还给成王，自己面朝北回到群臣之列。

　　成王在丰邑，派召公继续营建洛邑，来实现武王的遗愿。周公又占卜、视察，最终营建完成，将九鼎迁置其中。周公说："这里是天下中心，四方来入贡的路程一样长。"作了《召诰》《洛诰》。成王迁走殷朝的遗民后，周公向他们宣布了成王的命令，作了《多士》《无佚》。成王任命召公为太保，任命周公为太师，东伐淮夷，灭了奄国，把奄国国君迁到薄姑。成王从奄国回来，在宗周作了《多方》。废黜殷朝的天命后，又袭击淮夷，回到丰邑，作了《周官》。兴作、修正了礼乐，制度从这时候起有了改革，而人民和睦，歌颂之声兴起。成王征伐东夷后，息慎前来祝贺，成王赏赐荣伯，荣伯作了《贿息慎之命》。

　　成王将要崩逝，担心太子钊不能胜任国事，就命召公、毕公带领诸侯辅佐太子，而后立钊为王。成王崩逝后，召公、毕公率领诸侯，带太子钊去拜谒先王的宗庙，反复告诉他文王、武王成就王业的不容易，要厉行节俭，不要欲望很多，要秉持笃厚诚信的态度治理天下，作了《顾命》。太子钊即位，这就是康王。康王即位后，遍告诸侯，向他们反复宣告文王、武王的功

业，以申诫诸侯，作了《康诰》。所以成王、康王时期，天下安宁，刑罚被弃置四十多年没有使用。康王命人作策以告毕公，让毕公根据殷民善恶分别区域而居，又让毕公安定周都的郊区，作了《毕命》。

康王去世，儿子昭王瑕即位。昭王时期，王道略有缺失，昭王到南方巡狩，没能返回，死在了长江之上。昭王的死没有向诸侯告丧，是因为此事要避讳。后来立昭王之子满即位，这就是穆王。穆王即位时，年纪已经五十岁了。这时王道衰微不振，穆王悲悯文王、武王的治国之路有亏缺，就命伯囧为太仆，申诫如何管理国家政事，作《囧命》。天下又得以安定。

穆王将要征伐犬戎，祭公谋父劝谏说："不可以。先王向天下显示德行而不炫耀武力。武力平时要收敛起来，在必要时才发动，一发动就要显示出它的威力，炫耀就会让人轻视，被轻视就起不到震慑作用。所以周文公之颂说：'收起干与戈，藏起弓与箭，我追求美德，华夏都传遍，王业永保全。'先王对于民众，勉力去端正他们的品德，敦厚他们的性情，增加他们的财富，改良他们的器具用品，向他们阐明利害的取向，用礼法教育他们，让他们趋利避害，感怀恩德而畏惧刑威，因此才能世代保全并日益强大。昔日我们的先王在虞夏之时世代任后稷之官。等到夏朝

之业以申之，作《康诰》。故成康之际，天下安宁，刑错四十余年不用。康王命作策毕公分居里，成周郊，作《毕命》。

康王卒，子昭王瑕立。昭王之时，王道微缺。昭王南巡狩不返，卒于江上。其卒不赴告，讳之也。立昭王子满，是为穆王。穆王即位，春秋已五十矣。王道衰微，穆王闵文武之道缺，乃命伯囧申诫太仆国之政，作《囧命》。复宁。

穆王将征犬戎，祭公谋父谏曰："不可。先王耀德不观兵。夫兵戢而时动，动则威，观则玩，玩则无震。是故周文公之颂曰：'载戢干戈，载櫜弓矢，我求懿德，肆于时夏，允王保之。'先王之于民也，茂正其德而厚其性，阜其财求而利其器用，明利害之乡，以文修之，使之务利而辟害，怀德而畏威，故能保世以滋大。昔我先王世后稷以服事虞、夏。及夏之衰也，弃稷不务，我先王不窋用失其官，而自窜于戎狄之

间。不敢怠业，时序其德，遵修其绪，修其训典，朝夕恪勤，守以敦笃，奉以忠信。奕世载德，不忝前人。至于文王、武王，昭前之光明而加之以慈和，事神保民，无不欣喜。商王帝辛大恶于民，庶民不忍，䜣载武王，以致戎于商牧。是故先王非务武也，勤恤民隐而除其害也。夫先王之制，邦内甸服，邦外侯服，侯卫宾服，夷蛮要服，戎翟荒服。甸服者祭，侯服者祀，宾服者享，要服者贡，荒服者王。日祭，月祀，时享，岁贡，终王。先王之顺祀也，有不祭则修意，有不祀则修言，有不享则修文，有不贡则修名，有不王则修德，序成而有不至则修刑。于是有刑不祭，伐不祀，征不享，让不贡，告不王。于是有刑罚之辟，有攻伐之兵，有征讨之备，有威让之命，有文告之辞。布令陈辞而有不至，则增修于德，无勤民于远。是以近无不听，远无不服。今自大毕、伯士之终也，犬戎氏以其职来王，天子曰'予必以不享征之，且观之兵'，无乃废先王之训，而

衰弱，废弃稷官，不重农事，我们的先王不窋因此失去官职，而自己逃窜到戎狄之地。他不敢荒废农事，时时宣扬先王的美德，遵循先辈的遗绪，修治典章制度，早晚都恭谨勤勉，以敦厚笃实的品性来坚守他的职责，以忠实诚信的美德来奉行他的事业。我们世代秉承这种美德，不曾辱没先人。到了文王、武王时，他们发扬先辈的光辉美德，加上他们慈爱和善，敬事神明，保育万民，人神无不欢欣。商王帝辛大肆祸害人民，人民无可忍耐，心悦诚服地拥戴武王，因而在商郊牧野列兵伐纣。所以先王并非崇尚武力，而是殷切地体恤人民的疾苦，为民除害。先王的制度，国境之内是甸服，国境之外是侯服，侯、卫之地是宾服，蛮夷之地是要服，戎狄之地是荒服。甸服参加祭礼，侯服参加祀礼，宾服参加献享，要服进贡，荒服要朝见天子。祭礼每日一次，祀礼每月一次，献享每季一次，进贡每年一次，朝见者终生一次。先王推行祭祀，诸侯中有不供日祭的，要反思自己的思想；有不供月祀的，要检查自己的号令；有不供时享的，要修正典法；有不进岁贡的，要端正尊卑名分；有不朝见天子的，天子要修养自己的文德。依次做了这些却还有不来祭祀的就动用刑罚。于是对不日祭者处以刑罚，对不月祀者进行讨伐，对不时享者进行征讨，对不岁贡者加

以谴责，对不朝见天子者发出通告。于是有刑罚的法令，有攻伐的军队，有征讨的武备，有威严谴责的诏令，有晓谕天下的文告。宣布了命令、发出了文告仍然有人不来朝贡的话，天子就要进一步修治自己的德业，不能劳苦子民去远征。因此近处没有不听从的，远方没有不归顺的。现在的犬戎氏，自从大毕、伯士去世后，都按照其职分前来朝拜，天子却说'我一定要因为他们不按季度献享而征讨它，并向他们炫耀武力'，这不是废弃了先王的训导，而您也陷入劳顿了吗？我听说犬戎氏秉性敦厚，遵循先人的德行，并能纯粹而坚定地始终遵守，他们具备抵御我们的能力。"穆王最后还是征讨了犬戎，只得到四只白狼和四只白鹿回来。从此以后荒服部族再没人来朝见了。

诸侯之间有不和睦的，国相甫侯向穆王上报，制定了各种刑法。穆王说："喂，过来吧！有国家、有土地的诸侯，告诉你们善用刑法的道理。如今你们要安定百姓，应该选择的难道不是贤能的官员吗？应该敬慎对待的难道不是刑法吗？应该考虑的难道不是狱讼合宜吗？原告和被告都到齐了，法官就要从言、色、气、耳、目五个方面来考察供词。这五个方面都核实后，可以根据墨、劓、膑、宫、大辟五种刑罚来量刑。如果用五刑不合适，就处以五等

王几顿乎？吾闻犬戎树敦，率旧德而守终纯固，其有以御我矣。"王遂征之，得四白狼四白鹿以归。自是荒服者不至。

诸侯有不睦者，甫侯言于王，作修刑辟。王曰："吁，来！有国有土，告汝祥刑。在今尔安百姓，何择非其人，何敬非其刑，何居非其宜与？两造具备，师听五辞。五辞简信，正于五刑。五刑不简，正于五罚。五罚不服，正于五过。五过之疵，官狱内狱，阅实其罪，惟钧其过。五刑之疑有赦，五罚之疑有赦，其审克之。简信有众，惟讯有稽。

无简不疑，共严天威。黥辟疑赦，其罚百率，阅实其罪。劓辟疑赦，其罚倍灑，阅实其罪。膑辟疑赦，其罚倍差，阅实其罪。宫辟疑赦，其罚五百率，阅实其罪。大辟疑赦，其罚千率，阅实其罪。墨罚之属千，劓罚之属千，膑罚之属五百，宫罚之属三百，大辟之罚其属二百：五刑之属三千。”命曰《甫刑》。

穆王立五十五年，崩，子共王繄扈立。共王游于泾上，密康公从，有三女奔之。其母曰："必致之王。夫兽三为群，人三为众，女三为粲。王田不取群，公行不下众，王御不参一族。夫粲，美之物也。众以美物归女，而何德以堪之？王

罚金。如果五等罚金中没有合适的，就判以五种过失。处以五过的弊端是，有人畏惧权势，有人有女人说情。要审查核实犯人的罪名，使过失与处罚相当。对处五刑、五罚有疑问的，应当从轻，并要核查清楚。要向民众核实取证，审讯要有证据。没有证据不能定罪，要一同严谨地维护上天的权威。处以黥刑有疑问的，改处罚金六百两铜，要审查核实其罪。处以劓刑有疑问的，改处罚金一千二百两铜，要审查核实其罪。处以膑刑有疑问的，改处劓刑罚金的一倍半多，要审查核实其罪。处以宫刑有疑问的，改处罚金三千两铜，要审查核实其罪。处以大辟之刑有疑问的，改处罚金六千两铜，要审查核实其罪。墨刑的刑罚条文有一千条，劓刑的刑罚条文有一千条，膑刑的刑罚条文有五百条，宫刑的刑罚条文有三百条，大辟之刑的刑罚条文有二百条，五种刑罚的刑罚条文共三千条。"将此刑法命名为《甫刑》。

穆王在位五十五年，崩逝，儿子共王繄扈即位。共王在泾水岸上游玩，密康公跟随着，有三个女子来投奔密康公。密康公的母亲说："你一定要把这三个女子献给周共王。野兽三只成群，人三个成众，女子三人为粲。王在田猎时不会猎取整群的野兽，诸侯行事时听取不少于三人的意见，王娶妃嫔不会在同一家族中娶三个女

子。三个女子，是美好之物。人们把三个美丽的女子送给你，你有什么德行能够消受呢？连王都消受不起，何况你这样的小人物呢！小人物多占了东西，终将灭亡。"密康公没有献出美女，过了一年，周共王灭了密。共王崩逝，儿子懿王囏即位。懿王在位时，周王室衰败，有诗人作诗讥刺。

懿王崩逝，共王的弟弟辟方即位，这就是孝王。孝王崩逝，诸侯又拥立懿王的太子燮即位，这就是夷王。

夷王崩逝，儿子厉王胡即位。厉王在位三十年，贪图财利，亲近荣夷公。大夫芮良夫劝谏厉王说："周王室恐怕要衰败了吧？荣夷公专擅财利，却不知有大难。财利，是从各种事物中产生的，是天地自然承载的，如果有谁要独占它，那祸害就太多了。天地万物谁都可以取得，怎么可以独占呢？招致的怒气那么多，又不去防备大难。这样教唆大王，大王的统治能够长久吗？作为人民的君王，他应开发财源而使上至天神下至百姓都得以受惠。即便神、人、百物都得到了其应得的，也要每天保持畏惧和警惕，唯恐招来怨恨。所以《颂》说：'追念有文德的先祖后稷，他能够配享上天，使我们的子民安定，无不合乎上天的准则。'《大雅》说：'施予赐给，奠定周朝。'这不正是施布财利而畏惧灾难吗？所以先王能够奠定周朝，一直到现

犹不堪，况尔之小丑乎！小丑备物，终必亡。"康公不献，一年，共王灭密。共王崩，子懿王囏立。懿王之时，王室遂衰，诗人作刺。

懿王崩，共王弟辟方立，是为孝王。孝王崩，诸侯复立懿王太子燮，是为夷王。

夷王崩，子厉王胡立。厉王即位三十年，好利，近荣夷公。大夫芮良夫谏厉王曰："王室其将卑乎？夫荣公好专利而不知大难。夫利，百物之所生也，天地之所载也，而有专之，其害多矣。天地百物皆将取焉，何可专也？所怒甚多，而不备大难。以是教王，王其能久乎？夫王人者，将导利而布之上下者也。使神人百物无不得极，犹日怵惕惧怨之来也。故《颂》曰'思文后稷，克配彼天，立我蒸民，莫匪尔极'。《大雅》曰'陈锡载周'。是不布利而惧难乎，故能载周以至于今。今王学专利，其可乎？匹夫专利，犹谓之盗，王而行之，

其归鲜矣。荣公若用，周必败也。"厉王不听，卒以荣公为卿士，用事。

王行暴虐侈傲，国人谤王。召公谏曰："民不堪命矣。"王怒，得卫巫，使监谤者，以告，则杀之。其谤鲜矣，诸侯不朝。三十四年，王益严，国人莫敢言，道路以目。厉王喜，告召公曰："吾能弭谤矣，乃不敢言。"召公曰："是鄣之也。防民之口，甚于防水。水壅而溃，伤人必多，民亦如之。是故为水者决之使导，为民者宣之使言。故天子听政，使公卿至于列士献诗，瞽献曲，史献书，师箴，瞍赋，矇诵，百工谏，庶人传语，近臣尽规，亲戚补察，瞽史教诲，耆艾修之，而后王斟酌焉，是以事行而不悖。民之有口也，犹土之有山川也，财用于是乎出；犹其有原隰衍沃也，衣食于是乎生。口之宣言也，善败于是乎兴。行善而备败，所以产财用衣食者也。夫民虑之于

在。现在大王要学着独占财利，这可行吗? 普通人独占财利，尚且被称为盗贼，大王要是这样行事，那归附您的人就少了。荣夷公若得重用，周朝一定衰败。"厉王没有听从，最后任命荣夷公为卿士，让他执掌政事。

厉王的行为暴虐骄纵，国人非议他。召公劝谏厉王说："人民忍受不了您的政令了。"厉王发怒，找到卫国的巫师，派他去监视非议自己的人，巫师报告谁非议，厉王就杀掉谁。议论的人减少了，诸侯不再来朝见了。厉王三十四年，统治越来越严厉，国人没有谁敢说话，走在路上只以目光示意。厉王高兴了，告诉召公说："我能制止人们的非议了，他们不敢讲话了。"召公说："这只是把人们的嘴堵住了。堵住人民的嘴比堵塞河道还要危险。河道被堵塞，决堤泛滥之后伤害的人一定很多，堵住人民的嘴也是一样的。所以治水的人要疏浚河道，使河流通畅，治理民众的人，要开言路让他们说话。所以天子理政，要让上至公卿下至士人献上讽喻之诗，让盲人乐太师献上乐曲，让史官上书，让乐太师献上箴言，由瞍者朗诵公卿士人敬献的诗，矇者诵读箴谏之言，百官劝谏，平民在街巷议论，君王近臣尽力规谏，皇亲国戚补察过失，乐太师、史官教诲君王，天子师傅整理谏言，然后由君王加以斟酌，

这样政事施行起来才不违背常理。人民有口，就好像土地有山川一样，人们的财用是从这里产生的；也好像大地有平坦而肥美的平原和低地，人们的衣食就是从这里产生的。人们开口讲话，政事的好坏才能显露出来。好的就实行，坏的就防备，这样就能产出财用衣食。人民心里想着，嘴里说着，能做的就去实行。如果把人民的嘴堵住，那统治能维持多久呢？"厉王不听。于是国内没人敢说话。过了三年，国人就一起造反，袭击了厉王。厉王逃奔到彘地。

厉王的太子静躲在召公家里，国人听说后，就包围了召公的家。召公说："先前我多次劝谏大王，大王不听，所以才会遭此大难。现在把太子杀了，大王应该会认为我是因记仇而怨恨吧？奉事君侯的人，身处危难也不能心怀怨恨，有怨恨也不能动怒，何况是奉事天子呢！"于是他就以自己的儿子代替了太子，太子最终得以脱身。

召公、周公两位辅相代替天子处理国政，称为"共和"。共和十四年，厉王在彘地崩逝。太子静在召公家中长大，两位辅相就一起拥立他为王，这就是宣王。宣王即位，召公、周公一起辅佐他，修明政事，效法文王、武王、成王、康王的遗风，诸侯重新以周王室为宗主。宣王十二年，鲁武公前来朝见。

宣王不遵行天子亲耕千亩籍田的礼仪，

心而宣之于口，成而行之。若壅其口，其与能几何？"王不听。于是国莫敢出言，三年，乃相与畔，袭厉王。厉王出奔于彘。

厉王太子静匿召公之家，国人闻之，乃围之。召公曰："昔吾骤谏王，王不从，以及此难也。今杀王太子，王其以我为仇而怼怒乎？夫事君者，险而不仇怼，怨而不怒，况事王乎！"乃以其子代王太子，太子竟得脱。

召公、周公二相行政，号曰共和。共和十四年，厉王死于彘。太子静长于召公家，二相乃共立之为王，是为宣王。宣王即位，二相辅之，修政，法文、武、成、康之遗风，诸侯复宗周。十二年，鲁武公来朝。

宣王不修籍于千亩，虢文

公谏曰不可,王弗听。三十九年,战于千亩,王师败绩于姜氏之戎。

宣王既亡南国之师,乃料民于太原。仲山甫谏曰:"民不可料也。"宣王不听,卒料民。

四十六年,宣王崩,子幽王官湦立。幽王二年,西周三川皆震。伯阳甫曰:"周将亡矣。夫天地之气,不失其序;若过其序,民乱之也。阳伏而不能出,阴迫而不能蒸,于是有地震。今三川实震,是阳失其所而填阴也。阳失而在阴,原必塞;原塞,国必亡。夫水土演而民用也。土无所演,民乏财用,不亡何待!昔伊、洛竭而夏亡,河竭而商亡。今周德若二代之季矣,其川原又塞,塞必竭。夫国必依山川,山崩川竭,亡国之征也。川竭必山崩。若国亡不过十年,数之纪也。天之所弃,不过其纪。"是岁也,三川竭,岐山崩。

虢文公劝谏说不可以,宣王不听。宣王三十九年,与姜氏之戎在千亩交战,宣王的军队战败。

宣王丧失了在南方与姜戎交战的军队,就在太原统计人口。仲山甫劝谏说:"此时是不应该统计人口的。"宣王不听,最终还是统计了人口。

宣王四十六年,宣王崩逝,儿子幽王官湦即位。幽王二年,西周附近的泾水、渭水、洛水都发生了地震。伯阳甫说:"周将要灭亡了。天地间阴阳二气,不能乱了秩序;如果乱了秩序,那就说明有人扰乱了它。阳气沉伏在下,不能出来,阴气压迫它使它不能升腾,所以就有地震发生。现在三川一带发生地震,就是因为阳气不得其位而被阴气所镇伏。阳气失位而处在阴气下面,水源必定受堵塞;水源堵塞,国家必定会灭亡。水土湿润,人民才能得到财用。水不润土,人民缺乏财用,国家不灭亡还等什么!当初伊水、洛水枯竭,夏朝就灭亡了,黄河枯竭,商朝就灭亡了。现在周朝的德运如同夏、商的末年,河流的水源又被堵塞了,水源堵塞,河流必定枯竭。国家的运势必定与山川的形势相倚伏,山崩水竭,这是亡国的征兆。河川枯竭,必定引发山崩。这样看来,国家的灭亡用不了十年,因为十是一个极数。上天要抛弃什么,不会超过十这个极数。"这一年，泾水、渭水、洛水枯竭，岐山崩塌。

幽王三年，幽王宠爱褒姒。褒姒生下儿子伯服，幽王想废黜太子。太子的母亲是申侯之女，也是王后。后来幽王得到褒姒，宠爱她，就想废掉申后，同时废掉太子宜臼，立褒姒为王后，立伯服为太子。周太史伯阳阅读历史典籍之后说："周朝就要灭亡了。"从前夏后氏衰落的时候，有两条神龙降落在夏帝宫廷并说道："我们是褒国的两个先王。"夏帝占卜，杀掉二龙、赶走二龙或留下二龙，都没有吉兆。又占卜问能不能把龙的口水收藏起来，这才得到吉兆。于是陈列玉帛，书写简策，向二龙祷告，龙消失了，留下口水，把龙的口水装在匣子里，封藏起来。夏朝灭亡，匣子传到了商朝。商朝灭亡，匣子又传到了周朝。一连过了三个朝代，从没有人敢打开它。直到厉王末年，拿出来打开观看。口水流到庭中，没办法清除。厉王命妇人赤身裸体对着口水呼喊。口水化为蜥蜴，爬进了厉王的后宫。后宫有个正在换牙年龄的小侍女，碰到了蜥蜴，到及笄的年龄后怀孕了，没有丈夫就生下了孩子，她感到害怕，就把孩子丢弃了。周宣王在位时有女童唱这样的歌谣："山桑制成弓箭，箕木做出箭袋，这要灭亡周国。"当时宣王听说有一对夫妇在卖山桑弓和箕木袋，就派人要把他们抓起来杀掉。夫妇俩在逃走

三年，幽王嬖爱褒姒。褒姒生子伯服，幽王欲废太子。太子母，申侯女，而为后。后幽王得褒姒，爱之，欲废申后，并去太子宜臼，以褒姒为后，以伯服为太子。周太史伯阳读史记曰："周亡矣。"昔自夏后氏之衰也，有二神龙止于夏帝庭而言曰："余，褒之二君。"夏帝卜杀之与去之与止之，莫吉。卜请其漦而藏之，乃吉。于是布币而策告之，龙亡而漦在，椟而去之。夏亡，传此器殷。殷亡，又传此器周。比三代，莫敢发之。至厉王之末，发而观之。漦流于庭，不可除。厉王使妇人裸而噪之。漦化为玄鼋，以入王后宫。后宫之童妾既龀而遭之，既笄而孕，无夫而生子，惧而弃之。宣王之时童女谣曰："檿弧箕服，实亡周国。"于是宣王闻之，有夫妇卖是器者，宣王使执而戮之。逃于道，而见乡者后宫童妾所弃妖子出于路者，闻其夜啼，哀而收之，夫妇遂亡，奔于褒。褒人有罪，请入童妾所

弃女子者于王以赎罪。弃女子出于褒，是为褒姒。当幽王三年，王之后宫，见而爱之，生子伯服，竟废申后及太子，以褒姒为后，伯服为太子。太史伯阳曰："祸成矣，无可奈何！"

褒姒不好笑，幽王欲其笑万方，故不笑。幽王为烽燧大鼓，有寇至则举烽火。诸侯悉至，至而无寇，褒姒乃大笑。幽王说之，为数举烽火。其后不信，诸侯益亦不至。

幽王以虢石父为卿，用事，国人皆怨。石父为人佞巧善谀好利，王用之。又废申后，去太子也。申侯怒，与缯、西夷犬戎攻幽王。幽王举烽火征兵，兵莫至。遂杀幽王骊山下，虏褒姒，尽取周赂而去。于是诸侯乃即申侯而共立故幽王太子宜臼，是为平王，以奉周祀。

平王立，东迁于雒邑，辟

的路上，发现了之前被后宫侍女丢弃的婴儿，听着婴儿在暗夜里啼哭，这对夫妇出于哀怜就将她收养了，二人带着婴儿接着逃亡，逃到褒国。褒国有人犯了罪，请求将侍女丢弃的女孩献给周王以赎罪。被丢弃的女子来自褒国，所以就叫褒姒。幽王三年，王入后宫，见到褒姒，就宠爱上她，她生下儿子伯服，幽王最终废黜申后及太子，立褒姒为王后，伯服为太子。太史伯阳说："祸乱已经酿成，没什么办法了！"

褒姒不爱笑，幽王为了让她笑，用了各种办法，她就是不笑。幽王建起了烽燧台和大鼓，有入侵者来犯，就点燃烽火。幽王点燃烽火，诸侯都赶了过来，到了却没有入侵者，褒姒于是大笑起来。幽王对褒姒的笑感到高兴，为她多次点燃烽火。后来幽王失去了信用，诸侯渐渐地也不来了。

幽王任命虢石父为卿，主持国政，国人都很怨恨他。虢石父为人奸佞巧诈，善于阿谀奉承，贪图财利，幽王却任用他。幽王又废黜申后及太子，申侯恼怒，联合缯国、西夷犬戎攻打幽王。幽王点燃烽火召集援军，诸侯的援军一支都没来。于是犬戎在骊山脚下杀死幽王，掳了褒姒，把周都的财宝都拿走才离开。于是诸侯就与申侯一起拥立幽王原来的太子宜臼为王，这就是平王，以供奉周朝的祭祀。

平王即位，把国都东迁到洛邑，躲避

犬戎的进犯。平王时，周王室衰败，诸侯之中强国吞并弱国，齐国、楚国、秦国、晋国开始强大，政令皆出于诸侯之首。

平王四十九年，鲁隐公即位。

平王五十一年，平王崩逝，因太子洩父死得早，所以立他的儿子林为王，这就是桓王。桓王是平王的孙子。

桓王三年，郑庄公来朝见，桓王没有按礼节接待他。桓王五年，郑国怨恨周室，用祊田交换了鲁国的许田。祊田，是周天子赐给郑国用来助祭泰山的地方。桓王八年，鲁国人杀鲁隐公，立鲁桓公。桓王十三年，周桓王讨伐郑国，郑人射伤桓王，桓王离开郑，回到周。

桓王二十三年，桓王崩逝，儿子庄王佗即位。庄王四年，周公黑肩想杀死庄王，立王子克。辛伯把这个消息报告给庄王，庄王杀掉周公黑肩，王子克逃奔到燕国。

庄王十五年，庄王崩逝，儿子釐王胡齐即位。釐王三年，齐桓公开始称霸。

釐王五年，釐王崩逝，儿子惠王阆即位。惠王二年。起初，庄王宠爱姓姚的姬妾，生下儿子穨，穨很受宠。惠王即位后，夺了大臣的园圃作为自己饲养野兽的园囿，因此大夫边伯等五人作乱，谋划召集燕国、卫国的军队，攻打惠王。惠王逃到温地，不久又住在郑国的栎地。边伯等人拥立釐王的弟弟穨为周王。穨宴享诸大夫时

戎寇。平王之时，周室衰微，诸侯强并弱，齐、楚、秦、晋始大，政由方伯。

四十九年，鲁隐公即位。

五十一年，平王崩，太子洩父蚤死，立其子林，是为桓王。桓王，平王孙也。

桓王三年，郑庄公朝，桓王不礼。五年，郑怨，与鲁易许田。祊田，天子之用事太山田也。八年，鲁杀隐公，立桓公。十三年，伐郑，郑射伤桓王，桓王去归。

二十三年，桓王崩，子庄王佗立。庄王四年，周公黑肩欲杀庄王而立王子克。辛伯告王，王杀周公。王子克奔燕。

十五年，庄王崩，子釐王胡齐立。釐王三年，齐桓公始霸。

五年，釐王崩，子惠王阆立。惠王二年。初，庄王嬖姬姚，生子穨，穨有宠。及惠王即位，夺其大臣园以为囿，故大夫边伯等五人作乱，谋召燕、卫师，伐惠王。惠王奔温，已居郑之栎。立釐王弟穨为王。乐及遍舞，郑、虢君怒。四年，郑与虢君

伐杀王頽，复入惠王。惠王十年，赐齐桓公为伯。

二十五年，惠王崩，子襄王郑立。襄王母蚤死，后母曰惠后。惠后生叔带，有宠于惠王，襄王畏之。三年，叔带与戎、翟谋伐襄王，襄王欲诛叔带，叔带奔齐。齐桓公使管仲平戎于周，使隰朋平戎于晋。王以上卿礼管仲。管仲辞曰："臣贱有司也，有天子之二守国、高在。若节春秋，来承王命，何以礼焉。陪臣敢辞。"王曰："舅氏，余嘉乃勋，毋逆朕命。"管仲卒受下卿之礼而还。九年，齐桓公卒。十二年，叔带复归于周。

十三年，郑伐滑，王使游孙、伯服请滑，郑人囚之。郑文公怨惠王之入不与厉公爵，又怨襄王之与卫滑，故囚伯服。王怒，将以翟伐郑。富辰谏曰："凡我周之东徙，晋、郑焉依。子穨之乱，又郑之由定，今以小怨弃之！"王不听。十五

竟然舞六代之乐，郑国、虢国的国君很恼怒。惠王四年，郑国和虢国的国君前来讨伐，杀死王頽，又护送惠王回国。惠王十年，赐齐桓公为诸侯之长。

惠王二十五年，惠王崩逝，儿子襄王郑即位。襄王的母亲早死，后母称惠后。惠后生了叔带，很受惠王的宠爱，襄王害怕他。襄王三年，叔带与戎、翟图谋攻打襄王，襄王想要杀掉叔带，叔带逃到了齐国。齐桓公派管仲在周平定戎狄，派隰朋在晋国平定戎狄。襄王以上卿之礼招待管仲。管仲辞谢说："臣是职位低贱的官吏，上有天子任命的两位上卿国氏和高氏在。如果他们在春秋两季来京朝聘、接受王命，您将以什么礼仪接待他们呢？臣下冒昧地请求免去此礼。"襄王说："你是我舅父家的使臣，我嘉许你的功勋，别违背我的命令。"管仲最终受下卿之礼而归。襄王九年，齐桓公去世。襄王十二年，叔带又回到周。

襄王十三年，郑国攻打滑国。襄王派游孙、伯服为滑国讲情，郑人却把他们囚禁起来。郑文公怨恨惠王复位后，没有赏赐郑厉公爵位，又怨恨襄王把滑国给了卫国，所以把伯服囚禁起来。襄王大怒，打算利用翟人的军队讨伐郑国。富辰劝谏说："我们周王室东迁时，是依靠过晋国和郑国的。王子穨之乱，也是由郑国平定

的，现在竟因为这小小的仇怨就离弃了郑国！"襄王不听。襄王十五年，襄王派翟人的军队去攻打郑国。襄王感激翟人，欲立翟人之女为后。富辰劝谏说："平王、桓王、庄王、惠王，都得到过郑国的帮助，大王您抛弃亲族而去亲近翟人，这样做不可取。"襄王不听。襄王十六年，襄王废黜翟后，翟人前来征讨，杀了大夫谭伯。富辰说："我多次劝谏不被采纳，如今不去迎战，大王岂不是要认为我心存怨恨？"于是率其部属战死。

当初，惠后想立王子带为王，因此派其党羽串通翟人，翟军因此攻入周都。襄王逃亡到郑国，郑人让襄王居住在氾邑。王子带被立为王，他娶了襄王废黜的翟后，和她一起住在温邑。襄王十七年，襄王向晋国告急，晋文公接纳了襄王并杀死叔带。襄王于是赐给晋文公玉珪、秬鬯、弓矢，命他为诸侯之长，把原属于周国的河内之地赐给晋国。襄王二十年，晋文公召见襄王，襄王和他在河阳、践土会见，诸侯都来朝见，《春秋》避讳此事而记载"天王巡狩到河阳"。

襄王二十四年，晋文公去世。

襄王三十一年，秦穆公去世。

襄王三十二年，襄王崩逝，儿子顷王壬臣即位。顷王六年，顷王崩逝，儿子匡王班即位。匡王六年，匡王崩逝，弟弟瑜

年，王降翟师以伐郑。王德翟人，将以其女为后。富辰谏曰："平、桓、庄、惠皆受郑劳，王弃亲亲翟，不可从。"王不听。十六年，王绌翟后，翟人来诛，杀谭伯。富辰曰："吾数谏不从，如是不出，王以我为怼乎？"乃以其属死之。

初，惠后欲立王子带，故以党开翟人，翟人遂入周。襄王出奔郑，郑居王于氾。子带立为王，取襄王所绌翟后与居温。十七年，襄王告急于晋，晋文公纳王而诛叔带。襄王乃赐晋文公珪鬯弓矢，为伯，以河内地与晋。二十年，晋文公召襄王，襄王会之河阳、践土，诸侯毕朝，书讳曰"天王狩于河阳"。

二十四年，晋文公卒。

三十一年，秦穆公卒。

三十二年，襄王崩，子顷王壬臣立。顷王六年，崩，子匡王班立。匡王六年，崩，弟

瑜立，是为定王。

定王元年，楚庄王伐陆浑之戎，次洛，使人问九鼎。王使王孙满应设以辞，楚兵乃去。十年，楚庄王围郑，郑伯降，已而复之。十六年，楚庄王卒。

二十一年，定王崩，子简王夷立。简王十三年，晋杀其君厉公，迎子周于周，立为悼公。

十四年，简王崩，子灵王泄心立。灵王二十四年，齐崔杼弑其君庄公。

二十七年，灵王崩，子景王贵立。景王十八年，后、太子寿蚤卒。二十年，景王爱子朝，欲立之，会崩，子丐之党与争立，国人立长子猛为王，子朝攻杀猛。猛为悼王。晋人攻子朝而立丐，是为敬王。

敬王元年，晋人入敬王，子朝自立，敬王不得入，居泽。四年，晋率诸侯入敬王于周，子朝为臣，诸侯城周。十六年，子朝之徒复作乱，敬王奔于晋。十七年，晋定公遂入敬王于周。

三十九年，齐田常杀其君

即位，这就是定王。

定王元年，楚庄王讨伐陆浑之戎，驻扎在洛水边，派人打听九鼎的情况。定王派王孙满用巧妙的言辞应付，楚兵这才离去。定王十年，楚庄王包围郑国，郑伯投降，不久楚庄王又恢复了郑国。定王十六年，楚庄王去世。

定王二十一年，定王崩逝，儿子简王夷即位。简王十三年，晋人杀死了他们的国君厉公，把子周从周国接回晋国，立为悼公。

简王十四年，简王崩逝，儿子灵王泄心即位。灵王二十四年，齐人崔杼弑杀其国君庄公。

灵王二十七年，灵王崩逝，儿子景王贵即位。景王十八年，王后与太子寿早逝。景王二十年，景王宠爱子朝，想立他为太子，景王恰巧在这时崩逝，子丐的党羽与子朝争王位，国人拥立长子猛为王，子朝就攻杀了猛。猛就是悼王。晋国人攻打子朝而立丐为王，就是敬王。

敬王元年，晋人护送敬王回国，因子朝已自立为王，敬王无法进入王城，就居住在泽邑。敬王四年，晋国率诸侯奉敬王入周，子朝成为臣子。诸侯修筑周的都城。敬王十六年，子朝的党羽再次作乱，敬王逃亡到晋国。敬王十七年，晋定公护送敬王回周。

敬王三十九年，齐人田常弑杀其国君

简公。

敬王四十一年，楚国灭掉陈国，孔子去世。

敬王四十二年，敬王崩逝，儿子元王仁即位。元王八年，元王崩逝，儿子定王介即位。

定王十六年，晋国的赵、魏、韩三个家族灭掉智伯，瓜分了智氏的土地。

定王二十八年，定王崩逝，长子去疾即位，这就是哀王。哀王即位三个月，其弟叔袭杀哀王而自立为王，这就是思王。思王在位五个月，其幼弟嵬攻杀了思王而自立为王，这就是考王。这三个王都是定王的儿子。

考王十五年，考王崩逝，儿子威烈王午即位。

考王把他的弟弟分封在河南，这就是桓公，考王让他承续周公的官职。桓公去世，儿子威公继立为王。威公去世，儿子惠公继立为王，惠公把他的幼子封在巩地以侍奉周王室，号称东周惠公。

威烈王二十三年，九鼎震动。策命韩、魏、赵为诸侯。

威烈王二十四年，威烈王崩逝，儿子安王骄即位。这一年有盗贼杀死了楚声王。

安王在位二十六年，崩逝，儿子烈王喜即位。烈王二年，周太史儋拜见秦献公说："当初周与秦是合在一起的，而后分

简公。

四十一年，楚灭陈。孔子卒。

四十二年，敬王崩，子元王仁立。元王八年，崩，子定王介立。

定王十六年，三晋灭智伯，分有其地。

二十八年，定王崩，长子去疾立，是为哀王。哀王立三月，弟叔袭杀哀王而自立，是为思王。思王立五月，少弟嵬攻杀思王而自立，是为考王。此三王皆定王之子。

考王十五年，崩，子威烈王午立。

考王封其弟于河南，是为桓公。以续周公之官职。桓公卒，子威公代立。威公卒，子惠公代立，乃封其少子于巩以奉王，号东周惠公。

威烈王二十三年，九鼎震。命韩、魏、赵为诸侯。

二十四年，崩，子安王骄立。是岁盗杀楚声王。

安王立二十六年，崩，子烈王喜立。烈王二年，周太史儋见秦献公曰："始周与秦国

合而别，别五百载复合，合十七岁而霸王者出焉。"

十年，烈王崩，弟扁立，是为显王。显王五年，贺秦献公，献公称伯。九年，致文武胙于秦孝公。二十五年，秦会诸侯于周。二十六年，周致伯于秦孝公。三十三年，贺秦惠王。三十五年，致文武胙于秦惠王。四十四年，秦惠王称王。其后诸侯皆为王。

四十八年，显王崩，子慎靓王定立。慎靓王立六年，崩，子赧王延立。王赧时东西周分治。王赧徙都西周。

西周武公之共太子死，有五庶子，毋适立。司马翦谓楚王曰："不如以地资公子咎，为请太子。"左成曰："不可。周不听，是公之知困而交疏于周也。不如请周君孰欲立，以微告翦，翦请令楚资之以地。"果立公子咎为太子。

八年，秦攻宜阳，楚救之。而楚以周为秦故，将伐之。苏代为周说楚王曰："何以周为秦之祸也？言周之为秦甚于楚

开了，分开五百年后又合在一起，合在一起十七年后就会有霸王出现。"

烈王十年，烈王崩逝，弟弟扁即位，这就是显王。显王五年，祝贺秦献公，献公称霸。显王九年，显王把祭祀文王、武王的胙肉赏赐给秦孝公。显王二十五年，秦王在周会见诸侯。显王二十六年，周天子命秦孝公为霸主。显王三十三年，向秦惠王祝贺。显王三十五年，将祭祀文王、武王的胙肉赐给秦惠王。显王四十四年，秦惠王称王，其后诸侯都各自称王。

显王四十八年，显王崩逝，儿子慎靓王定即位。慎靓王在位六年，崩逝，儿子赧王延即位。王赧在位时，东周和西周各自为政。王赧迁都到西周。

西周武公的共太子去世，有五个庶子，无嫡子可立。司马翦对楚王说："不如划一块地盘资助公子咎，请求立他为太子。"左成说："不可。如果周君不听从，您的计谋就会受阻，我们也会因此与周国的关系疏远，不如去问周君想立谁为太子，把周君的意思悄悄告诉司马翦，司马翦再请求楚国用土地资助那个人。"最后果然立公子咎为太子。

王赧八年，秦国攻打宜阳，楚国援救宜阳。楚国因怀疑周帮助了秦国，准备攻打周。苏代为周游说楚王道："楚国为什么要给周带来利于秦国的祸害呢？说周亲

近秦国胜过亲近楚国的人，是想让周彻底归附于秦国，所以合称为'周秦'。周知道不能免于楚国的攻伐，一定会投向秦国，这是帮助秦国取得周的最好办法。为了大王着想，周投向秦国楚国也善待周，不投向秦国楚国也善待周，这样能使周与秦国疏远。周与秦国绝交了，一定会投向楚国。"

秦国借道于东、西周之间，想要攻打韩国。周恐怕借道给秦国会得罪韩国，不借又会得罪秦国。史厌对周君说："何不派人对韩公叔说：'秦之所以敢经过周国去攻打韩国，是因为相信东周。您何不送给周土地，派公子或重臣到楚国做人质？'这样秦国一定怀疑楚国，不信任周，也就不会攻打韩国了。再对秦国说：'韩国硬要割地给东周，就是让秦国怀疑东周，周不敢不接受。'秦国必然也没有什么理由让周不接受韩国的赠地，这样周既得了韩国的土地，又没有违背秦的意思。"

秦国召见西周君，西周君不愿前往，就派人对韩王说："秦国召见西周君，是想让西周君攻打您的南阳，您何不出兵南阳？西周君将以此为借口不去秦国。西周君不去秦国，秦国一定不敢渡过黄河攻打南阳。"

东周与西周交战，韩国援救西周。有人为东周游说韩王道："西周原本是天子的国都，有许多贵重的宝物。大王按

者，欲令周入秦也，故谓'周秦'也。周知其不可解，必入于秦，此为秦取周之精者也。为王计者，周于秦因善之，不于秦亦言善之，以疏之于秦。周绝于秦，必入于郢矣。"

秦借道两周之间，将以伐韩。周恐：借之，畏于韩；不借，畏于秦。史厌谓周君曰："何不令人谓韩公叔曰：'秦之敢绝周而伐韩者，信东周也。公何不与周地，发质使之楚？'秦必疑楚不信周，是韩不伐也。又谓秦曰：'韩强与周地，将以疑周于秦也，周不敢不受。'秦必无辞而令周不受，是受地于韩而听于秦。"

秦召西周君，西周君恶往，故令人谓韩王曰："秦召西周君，将以使攻王之南阳也，王何不出兵于南阳？周君将以为辞于秦。周君不入秦，秦必不敢逾河而攻南阳矣。"

东周与西周战，韩救西周。或为东周说韩王曰："西周故天子之国，多名器重宝。王案

兵毋出，可以德东周，而西周
之宝必可以尽矣。"

王赧谓成君。楚围雍氏，
韩征甲与粟于东周，东周君恐，
召苏代而告之。代曰："君何
患于是。臣能使韩毋征甲与粟
于周，又能为君得高都。"周
君曰："子苟能，请以国听
子。"代见韩相国曰："楚围
雍氏，期三月也，今五月不能
拔，是楚病也。今相国乃征甲
与粟于周，是告楚病也。"韩
相国曰："善。使者已行矣。"
代曰："何不与周高都？"韩
相国大怒曰："吾毋征甲与粟
于周亦已多矣，何故与周高都
也？"代曰："与周高都，是
周折而入于韩也，秦闻之必大
怒忿周，即不通周使，是以弊
高都得完周也。曷为不与？"
相国曰："善。"果与周高都。

三十四年，苏厉谓周君
曰："秦破韩、魏，扑师武，
北取赵蔺、离石者，皆白起
也。是善用兵，又有天命。今
又将兵出塞攻梁，梁破则周危

兵不动，可以施惠于东周，还能尽得西
周的宝物。"

王赧告诉了成君。楚国围攻韩国的雍
氏城，韩国向东周征收兵甲和粮食，东周
君害怕，就召见苏代把情况告诉他。苏代
说："您何必担心这种事。臣能让韩国不
向东周征兵甲和粮，还能为您得到高都。"
东周君说："假如你真能做到，整个国家
就听你安排。"苏代去见韩国的相国说：
"楚国包围雍氏，预期三个月攻下，现在
五个月了还不能攻克，这表明楚军疲弱
了。如今相国您却向东周征收兵甲和粮食，
这是告诉楚国韩国疲弱了。"韩相国说：
"你说得对。但使者已经出发了。"苏代
说："为什么不把高都送给东周呢？"韩
相国大怒，说："我不向东周征兵甲和粮
食已经很不错了，为什么要把高都送给东
周呢？"苏代说："把高都送给东周，这
将使东周转而投向韩国。秦国听说此事后
必然大怒，怨恨东周，就会断绝与东周使
臣的往来，这相当于用破敝的高都换得完
整的东周，为什么不给呢？"相国说："好
吧。"韩国果然把高都送给了东周。

王赧三十四年，苏厉对周君说："秦
国攻破韩、魏，打败师武，北取赵国蔺、
离石二邑的人，都是白起。此人善于用兵，
又有天命帮助。现在他又率兵出塞攻打梁
国，梁国被攻破那周就危险了。您怎么不

派人去游说白起呢？就说：'楚国有个叫养由基的人，擅长射箭。离柳叶百步之外射击，能百发百中。左右围观的有好几千人，都说他擅长射箭。有个人站在他旁边，说"不错，可以教你射箭了"。养由基很生气，放下弓，握着剑，说"你凭什么能教我射箭呢？"这个人说"我不是要教你左手执弓、右手抠弦。距离柳叶百步之外射击，百发百中，却不见好就收，过一会儿气力衰竭，弓歪箭曲，一箭不中，就前功尽弃"。现在攻破韩、魏，打败师武，向北取得赵国的蔺、离石二邑，您的功劳已经很大了。现在您又率兵出塞，穿过东周、西周，背对韩国去攻打梁国，有一场仗没有打赢，就会前功尽弃。您不如告病，不再出征'。"

王赧四十二年，秦国攻破华阳，背弃了与魏国的条约。马犯对西周君说："请允许我游说梁国为我们修筑都城。"于是马犯去对梁王说："周王为秦破华阳后可能攻打周而病倒，若因此死去，我马犯必定会死。我请求把九鼎进献给大王您，希望您得到九鼎后能想办法救我。"梁王说："好。"于是给了他士卒，说要去戍守周城。马犯就势对秦王说："梁军并不是去戍守西周周城的，而是准备去攻打西周。大王您不妨试着出兵到边境观察一下。"秦国

矣。君何不令人说白起乎？曰'楚有养由基者，善射者也。去柳叶百步而射之，百发而百中之。左右观者数千人，皆曰善射。有一夫立其旁，曰"善，可教射矣"。养由基怒，释弓扼剑，曰"客安能教我射乎？"客曰"非吾能教子支左诎右也。夫去柳叶百步而射之，百发而百中之，不以善息，少焉气衰力倦，弓拨矢钩，一发不中者，百发尽息"。今破韩、魏，扑师武，北取赵蔺、离石者，公之功多矣。今又将兵出塞，过两周，倍韩，攻梁，一举不得，前功尽弃。公不如称病而无出'。"

四十二年，秦破华阳约。马犯谓周君曰："请令梁城周。"乃谓梁王曰："周王病若死，则犯必死矣。犯请以九鼎自入于王，王受九鼎而图犯。"梁王曰："善。"遂与之卒，言戍周。因谓秦王曰："梁非戍周也，将伐周也。王试出兵境以观之。"秦果出兵。又谓梁王曰："周王病甚矣，犯请后可而复之。今王使卒之

周，诸侯皆生心，后举事且不信。不若令卒为周城，以匿事端。"梁王曰："善。"遂使城周。

四十五年，周君之秦，客谓周最曰："公不若誉秦王之孝，因以应为太后养地，秦王必喜，是公有秦交。交善，周君必以为公功。交恶，劝周君入秦者必有罪矣。"秦攻周，而周最谓秦王曰："为王计者不攻周。攻周，实不足以利，声畏天下。天下以声畏秦，必东合于齐。兵毙于周，合天下于齐，则秦不王矣。天下欲弊秦，劝王攻周。秦与天下弊，则令不行矣。"

五十八年，三晋距秦。周令其相国之秦，以秦之轻也，还其行。客谓相国曰："秦之轻重未可知也。秦欲知三国之情。公不如急见秦王曰'请为王听东方之变'，秦王必重公。

果然出兵。马犯又对梁王说："周王病得很重，我请求以后可以献上九鼎时再向您复命。现在大王您派士卒到西周，诸侯都起了疑心，以后做事将不能使人信服。不如让士卒为西周筑城，以掩盖我们这次的意图。"梁王说："好。"于是下令让士卒修筑西周的都城。

王赧四十五年，西周君到秦国，有说客对周最说："您不如称赞秦王孝顺，顺便建议把应地作为太后的供养之地，秦王必定高兴，这样您就和秦国建立了交情。若能与秦交好，西周君一定会认为是您的功劳；没能与秦交好，劝西周君到秦国的人则一定会获罪。"秦国攻打周，而周最对秦王说："为大王您考虑的话，不要去攻打周。攻打周，实在不能得利，却会让您的声威使天下人感到害怕。天下人因这种声威而畏惧秦国，一定会向东联合齐国。秦兵在周疲于攻伐，而天下诸侯都与齐国联合，那秦国就无法统一天下了。天下人想让秦国疲敝，就劝大王攻周。秦国被天下人弄得疲敝，到时号令也无法有效实行了。"

王赧五十八年，赵、魏、楚三国抗秦。周派其相国到秦国去，因为秦国轻视周，周相国就回去了。有说客对相国说："秦国的想法尚未清楚。秦国想弄清赵、魏、楚三国的内情。您不如赶紧去见秦王说'请为大王探听东方各国的变动'，秦王一定看重您。

看重您，就是重视周，周因此可以取得秦国的信任；齐国对周的重视，则一向有周最在努力拉拢：这样周就一直可以保持与强国的交情。"秦国信任周，发兵攻打三国。

王赧五十九年，秦国攻取韩国的阳城和负黍。西周恐慌，就背叛秦国，与东方诸侯相约合纵，率天下精锐军队出伊阙攻打秦国，使秦国与阳城不能相通。秦昭王发怒，派将军摎攻打西周。西周君跑到秦国，叩头认罪，将西周的三十六邑、三万人口全部献给秦国。秦国接受了西周君献的城邑和人口，让他回到了周都居住。

周君、王赧去世，周地的百姓向东逃亡。秦国取得九鼎等宝器后，把西周公迁到惮狐。七年后，秦庄襄王灭掉东周。东周、西周都被并入秦国，周朝的祭祀从此断绝。

太史公说：学者都说周伐商纣后，定都洛邑，综合史实来看并不如此。武王营建洛邑，成王派召公占卜是否可居，把九鼎立在那里，而周仍然建都于丰、镐二京。直到犬戎打败幽王，周王室才东迁到洛邑。所谓"周公葬于毕"，毕在镐京东南的杜地之中。秦灭了周。汉朝建立九十多年后，天子将封禅于泰山，向东巡狩到河南，访求周的后裔。封他的后裔嘉三十里地，号称"周子南君"，享受的待遇和列侯相同，以供奉周朝先祖的祭祀。

重公，是秦重周，周以取秦也；齐重，则固有周最以收齐：是周常不失重国之交也。"秦信周，发兵攻三晋。

五十九年，秦取韩阳城、负黍，西周恐，倍秦，与诸侯约从，将天下锐师出伊阙攻秦，令秦无得通阳城。秦昭王怒，使将军摎攻西周。西周君奔秦，顿首受罪，尽献其邑三十六，口三万。秦受其献，归其君于周。

周君、王赧卒，周民遂东亡。秦取九鼎宝器，而迁西周公于惮狐。后七岁，秦庄襄王灭东周。东西周皆入于秦，周既不祀。

太史公曰：学者皆称周伐纣，居洛邑，综其实不然。武王营之，成王使召公卜居，居九鼎焉，而周复都丰、镐。至犬戎败幽王，周乃东徙于洛邑。所谓"周公葬于毕"，毕在镐东南杜中。秦灭周。汉兴九十有余载，天子将封泰山，东巡狩至河南，求周苗裔，封其后嘉三十里地，号曰周子南君，比列侯，以奉其先祭祀。

史记卷五
本纪第五

秦本纪

秦的祖先，是颛顼帝的后代子孙女脩。女脩织布，有玄鸟掉下一枚卵，女脩吞食了它，生下儿子大业。大业娶了少典氏的女子女华。女华生下大费，和夏禹一起治理水土。治水成功后，帝舜赐给夏禹玄圭。禹接受说："不是我一个人就能成功的，多亏有大费辅佐我。"帝舜说："哎呀，大费！你辅佐大禹治水有功，我赐给你黑色的旌旗飘带。你的后代将繁盛兴旺。"于是将一姚姓美女许给他为妻。大费拜谢接受，帮助舜帝调教驯养鸟兽，鸟兽大多被驯服，大费就是柏翳。舜赐他姓嬴氏。

大费生下儿子二人：一个叫大廉，就是鸟俗氏；另一个叫若木，就是费氏。若木的玄孙叫费昌，他的子孙有的在中原，有的在夷狄。费昌在夏桀之时，离开夏国归顺商汤，为成汤驾车，在鸣条打败了夏桀。大廉的玄孙叫孟戏、中衍，中衍鸟身，能说人言。帝太戊听说后，占卜让他来给自己驾车，卦象吉利，于是就把他招来驾车，并给他娶妻。从太戊开始，中衍的后代中

秦之先，帝颛顼之苗裔孙，曰女脩。女脩织，玄鸟陨卵，女脩吞之，生子大业。大业取少典之子，曰女华。女华生大费，与禹平水土。已成，帝锡玄圭。禹受曰："非予能成，亦大费为辅。"帝舜曰："咨尔费，赞禹功，其赐尔皂游。尔后嗣将大出。"乃妻之姚姓之玉女。大费拜受，佐舜调驯鸟兽，鸟兽多驯服，是为柏翳。舜赐姓嬴氏。

大费生子二人：一曰大廉，实鸟俗氏；二曰若木，实费氏。其玄孙曰费昌，子孙或在中国，或在夷狄。费昌当夏桀之时，去夏归商，为汤御，以败桀于鸣条。大廉玄孙曰孟戏、中衍，中衍鸟身人言。帝太戊闻而卜之使御，吉，遂致使御而妻之。自太戊以下，中衍之后，遂世

有功，以佐殷国，故嬴姓多显，遂为诸侯。

其玄孙曰中潏，在西戎，保西垂。生蜚廉。蜚廉生恶来。恶来有力，蜚廉善走，父子俱以材力事殷纣。周武王之伐纣，并杀恶来。是时蜚廉为纣使北方，还，无所报，为坛霍太山而报，得石棺，铭曰"帝令处父不与殷乱，赐尔石棺以华氏"。死，遂葬于霍太山。蜚廉复有子曰季胜。季胜生孟增。孟增幸于周成王，是为宅皋狼。皋狼生衡父，衡父生造父。造父以善御幸于周缪王，得骥、温骊、骅骝、騄耳之驷，西巡狩，乐而忘归。徐偃王作乱，造父为缪王御，长驱归周，一日千里以救乱。缪王以赵城封造父，造父族由此为赵氏。自蜚廉生季胜已下五世至造父，别居赵。赵衰其后也。恶来革者，蜚廉子也，蚤死。有子曰女防。女防生旁皋，旁皋生太几，太几生大骆，大骆生非子。以造父之宠，皆蒙赵城，姓赵氏。

非子居犬丘，好马及畜，善养息之。犬丘人言之周孝王，

每代都有功于王室，以此辅佐殷国，所以嬴氏多显达，于是成为诸侯。

中衍的玄孙叫中潏，在西戎，保卫西垂。中潏生下蜚廉，蜚廉生下恶来。恶来孔武有力，蜚廉善于奔走，父子二人都凭借这些能力为殷纣做事。周武王伐纣时，一并杀死恶来。当时蜚廉为纣出使北方，回来后纣王已死，他无所上报，便在霍太山筑坛禀报，得到一副石棺，铭文说"天帝不让处父蜚廉赶上殷乱，赐你石棺来光耀氏族"。蜚廉死后，就葬在霍太山。蜚廉还有个儿子叫季胜，季胜生下孟增。孟增受到周成王的宠幸，这就是宅皋狼。宅皋狼生衡父，衡父生造父。造父因善于驾车而被周缪王宠幸，周缪王得到骥、温骊、骅骝、騄耳四匹良驹，向西巡狩，乐而忘返。徐偃王作乱，造父为缪王驾车，快马加鞭返回周都，日行千里去平定叛乱。缪王把赵城封给造父，造父一族因此以赵为氏。从蜚廉生季胜往下传五代到造父，都居住在赵城。赵衰就是造父的后代。恶来革，是蜚廉的儿子，早死。他有个儿子叫女防。女防生下旁皋，旁皋生下太几，太几生下大骆，大骆生下非子。因造父受到恩宠，他们都蒙恩住在赵城，姓赵。

非子居住在犬丘，喜好马匹及其他牲畜，善于饲养繁殖。犬丘有人把这一情况

告诉了周孝王，孝王召见非子，派他到汧水、渭水之间负责养马，马匹得到大量繁殖。孝王想立非子为大骆的继承人。申侯的女儿是大骆的妻子，生下儿子成，是大骆的嫡子。申侯就告诉孝王说："从前我的先祖娶了郦山氏，生下的女子做了戎胥轩的妻子，她生下中潏。因与周有姻亲关系，中潏归附于周，保卫西垂，西垂因此而和睦安定。如今我又把女儿嫁给大骆为妻，生下嫡子成。申、骆再次联姻，西戎都归服，因此您才得以称王。请大王再好好考虑一下吧。"于是孝王说："从前伯翳替舜帝主管牲畜，牲畜繁殖很多，所以他有了土地，赐姓嬴。如今他的后代也替我繁殖马匹，我应分他土地作为附属国。"把秦地作为封邑，让他承续嬴氏的祭祀，号称秦嬴。也不废除申侯之女所生儿子的嫡子地位，以此与西戎和睦。

秦嬴生下秦侯。秦侯在位十年去世。秦侯生下公伯，公伯在位三年去世。公伯生下秦仲。秦仲即位三年，周厉王无道，有的诸侯背叛了他。西戎反叛周王室，灭了犬丘大骆的家族。周宣王即位，就任命秦仲为大夫，讨伐西戎。西戎杀死秦仲。秦仲在位二十三年，死在西戎。秦仲有五个儿子，长子是庄公。周宣王便召见庄公兄弟五人，给了他们七千人，派他们讨伐西戎，结果打败了西戎。于是将其地封给

孝王召使主马于汧渭之间，马大蕃息。孝王欲以为大骆适嗣。申侯之女为大骆妻，生子成为适。申侯乃言孝王曰："昔我先郦山之女，为戎胥轩妻，生中潏，以亲故归周，保西垂，西垂以其故和睦。今我复与大骆妻，生适子成。申、骆重婚，西戎皆服，所以为王。王其图之。"于是孝王曰："昔伯翳为舜主畜，畜多息，故有土，赐姓嬴。今其后世亦为朕息马，朕其分土为附庸。"邑之秦，使复续嬴氏祀，号曰秦嬴。亦不废申侯之女子为骆适者，以和西戎。

秦嬴生秦侯。秦侯立十年，卒。生公伯。公伯立三年，卒。生秦仲。秦仲立三年，周厉王无道，诸侯或叛之。西戎反王室，灭犬丘大骆之族。周宣王即位，乃以秦仲为大夫，诛西戎。西戎杀秦仲。秦仲立二十三年，死于戎。有子五人，其长者曰庄公。周宣王乃召庄公昆弟五人，与兵七千人，使伐西戎，破之。

于是复予秦仲后，及其先大骆地犬丘并有之，为西垂大夫。

庄公居其故西犬丘，生子三人，其长男世父。世父曰："戎杀我大父仲，我非杀戎王则不敢入邑。"遂将击戎，让其弟襄公。襄公为太子。庄公立四十四年，卒，太子襄公代立。襄公元年，以女弟缪嬴为丰王妻。襄公二年，戎围犬丘，世父击之，为戎人所虏。岁余，复归世父。七年春，周幽王用褒姒废太子，立褒姒子为適，数欺诸侯，诸侯叛之。西戎犬戎与申侯伐周，杀幽王郦山下。而秦襄公将兵救周，战甚力，有功。周避犬戎难，东徙雒邑，襄公以兵送周平王。平王封襄公为诸侯，赐之岐以西之地，曰："戎无道，侵夺我岐、丰之地。秦能攻逐戎，即有其地。"与誓，封爵之。襄公于是始国，与诸侯通使聘享之礼，乃用骝驹、黄牛、羝羊各三祠上帝西畤。十二年，伐戎而至岐，卒。生文公。

文公元年，居西垂宫。三

秦仲后代庄公，还把他的先祖大骆的封地犬丘赐给他，封庄公为西垂大夫。

庄公居住在先祖故地西犬丘，生有三个儿子，长子是世父。世父说："西戎杀死我的祖父秦仲，我不杀死西戎的王就不回封邑。"于是领兵攻打西戎，将太子的位子让给他的弟弟襄公。襄公做了太子。庄公在位四十四年去世，太子襄公即位。襄公元年，将妹妹缪嬴嫁给丰王为妻。襄公二年，西戎围攻犬丘，世父反击西戎，被西戎人俘虏。一年多，世父被放回来。襄公七年春，周幽王听信褒姒，废黜太子，立褒姒之子为太子，多次欺骗诸侯，诸侯背叛了他。西戎部落的犬戎与申侯讨伐周室，将周幽王杀死在郦山之下。而秦襄公领兵援救周室，作战很尽力，有功劳。周王室为躲避犬戎之乱，向东迁徙到了洛邑，襄公派兵护送周平王。周平王封襄公为诸侯，将岐山以西的土地赏赐给了他。周平王说："西戎无道，侵夺我们岐、丰一带的土地。秦若能攻打驱逐西戎，就可拥有那片土地。"平王就与襄公盟誓，封给他爵位。襄公在这时才立国，与其他诸侯互通使节，行聘享之礼，又用骝驹、黄牛、羝羊各三只，在西畤祭祀天帝。襄公十二年，襄公讨伐西戎到达岐山，去世。襄公生文公。

文公元年，居住在西垂宫。文公三年，

文公领兵七百人向东狩猎。文公四年，到达汧水和渭水交汇之处。文公说："从前周王把这里赐给我的祖先秦嬴作为封邑，后来终于获得爵位成为诸侯。"于是占卜居住在此地的情况，卜辞显示吉利，便在此地营建城邑。文公十年，开始营建鄜畤，用牛、羊、猪各三只祭祀天地。文公十三年，开始设立史官以记载事迹，民众大多受到教化。文公十六年，文公发兵讨伐西戎，西戎战败逃走。于是文公便收复了周朝旧有的人民，将其归自己所有，将地盘扩展到岐山，把岐山以东的土地献给周天子。文公十九年，得到一种叫陈宝的神石。文公二十年，开始制定灭三族的法律。文公二十七年，砍伐南山的大梓树，一头大公牛出现后奔入丰水中。文公四十八年，文公的太子去世，赐他谥号为竫公。立竫公的长子为太子，他是文公的孙子。文公五十年，文公去世，葬于西山。竫公的儿子即位，这就是宁公。

宁公二年，秦迁都平阳。宁公派兵攻打荡社。宁公三年，与亳部落交战，亳王奔赴戎地，于是灭掉了荡社。宁公四年，鲁国公子翚弑杀国君鲁隐公。宁公十二年，讨伐荡氏，攻取了它。宁公十岁即位，在位十二年去世，葬于西山。生有三个儿子，长子武公为太子。武公与弟弟德公同母，他们的母亲都是鲁姬子。宁公又生下出子。

年，文公以兵七百人东猎。四年，至汧渭之会。曰："昔周邑我先秦嬴于此，后卒获为诸侯。"乃卜居之，占曰吉，即营邑之。十年，初为鄜畤，用三牢。十三年，初有史以纪事，民多化者。十六年，文公以兵伐戎，戎败走。于是文公遂收周余民有之，地至岐，岐以东献之周。十九年，得陈宝。二十年，法初有三族之罪。二十七年，伐南山大梓，丰大特。四十八年，文公太子卒，赐谥为竫公。竫公之长子为太子，是文公孙也。五十年，文公卒，葬西山。竫公子立，是为宁公。

宁公二年，公徙居平阳。遣兵伐荡社。三年，与亳战，亳王奔戎，遂灭荡社。四年，鲁公子翚弑其君隐公。十二年，伐荡氏，取之。宁公生十岁立，立十二年卒，葬西山。生子三人，长男武公为太子。武公弟德公，同母，鲁姬子。生出子。宁公卒，大庶长弗忌、威垒、三父废太子而立出子为君。出子六年，三父等复共令人贼杀出子。出子生五岁立，立六年卒。三父等乃复立故太子武公。

武公元年，伐彭戏氏，至于华山下，居平阳封宫。三年，诛三父等而夷三族，以其杀出子也。郑高渠眯杀其君昭公。十年，伐邽、冀戎，初县之。十一年，初县杜、郑。灭小虢。

十三年，齐人管至父、连称等杀其君襄公而立公孙无知。晋灭霍、魏、耿。齐雍廪杀无知、管至父等而立齐桓公。齐、晋为强国。

十九年，晋曲沃始为晋侯。齐桓公伯于鄄。

二十年，武公卒，葬雍平阳。初以人从死，从死者六十六人。有子一人，名曰白。白不立，封平阳。立其弟德公。

德公元年，初居雍城大郑宫。以牺三百牢祠鄜畤。卜居雍，"后子孙饮马于河"。梁伯、芮伯来朝。二年，初伏，以狗御蛊。德公生三十三岁而立，

宁公去世，大庶长弗忌、威垒、三父废太子而立出子为君。出子六年，三父等人又一起派人暗杀了出子。出子五岁即位，在位六年去世。三父等人又立原来的太子武公为国君。

武公元年，讨伐彭戏氏，一直打到华山下，居住在平阳城的封宫。武公三年，诛杀三父等人并夷灭其三族，因为他们杀了出子。郑国高渠眯弑杀国君郑昭公。武公十年，攻打邽、冀戎，开始在这两个地方设县。武公十一年，在杜、郑开始设县。消灭小虢。

武公十三年，齐人管至父、连称等人弑杀国君齐襄公而立公孙无知为齐君。晋国消灭霍国、魏国、耿国。齐人雍廪杀公孙无知、管至父等人而立齐桓公为君。齐国、晋国成为强国。

武公十九年，晋国曲沃的君主开始成为晋侯。齐桓公在鄄地会盟，成为霸主。

武公二十年，武公去世，葬于雍地的平阳。开始用活人殉葬，殉葬的有六十六人。武公有个儿子，名白。白没有被立为国君，被封在平阳。立武公的弟弟德公为国君。

德公元年，开始居住在雍城大郑宫。用牛、羊、猪各三百头在鄜畤祭祀。占卜迁居雍地，卜辞显示的意思是"后代子孙饮马于河"。梁伯、芮伯来秦朝贡。德公二年，开始规定伏日，用狗驱除热毒恶气。

德公三十三岁被立为君，在位两年去世。生儿子三人：长子宣公，次子成公，幼子缪公。长子宣公即位。

宣公元年，卫国、燕国讨伐周，赶走了周惠王，立王子颓为国君。宣公三年，郑伯、虢叔杀王子颓而护送周惠王入周。宣公四年，建造密畤。与晋国大战于河阳，战胜了晋国。宣公十二年，宣公去世。宣公生儿子九人，都没有即位为君，立宣公弟弟成公为国君。

成公元年，梁伯、芮伯来朝贡。齐桓公讨伐山戎，驻军在孤竹。成公在位四年去世，有儿子七人，都没有即位为君，立成公弟弟缪公为国君。

缪公任好元年，缪公亲自率兵讨伐茅津，取得了胜利。缪公四年，从晋国迎娶夫人，夫人是晋太子申生的姐姐。这年，齐桓公讨伐楚国，直到邵陵。

缪公五年，晋献公消灭虞国、虢国，俘虏了虞国国君与虞国大夫百里傒，这是用美玉和良马贿赂了虞国的缘故。晋国俘虏百里傒以后，把他作为秦缪公夫人的陪嫁奴仆送给了秦国。百里傒从秦国逃到宛县，楚国郊野之人抓住了他。秦缪公听说百里傒很贤能，想用重金赎回他，怕楚人不肯，于是派人对楚人说："我的陪嫁奴仆百里傒在这里，我们请求用五张黑羊皮赎回他。"楚人于是答应归还。当时，百

立二年卒。生子三人：长子宣公，中子成公，少子缪公。长子宣公立。

宣公元年，卫、燕伐周，出惠王，立王子颓。三年，郑伯、虢叔杀子颓而入惠王。四年，作密畤。与晋战河阳，胜之。十二年，宣公卒。生子九人，莫立，立其弟成公。

成公元年，梁伯、芮伯来朝。齐桓公伐山戎，次于孤竹。成公立四年卒。子七人，莫立，立其弟缪公。

缪公任好元年，自将伐茅津，胜之。四年，迎妇于晋，晋太子申生姊也。其岁，齐桓公伐楚，至邵陵。

五年，晋献公灭虞、虢，虏虞君与其大夫百里傒，以璧马赂于虞故也。既虏百里傒，以为秦缪公夫人媵于秦。百里傒亡秦走宛，楚鄙人执之。缪公闻百里傒贤，欲重赎之，恐楚人不与，乃使人谓楚曰："吾媵臣百里傒在焉，请以五羖羊皮赎之。"楚人遂许与之。当是时，百里傒年已七十余。缪

公释其囚，与语国事。谢曰：
"臣亡国之臣，何足问！"
缪公曰："虞君不用子，故
亡，非子罪也。"固问，语三日，
缪公大说，授之国政，号曰五
羖大夫。百里傒让曰："臣不
及臣友蹇叔，蹇叔贤而世莫知。
臣常游困于齐而乞食铚人，蹇
叔收臣。臣因而欲事齐君无知，
蹇叔止臣，臣得脱齐难，遂之周。
周王子颓好牛，臣以养牛干之。
及颓欲用臣，蹇叔止臣，臣去，
得不诛。事虞君，蹇叔止臣。
臣知虞君不用臣，臣诚私利禄
爵，且留。再用其言，得脱；
一不用，及虞君难。是以知其
贤。"于是缪公使人厚币迎蹇叔，
以为上大夫。

秋，缪公自将伐晋，战于
河曲。晋骊姬作乱，太子申生
死新城，重耳、夷吾出奔。

九年，齐桓公会诸侯于葵丘。

晋献公卒。立骊姬子奚
齐，其臣里克杀奚齐。荀息立
卓子，克又杀卓子及荀息。夷

里傒已七十多岁了。秦缪公将他释放，与
他商讨国事。百里傒辞谢说："我是个亡
国之臣，有什么值得请教的！"秦缪公说：
"虞君不重用您，所以亡国了，这不是您
的罪过！"秦缪公坚持向他请教，两人谈
论三天，秦缪公非常高兴，任命他执掌国
家政事，号称五羖大夫。百里傒谦让说：
"我不及我的朋友蹇叔，蹇叔贤能却不为
世人所知。我曾经游历受困于齐国，向铚
地人乞食，是蹇叔收留了我。我原本想为
齐君无知做事，又是蹇叔阻止了我，我得
以逃脱齐国的灾难，于是去了周。周王子
颓喜好牛，我想借用养牛的事去见他。等
到王子颓想重用我时，蹇叔又阻止了我，
我离开了，才得以不被诛杀。我为虞君做
事，蹇叔还是劝阻我。我知道虞君不会重
用我，但我确实贪恋利禄爵位，便暂且留
下了。我两次听从蹇叔的意见，都幸免于
难；只一次未听，就遭逢了虞君的灾难。
所以我知道蹇叔很贤能。"于是秦缪公派
人带重礼迎请蹇叔，任用他为上大夫。

秋天，秦缪公亲自率兵讨伐晋国，与
晋国大战于河曲。晋国骊姬作乱，太子申
生死于新城，重耳、夷吾出逃。

缪公九年，齐桓公在葵丘会盟诸侯。

晋献公去世。立骊姬的儿子奚齐为晋
君，臣子里克杀死奚齐。荀息立卓子为晋
君，里克又杀了卓子和荀息。夷吾派人请

求秦国帮助他入晋。于是秦缪公答应了他，派百里傒率兵护送夷吾。夷吾对秦人说："如果我得以即位，愿割让晋国河西八座城池给秦国。"等他回国，即位后，便派丕郑去答谢秦国，背弃信约，不愿割让河西八城，并杀了里克。丕郑听说后很惶恐，便向秦缪公献计说："晋国人不想让夷吾做国君，他们其实希望重耳做国君。如今夷吾背弃与秦国的信约并杀掉里克，都是吕甥、郤芮的计谋。希望大王赶紧用一些好处将吕甥、郤芮诱来，吕、郤二人到了秦国，护送重耳入晋就便利多了。"秦缪公答应了他，派人与丕郑一起回国，召来吕甥、郤芮。吕、郤等人怀疑丕郑有阴谋，便建议夷吾杀掉丕郑。丕郑的儿子丕豹逃奔到秦国，对秦缪公说："晋国国君无道，百姓不亲附他，可以攻打晋国呀！"秦缪公说："如果百姓真的不拥护晋君，晋君为什么能诛杀他的大臣呢？既然能诛杀大臣，则说明晋国是和谐的。"秦缪公没有采纳他的意见，却在暗中重用丕豹。

缪公十二年，齐国的管仲、隰朋去世。

晋国发生旱情，到秦国请求粮食支援。丕豹劝秦缪公说不要支援，应该趁晋国饥荒去讨伐他们。秦缪公询问公孙支，公孙支说："荒歉与丰收是循环更替的事，不能不借。"又问百里傒，百里傒说："是夷吾得罪了大王，晋国百姓有什么罪呢？"

吾使人请秦，求入晋。于是缪公许之，使百里傒将兵送夷吾。夷吾谓曰："诚得立，请割晋之河西八城与秦。"及至，已立，而使丕郑谢秦，背约不与河西城，而杀里克。丕郑闻之，恐，因与缪公谋曰："晋人不欲夷吾，实欲重耳。今背秦约而杀里克，皆吕甥、郤芮之计也。愿君以利急召吕、郤，吕、郤至，则更入重耳，便。"缪公许之，使人与丕郑归，召吕、郤。吕、郤等疑丕郑有间，乃言夷吾杀丕郑。丕郑子丕豹奔秦，说缪公曰："晋君无道，百姓不亲，可伐也。"缪公曰："百姓苟不便，何故能诛其大臣？能诛其大臣，此其调也。"不听，而阴用豹。

十二年，齐管仲、隰朋死。

晋旱，来请粟。丕豹说缪公勿与，因其饥而伐之。缪公问公孙支，支曰："饥穰更事耳，不可不与。"问百里傒，傒曰："夷吾得罪于君，其百姓何罪？"于是用百里傒、公孙支言，卒与之粟。以船漕车转，自雍相望至绛。

十四年，秦饥，请粟于晋。晋君谋之群臣。虢射曰："因其饥伐之，可有大功。"晋君从之。十五年，兴兵将攻秦。缪公发兵，使丕豹将，自往击之。九月壬戌，与晋惠公夷吾合战于韩地。晋君弃其军，与秦争利，还而马骛。缪公与麾下驰追之，不能得晋君，反为晋军所围。晋击缪公，缪公伤。于是岐下食善马者三百人驰冒晋军，晋军解围，遂脱缪公，而反生得晋君。初，缪公亡善马，岐下野人共得而食之者三百余人，吏逐得，欲法之。缪公曰："君子不以畜产害人。吾闻食善马肉不饮酒，伤人。"乃皆赐酒而赦之。三百人者闻秦击晋，皆求从，从而见缪公窘，亦皆推锋争死，以报食马之德。于是缪公虏晋君以归，令于国："齐宿，吾将以晋君祠上帝。"周天子闻之，曰"晋我同姓"，为请晋君。夷吾姊亦为缪公夫人，夫人闻之，乃

于是秦缪公采纳了百里傒、公孙支的意见，最终借给晋国粮食。船载车运，水陆并进，从秦国雍城到晋国绛城，一路上车船相望。

缪公十四年，秦国饥荒，向晋国请求粮食支援。晋君与群臣商议。虢射说："我们趁秦国饥荒去讨伐他们，可以大胜他们。"晋君听从了虢射的建议。缪公十五年，晋君将派兵攻打秦国。秦缪公发兵，任命丕豹为将，亲自去迎战。九月壬戌日，与晋惠公夷吾会战于韩地。晋君脱离大军，与秦军争胜负，在折回时车马深陷泥泞，不能脱出。秦缪公与部下疾驰追击，没有抓到晋君，反被晋军包围。晋军攻击缪公，缪公受伤。于是岐山下偷吃缪公良马的三百多人驱马迎战晋军，冲开了晋军的包围，于是帮缪公脱困，又乘机生擒晋君。当初，秦缪公丢失一匹好马，被岐山下的三百多个乡野之人杀掉吃了，官吏逮捕他们后，想依法处置他们。缪公说："君子不会因为牲畜而伤害人。我听说吃了好马的肉而不喝酒会对身体有害。"于是秦缪公给他们赐酒并赦免了他们。这三百多人听说秦国与晋国交战，都请求跟随缪公。此时看见缪公处境窘迫，就都高举兵器，争先死战，以报答偷食好马而被赦免的恩德。于是秦缪公俘虏晋君而归。秦缪公下令全国说："人人斋戒独宿，我将用晋君祭祀上帝。"周天子听说后，说"晋君与

我同姓"，于是为晋君求情。夷吾的姐姐也是缪公的夫人，夫人听说后，就穿着丧服，赤脚来见缪公，说："妾不能救自己兄弟，实在有辱于君上。"缪公说："我以为俘虏了晋君是个大功劳，如今天子为他求情，夫人为此事担忧。"于是与晋君约定，许诺放他回国，并安排他改住上等馆舍，用牛、羊、猪各七头款待他。十一月，送夷吾归晋，夷吾将河西之地献给秦国，并派太子圉到秦国为质。秦缪公把宗室女子嫁给太子圉为妻。这时秦国疆域东到黄河。

缪公十八年，齐桓公去世。缪公二十年，秦国灭掉梁国、芮国。

缪公二十二年，晋公子圉听说晋君病了，说："梁国，是我母亲的国家，而秦国消灭了它。我的兄弟多，等到晋君去世，秦国必定留我，而晋国轻视我，便会改立其他公子为君。"子圉于是逃回晋国。缪公二十三年，晋惠公去世，子圉立为国君。秦国怨恨子圉逃走，便派人从楚国把晋公子重耳迎请到秦国，并将原来子圉的妻子嫁给重耳。重耳起初不肯，后来才接受。缪公对重耳更加礼遇看重。缪公二十四年春，秦国派人告诉晋国大臣，想让重耳回晋。晋国答应了，于是缪公派人护送重耳。二月，重耳立为晋君，这就是晋文公。文公派人杀了子圉，子圉就是晋怀公。

这年秋天，周襄王的弟弟带借助翟国

衰绖跣，曰："妾兄弟不能相救，以辱君命。"缪公曰："我得晋君以为功，今天子为请，夫人是忧。"乃与晋君盟，许归之。更舍上舍，而馈之七牢。十一月，归晋君夷吾，夷吾献其河西地，使太子圉为质于秦。秦妻子圉以宗女。是时秦地东至河。

十八年，齐桓公卒。二十年，秦灭梁、芮。

二十二年，晋公子圉闻晋君病，曰："梁，我母家也，而秦灭之。我兄弟多，即君百岁后，秦必留我，而晋轻亦更立他子。"子圉乃亡归晋。二十三年，晋惠公卒，子圉立为君。秦怨圉亡去，乃迎晋公子重耳于楚，而妻以故子圉妻。重耳初谢，后乃受。缪公益礼厚遇之。二十四年春，秦使人告晋大臣，欲入重耳。晋许之，于是使人送重耳。二月，重耳立为晋君，是为文公。文公使人杀子圉。子圉是为怀公。

其秋，周襄王弟带以翟伐

王，王出居郑。二十五年，周王使人告难于晋、秦，秦缪公将兵助晋文公入襄王，杀王弟带。二十八年，晋文公败楚于城濮。三十年，缪公助晋文公围郑。郑使人言缪公曰："亡郑厚晋，于晋而得矣，而秦未有利。晋之强，秦之忧也。"缪公乃罢兵归。晋亦罢。三十二年冬，晋文公卒。

郑人有卖郑于秦曰："我主其城门，郑可袭也。"缪公问蹇叔、百里傒，对曰："径数国千里而袭人，希有得利者。且人卖郑，庸知我国人不有以我情告郑者乎？不可。"缪公曰："子不知也，吾已决矣。"遂发兵，使百里傒子孟明视，蹇叔子西乞术及白乙丙将兵。行日，百里傒、蹇叔二人哭之。缪公闻，怒曰："孤发兵而子沮哭吾军，何也？"二老曰："臣非敢沮君军。军行，臣子与往；臣老，迟还恐不相见，故哭耳。"二老退，谓其子曰："汝军即败，必于崤厄矣。"三十三年春，秦兵遂

的军队攻打襄王，周襄王出逃居住郑国。缪公二十五年，周襄王派人向晋国、秦国告知祸乱。秦缪公率兵帮助晋文公护送襄王入周，并杀死襄王弟弟带。缪公二十八年，晋文公在城濮打败楚军。缪公三十年，秦缪公帮助晋文公围攻郑国。郑国派人对秦缪公说："灭掉郑国使晋国强大，这对于晋国是有利的，而对秦国却没有好处。晋国强大，是秦国的忧患啊！"秦缪公便撤兵回国，晋国也只好罢兵。缪公三十二年冬，晋文公去世。

郑国有个人向秦国出卖郑国说："我主管郑国都城的城门，可以偷袭郑国。"秦缪公询问蹇叔和百里傒，他们回答说："途经好几个国家，千里迢迢去偷袭别国，很少有成功的。况且有人出卖郑国，怎么知道我们秦国就没有把我们的情报告知郑国的人呢？不能偷袭郑国。"秦缪公说："你们不了解，我已经决定了。"于是发兵，任命百里傒的儿子孟明视，蹇叔的儿子西乞术及白乙丙率领军队。出发那天，百里傒、蹇叔二人痛哭。秦缪公听说后，愤怒地说："我发兵而你们却痛哭涣散军心，为什么？"两位老人说："我们不敢涣散军心，军队出行，我们的儿子一起前往，我们老了，回来晚了恐怕会见不到我们的儿子了，所以才哭。"两位老人退下，对他们的儿子说："你们的军队如

果被打败，必定在崤山的险要之处战败。"
缪公三十三年春，秦兵向东进发，越过晋地，
经过周朝都城北门。周王孙满说："秦国
军队这么无礼，不打败仗还等什么！"秦
军到达滑地，遇到郑国商贩弦高，他正赶
着十二头牛准备去周贩卖。路上遇到秦兵，
他害怕被俘虏杀掉，因此献上牛说："听
说贵国将要去讨伐郑国，郑国国君已经谨
慎地做好了防守准备，派我用十二头牛前
来慰劳贵国将士。"秦国的三位将领互相
商讨说："我们是来偷袭郑国的，郑国如
今已经察觉，去也来不及了。"秦国军队
就消灭了滑邑。滑邑，晋国的边境小城。

　　此时，晋文公还没有被安葬。晋太子
襄公发怒说："秦国欺侮我丧父，趁我们
办理丧事攻破我们的滑邑。"于是晋人把
丧服染成黑色，派兵在崤山堵截秦军，晋
军发起攻击，大破秦军，秦军没有一人能
逃走，晋军俘虏了秦国三个将领回城。晋
文公夫人，是秦国宗室女子，为秦国三位
被囚的将领求情说："秦缪公对这三个人
恨入骨髓，希望你放这三人回秦国，让我
们秦国的国君亲自烹杀他们解恨。"晋襄
公答应了她的请求，释放三位秦国将领回
国。三位将领刚到秦国，秦缪公就身穿素
服到郊外迎接，哭着对三人说："我因为
没有听百里傒、蹇叔的话，而使三位受了
屈辱，你们三位有什么罪过呢？你们就尽

东，更晋地，过周北门。周王
孙满曰："秦师无礼，不败何
待！"兵至滑，郑贩卖贾人弦
高持十二牛将卖之周，见秦兵，
恐死虏，因献其牛，曰："闻
大国将诛郑，郑君谨修守御备，
使臣以牛十二劳军士。"秦三
将军相谓曰："将袭郑，郑今
已觉之，往无及已。"灭滑。滑，
晋之边邑也。

　　当是时，晋文公丧尚未
葬。太子襄公怒曰："秦侮我孤，
因丧破我滑。"遂墨衰绖，发
兵遮秦兵于崤，击之，大破秦
军，无一人得脱者，虏秦三将
以归。文公夫人，秦女也，为
秦三囚将请曰："缪公之怨此
三人入于骨髓，愿令此三人归，
令我君得自快烹之。"晋君许
之，归秦三将。三将至，缪公
素服郊迎，向三人哭曰："孤
以不用百里傒、蹇叔言以辱三
子，三子何罪乎？子其悉心雪
耻，毋怠。"遂复三人官秩如故，
愈益厚之。

三十四年，楚太子商臣弑其父成王代立。

缪公于是复使孟明视等将兵伐晋，战于彭衙。秦不利，引兵归。

戎王使由余于秦。由余，其先晋人也，亡入戎，能晋言。闻缪公贤，故使由余观秦。秦缪公示以官室、积聚。由余曰："使鬼为之，则劳神矣；使人为之，亦苦民矣。"缪公怪之，问曰："中国以诗书礼乐法度为政；然尚时乱，今戎夷无此，何以为治，不亦难乎？"由余笑曰："此乃中国所以乱也。夫自上圣黄帝作为礼乐法度，身以先之，仅以小治。及其后世，日以骄淫。阻法度之威，以责督于下，下罢极则以仁义怨望于上，上下交争怨而相篡弑，至于灭宗，皆以此类也。夫戎夷不然。上含淳德以遇其下，下怀忠信以事其上，一国之政犹一身之治，不知所以治，此真圣人之治也。"于是缪公退而问内史廖曰："孤闻邻国

心尽力雪耻吧，不要懈怠。"于是秦缪公恢复了三人以前的官职俸禄，还更加厚待他们。

缪公三十四年，楚国太子商臣弑杀父亲楚成王，自立为楚王。

秦缪公又派孟明视等人率兵讨伐晋国，两国交战于彭衙，秦军战败，罢兵而回。

戎王派由余出使秦国。由余的祖先是晋国人，逃亡到戎地，能说晋国话。戎王听说秦缪公贤明，所以派由余来秦国参观学习。秦缪公向他展示宫室和聚藏的财物。由余说："这些要是让鬼神去做，鬼神也会感到很劳累；要是派人民去做，人民也会劳苦。"缪公感到很奇怪，问道："中原各国都是以诗书礼乐、法度来治理国家，尽管如此，还时常出现祸乱；如今戎夷没有这些，是用什么来治理国家的，岂不是很困难吗？"由余笑着说："这正是中原各国发生祸乱的原因。自上古圣人黄帝创制礼乐法度，以身作则，率先奉行，也仅仅是达到小治而已。到了后世，统治者日益骄奢淫逸，依恃法度的威严来责求下民，下民在极度疲困中就怨恨居上位者不行仁义，上下交相怨责，篡夺屠杀，以至灭绝宗嗣，许多事情就是这样造成的。戎夷却不是这样。在上位者怀着淳厚的仁德来待他的臣民，臣民则本着忠信的赤诚来侍奉上位者，治理一个国家就如同治理自己的

身体一样，虽搞不清能治理好的原因是什么，但这才真正是圣人治理的国家啊。"于是秦缪公退朝询问内史王廖说："我听说邻国若有圣人，则是敌国的忧患。如今由余贤能，是我们的祸害，我们该怎么办呢？"内史王廖说："戎王身处偏僻闭塞之地，从未听过中原的音乐，您不妨试着送给他一些歌舞艺伎，以使他丧失志气；为由余请求将他留在秦国，以疏远他们之间的关系；留住由余不让他回去，以延误他的期限。戎王觉得奇怪，必定怀疑由余。君臣之间有了嫌隙，就可以俘获他了。何况戎王喜好音色，必会懈怠政事。"秦缪公说："好。"于是缪公与由余座席相连而坐，推杯换盏一道饮食，并趁势向由余打听戎地的地形及兵力，把情况了解得一清二楚，然后命内史王廖把十六个歌舞艺伎赠送给戎王。戎王接受而且非常喜爱，整年都沉迷于女乐而不思改变。这时秦国才将由余送回戎夷。由余屡次进谏，戎王不听，秦缪公又多次派人暗中邀请由余，由余于是离开戎王投靠秦国。秦缪公以宾客之礼待他，询问讨伐戎地的形势。

缪公三十六年，秦缪公更加厚待孟明视等人，派他们率兵攻打晋国，渡过黄河后焚毁船只，大败晋军，攻取了晋国的王官和鄗地，以报崤山大败之仇。晋军都固守城中不敢出战。于是秦缪公从茅津渡过

有圣人，敌国之忧也。今由余贤，寡人之害，将奈之何？"内史廖曰："戎王处辟匿，未闻中国之声。君试遗其女乐，以夺其志；为由余请，以疏其间；留而莫遣，以失其期。戎王怪之，必疑由余。君臣有间，乃可虏也。且戎王好乐，必怠于政。"缪公曰："善。"因与由余曲席而坐，传器而食，问其地形与其兵势尽察，而后令内史廖以女乐二八遗戎王。戎王受而说之，终年不还。于是秦乃归由余。由余数谏不听，缪公又数使人间要由余，由余遂去，降秦。缪公以客礼礼之，问伐戎之形。

三十六年，缪公复益厚孟明等，使将兵伐晋。渡河焚船，大败晋人，取王官及鄗，以报殽之役。晋人皆城守不敢出。于是缪公乃自茅津渡河，封殽

中尸，为发丧，哭之三日。乃誓于军曰："嗟士卒！听无哗，余誓告汝。古之人谋黄发番番，则无所过。"以申思不用蹇叔、百里傒之谋，故作此誓，令后世以记余过。君子闻之，皆为垂涕，曰："嗟乎！秦缪公之与人周也，卒得孟明之庆。"

三十七年，秦用由余谋伐戎王，益国十二，开地千里，遂霸西戎。天子使召公过贺缪公以金鼓。三十九年，缪公卒，葬雍。从死者百七十七人，秦之良臣子舆氏三人名曰奄息、仲行、针虎，亦在从死之中。秦人哀之，为作歌《黄鸟》之诗。君子曰："秦缪公广地益国，东服强晋，西霸戎夷，然不为诸侯盟主，亦宜哉。死而弃民，收其良臣而从死。且先王崩，尚犹遗德垂法，况夺之善人良臣百姓所哀者乎！是以知秦不能复东征也。"缪公子四十人，其太子罃代立，是为康公。

黄河，埋葬了在崤山之役中牺牲的秦军将士，为他们举办丧事，举哀三日。秦缪公誓诫军队说："喂，将士们！听我说，不要喧哗。我告诉你们，古时候的人有事都要向白发老人求教，那样就不会产生过错。"缪公反思申明没有采纳蹇叔、百里傒的意见，所以发这个誓言，让后代子孙记住自己的过错。有德之人听说这件事，都为之落泪，说："啊呀！秦缪公诚信、周备待人，终于等到了孟明视等人胜利的喜庆。"

缪公三十七年，秦国采用由余的计谋攻打戎王，兼并十二个国家，拓展千里疆土，于是称霸西戎。周天子派遣召公过带着金鼓来向秦缪公道贺。缪公三十九年，秦缪公去世，葬在雍邑。陪葬者一百七十七人，秦国的三位良臣子舆氏，名叫奄息、仲行、针虎，也在陪葬的行列中。秦人哀痛三位良臣，为他们作了一篇《黄鸟》诗。有德之人说："秦缪公扩展疆土，增加国力，向东征服了强大的晋国，向西称霸于西戎，然而他终究没能成为诸侯的盟主，也是应该的啊！他死后弃百姓于不顾，让那些良臣为他陪葬。古代圣王逝世，尚且遗留给后世德惠典范，更何况夺走那些百姓为之哀痛的善人良臣呢！所以知道秦国不能再向东发展了。"秦缪公有儿子四十人，太子罃即位，这就是秦康公。

康公元年。去年秦缪公去世，晋襄公也去世了。晋襄公的弟弟叫雍，是秦国女子所生，当时住在秦国。晋国赵盾想立公子雍为国君，派随会来秦国迎接公子雍，秦国派兵将公子雍护送到令狐。晋国已经立襄公的儿子为晋君，便反击秦军，秦军战败，随会逃奔到秦国。康公二年，秦国讨伐晋国，攻取武城，以报令狐战败之仇。康公四年，晋国讨伐秦国，攻取少梁。康公六年，秦国讨伐晋国，攻取羁马。两军交战于河曲，晋军大败。晋国人担心随会在秦国会给晋国造成祸患，就派魏雠馀假装叛晋，与随会合谋，用欺诈的手段骗来随会，随会就这样回到了晋国。康公在位十二年去世，儿子共公即位。

共公二年，晋国赵穿弑杀国君晋灵公。共公三年，楚庄王强大起来，向北进兵直到洛邑，询问周王室的九鼎轻重。共公在位五年去世，儿子桓公即位。

桓公三年，晋国打败了秦国一位将领。桓公十年，楚庄王征服郑国，又向北在黄河边打败晋军。当时，楚国称霸，召集诸侯会盟。桓公二十四年，晋厉公刚即位，就与秦桓公隔黄河订立了盟约。各自回国后，秦国背弃盟约，与翟人合谋攻打晋国。桓公二十六年，晋国率领诸侯国讨伐秦国，秦军败逃，晋国追到泾水边才收兵。桓公在位二十七年去世，儿子景公即位。

康公元年。往岁缪公之卒，晋襄公亦卒；襄公之弟名雍，秦出也，在秦。晋赵盾欲立之，使随会来迎雍，秦以兵送至令狐。晋立襄公子而反击秦师，秦师败，随会来奔。二年，秦伐晋，取武城，报令狐之役。四年，晋伐秦，取少梁。六年，秦伐晋，取羁马。战于河曲，大败晋军。晋人患随会在秦为乱，乃使魏雠馀详反，合谋会，诈而得会，会遂归晋。康公立十二年卒，子共公立。

共公二年，晋赵穿弑其君灵公。三年，楚庄王强，北兵至雒，问周鼎。共公立五年卒，子桓公立。

桓公三年，晋败我一将。十年，楚庄王服郑，北败晋兵于河上。当是之时，楚霸，为会盟合诸侯。二十四年，晋厉公初立，与秦桓公夹河而盟。归而秦倍盟，与翟合谋击晋。二十六年，晋率诸侯伐秦，秦军败走，追至泾而还。桓公立二十七年卒，子景公立。

景公四年，晋栾书弑其君厉公。十五年，救郑，败晋兵于栎。是时晋悼公为盟主。十八年，晋悼公强，数会诸侯，率以伐秦，败秦军。秦军走，晋兵追之，遂渡泾，至棫林而还。二十七年，景公如晋，与平公盟，已而背之。三十六年，楚公子围弑其君而自立，是为灵王。景公母弟后子针有宠，富，或谮之，恐诛，乃奔晋，车重千乘。晋平公曰："后子富如此，何以自亡？"对曰："秦公无道，畏诛，欲待其后世乃归。"三十九年，楚灵王强，会诸侯于申，为盟主，杀齐庆封。景公立四十年卒，子哀公立。后子复来归秦。

哀公八年，楚公子弃疾弑灵王而自立，是为平王。十年，楚平王来求秦女为太子建妻。至国，女好而自娶之。十五年，楚平王欲诛建，建亡；伍子胥奔吴。晋公室卑而六卿强，欲内相攻，是以久秦晋不相攻。三十一年，吴王阖闾与伍子胥伐楚，楚王亡奔随，吴

景公四年，晋国栾书弑杀国君晋厉公。景公十五年，秦国救郑，在栎邑打败晋军。这时晋悼公是诸侯盟主。景公十八年，晋悼公实力强大，多次会盟诸侯，率领诸侯攻打秦国，打败秦军。秦军败逃，晋军乘胜追击，于是渡过泾水，直到棫林才收兵。景公二十七年，秦景公到晋国，与晋平公订立盟约，不久秦景公又背弃盟约。景公三十六年，楚公子围弑杀楚国国君自立为王，这就是楚灵王。秦景公的同母弟弟后子针受宠爱，很富有，有人在秦景公面前说他的坏话，他害怕被杀，就逃到晋国，家产装了一千辆车。晋平公问他："你如此富有，为什么要出逃呢？"后子针回答说："秦景公无道，我怕被杀，想等他去世后再回去。"景公三十九年，楚灵王强大，在申地举行诸侯会盟，成为盟主，杀了齐国的庆封。景公在位四十年去世，儿子哀公即位。后子针又回到了秦国。

哀公八年，楚公子弃疾弑杀楚灵王自立，就是楚平王。哀公十年，楚平王派人来求娶秦国的宗室之女做太子建的妻子。回到楚国，平王见秦女漂亮，就自己娶了她。哀公十五年，楚平王想诛杀太子建，太子建逃走；伍子胥投奔吴国。晋国公室权势衰微而六卿势力强大，他们正忙于内部的互相攻击，所以晋国与秦国长时间没有发生战事。哀公三十一年，吴王阖闾与伍子

胥攻打楚国，楚王逃跑投奔随国，吴军于是攻入郢都。楚国大夫申包胥到秦国告急求救，七天不吃不喝，日夜哭泣。于是秦国派五百辆兵车救楚，打败吴军。吴军撤兵回国后，楚昭王才能够回到郢都。哀公在位三十六年去世，太子夷公早死，没能即位，于是立夷公的儿子为君，这就是秦惠公。

惠公元年，孔子代行鲁国宰相之事。惠公五年，晋卿中行氏、范氏反叛晋国，晋君派智氏、赵简子攻打他们，范氏、中行氏逃到齐国。惠公在位十年去世，儿子悼公即位。

悼公二年，齐国大臣田乞弑杀国君孺子，立孺子的哥哥阳生为国君，这就是齐悼公。悼公六年，吴国打败齐军。齐国人弑杀齐悼公，立他的儿子简公为国君。悼公九年，晋定公与吴王夫差会盟，在黄池争做诸侯之长，最后让吴国做。吴国强大后，欺凌中原各国。悼公十二年，齐臣田常弑杀国君简公，立简公的弟弟平公为国君，田常做相国。悼公十三年，楚国灭掉陈国。秦悼公在位十四年去世，儿子厉共公即位。孔子在秦悼公十二年去世。

厉共公二年，蜀人前来进献财物。厉共公十六年,在黄河边挖掘壕沟,修筑工事。发兵两万讨伐大荔，攻取大荔王城。厉共公二十一年，开始设置频阳县。晋国攻占

遂入郢。楚大夫申包胥来告急，七日不食，日夜哭泣。于是秦乃发五百乘救楚，败吴师。吴师归，楚昭王乃得复入郢。哀公立三十六年卒。太子夷公，夷公蚤死，不得立，立夷公子，是为惠公。

惠公元年，孔子行鲁相事。五年，晋卿中行、范氏反晋，晋使智氏、赵简子攻之，范、中行氏亡奔齐。惠公立十年卒，子悼公立。

悼公二年，齐臣田乞弑其君孺子，立其兄阳生，是为悼公。六年，吴败齐师。齐人弑悼公，立其子简公。九年，晋定公与吴王夫差盟，争长于黄池，卒先吴。吴强，陵中国。十二年，齐田常弑简公，立其弟平公，常相之。十三年，楚灭陈。秦悼公立十四年卒，子厉共公立。孔子以悼公十二年卒。

厉共公二年，蜀人来赂。十六年，堑河旁。以兵二万伐大荔，取其王城。二十一年，初县频阳。晋取武成。二十四年，

晋乱，杀智伯，分其国与赵、韩、魏。二十五年，智开与邑人来奔。三十三年，伐义渠，虏其王。三十四年，日食。厉共公卒，子躁公立。

躁公二年，南郑反。十三年，义渠来伐，至渭南。十四年，躁公卒，立其弟怀公。

怀公四年，庶长鼌与大臣围怀公，怀公自杀。怀公太子曰昭子，蚤死，大臣乃立太子昭子之子，是为灵公。灵公，怀公孙也。

灵公六年，晋城少梁，秦击之。十三年，城籍姑。灵公卒，子献公不得立，立灵公季父悼子，是为简公。简公，昭子之弟而怀公子也。

简公六年，令吏初带剑。堑洛，城重泉。十六年卒，子惠公立。

惠公十二年，子出子生。十三年，伐蜀，取南郑。惠公卒，出子立。

出子二年，庶长改迎灵公之子献公于河西而立之。杀出

秦国武成。厉共公二十四年，晋国发生内乱，杀死了智伯，将智伯的土地分给了赵、韩、魏三家。厉共公二十五年，智开与同邑人来投奔秦国。厉共公三十三年，讨伐义渠国，俘虏了义渠王。厉共公三十四年，发生日食。秦厉共公去世，儿子躁公即位。

躁公二年，南郑地区反叛秦国。躁公十三年，义渠讨伐秦国，军队到达渭水南岸。躁公十四年，躁公去世，弟弟怀公被立为国君。

怀公四年，庶长鼌与大臣围攻秦怀公，秦怀公自杀。秦怀公的太子名叫昭子，早死，大臣们便立太子昭子的儿子为国君，这就是秦灵公。秦灵公是秦怀公的孙子。

灵公六年，晋国修筑少梁城，秦国攻打少梁。灵公十三年，秦国修筑籍姑城。秦灵公去世，他的儿子献公没能即位，灵公的叔父悼子被立为国君，这就是秦简公。秦简公是昭子的弟弟，怀公的儿子。

简公六年，开始规定官吏带剑。在洛水边挖掘壕沟，修筑防御工事，并修筑重泉城。简公十六年，简公去世，儿子惠公即位。

惠公十二年，儿子出子出生。惠公十三年，秦国讨伐蜀国，夺取南郑。惠公去世，出子即位。

出子二年，庶长改从河西迎回灵公的儿子献公，立他为君。献公杀死出子和出

子的母亲，并把他们的尸体沉入深渊。秦国在以往多次更换国君，君臣伦常乖乱，所以晋国再次强大起来，夺取了秦国河西之地。

献公元年，废止殉葬制度。献公二年，修筑栎阳城。献公四年正月庚寅日，孝公出生。献公十一年，周太史儋见秦献公，说："周朝原与秦国是合在一起又分开的，分开五百年后会复合，复合十七年将有霸王出现。"献公十六年，桃树在冬季开花。献公十八年，栎阳城下金雨。献公二十一年，与晋国在石门交战，斩杀晋军六万人，周天子赐黼黻以示祝贺。献公二十三年，与晋国在少梁交战，俘虏其将领公孙痤。献公二十四年，秦献公去世，儿子孝公即位，孝公已经二十一岁了。

孝公元年，黄河、崤山以东有六个强国，秦孝公与齐威王、楚宣王、魏惠王、燕悼王、韩哀侯、赵成侯并立。淮水、泗水之间还有十多个小国。楚国、魏国与秦国交界。魏国修筑长城，从郑县开始，沿洛河北上，直到上郡。楚国从汉中往南，拥有巴郡、黔中郡。周室衰微，诸侯以武力相互征伐，彼此争杀吞并。秦国地处偏僻的雍州，不参与中原诸侯的会盟，秦国被当作夷狄看待。秦孝公于是广施恩德，救济孤寡，招募兵士，明确规定了论功行赏的法令。他下令全国说："昔日我们的缪公崛起于

献公元年，止从死。二年，城栎阳。四年正月庚寅，孝公生。十一年，周太史儋见献公曰："周故与秦国合而别，别五百岁复合，合十七岁而霸王出。"十六年，桃冬花。十八年，雨金栎阳。二十一年，与晋战于石门，斩首六万，天子贺以黼黻。二十三年，与晋战少梁，虏其将公孙痤。二十四年，献公卒，子孝公立，年已二十一岁矣。

孝公元年，河山以东强国六，与齐威、楚宣、魏惠、燕悼、韩哀、赵成侯并。淮泗之间小国十余。楚、魏与秦接界。魏筑长城，自郑滨洛以北，有上郡。楚自汉中，南有巴、黔中。周室微，诸侯力政，争相并。秦僻在雍州，不与中国诸侯之会盟，夷翟遇之。孝公于是布惠，振孤寡，招战士，明功赏。下令国中曰："昔我缪公自岐、雍之间，修德行武，东平晋乱，

以河为界，西霸戎翟，广地千里，天子致伯，诸侯毕贺，为后世开业，甚光美。会往者厉、躁、简公、出子之不宁，国家内忧，未遑外事，三晋攻夺我先君河西地，诸侯卑秦，丑莫大焉。献公即位，镇抚边境，徙治栎阳，且欲东伐，复缪公之故地，修缪公之政令。寡人思念先君之意，常痛于心。宾客群臣有能出奇计强秦者，吾且尊官，与之分土。"于是乃出兵东围陕城，西斩戎之獂王。

卫鞅闻是令下，西入秦，因景监求见孝公。二年，天子致胙。三年，卫鞅说孝公变法修刑，内务耕稼，外劝战死之赏罚，孝公善之。甘龙、杜挚等弗然，相与争之。卒用鞅法，百姓苦之；居三年，百姓便之。乃拜鞅为左庶长。其事在《商君》语中。

岐山、雍州之间，修德政，习武功，向东平定了晋国的内乱，与晋国以黄河为界；向西称霸于戎狄，拓展疆土千里，周天子赐封他为方伯，诸侯各国都来祝贺，为后世开创基业，十分伟大。后来厉公、躁公、简公、出子为政时，动荡不安，国家内有忧患，无暇顾及国外的事情，致使三晋攻夺了我们先君开拓的河西之地，诸侯也都鄙视秦国，没有比这更大的耻辱了。献公即位后，镇抚边境，迁都栎阳，并且想要东征，收复缪公时期秦国的土地，重修缪公时的政令。我惦念着先君的遗志，心中常常感到悲痛。宾客群臣中有能进献奇计使秦国强大的，我将让他做高官，并分封给他土地。"于是派兵出征，向东围攻陕城，向西斩杀了戎族的獂王。

卫鞅听到秦孝公发布的这个命令后，向西来到秦国，通过景监求见秦孝公。孝公二年，周天子将祭祀天地的胙肉赏赐给秦国。孝公三年，卫鞅劝说秦孝公实行变法，整饬刑罚，对内大力发展农耕，对外设立鼓励战士力战效死的各种赏罚之法，秦孝公对他的建议很赞赏。甘龙、杜挚等人则不以为然，和卫鞅争执不下。最终秦孝公还是采用了卫鞅的新法，百姓对此抱怨不休，过了三年，百姓反而觉得新法好。于是秦孝公任命卫鞅为左庶长。这些事在《商君列传》中有详细记载。

孝公七年，秦孝公与魏惠王在杜平会盟。孝公八年，秦国与魏国在元里交战，取得战功。孝公十年，卫鞅为大良造，率兵围攻魏国的安邑，降伏了安邑。孝公十二年，修建咸阳城，筑起冀阙，秦国迁都于咸阳。将诸多小的乡或村合并为大县，设县令一人，共四十一个县。削平阡陌，开发为田，秦国东方的领地已经过了洛水。孝公十四年，开始实行赋税制度。孝公十九年，周天子封秦孝公为方伯。孝公二十年，诸侯都来道贺。秦国派公子少官带领军队在逢泽与诸侯会盟，朝见周天子。

孝公二十一年，齐国在马陵打败魏国。孝公二十二年，卫鞅攻打魏国，俘虏魏国公子卬。秦孝公封卫鞅为列侯，号称商君。孝公二十四年，秦国与魏国交战于雁门，俘虏魏国将领魏错。

秦孝公去世，儿子惠文君即位。这年，诛杀卫鞅。卫鞅最初在秦国施行变法，法令难以推行。太子触犯了禁令，卫鞅说："法令之所以难以推行，原因起自贵戚。大王您如果一定要施行新法，要先从太子开始。太子不可施黥刑，就黥太子的师傅。"于是新法顺利推行，秦人得以大治。等到秦孝公去世，太子即位，宗室大多怨恨卫鞅，卫鞅逃亡，于是给他加以反叛之罪，最终将他车裂，在秦国示众。

惠文君元年，楚国、韩国、赵国、蜀

七年，与魏惠王会杜平。八年，与魏战元里，有功。十年，卫鞅为大良造，将兵围魏安邑，降之。十二年，作为咸阳，筑冀阙，秦徙都之。并诸小乡聚，集为大县，县一令，四十一县。为田开阡陌，东地渡洛。十四年，初为赋。十九年，天子致伯。二十年，诸侯毕贺。秦使公子少官率师会诸侯逢泽，朝天子。

二十一年，齐败魏马陵。二十二年，卫鞅击魏，虏魏公子卬。封鞅为列侯，号商君。二十四年，与晋战雁门，虏其将魏错。

孝公卒，子惠文君立。是岁，诛卫鞅。鞅之初为秦施法，法不行，太子犯禁。鞅曰："法之不行，自于贵戚。君必欲行法，先于太子。太子不可黥，黥其傅、师。"于是法大用，秦人治。及孝公卒，太子立，宗室多怨鞅，鞅亡，因以为反，而卒车裂以徇秦国。

惠文君元年，楚、韩、赵、

蜀人来朝。二年，天子贺。三年，王冠。四年，天子致文武胙。齐、魏为王。

五年，阴晋人犀首为大良造。六年，魏纳阴晋，阴晋更名宁秦。七年，公子卬与魏战，虏其将龙贾，斩首八万。八年，魏纳河西地。九年，渡河，取汾阴、皮氏。与魏王会应。围焦，降之。十年，张仪相秦。魏纳上郡十五县。十一年，县义渠。归魏焦、曲沃。义渠君为臣。更名少梁曰夏阳。十二年，初腊。十三年四月戊午，秦君为王，韩亦为王。使张仪伐取陕，出其人与魏。

十四年，更为元年。二年，张仪与齐、楚大臣会啮桑。三年，韩、魏太子来朝。张仪相魏。五年，王游，至北河。七年，乐池相秦。韩、赵、魏、燕、齐帅匈奴共攻秦。八年，秦使庶长疾与战脩鱼，虏其将申差，败赵公子渴、韩太子奂，斩首

国派人前来朝贺。惠文君二年，周天子派人来祝贺。惠文君三年，惠文君举行加冠礼。惠文君四年，周天子将祭祀文王、武王的胙肉赐给秦国。齐国、魏国的国君改号称王。

惠文君五年，阴晋人犀首担任大良造。惠文君六年，魏国献出阴晋，阴晋更名为宁秦。惠文君七年，秦公子卬与魏国交战，俘虏魏国将领龙贾，斩杀八万魏军。惠文君八年，魏国献出河西之地。惠文君九年，秦军渡过黄河，夺取汾阴、皮氏。秦王与魏王在应地会谈。秦军围攻焦城，令焦城投降。惠文君十年，张仪为秦相。魏国向秦国献出上郡的十五个县。惠文君十一年，在义渠设县。归还魏国焦城和曲沃两地。义渠国君向秦国称臣。将少梁改名为夏阳。惠文君十二年，开始举行腊祭。惠文君十三年四月戊午日，秦惠文君改号称王，韩国国君也改号称王。派张仪攻取陕地，把那里的居民驱逐到了魏国。

惠文君十四年改元，为秦惠文王元年。惠文王二年，张仪与齐国、楚国的大臣会盟于啮桑。惠文王三年，韩国、魏国的太子来秦朝见。张仪担任魏国宰相。惠文王五年，惠文王巡游到北河。惠文王七年，乐池担任秦相。韩国、赵国、魏国、燕国、齐国率领匈奴共同攻打秦国。惠文王八年，秦国派庶长樗里疾与联军大战于脩鱼，俘

虏韩国将领申差，打败赵国公子渴、韩国太子奂，杀敌八万两千人。张仪又担任秦相。惠文王九年，司马错讨伐蜀国，灭了蜀国。秦国攻占赵国的中都、西阳。惠文王十年，韩国太子苍来秦国做人质。秦国攻取韩国的石章，打败了赵国将领泥，又攻取了义渠的二十五座城。惠文王十一年，樗里疾攻打魏国的焦城，令焦城投降。秦军在岸门打败韩军，斩杀一万人，韩国将领犀首逃走。将公子通封在蜀地。燕国国君让位给自己的大臣子之。惠文王十二年，秦王与梁王在临晋会盟。庶长樗里疾攻打赵国，俘虏赵国将领庄。张仪担任楚国宰相。惠文王十三年，庶长章攻击楚国的丹阳，俘虏了楚将屈匄，斩杀八万人；又攻打楚国的汉中，夺取了六百里土地，设置汉中郡。楚国围攻韩国的雍氏城，秦国派庶长樗里疾帮助韩国，向东攻打齐国，到满帮助魏国攻打燕国。惠文王十四年，讨伐楚国，夺取召陵。丹、犂两个戎国向秦称臣，蜀相壮杀死蜀侯向秦投降。惠文王去世，儿子武王即位。韩国、魏国、齐国、楚国、越国都服从于秦国。

武王元年，秦武王与魏惠王在临晋会盟。诛杀蜀相壮。张仪、魏章都离开秦国往东到魏国去了。秦国讨伐义渠国、丹国、犂国。武王二年，开始设置丞相，樗里疾、甘茂分别为左丞相和右丞相。张仪死在魏

八万二千。张仪复相秦。九年，司马错伐蜀，灭之。伐取赵中都、西阳。十年，韩太子苍来质。伐取韩石章。伐败赵将泥。伐取义渠二十五城。十一年，樗里疾攻魏焦，降之。败韩岸门，斩首万，其将犀首走。公子通封于蜀。燕君让其臣子之。十二年，王与梁王会临晋。庶长疾攻赵，虏赵将庄。张仪相楚。十三年，庶长章击楚于丹阳，虏其将屈匄，斩首八万；又攻楚汉中，取地六百里，置汉中郡。楚围雍氏，秦使庶长疾助韩而东攻齐，到满助魏攻燕。十四年，伐楚，取召陵。丹、犂臣，蜀相壮杀蜀侯来降。惠王卒，子武王立。韩、魏、齐、楚、越皆宾从。

武王元年，与魏惠王会临晋。诛蜀相壮。张仪、魏章皆东出之魏。伐义渠、丹、犂。二年，初置丞相，樗里疾、甘茂为左右丞相。张仪死于魏。

三年，与韩襄王会临晋外。南公揭卒。樗里疾相韩。武王谓甘茂曰："寡人欲容车通三川，窥周室，死不恨矣。"其秋，使甘茂、庶长寿伐宜阳。四年，拔宜阳，斩首六万。涉河，城武遂。魏太子来朝。武王有力好戏，力士任鄙、乌获、孟说皆至大官。王与孟说举鼎，绝膑。八月，武王死。族孟说。武王取魏女为后，无子。立异母弟，是为昭襄王。昭襄母楚人，姓芈氏，号宣太后。武王死时，昭襄王为质于燕，燕人送归，得立。

昭襄王元年，严君疾为相。甘茂出之魏。二年，彗星见。庶长壮与大臣、诸侯、公子为逆，皆诛，及惠文后皆不得良死。悼武王后出归魏。三年，王冠。与楚王会黄棘，与楚上庸。四年，取蒲阪。彗星见。五年，魏王来朝应亭，复与魏蒲阪。六年，蜀侯辉反，司马错定蜀。庶长奂伐楚，斩首二万。泾阳君质于齐。日食，昼晦。七年，拔新城。樗里子卒。八年，使将

国。武王三年，秦武王与韩襄王在临晋城外会盟。南公揭去世。樗里疾担任韩相。秦武王对甘茂说："我想在三川地区打通一条能容车子通行的道路，窥看周王室，这样就是死也无憾了。"这年秋天，派甘茂、庶长寿讨伐宜阳。武王四年，攻下宜阳，斩杀六万人。渡过黄河，在武遂筑城。魏太子来秦朝见。武王很有力气，好斗力，大力士任鄙、乌获、孟说都做到了大官。秦武王与孟说举鼎，断了膑骨。八月，武王死了。孟说被灭族。秦武王娶魏国宗室之女为王后，没有儿子。秦人立他的异母弟为秦王，这就是昭襄王。昭襄王的母亲是楚国人，姓芈，号为宣太后。武王死时，昭襄王在燕国做人质，燕人送他回国，他得以即位。

昭襄王元年，严君疾担任丞相。甘茂离开秦国到魏国去了。昭襄王二年，出现彗星。庶长壮与大臣、诸侯、公子发动叛乱，全部被诛杀，惠文后也受到连累，未得善终。悼武王后离开秦国回到魏国。昭襄王三年，昭襄王举行加冠礼。秦王与楚王在黄棘会盟，把上庸给楚国。昭襄王四年，攻取蒲阪。出现彗星。昭襄王五年，魏王在应亭朝见秦王，将蒲阪归还魏国。昭襄王六年，蜀侯辉反叛，司马错平定蜀国。庶长奂讨伐楚国，斩杀二万人。泾阳君到齐国充当人质。发生日食，白天昏暗如夜。昭襄王七

年，攻下新城。樗里子去世。昭襄王八年，派将军芈戎攻打楚国，占领了新市。齐国派章子、魏国派公孙喜、韩国派暴鸢一同攻打楚国的方城，俘虏了唐眛。赵国攻破中山国，中山国国君逃走，最终死在齐国。魏公子劲、韩公子长成为诸侯。昭襄王九年，孟尝君薛文来秦国当丞相。庶长奂攻打楚国，攻取八座城池，杀死楚国将领景快。昭襄王十年，楚怀王到秦国朝见秦王，秦国扣留了楚怀王。薛文因为金受被免去丞相之职。楼缓担任秦国丞相。昭襄王十一年，齐、韩、魏、赵、宋、中山五国一起攻打秦国，到盐氏撤回。秦国将河北及封陵分别给韩国和魏国以求和。出现彗星。楚怀王从秦国逃亡到赵国，赵国不肯收留，又将他送回秦国，不久后去世，尸体被运回楚国安葬。昭襄王十二年，楼缓被免相，穰侯魏冉做了秦国丞相。秦国送给楚国五万石粟。

　　昭襄王十三年，向寿讨伐韩国，攻占武始。左更白起攻打新城。五大夫吕礼出逃，投奔魏国。任鄙担任汉中郡守。昭襄王十四年，左更白起在伊阙攻打韩、魏联军，斩杀二十四万人，俘虏了公孙喜，攻占了五座城池。昭襄王十五年，大良造白起攻打魏国，夺取垣城，又将垣城归还给魏。攻打楚国，取得宛城。昭襄王十六年，左更司马错攻取了轵城和邓城。魏冉免相。

军芈戎攻楚，取新市。齐使章子、魏使公孙喜、韩使暴鸢共攻楚方城，取唐眛。赵破中山，其君亡，竟死齐。魏公子劲、韩公子长为诸侯。九年，孟尝君薛文来相秦。奂攻楚，取八城，杀其将景快。十年，楚怀王入朝秦，秦留之。薛文以金受免。楼缓为丞相。十一年，齐、韩、魏、赵、宋、中山五国共攻秦，至盐氏而还。秦与韩、魏河北及封陵以和。彗星见。楚怀王走之赵，赵不受，还之秦，即死，归葬。十二年，楼缓免，穰侯魏冉为相。予楚粟五万石。

　　十三年，向寿伐韩，取武始。左更白起攻新城。五大夫礼出亡奔魏。任鄙为汉中守。十四年，左更白起攻韩、魏于伊阙，斩首二十四万，虏公孙喜，拔五城。十五年，大良造白起攻魏，取垣，复予之。攻楚，取宛。十六年，左更错取轵及邓。冉免。封公子市宛、公子悝邓、魏冉陶，为诸侯。十七年，城阳君入朝，及东周君来朝。秦以垣为蒲阪、皮氏。王之宜阳。十八年，错攻垣、河雍，决桥取之。十九年，王为西帝，齐为东帝，皆复去之。吕礼来自归。齐破宋，宋王在魏，死温。任鄙卒。二十年，王之汉中，又之上郡、北河。二十一年，错攻魏河内。魏献安邑，秦出其人，募徙河东赐爵，赦罪人迁之。泾阳君封宛。二十二年，蒙武伐齐。河东为九县。与楚王会宛。与赵王会中阳。二十三年，尉斯离与三晋、燕伐齐，破之济西。王与魏王会宜阳，与韩王会新城。二十四年，与楚王会鄢，又会穰。秦取魏安城，至大梁，燕、赵救之，秦军去。魏冉免相。二十五年，拔赵二城。与韩王会新城，与魏王会新明邑。二十六年，赦罪人迁之穰。侯冉复相。二十七年，错攻楚。赦罪人迁之南阳。白起攻赵，取光狼城。又使司马错发陇西，因蜀攻楚黔中，拔之。二十八年，大良造白起攻楚，取鄢、邓，赦罪人迁之。二十九年，大良

秦昭襄王封公子市于宛地，封公子悝于邓地，封魏冉于陶地，都被立为诸侯。昭襄王十七年，城阳君来秦朝见，东周君也来朝见。秦国用垣城换取了魏国的蒲阪、皮氏。秦王前往宜阳。昭襄王十八年，司马错攻打垣城、河雍，拆断桥梁，攻占了两地。昭襄王十九年，秦王称西帝，齐王称东帝，不久又都去掉帝号。吕礼回到秦国。齐国攻破宋国，宋王逃到魏国，死在温地。任鄙去世。昭襄王二十年，秦王前往汉中，又到上郡、北河。昭襄王二十一年，司马错攻打魏国的河内。魏国献出安邑，秦国把安邑的魏国居民驱逐出去，以赐予爵位的办法招募秦人迁往河东，又赦免罪犯，把他们迁往安邑。封泾阳君于宛地。昭襄王二十二年，蒙武讨伐齐国。秦国在河东设立了九个县。秦王与楚王在宛城会盟，与赵王在中阳会盟。昭襄王二十三年，都尉斯离与三晋、燕国讨伐齐国，在济水之西击败齐军。秦王与魏王会盟于宜阳，与韩王会盟于新城。昭襄王二十四年，与楚王会盟于鄢地，又会盟于穰地。秦国攻占魏国安城，到达大梁，燕国、赵国援救魏国，秦国军队撤回。魏冉被免相。昭襄王二十五年，攻下赵国两座城池。秦王与韩王会盟于新城，与魏王会盟于新明邑。昭襄王二十六年，赦免罪犯，将他们迁往穰地。穰侯冉再次担任秦相。昭襄王二十七年，

司马错攻打楚国。赦免罪犯，将他们迁往南阳。白起攻打赵国，取得光狼城。又派司马错从陇西发兵，经由蜀地攻打楚国的黔中，将其攻占。昭襄王二十八年，大良造白起攻打楚国，取得鄢城、邓城，赦免罪犯，将他们迁往这两地。昭襄王二十九年，大良造白起攻打楚国，取得郢都，设为南郡，楚王逃走。周君来秦。秦王与楚王会盟于襄陵。白起被封为武安君。昭襄王三十年，蜀郡守张若讨伐楚国，占领巫郡及江南，设为黔中郡。昭襄王三十一年，白起攻伐魏国，取得两城。楚人在被秦国占领的江南地区反叛。昭襄王三十二年，丞相穰侯攻伐魏国，到达大梁，打败暴鸢，斩杀四万人，暴鸢逃走，魏国献出三县请求议和。昭襄王三十三年，客卿胡伤攻打魏国的卷、蔡阳、长社，占领了这三个地方。在芒卯和华阳交战，打败了他，斩杀十五万人。魏国献出南阳以求和。昭襄王三十四年，秦国把占领的魏国和韩国的土地及楚国的上庸合为一郡，让南阳被免罪的臣民迁往那里居住。昭襄王三十五年，秦国帮助韩国、魏国、楚国攻打燕国。开始设置南阳郡。昭襄王三十六年，客卿灶攻打齐国，取得刚地、寿地，秦王将这两个地方送给了穰侯。昭襄王三十八年，中更胡伤攻打赵国的阏与，没能攻下。昭襄王四十年，秦悼太子死在魏国，被运回

造白起攻楚，取郢为南郡，楚王走。周君来。王与楚王会襄陵。白起为武安君。三十年，蜀守若伐楚，取巫郡及江南为黔中郡。三十一年，白起伐魏，取两城。楚人反我江南。三十二年，相穰侯攻魏，至大梁，破暴鸢，斩首四万，鸢走，魏入三县请和。三十三年，客卿胡伤攻魏卷、蔡阳、长社，取之。击芒卯华阳，破之，斩首十五万。魏入南阳以和。三十四年，秦与魏、韩上庸地为一郡，南阳免臣迁居之。三十五年，佐韩、魏、楚伐燕。初置南阳郡。三十六年，客卿灶攻齐，取刚、寿，予穰侯。三十八年，中更胡伤攻赵阏与，不能取。四十年，悼太子死魏，归葬芷阳。四十一年夏，攻魏，取邢丘、怀。四十二年，安国君为太子。十月，宣太后薨，葬芷阳郦山。九月，穰侯出之陶。四十三年，武安君白起攻韩，拔九城，斩首五万。四十四年，攻韩南阳，取之。四十五年，五大夫贲攻韩，取十城。叶阳君悝出之国，未至而死。四十七年，秦攻韩上党，

上党降赵，秦因攻赵，赵发兵击秦，相距。秦使武安君白起击，大破赵于长平，四十余万尽杀之。四十八年十月，韩献垣、雍。秦军分为三军。武安君归。王龁将伐赵武安、皮牢，拔之。司马梗北定太原，尽有韩上党。正月，兵罢，复守上党。其十月，五大夫陵攻赵邯郸。四十九年正月，益发卒佐陵。陵战不善，免，王龁代将。其十月，将军张唐攻魏，为蔡尉捐弗守，还斩之。五十年十月，武安君白起有罪，为士伍，迁阴密。张唐攻邺，拔之。十二月，益发卒军汾城旁。武安君白起有罪，死。龁攻邯郸，不拔，去，还奔汾军。二月余，攻晋军，斩首六千，晋楚流死河二万人。攻汾城，即从唐拔宁新中，宁新中更名安阳。初作河桥。

秦国葬于芷阳。昭襄王四十一年夏，攻打魏国，取得邢丘、怀两地。昭襄王四十二年，安国君被立为太子。十月，宣太后去世，葬于芷阳郦山。九月，穰侯离开秦都回到陶。昭襄王四十三年，武安君白起攻打韩国，占领九城，斩杀五万人。昭襄王四十四年，攻打韩国的南阳，并占领了它。昭襄王四十五年，五大夫贲攻打韩国，取得十座城池。叶阳君悝离开都城前往封国，没有到就死了。昭襄王四十七年，秦国攻打韩国的上党，上党投降赵国，秦国因此攻打赵国，赵国出兵反击秦国，两军相持不下。秦国派武安君白起攻打赵国，在长平大破赵军，四十多万赵军全部被杀。昭襄王四十八年十月，韩国献出垣、雍两地。秦国军队分为三军。武安君回到秦国。王龁领兵讨伐赵国的武安、皮牢，攻下这两地；司马梗北进平定太原，完全占有韩国的上党。正月，罢兵，驻守上党。这年十月，五大夫王陵围攻赵国邯郸。昭襄王四十九年正月，派兵增援王陵。王陵作战不力，将他免职，用王龁代替他做将领。这年十月，将军张唐攻打魏国，魏国守将蔡尉弃城而逃，回去后被魏王斩杀。昭襄王五十年十月，武安君白起犯罪，被贬为士卒，迁往阴密。张唐攻占邺城。十二月，增派军队驻扎在汾城附近。武安君白起有罪，赐死。王龁攻打邯郸，没有攻下，撤兵，回到驻扎在汾城附近的军队中。两个多月后，攻打魏军，斩杀六千人，魏军与楚军落入黄河中被淹死的有两万人。王龁攻打汾城，又跟随张唐攻占宁新中，将宁新中改名为安阳。开始修建河桥。

昭襄王五十一年，将军摎攻打韩国，取得阳城、负黍，斩杀四万人。攻打赵国，取得二十多个县，斩杀和俘虏赵军九万人。西周君背弃与秦国的盟约，与诸侯相约合纵，率领天下精锐军队出伊阙攻打秦国，使秦国与阳城之间不能往来。于是秦国派将军摎攻打西周。西周君逃走后又跑来自行归服，叩头认罪，全部献出他的三十六座城邑和三万人口。秦王接受了这些城邑和人口，把他放回了西周。昭襄王五十二年，西周的民众向东方逃亡，周朝的宝器九鼎被运到了秦国。周王朝开始走向灭亡。

昭襄王五十三年，天下诸侯都来归服。魏国后到，秦国派摎讨伐魏国，取得吴城。韩王来秦朝会，魏王把国政交托给秦国，听命于秦。昭襄王五十四年，秦王在雍地郊祀上帝。昭襄王五十六年秋，昭襄王去世，儿子孝文王即位。追尊唐八子为唐太后，将她与昭襄王合葬。韩王身穿丧服前来吊唁祭奠，各诸侯都派他们的将相前来吊祭，参与丧事。

孝文王元年，赦免罪人，追封先王的

五十一年，将军摎攻韩，取阳城、负黍，斩首四万。攻赵，取二十余县，首虏九万。西周君背秦，与诸侯约从，将天下锐兵出伊阙攻秦，令秦毋得通阳城。于是秦使将军摎攻西周。西周君走来自归，顿首受罪，尽献其邑三十六城，口三万。秦王受献，归其君于周。五十二年，周民东亡，其器九鼎入秦。周初亡。

五十三年，天下来宾。魏后，秦使摎伐魏，取吴城。韩王入朝，魏委国听令。五十四年，王郊见上帝于雍。五十六年秋，昭襄王卒，子孝文王立。尊唐八子为唐太后，而合其葬于先王。韩王衰绖入吊祠，诸侯皆使其将相来吊祠，视丧事。

孝文王元年，赦罪人，修

先王功臣，襃厚亲戚，弛苑囿。孝文王除丧，十月己亥即位，三日辛丑卒，子庄襄王立。

庄襄王元年，大赦罪人，修先王功臣，施德厚骨肉而布惠于民。东周君与诸侯谋秦，秦使相国吕不韦诛之，尽入其国。秦不绝其祀，以阳人地赐周君，奉其祭祀。使蒙骜伐韩，韩献成皋、巩。秦界至大梁，初置三川郡。二年，使蒙骜攻赵，定太原。三月，蒙骜攻魏高都、汲，拔之。攻赵榆次、新城、狼孟，取三十七城。四月日食。三年，王龁攻上党。初置太原郡。魏将无忌率五国兵击秦，秦却于河外。蒙骜败，解而去。五月丙午，庄襄王卒，子政立，是为秦始皇帝。

秦王政立二十六年，初并天下为三十六郡，号为始皇帝。始皇帝五十一年而崩，子胡亥立，是为二世皇帝。三年，诸侯并起叛秦，赵高杀二世，立子婴。子婴立月余，诸侯诛之，遂灭秦。其语在《始皇本纪》中。

功臣，厚待宗族亲戚，开放王家苑囿。孝文王服丧期满，十月己亥日即位，即位第三天的辛丑日去世，儿子庄襄王即位。

庄襄王元年，大量赦免罪人，追封表彰先王的功臣，厚施德惠于亲戚骨肉，广布恩泽于民众。东周君与诸侯合谋抗秦，秦国派相国吕不韦诛灭东周君，将他所有土地并入秦国。秦国没有断绝周的祭祀，将阳人聚这片土地赐给周君，让他继续供奉周的祭祀。派蒙骜讨伐韩国，韩国献出成皋、巩县。秦国的疆界到达大梁，开始设置三川郡。庄襄王二年，派蒙骜攻打赵国，平定太原。三月，蒙骜攻打魏国的高都、汲县，取得两地。攻打赵国的榆次、新城、狼孟，取得三十七座城池。四月发生日食。庄襄王三年，王龁攻打上党。开始设置太原郡。魏国将领无忌率领燕、韩、赵、魏、楚五国的军队攻打秦国，秦军退守黄河以南。蒙骜战败，解兵而去。五月丙午日，庄襄王去世，儿子政即位，这就是秦始皇帝。

秦王嬴政即位二十六年，开始吞并天下设为三十六郡，号称始皇帝。始皇帝五十一年崩逝，儿子胡亥即位，这就是二世皇帝。秦二世三年，诸侯纷纷起来反叛秦朝，赵高杀死秦二世，拥立子婴。子婴即位一个多月，诸侯诛灭了他，于是灭了秦朝。这些事情在《秦始皇本纪》中有记载。

太史公说：秦的祖先姓嬴。他的后代子孙被分封到各地，以封国作为姓氏，有徐氏、郯氏、莒氏、终黎氏、运奄氏、菟裘氏、将梁氏、黄氏、江氏、脩鱼氏、白冥氏、蜚廉氏、秦氏。然而秦王朝因其有位祖先造父被封在赵城，所以又以赵为氏。

太史公曰：秦之先为嬴姓。其后分封，以国为姓，有徐氏、郯氏、莒氏、终黎氏、运奄氏、菟裘氏、将梁氏、黄氏、江氏、脩鱼氏、白冥氏、蜚廉氏、秦氏。然秦以其先造父封赵城，为赵氏。

史记卷六
本纪第六

秦始皇嬴政　　秦二世嬴胡亥

秦始皇嬴政

秦始皇帝，是秦庄襄王的儿子。庄襄王作为秦国质子在赵国，见到吕不韦的姬妾，很喜欢她，便娶了她，生下秦始皇。秦始皇在秦昭王四十八年正月生于邯郸，出生后，取名为政，姓赵氏。始皇十三岁时，庄襄王去世，赵政代立为秦王。在这时，秦国已兼并巴、蜀、汉中的土地，越过宛县，占有郢都，设置南郡了；向北收取上郡以东，占有河东、太原、上党三郡；向东到达荥阳，灭掉二周，设置三川郡。吕不韦担任秦相，封邑十万户，号称文信侯。招致天下宾客游士，想以此兼并天下。李斯此时为舍人。蒙骜、王齮、麃公等人为将军。秦王年少，刚即位，将国事委托给大臣。

晋阳发生叛乱。秦王政元年，将军蒙骜出击平定了叛乱。秦王政二年，麃公率领士卒攻打卷邑，斩杀三万人。秦王政三年，蒙骜攻打韩国，取得十三座城池。王齮去世。十月，将军蒙骜攻打魏国的畼邑、

秦始皇帝者，秦庄襄王子也。庄襄王为秦质子于赵，见吕不韦姬，悦而取之，生始皇。以秦昭王四十八年正月生于邯郸。及生，名为政，姓赵氏。年十三岁，庄襄王死，政代立为秦王。当是之时，秦地已并巴、蜀、汉中，越宛有郢，置南郡矣；北收上郡以东，有河东、太原、上党郡；东至荥阳，灭二周，置三川郡。吕不韦为相，封十万户，号曰文信侯。招致宾客游士，欲以并天下。李斯为舍人。蒙骜、王齮、麃公等为将军。王年少，初即位，委国事大臣。

晋阳反，元年，将军蒙骜击定之。二年，麃公将卒攻卷，斩首三万。三年，蒙骜攻韩，取十三城。王齮死。十月，将军蒙骜攻魏氏畼、有诡。岁大饥。

四年，拔畼、有诡。三月，军罢。秦质子归自赵，赵太子出归国。七月庚寅，蝗虫从东方来，蔽天。天下疫。百姓内粟千石，拜爵一级。五年，将军骜攻魏，定酸枣、燕、虚、长平、雍丘、山阳城，皆拔之，取二十城。初置东郡。冬雷。六年，韩、魏、赵、卫、楚共击秦，取寿陵。秦出兵，五国兵罢。拔卫，置东郡，其君角率其支属徙居野王，阻其山以保魏之河内。七年，彗星先出东方，见北方，五月见西方。

将军骜死。以攻龙、孤、庆都，还兵攻汲。彗星复见西方十六日。夏太后死。八年，王弟长安君成蟜将军击赵，反，死屯留，军吏皆斩死，迁其民于临洮。将军壁死，卒屯留、蒲鹤反，戮其尸。河鱼大上，轻车重马东就食。嫪毐封为长信侯。予之山阳地，令毐居之。宫室车马衣服苑囿驰猎恣毐，事无小大皆决于毐。又以河西太原郡更为毐国。

有诡。这年发生了大饥荒。秦王政四年，攻下畼、有诡。三月，罢兵。秦国人质从赵国返回，赵国派到秦国做人质的太子也返回赵国。七月庚寅日，蝗虫从东方飞来，遮天蔽日。天下发生瘟疫。百姓向国家缴纳一千石粮食，就能升爵一级。秦王政五年，将军蒙骜攻打魏国，平定酸枣、燕、虚、长平、雍丘、山阳等城，全部攻下，夺取了二十座城邑。开始设置东郡。冬天打雷。秦王政六年，韩、魏、赵、卫、楚五国共同攻打秦国，夺取了寿陵。秦国派出军队，五国罢兵。秦国攻下卫国，在其地设置东郡，卫君角率领部属迁居野王，凭借山势险阻来固守魏国的河内之地。秦王政七年，彗星先在东方出现，又出现在北方，五月出现在西方。

将军蒙骜去世，因攻打龙、孤、庆都，回师攻打汲邑积劳而死。彗星又出现在西方十六天。夏太后去世。秦王政八年，秦王的弟弟长安君成蟜率军攻打赵国，反叛，死在屯留，军吏全被斩杀，把屯留的百姓迁往临洮。将军成蟜在壁垒内自杀，参与屯留、蒲鹤反叛的士卒都被戮尸。黄河泛滥，鱼大量涌上岸边，秦国人都乘车骑马到东方去觅食。嫪毐被封为长信侯。赐给他山阳之地，让他居住在那里。宫室、车马、衣服、苑囿、畋猎，一概听凭嫪毐的意愿，事情无论大小都由他决定。又把河西太原郡改为毒国。

秦王政九年，出现彗星，横贯长空。攻打魏国的垣邑、蒲阳。四月，秦王留宿在雍县。己酉日，秦王行加冠之礼，佩剑。长信侯嫪毐犯上作乱被发觉，他便盗用秦王和太后的印玺，调动雍县的军队及侍卫、骑兵、戎翟首领、自己的家臣，将要攻打蕲年宫，发动叛乱。秦王知道这事后，命相国、昌平君、昌文君发兵攻打嫪毐。两军在咸阳交战，秦王军队斩杀数百人，都授予了他们爵位，参与这次平叛的宦官，也都晋爵一级。嫪毐等人战败逃走。当即下令全国：有活捉嫪毐的，赏钱百万；杀死他的，赏钱五十万。嫪毐等人全部被捕。卫尉竭、内史肆、佐弋竭、中大夫令齐等二十人全被枭首示众。嫪毐被车裂示众，全族被诛灭。叛乱累及他的舍人，其中罪轻的也被罚为鬼薪。另外被削去爵位流放到蜀地的有四千多家，他们被安置在房陵。四月天寒地冻，有被冻死的人。杨端和攻打衍氏。彗星出现在西方，又出现在北方，在北斗星南方出现了八十天。

秦王政十年，相国吕不韦因受嫪毐牵连被免职。桓齮做将军。齐王、赵王来秦，陈设酒宴。齐国人茅焦劝说秦王道："秦国正以统一天下为要事，而大王却有流放母后的罪名，怕诸侯听说这事后，会因此而背叛秦国。"秦王就将太后从雍地接回

九年，彗星见，或竟天。攻魏垣、蒲阳。四月，上宿雍。己酉，王冠，带剑。长信侯毐作乱而觉，矫王御玺及太后玺以发县卒及卫卒、官骑、戎翟君公、舍人，将欲攻蕲年宫为乱。王知之，令相国、昌平君、昌文君发卒攻毐。战咸阳，斩首数百，皆拜爵，及宦者皆在战中，亦拜爵一级。毐等败走。即令国中：有生得毐，赐钱百万；杀之，五十万。尽得毐等。卫尉竭、内史肆、佐弋竭、中大夫令齐等二十人皆枭首。车裂以徇，灭其宗。及其舍人，轻者为鬼薪。及夺爵迁蜀四千余家，家房陵。四月寒冻，有死者。杨端和攻衍氏。彗星见西方，又见北方，从斗以南八十日。

十年，相国吕不韦坐嫪毐免。桓齮为将军。齐、赵来置酒。齐人茅焦说秦王曰："秦方以天下为事，而大王有迁母太后之名，恐诸侯闻之，由此倍秦也。"秦王乃迎太后于雍而入

咸阳，复居甘泉宫。

大索，逐客。李斯上书说，乃止逐客令。李斯因说秦王，请先取韩以恐他国，于是使斯下韩。韩王患之，与韩非谋弱秦。大梁人尉缭来，说秦王曰："以秦之强，诸侯譬如郡县之君。臣但恐诸侯合从，翕而出不意，此乃智伯、夫差、湣王之所以亡也。愿大王毋爱财物，赂其豪臣，以乱其谋，不过亡三十万金，则诸侯可尽。"秦王从其计，见尉缭亢礼，衣服食饮与缭同。缭曰："秦王为人，蜂准，长目，挚鸟膺，豺声，少恩而虎狼心，居约易出人下，得志亦轻食人。我布衣，然见我常身自下我。诚使秦王得志于天下，天下皆为虏矣。不可与久游。"乃亡去。秦王觉，固止，以为秦国尉，卒用其计策。而李斯用事。

十一年，王翦、桓齮、杨端和攻邺，取九城。王翦攻阏与、橑杨，皆并为一军。翦将十八日，军归斗食以下，什推二人从军。

了咸阳，又让她居住在甘泉宫。

秦开始大肆搜索并驱逐来秦国的宾客。李斯上书劝说，秦王才废止了逐客令。李斯于是又劝说秦王先攻取韩国，以此来震慑其他国家，于是秦王派李斯解决韩国。韩王担心这件事，与韩非谋划削弱秦国。大梁人尉缭来到秦国，游说秦王道："以秦国的强大而言，诸侯就像郡县的君主，我只担心诸侯合纵，出其不意地攻打秦国，这就是智伯、夫差、齐湣王灭亡的原因。希望大王不要爱惜财物，收买诸侯中有势力的大臣，以此来扰乱他们的计谋，不过损失三十万金，诸侯就可尽数被灭了。"秦王听从了他的计谋，会见尉缭时都以平等之礼相待，穿衣饮食都与尉缭相同。尉缭说："秦王这个人，高鼻梁，长眼睛，胸同鸷鸟，声如豺狼。缺少仁爱而有虎狼之心，穷困时可以身居人下，得志时也能轻易吃人。我是个平民，而他接见我时常甘居我下。如果真让秦王统一天下，天下人都成了他的奴隶了。不能与他长久共处。"于是他逃离了秦国。秦王发觉后，极力挽留，任命他为秦国尉，始终采用他的计策，而李斯执掌国政。

秦王政十一年，王翦、桓齮、杨端和攻打邺城，夺取九座城池。王翦攻打阏与、橑杨，秦国将这些军队合并为一军。王翦统率这支军队十八天，便让军中俸禄在斗食以下的人中，十人里推择二人继续从军。攻下邺城、安阳后，桓齮领兵。秦王政十二年，文信侯吕不韦去世，他的宾客将其偷偷下葬。吕不韦的舍人中有临丧哀哭的，如果是以前晋国地区的人，就逐出秦国；如果是秦国人，俸禄在六百石以上的削去爵位并流放，五百石以下的就流放，不削爵位。"从此以后，掌握国家大权而不遵循正道的像嫪毐、吕不韦这样的，全家取消户籍，充作奴隶，照此办理。"这年秋天，赦免了被流放到蜀地的嫪毐门下的舍人。当时，天下大旱，从六月起，直到八月才下雨。

秦王政十三年，桓齮攻打赵国平阳，杀死赵将扈辄，斩杀十万赵军。秦王到河南。正月，彗星出现在东方。十月，桓齮攻打赵国。秦王政十四年，在平阳攻打赵军，夺取宜安，击溃赵军，杀死赵国将军。桓齮平定平阳、武城。韩非出使秦国，秦王采用李斯的计谋，扣留韩非，韩非死在云阳。韩王请求向秦称臣。

秦王政十五年，大举发兵攻赵，一支军队到达邺城，一支军队到达太原，夺取狼孟。地震。秦王政十六年九月，派兵接收了韩国的南阳，任命内史腾代理南阳郡守之职。首次下令登记男子年龄。魏国献土地给秦国。秦国设置丽邑。秦王政十七年，内史腾攻打韩国，俘虏了韩王安，收纳韩

取邺、安阳，桓齮将。十二年，文信侯不韦死，窃葬。其舍人临者，晋人也逐出之；秦人六百石以上夺爵，迁；五百石以下迁，勿夺爵。"自今以来，操国事不道如嫪毐、不韦者籍其门，视此。"秋，复嫪毐舍人迁蜀者。当是之时，天下大旱，六月至八月乃雨。

十三年，桓齮攻赵平阳，杀赵将扈辄，斩首十万。王之河南。正月，彗星见东方。十月，桓齮攻赵。十四年，攻赵军于平阳，取宜安，破之，杀其将军。桓齮定平阳、武城。韩非使秦，秦用李斯谋，留非，非死云阳。韩王请为臣。

十五年，大兴兵，一军至邺，一军至太原，取狼孟。地动。十六年九月，发卒受地韩南阳假守腾。初令男子书年。魏献地于秦。秦置丽邑。十七年，内史腾攻韩，得韩王安，尽纳其地，以其地为郡，命曰颍川。

地动。华阳太后卒。民大饥。

十八年，大兴兵攻赵，王
翦将上地，下井陉，端和将河
内，羌瘣伐赵，端和围邯郸城。
十九年，王翦、羌瘣尽定取赵
地东阳，得赵王。引兵欲攻
燕，屯中山。秦王之邯郸，诸
尝与王生赵时母家有仇怨，皆
坑之。秦王还，从太原、上郡归。
始皇帝母太后崩。赵公子嘉率
其宗数百人之代，自立为代王，
东与燕合兵，军上谷。大饥。

二十年，燕太子丹患秦兵
至国，恐，使荆轲刺秦王。秦
王觉之，体解轲以徇，而使王翦、
辛胜攻燕。燕、代发兵击秦军，
秦军破燕易水之西。二十一年，
王贲攻荆。乃益发卒诣王翦军，
遂破燕太子军，取燕蓟城，得
太子丹之首。燕王东收辽东而
王之。王翦谢病老归。新郑反。
昌平君徒于郢。大雨雪，深二
尺五寸。二十二年，王贲攻魏，
引河沟灌大梁，大梁城坏，其
王请降，尽取其地。

国全部土地，在这里设郡，命名为颍川郡。
地震。华阳太后去世。人民遭遇大饥荒。

秦王政十八年，大举发兵攻打赵国，
王翦率上地军队，攻下井陉，杨端和率河
内军队，羌瘣也率军讨伐赵，杨端和围困
邯郸城。秦王政十九年，王翦、羌瘣完全
平定、占领赵国东阳，虏获赵王。引兵准
备攻打燕国，在中山驻军。秦王来到邯郸，
把当初秦王在赵国生长时与秦王母家有仇
的人全部活埋。秦王返回，经由太原、上
郡回到都城。始皇帝母后去世。赵国的公
子嘉率领他的宗族几百人逃到了代地，自
立为代王，与东边的燕国联合兵力，驻扎
在上谷。秦国发生大饥荒。

秦王政二十年，燕太子丹害怕秦军攻
进燕国，很害怕，就派荆轲去刺杀秦王。
秦王察觉了这件事，将荆轲肢解示众，并
派王翦、辛胜攻打燕国。燕国、代国发兵
迎击秦军，秦军在易水西面攻破燕军。秦
王政二十一年，王贲攻打楚国。秦王又增
派兵力给王翦，于是王翦打败了燕太子的
守军，攻取了燕国蓟城，得到太子丹的首级。
燕王向东收取辽东郡并称王。王翦这时称
病，告老辞官。新郑有人造反。昌平君被
调遣到郢邑。天降大雪，积雪深二尺五寸。
秦王政二十二年，王贲攻打魏国，引黄河
之水经鸿沟浇灌大梁，大梁城墙毁坏，魏
王请求投降，秦国尽数取得魏国土地。

秦王政二十三年，秦王再次征召王翦，强行起用他，让他率兵攻打楚国。王翦攻取了陈县以南到平舆的土地，俘虏了楚王。秦王巡游，到达楚国新都陈县。楚将项燕立昌平君为楚王，在淮河以南抗击秦国。秦王政二十四年，王翦、蒙武攻打楚国，大破楚军，昌平君战死，于是项燕自杀。

秦王政二十五年，大举兴兵，派王贲领兵，攻打燕国的辽东，俘虏了燕王喜。回师攻打代国，虏获代王嘉。王翦也平定了楚国的江南地区；又降伏了越君，在越设立会稽郡。五月，特许天下饮酒欢宴。

秦王政二十六年，齐王建与他的丞相后胜发兵防守齐国西部边界，不与秦国往来。秦王派将军王贲从燕国的南面攻打齐国，俘虏了齐王建。

秦国刚统一天下，秦王就下令丞相、御史道："之前韩王献出土地，奉上玉玺，请求做藩臣，不久又背弃盟约，与赵国、魏国联合反叛秦国，所以兴兵诛灭他们，俘虏了韩王。我以为这样很好，差不多可以停止战争了。赵王派他的丞相李牧来签订盟约，所以我们归还他们的质子，不久他们背弃盟约，在太原反叛我们，所以兴兵诛灭他们，俘虏了赵王。赵公子嘉又自立为代王，所以举兵消灭他们。魏王当初立约臣服秦国，不久与韩、赵合谋袭击秦国。秦国派兵前去讨伐，于是把他们打败

二十三年，秦王复召王翦，强起之，使将击荆。取陈以南至平舆，虏荆王。秦王游，至郢陈。荆将项燕立昌平君为荆王，反秦于淮南。二十四年，王翦、蒙武攻荆，破荆军，昌平君死，项燕遂自杀。

二十五年，大兴兵，使王贲将，攻燕辽东，得燕王喜。还攻代，虏代王嘉。王翦遂定荆江南地；降越君，置会稽郡。五月，天下大酺。

二十六年，齐王建与其相后胜发兵守其西界，不通秦。秦使将军王贲从燕南攻齐，得齐王建。

秦初并天下，令丞相、御史曰："异日韩王纳地效玺，请为藩臣，已而倍约，与赵、魏合从畔秦，故兴兵诛之，虏其王。寡人以为善，庶几息兵革。赵王使其相李牧来约盟，故归其质子。已而倍盟，反我太原，故兴兵诛之，得其王。赵公子嘉乃自立为代王，故举兵击灭之。魏王始约服入秦，已而与韩、赵谋袭秦，秦兵吏诛，遂破之。荆王献青阳以西，已而畔

约，击我南郡，故发兵诛，得其王，遂定其荆地。燕王昏乱，其太子丹乃阴令荆轲为贼，兵吏诛，灭其国。齐王用后胜计，绝秦使，欲为乱，兵吏诛，虏其王，平齐地。寡人以眇眇之身，兴兵诛暴乱，赖宗庙之灵，六王咸伏其辜，天下大定。今名号不更，无以称成功，传后世。其议帝号。”丞相绾、御史大夫劫、廷尉斯等皆曰："昔者五帝地方千里，其外侯服夷服，诸侯或朝或否，天子不能制。今陛下兴义兵，诛残贼，平定天下，海内为郡县，法令由一统，自上古以来未尝有，五帝所不及。臣等谨与博士议曰：‘古有天皇，有地皇，有泰皇，泰皇最贵。’臣等昧死上尊号，王为‘泰皇’。命为‘制’，令为‘诏’，天子自称曰‘朕’。”王曰："去‘泰’，著‘皇’，采上古‘帝’位号，号曰‘皇帝’。他如议。”制曰："可。"追尊庄襄王为太上皇。制曰："朕闻太古有号毋谥，中古有号，死而以行为谥。如此，则子议父，臣议

了。楚王献出青阳以西的土地，不久也背弃盟约，攻打我秦国南郡，所以兴兵诛灭他们，俘虏了楚王，平定了楚国土地。燕王昏庸，他的太子丹竟然暗中派荆轲为刺客，所以兴兵诛灭他们，消灭他们的国家。齐王采用后胜的计谋，断绝与秦国的往来，想要作乱，所以兴兵诛灭他们，俘虏了齐王，平定了齐地。我以一介身躯，发兵诛讨暴乱，仰赖宗庙的威灵，使六国国王全都俯首认罪，天下已平定。如今不改名号，无法宣扬我的功业，使之流传后世。你们商议一下帝号。”丞相王绾、御史大夫冯劫、廷尉李斯等人都说："从前五帝的疆土方圆千里，千里之外还有侯服、夷服，那时的诸侯有的朝贡，有的不朝贡，天子无法控制他们。如今陛下发动正义军队，诛讨残暴，平定天下，设置郡县，法令统一，从上古以来不曾有过，就连五帝也无法企及。臣等谨慎地与博士商议后认为：古有天皇、地皇、泰皇，泰皇最为尊贵。所以臣等冒死献上尊号，王可称为‘泰皇’。命称为‘制’，令称为‘诏’，天子自称为‘朕’。”秦王说："去掉‘泰’字，留下‘皇’字，采用上古‘帝’的位号，称为‘皇帝’。其他的就按你们的建议办。”就下令说："可以。"追尊秦庄襄王为太上皇。下令说："我听说远古时有号没有谥，中古时有号，死后根据生前的事迹定谥。这样做，就是让儿子评议

父亲，臣子评议君主，实在不应该，我不赞成这种做法。从今以后，废除谥法。我为始皇帝，后世用数目相称，从二世、三世直到万世，相传无穷无尽。"

秦始皇按照五德终始之说推算，认为周朝是火德，秦朝代替周，应该采用它所不能克胜之德。于是把现在当作水德的开始，更改岁首，入朝贺岁的日期定在十月初一。衣服、符节和旌旗都崇尚黑色。数目以六为标准，符信、法冠都是六寸，车宽为六尺，六尺为一步，一辆车驾六匹马。把黄河改名为德水，表示水德的开始。强硬果决、暴戾苛刻，一切事情都依法律决定，执法严酷而不讲仁爱恩德和道义，这才符合五德的命数。于是施行严厉的法律，长期不颁行赦令。

丞相王绾等人进言："各诸侯国刚被灭，燕国、齐国、楚国偏远，如不设置诸侯王，就无法使那里安定。请立诸子为王，希望皇上恩准。"秦始皇将这个建议交给群臣讨论，群臣都认为可行。廷尉李斯议论道："周文王、周武王所分封的子弟及同姓诸侯有很多，可是后来亲缘关系日益疏远，相互攻击时就像仇人一般，诸侯更是互相征伐诛杀，周天子不能禁止。如今四海之内都仰赖陛下的神明睿智而得到统一，都已设置为郡县，用国家赋税重重地赏赐诸皇子、功臣，就很容易控制他们。

君也，甚无谓，朕弗取焉。自今已来，除谥法。朕为始皇帝，后世以计数，二世三世至于万世，传之无穷。"

始皇推终始五德之传，以为周得火德，秦代周德，从所不胜。方今水德之始，改年始，朝贺皆自十月朔。衣服旄旌节旗皆上黑。数以六为纪，符、法冠皆六寸，而舆六尺，六尺为步，乘六马。更名河曰德水，以为水德之始。刚毅戾深，事皆决于法，刻削毋仁恩和义，然后合五德之数。于是急法，久者不赦。

丞相绾等言："诸侯初破，燕、齐、荆地远，不为置王，毋以填之。请立诸子，唯上幸许。"始皇下其议于群臣，群臣皆以为便。廷尉李斯议曰："周文武所封子弟同姓甚众，然后属疏远，相攻击如仇雠，诸侯更相诛伐，周天子弗能禁止。今海内赖陛下神灵一统，皆为郡县，诸子功臣以公赋税重赏赐之，甚足易制。天下无异意，则安宁之术也。置诸侯不便。"始皇曰："天下共苦战斗不休，以有侯王。赖宗庙，天下初定，又复立国，是树兵也，而求其宁息，岂不难哉！廷尉议是。"

分天下以为三十六郡，郡置守、尉、监。更名民曰"黔首"。大酺。收天下兵，聚之咸阳，销以为钟鐻，金人十二，重各千石，置廷宫中。一法度衡石丈尺。车同轨。书同文字。地东至海暨朝鲜，西至临洮、羌中，南至北向户，北据河为塞，并阴山至辽东。徙天下豪富于咸阳十二万户。诸庙及章台、上林皆在渭南。秦每破诸侯，写放其宫室，作之咸阳北阪上，南临渭，自雍门以东至泾、渭，殿屋复道周阁相属。所得诸侯美人钟鼓，以充入之。

二十七年，始皇巡陇西、北地，出鸡头山，过回中。焉作信宫渭南，已更命信宫为极庙，象天极。自极庙道通郦山。作甘泉前殿，筑甬道，自咸阳

天下没有反叛之心，就是安宁国家的好办法。设置诸侯王不便利。"秦始皇说："天下人都苦于无休止的战乱，就是因为有诸侯王的存在。仰赖祖宗神灵，天下刚刚平定，又建立诸侯国的话，就是在引起战乱，想使他们安宁，岂不是太难了！廷尉说得对。"

分天下为三十六郡，每郡设置郡守、郡尉、郡监。改称黎民为"黔首"。大聚宴饮。收缴天下兵器，将它们集中到咸阳，熔化后铸成钟鐻，十二座金人，各重千石，放在宫廷内。统一法律和度量衡。统一车轨尺寸。书写用同一种文字。领地东到大海及朝鲜，西到临洮、羌中，南到门向北开的地方，北面据守黄河要塞，沿阴山直到辽东。把天下十二万户豪富人家迁到咸阳。历代先祖的宗庙及章台宫、上林苑都设置在渭水的南岸。秦国每攻破一个诸侯国，就模仿该国的宫室，在咸阳城北面的山坡上仿建一座。南临渭水，从雍门以东直到泾水、渭水，殿宇间以天桥和回廊相连相通，把所得各诸侯国的美人、钟鼓安置其间。

秦始皇二十七年，秦始皇巡行到陇西、北地，越过鸡头山，经过回中。于是在渭水之南修建信宫，不久把信宫改名为极庙，象征天极。从极庙修路直通郦山。修建甘泉宫前殿，又修筑甬道，从咸阳通到这里。

这年，赐天下民爵位一级。修筑皇帝巡行天下的驰道。

秦始皇二十八年，秦始皇向东巡行郡县，登上邹峄山。竖立石碑，与鲁地的几位儒生商议，刻石碑来歌颂秦朝的功德，以及封禅与遥祭名山大川的事宜。于是登上泰山，竖立石碑，筑坛祭天，立祠祭祀。下山时，风雨突然而来，秦始皇躲在一棵树下休息，因此封这棵树为"五大夫"。在梁父山祭地，在所立的石碑上刻下碑文，内容是：

皇帝即位，创制昌明法度，臣下克谨奉行。在位二十六年，天下初为一统，各地无不臣服。亲自巡视远方百姓，登此泰山，遍览东部边境。随从大臣思念往事，推溯事业本源，敬颂皇帝功德。治国之道顺行，产业各得所宜，都有法度。大义清明美善，足为后世垂范，顺从承继不要变革。皇帝圣明，已然平定天下，毫不懈怠国政。夙兴夜寐，谋求长远利益，专心奉行教化。教导通于天下，远近怡然顺理，圣意人人尊奉。贵贱等级分明，男女依礼顺从，谨慎恪守职责。光明普照内外，无不清净安泰，德政传于后世。教化所及无穷无尽，后世谨奉诏令，永远传承遵行。

于是始皇沿渤海向东行进，经黄县、

属之。是岁，赐爵一级。治驰道。

二十八年，始皇东行郡县，上邹峄山。立石，与鲁诸儒生议刻石颂秦德，议封禅望祭山川之事。乃遂上泰山，立石，封，祠祀。下，风雨暴至，休于树下，因封其树为五大夫。禅梁父。刻所立石，其辞曰：

皇帝临位，作制明法，臣下修饬。二十有六年，初并天下，罔不宾服。亲巡远方黎民，登兹泰山，周览东极。从臣思迹，本原事业，祗诵功德。治道运行，诸产得宜，皆有法式。大义休明，垂于后世，顺承勿革。皇帝躬圣，既平天下，不懈于治。夙兴夜寐，建设长利，专隆教诲。训经宣达，远近毕理，咸承圣志。贵贱分明，男女礼顺，慎遵职事。昭隔内外，靡不清净，施于后嗣。化及无穷，遵奉遗诏，永承重戒。

于是乃并勃海以东，过黄、

腄，穷成山，登之罘，立石颂
秦德焉而去。

南登琅邪，大乐之，留三
月。乃徙黔首三万户琅邪台下，
复十二岁。作琅邪台，立石刻，
颂秦德，明得意。曰：

维二十六年，皇帝作始。
端平法度，万物之纪。以明人事，
合同父子。圣智仁义，显白道理。
东抚东土，以省卒士。事已大毕，
乃临于海。皇帝之功，勤劳本事。
上农除末，黔首是富。普天之下，
抟心揖志。器械一量，同书文字。
日月所照，舟舆所载。皆终其命，
莫不得意。应时动事，是维皇帝。
匡饬异俗，陵水经地。忧恤黔首，
朝夕不懈。除疑定法，咸知所辟。
方伯分职，诸治经易。举错必当，
莫不如画。皇帝之明，临察四方。
尊卑贵贱，不逾次行。奸邪不容，
皆务贞良。细大尽力，莫敢怠荒。
远迩辟隐，专务肃庄。端直敦忠，
事业有常。皇帝之德，存定四极。
诛乱除害，兴利致福。节事以时，
诸产繁殖。黔首安宁，不用兵革。
六亲相保，终无寇贼。欢欣奉教，

腄县，走过成山，登上之罘山，立石碑歌
颂秦国的功德，然后离去。

始皇向南登上琅邪山，非常高兴，停
留了三个月。于是迁移三万户百姓到琅邪
山下，免除他们十二年的赋税和徭役。修
筑琅邪台，立石刻碑，歌颂秦朝的功德，
彰明志得意满的心情。内容是：

二十六年，始皇称帝。端正法度，万
物有纪。章明人事，父慈子孝。圣智仁义，
宣明道理。安抚东土，检阅官兵。大业既成，
亲临东海。皇帝功业，操劳国事。重农抑商，
百姓富足。普天之下，齐心合力。统一度
量，统一文字。天下之地，四海之民，天
年尽享，人皆满意。适时而动，皇帝之职。
整顿异俗，跋涉奔波。抚育民众，日夜不
懈。释疑定法，皆知所避。地方长官，各
尽其责，处置诸事，简捷明白。举措得当，
整齐划一。皇帝圣明，巡察四方。尊卑贵
贱，不逾秩序。不容奸邪，务求贞良。大
事小事，尽心竭力，不敢荒怠。无论远近，
偏僻隐蔽，专心致力，严肃庄重。品行端
方，诸事有常。皇帝布德，安定四方。诛
乱除害，兴利致福。兴作有度，遵循时序，
各行各业，繁荣增殖。百姓安宁，不用兵
戈。六亲保全，再无盗贼。欢欢喜喜，接
受教化，天下之民，皆懂法令。天地四方，
皇帝领土。西过流沙，南至北户，东到东

海，北越大夏。人迹所至，莫不臣服。功盖五帝，恩及牛马。无不受德，各自安居。

秦王兼并天下，确立皇帝名号，于是亲临东土，安抚百姓，到达琅邪。列侯武城侯王离、列侯通武侯王贲、伦侯建成侯赵亥、伦侯昌武侯成、伦侯武信侯冯毋择、丞相隗状、丞相王绾、卿李斯、卿王戊、五大夫赵婴、五大夫杨樛随从，一起在海上商议，说："古代帝王，拥有的土地不过千里，诸侯各自守护自己的封地，有的朝贡，有的不朝贡，他们互相侵犯，发生动乱，征战不休，却还铭刻金石，记载自己的功业。上古的五帝、三王，他们施行的教化不同，法令制度不清晰，假借鬼神威严，欺骗远方民众，名不副实，所以不能长久。有的人还没去世，诸侯就背叛了他，法令不能推行。如今皇帝统一天下，设置郡县，天下和平。如今光宗耀祖，施行公道德政，尊号也已确定。群臣一同歌颂皇帝的功德，把它刻在金石上，以此作为后世的榜样。"

事情结束后，齐人徐市等人上书说，海中有三座神山，名叫蓬莱、方丈、瀛洲，有仙人居住在那里。徐市请求在斋戒后，

尽知法式。六合之内，皇帝之土。西涉流沙，南尽北户。东有东海，北过大夏。人迹所至，无不臣者。功盖五帝，泽及牛马。莫不受德，各安其宇。

维秦王兼有天下，立名为皇帝，乃抚东土，至于琅邪。列侯武城侯王离、列侯通武侯王贲、伦侯建成侯赵亥、伦侯昌武侯成、伦侯武信侯冯毋择、丞相隗状、丞相王绾、卿李斯、卿王戊、五大夫赵婴、五大夫杨樛从，与议于海上。曰："古之帝者，地不过千里，诸侯各守其封域，或朝或否，相侵暴乱，残伐不止，犹刻金石，以自为纪。古之五帝、三王，知教不同，法度不明，假威鬼神，以欺远方，实不称名，故不久长。其身未殁，诸侯倍叛，法令不行。今皇帝并一海内，以为郡县，天下和平。昭明宗庙，体道行德，尊号大成。群臣相与诵皇帝功德，刻于金石，以为表经。"

既已，齐人徐市等上书，言海中有三神山，名曰蓬莱、方丈、瀛洲，仙人居之。请得斋戒，

与童男女求之。于是遣徐市发童男女数千人，入海求仙人。

始皇还，过彭城，斋戒祷祠，欲出周鼎泗水。使千人没水求之，弗得。乃西南渡淮水，之衡山、南郡。浮江，至湘山祠。逢大风，几不得渡。上问博士曰："湘君何神？"博士对曰："闻之，尧女，舜之妻，而葬此。"于是始皇大怒，使刑徒三千人皆伐湘山树，赭其山。上自南郡由武关归。

二十九年，始皇东游。至阳武博狼沙中，为盗所惊。求弗得，乃令天下大索十日。

登之罘，刻石。其辞曰：

维二十九年，时在中春，阳和方起。皇帝东游，巡登之罘，临照于海。从臣嘉观，原念休烈，追诵本始。大圣作治，建定法度，显箸纲纪。外教诸侯，光施文惠，明以义理。六国回辟，贪戾无厌，虐杀不已。皇帝哀众，遂发讨师，奋扬武德。义诛信行，威燀旁达，莫不宾服。烹灭强暴，振救黔首，周定四极。普施明法，经纬天下，

率领童男童女前去寻觅。于是秦始皇就派徐市带几千童男童女，到海中去访求仙人。

秦始皇返回，经过彭城，斋戒祷祭，想从泗水中捞出周鼎。派了一千多人潜水去找，没有找到。之后往西南走，渡过淮水，到了衡山、南郡。渡过长江，走到了湘山祠。遇到大风，几乎不能渡河。皇帝问博士道："湘君是什么神？"博士回答说："听说是尧帝的女儿，舜的妻子，死后埋葬在这里。"于是始皇非常愤怒，就派了三千名刑徒把湘山上的树砍个精光，使山变成了光秃秃的。秦始皇从南郡经武关回到咸阳。

秦始皇二十九年，秦始皇到东方巡游。在经过阳武县博狼沙时，被刺客所惊扰。没有捉拿到刺客，于是下令全国大规模地搜捕了十天。

登上之罘山，立石刻碑。碑文是：

二十九年，时令仲春，阳气方兴。皇帝东游，登临之罘，恩照东海。随从之臣，观此美景，回想伟业，追忆当初。皇上圣明，创新政治，制定法度，纲纪分明。教化诸侯，普施恩惠，阐明义理。六国之君，奸邪乖僻，贪婪残暴，虐杀不止。圣上哀怜，发兵征讨，奋扬武德。正义讨伐，守信而行，神威远达，无不臣服。诛灭强暴，赈救百姓，平定四方。普施明法，治理天下，永为准则。多伟大啊！普天之下，顺承圣意。群

臣歌颂，辉煌功勋，请刻于石，永为典范。

永为仪则。大矣哉！宇县之中，承顺圣意。群臣诵功，请刻于石，表垂于常式。

在东观立石刻碑。碑文是：

其东观曰：

二十九年，皇帝春游，观览视察，到达远方。来到海滨，登上之罘，观赏朝阳。遥望山川，广阔绚丽，陪臣感念，推原治道，清明之至。圣法初立，内扫鄙陋，外诛强暴。武威远布，震动四方，消灭六国。统一天下，灾害尽除，永息兵革。皇帝明德，治理天下，视听不怠。明确等级，器用旗帜，各有标志。群臣本分，各司其职，事无嫌疑。天下之民，接受教化，无论远近，法制统一，如此功业，自古罕有。常规既定，后世遵循，永承圣治。群臣赞美，皇帝至德，敬颂功业，请刻之罘。

维二十九年，皇帝春游，览省远方。逮于海隅，遂登之罘，昭临朝阳。观望广丽，从臣咸念，原道至明。圣法初兴，清理疆内，外诛暴强。武威旁畅，振动四极，禽灭六王。阐并天下，灾害绝息，永偃戎兵。皇帝明德，经理宇内，视听不怠。作立大义，昭设备器，咸有章旗。职臣遵分，各知所行，事无嫌疑。黔首改化，远迩同度，临古绝尤。常职既定，后嗣循业，长承圣治。群臣嘉德，祗诵圣烈，请刻之罘。

始皇随即又去了琅邪，途经上党返回京城。

旋，遂之琅邪，道上党入。

秦始皇三十年，无事。秦始皇三十一年十二月，将腊祭改称为"嘉平"。赐给每个里巷的百姓六石米、两只羊。始皇微服出行到咸阳，与四名武士一起，夜间出门，在兰池宫遇到了强盗，情势窘迫，武士击杀了盗贼。之后在关中大规模搜捕了

三十年，无事。三十一年十二月，更名腊日"嘉平"。赐黔首里六石米，二羊。始皇为微行咸阳，与武士四人俱，夜出，逢盗兰池，见窘，武士击杀盗，关中大索二十日。米

石千六百。

三十二年，始皇之碣石，使燕人卢生求羡门、高誓。刻碣石门。坏城郭，决通堤防。其辞曰：

遂兴师旅，诛戮无道，为逆灭息。武殄暴逆，文复无罪，庶心咸服。惠论功劳，赏及牛马，恩肥土域。皇帝奋威，德并诸侯，初一泰平。堕坏城郭，决通川防，夷去险阻。地势既定，黎庶无繇，天下咸抚。男乐其畴，女修其业，事各有序。惠被诸产，久并来田，莫不安所。群臣诵烈，请刻此石，垂著仪矩。

因使韩终、侯公、石生求仙人不死之药。始皇巡北边，从上郡入。燕人卢生使入海还，以鬼神事，因奏录图书，曰"亡秦者胡也"。始皇乃使将军蒙恬发兵三十万人北击胡，略取河南地。

三十三年，发诸尝逋亡人、赘婿、贾人略取陆梁地，为桂林、象郡、南海，以適遣戍。西北

二十天。米价每石一千六百钱。

秦始皇三十二年，始皇前往碣石，派燕人卢生访求羡门、高誓。在碣石山的石门上刻了一篇铭文。毁坏城郭，决通堤防。铭文是：

皇帝兴师用兵，诛伐无道之君，为了平息叛逆。武力铲除暴徒，依法平反昭雪，百姓心悦诚服。论功行赏众臣，恩泽施及牛马，皇恩遍于大地。皇帝奋发军威，以德兼并诸侯，天下统一太平。拆毁诸国城郭，疏通各地河道，铲平一切险阻。形势已经稳定，众民不服徭役，天下得以安抚。男子乐于耕种，女子修治副业，诸事各有秩序。皇恩普施各业，流民回归田园，无不安然定居。群臣歌颂功业，敬请镌刻此石，留作后世典范。

于是派韩终、侯公、石生寻求仙人与长生不死药。始皇巡行北部边疆，从上郡返回都城。燕人卢生被派往海中，回来后，以鬼神之事侍奉始皇，借机献上有关谶语的图书，书中写道："亡秦者胡也"。于是秦始皇派将军蒙恬发兵三十万向北讨伐胡人，夺取黄河以南地区。

秦始皇三十三年，下令征发曾经逃亡的罪犯、入赘女家的男子、商人去攻取陆梁地区，设置桂林、象郡、南海三个

郡，派被流放的人去防守。在西北击退匈奴。从榆中沿着黄河往东一直到阴山，设立了三十四个县，并沿黄河修筑长城，作为要塞。又派蒙恬渡过黄河夺取高阙、阳山、北假中，修建岗亭堡垒来驱逐戎人。迁移被贬谪的人，让他们充实新设置的县。禁止不应当的祭祀。有彗星出现在西方。秦始皇三十四年，流放那些办理案件不公的官吏，让他们去修筑长城和戍守南越地区。

秦始皇在咸阳宫设酒宴，有七十名博士前来祝寿。仆射周青臣上前颂扬道："从前秦国的土地不过千里，仰仗陛下神灵圣明，平定天下，驱逐蛮夷，日月所照之处，无不臣服。在以前诸侯国的地方设置郡县，人人安居乐业，没有了战争的祸患，功业流传万世。自上古以来无人能比得上陛下威德。"秦始皇很高兴。博士齐人淳于越进言道："臣听说殷朝、周朝统治天下一千多年，分封子弟功臣，作为王室的藩辅。现在陛下拥有整个天下，而子弟都是平民百姓，一旦有田常、六卿那样的大臣，没有辅佐之人，如何挽救皇室呢？凡事不以古为师而维持长久的，从未听说过。现在周青臣又当面奉承陛下的过失，并非忠臣。"

始皇让群臣商议这件事。丞相李斯说："五帝制度各不相同，三代的制度也不是承袭的，而是各自采用了自己的方法

斥逐匈奴。自榆中并河以东，属之阴山，以为三十四县，城河上为塞。又使蒙恬渡河取高阙、阳山、北假中，筑亭障以逐戎人。徙谪，实之初县。禁不得祠。明星出西方。三十四年，適治狱吏不直者，筑长城，及南越地。

始皇置酒咸阳宫，博士七十人前为寿。仆射周青臣进颂曰："他时秦地不过千里，赖陛下神灵明圣，平定海内，放逐蛮夷，日月所照，莫不宾服。以诸侯为郡县，人人自安乐，无战争之患，传之万世。自上古不及陛下威德。"始皇悦。博士齐人淳于越进曰："臣闻殷周之王千余岁，封子弟功臣，自为枝辅。今陛下有海内，而子弟为匹夫，卒有田常、六卿之臣，无辅拂，何以相救哉？事不师古而能长久者，非所闻也。今青臣又面谀以重陛下之过，非忠臣。"

始皇下其议。丞相李斯曰："五帝不相复，三代不相袭，各以治，非其相反，时变异

也。今陛下创大业，建万世之功，固非愚儒所知。且越言乃三代之事，何足法也？异时诸侯并争，厚招游学。今天下已定，法令出一，百姓当家则力农工，士则学习法令辟禁。今诸生不师今而学古，以非当世，惑乱黔首。丞相臣斯昧死言：古者天下散乱，莫之能一，是以诸侯并作，语皆道古以害今，饰虚言以乱实，人善其所私学，以非上之所建立。今皇帝并有天下，别黑白而定一尊。私学而相与非法教，人闻令下，则各以其学议之，入则心非，出则巷议，夸主以为名，异取以为高，率群下以造谤。如此弗禁，则主势降乎上，党与成乎下。禁之便。臣请史官非秦记皆烧之。非博士官所职，天下敢有藏《诗》《书》、百家语者，悉诣守、尉杂烧之。有敢偶语《诗》《书》者弃市。以古非今者族。吏见知不举者与同罪。令下三十日不烧，黥为城旦。所不去者，医药卜筮种树之书。若欲有学法令，以吏为师。"制曰："可。"

治理，这不是后代一定要与前代相反，是时代变迁的缘故。现在陛下开创大业，建立万世功业，这本来就不是愚笨的儒生所能理解的。况且淳于越所说的是三代之事，三代有什么值得效法的呢？那时诸侯相争，用重金招徕游学之士。如今天下已经安定，法令统一，老百姓在家就应该努力耕作，士人则应该学习法律政令。如今诸位儒生不以今人为师而去效仿古人，来非议当世，迷惑百姓。臣丞相李斯冒死进言：古时天下离析混乱，没人能够统一，因此诸侯并起，议论都是称道古代，非难当今，矫揉虚言而搅乱名实，人人都欣赏自己所学，而诽谤在上位者所建立的制度。如今皇帝坐拥天下，辨别黑白是非，凡事定于一尊。如果私自教授所学、非议法令教化，人们听到有法令下达，就各自用他们所学来议论，在朝中则心存反对，出朝后则街谈巷议，用浮言欺主以博取名声，标新立异以为高明，带领下民妄言诽谤。如此行为还不禁止，那么主上的威信就会下降，臣下的党羽就会结成。禁止他们的这些行为更便利。我请求史官将不是秦国的史书全部烧毁。不是博士官所掌之书，天下私自藏匿的《诗》《书》及诸子百家著作，全都交到郡守、郡尉处焚毁。有敢相聚在一起谈论《诗》《书》的，处死街头，有以古非今的灭族。官吏知情而不检举的，以同罪论。命令下达后三十天不烧毁的，处以黥刑，罚为城旦。不需烧的，只有医药、卜筮、种树一类的书。如果有人想学习法令，就以官吏为师。"始皇下诏："可以。"

秦始皇三十五年，修筑大道，从九原郡直达云阳，开山填谷，可以直通。于是秦始皇认为咸阳人口多，而先王的宫廷小，又听说周文王建都于丰，周武王建都于镐，丰、镐之间，是帝王建都的地方，于是在渭水南岸的上林苑中建造宫殿。先在阿房建造前殿，东西五百步，南北五十丈，殿上可容纳上万人，殿下可竖起五丈高的大旗。四周环殿建有空中通道，从殿下直达南山。在南山山头立表作为宫门前的双阙。修建空中通道，从阿房渡过渭水，与咸阳相连，以此象征天上的阁道星横渡天河抵达营室星。阿房宫尚未建成；建成后，想给它更换一个好听的名字。因为是在阿房修建的宫室，所以天下称之为"阿房宫"。受刑的七十多万刑徒，被派去修建阿房宫或丽山陵墓。他们挖掘北山的大石头，把蜀地、荆地的木材都运到这里。关中就有宫殿三百座，关外有四百多座。又在东海的朐县竖立大石，作为大秦的东门。又把三万户人家迁到丽邑居住，五万户迁到云阳居住，都免去他们十年的赋税徭役。

卢生劝秦始皇道："我们去寻求灵芝奇药和仙人，但都不曾遇到，好像是有事

三十五年，除道，道九原抵云阳，堑山堙谷，直通之。于是始皇以为咸阳人多，先王之宫廷小，吾闻周文王都丰，武王都镐，丰、镐之间，帝王之都也。乃营作朝宫渭南上林苑中。先作前殿阿房，东西五百步，南北五十丈，上可以坐万人，下可以建五丈旗。周驰为阁道，自殿下直抵南山。表南山之颠以为阙。为复道，自阿房渡渭，属之咸阳，以象天极阁道绝汉抵营室也。阿房宫未成；成，欲更择令名名之。作宫阿房，故天下谓之阿房宫。隐宫徒刑者七十余万人，乃分作阿房宫，或作丽山。发北山石，乃写蜀、荆地材皆至。关中计宫三百，关外四百余。于是立石东海上朐界中，以为秦东门。因徙三万家丽邑，五万家云阳，皆复不事十岁。

卢生说始皇曰："臣等求芝奇药仙者常弗遇，类物有害

之者。方中，人主时为微行以辟恶鬼，恶鬼辟，真人至。人主所居而人臣知之，则害于神。真人者，入水不濡，入火不爇，陵云气，与天地久长。今上治天下，未能恬倓。愿上所居宫毋令人知，然后不死之药殆可得也。"于是始皇曰："吾慕真人，自谓'真人'，不称'朕'。"乃令咸阳之旁二百里内宫观二百七十复道甬道相连，帷帐钟鼓美人充之，各案署不移徙。行所幸，有言其处者，罪死。始皇帝幸梁山宫，从山上见丞相车骑众，弗善也。中人或告丞相，丞相后损车骑。始皇怒曰："此中人泄吾语。"案问莫服。当是时，诏捕诸时在旁者，皆杀之。自是后莫知行之所在。听事，群臣受决事，悉于咸阳宫。

侯生、卢生相与谋曰："始皇为人，天性刚戾自用，起诸侯，并天下，意得欲从，以为自古莫及己。专任狱吏，狱吏得亲幸。博士虽七十人，特备员弗用。丞相诸大臣皆受成事，倚辨于

物从中作梗。世间的人主应当时常隐秘行踪，远离恶鬼，远离了恶鬼，真人才会到来。人主居住的地方被臣下知道了，就会妨碍神灵显露。所谓真人，就是入水不湿，入火不燃，可以驾着云气，与天地同长生的人。如今陛下治理天下，不能清静寡欲。希望您住的宫室不要让人知道，这样不死之药或许就能得到了。"于是秦始皇说："我非常仰慕真人，我要自称'真人'，不称'朕'了。"于是下令把咸阳周围二百里内的二百七十多座宫观都用复道或甬道相互连起来，把帷帐、钟鼓、美女安置其中，各居各位，不准随意移动。皇帝出行到一个地方时，凡泄露行踪的，一律处死。始皇帝驾临梁山宫，从山上望见丞相车骑众多，心中不快。宫中有人告知了丞相，后来丞相便减少了车骑。秦始皇发怒说："这是宫中有人泄露了我的话。"经过拷问，没人承认。那时，下令逮捕了所有当时在场的人，全部杀掉。从此以后再没有人知道皇帝的行踪。群臣接受诏令处理国事，都在咸阳宫。

侯生与卢生在一起商量道："始皇为人，生性刚强暴戾，自以为是，以一方诸侯兼并天下，志得意满，凡事任意而为，认为自古以来没人比得上他。他专门重用狱吏，狱吏很容易得到宠幸。虽然有博士七十人，只是充数，并不信用。丞相和诸

位大臣都只照着始皇的决定办事，一切都让皇上自己做主。皇上则喜欢以重刑和杀戮来建立威势，各级官吏都怕获罪，想保持住禄位，没人敢尽忠劝谏。皇上听不到自己的过失，日益骄横，臣下则提心吊胆，通过欺骗主上来苟取容身之地。按照秦法，一人不能兼用两种方术，方术用后不灵验，就将方士处死。然而观测云气星象的方士多达三百人，都是良士，由于心存畏忌，他们只好阿谀谄媚，而不敢直言皇上的过失。天下之事无论大小，都由皇上决定，以致皇上每天用秤来衡量要批阅的文书，每天都有要批阅的一定重量，达不到就不休息。贪恋权势到如此程度，我们不能为他去寻求仙药。"于是他们逃走了。始皇听说他们逃走后，大怒说："之前我收缴天下没用的书，将其全部销毁，又召集了大批文学方术之士，就是想国家兴盛太平。方士们说可以寻求不死之药，如今韩众一去，再也不回来复命，徐市等人花费了上亿的钱财，始终也没找到不死之药，相反每天只是徒然说些营求私利的话。卢生等人我尊敬他们，赏赐丰厚，如今他们却诽谤我，以加重我的不德。居住在咸阳的儒生，我派人去调查过，有的人会制造妖言，蛊惑百姓。"于是派御史把儒生通通拘捕起来，一一审问，他们相互告发，相互牵连。最后秦始皇亲自圈定了四百六十多名犯禁

上。上乐以刑杀为威，天下畏罪持禄，莫敢尽忠。上不闻过而日骄，下慑伏谩欺以取容。秦法，不得兼方，不验，辄死。然候星气者至三百人，皆良士，畏忌讳谀，不敢端言其过。天下之事无小大皆决于上，上至以衡石量书，日夜有呈，不中呈不得休息。贪于权势至如此，未可为求仙药。"于是乃亡去。始皇闻亡，乃大怒曰："吾前收天下书不中用者尽去之，悉召文学方术士甚众，欲以兴太平，方士欲练以求奇药。今闻韩众去不报，徐市等费以巨万计，终不得药，徒奸利相告日闻。卢生等吾尊赐之甚厚，今乃诽谤我，以重吾不德也。诸生在咸阳者，吾使人廉问，或为妖言以乱黔首。"于是使御史悉案问诸生，诸生传相告引，乃自除犯禁者四百六十余人，皆坑之咸阳，使天下知之，以惩后。益发谪徙边。始皇长子扶苏谏曰："天下初定，远方黔首未集，诸生皆诵法孔子，今上皆重法绳之，臣恐天下不安。唯上察之。"始皇怒，使扶苏北监蒙

恬于上郡。

三十六年，荧惑守心。有坠星下东郡，至地为石，黔首或刻其石曰"始皇帝死而地分"。始皇闻之，遣御史逐问，莫服，尽取石旁居人诛之，因燔销其石。始皇不乐，使博士为《仙真人诗》，及行所游天下，传令乐人歌弦之。秋，使者从关东夜过华阴平舒道，有人持璧遮使者曰："为吾遗滈池君。"因言曰："明年祖龙死。"使者问其故，因忽不见，置其璧去。使者奉璧具以闻。始皇默然良久，曰："山鬼固不过知一岁事也。"退言曰："祖龙者，人之先也。"使御府视璧，乃二十八年行渡江所沉璧也。于是始皇卜之，卦得游徙吉。迁北河、榆中三万家，拜爵一级。

者，全部活埋于咸阳，并昭示天下，以惩戒后人。征发更多的刑徒去边境屯戍。始皇长子扶苏进谏道："天下刚刚平定，远方百姓尚未归附，儒生都诵读典籍、效法孔子，现在陛下用重法惩治他们，我担心天下不安定，希望皇上明察。"始皇发怒，就把扶苏派到北方的上郡给蒙恬做监军。

秦始皇三十六年，火星运行到了心宿的位置。有流星从东郡上空落下，到地面变成了陨石，有人在陨石上刻上"始皇帝死而地分"的字样。始皇听说后，派御史逐家审问，没人招认，于是把居住在陨石周围的居民全部抓捕诛杀，并烧毁了那块陨石。始皇闷闷不乐，就让博士作《仙真人诗》，当他巡行天下的时候，让乐师弹奏歌唱。这年秋天，有使者从关东回来，夜间经过华阴平舒道时，有人手持玉璧拦住使者道："替我把这块玉送给滈池君。"又说道："明年祖龙死。"使者想问明缘由，那人却忽然不见了，留下玉璧后就离开了。使者捧着玉璧把情况都报告给了皇上。秦始皇沉默了很长时间，然后说："山鬼也不过只能预知一年之内的事情。"退朝后他说："祖龙是人类的先祖。"他让御史审查此玉璧，发现是二十八年巡行天下，渡长江时所沉下的那块玉璧。于是始皇派人占卜，卦象显示要巡游才吉祥。迁移三万户到北河、榆中地区居住。给每户人家赐爵位一级。

秦始皇三十七年十月癸丑日，秦始皇出行，巡游天下。左丞相李斯随从，右丞相冯去疾留守京城。少子胡亥受宠，请求跟从，始皇答应了他。十一月，到达云梦泽，向九疑山方向遥祭虞舜。沿长江而下，观览籍柯，渡过江渚。经过丹阳，抵达钱唐。来到浙江，见波涛汹涌，于是改向西行一百二十里，从江面狭窄的地方渡了过去。登上会稽山，祭祀大禹陵，又遥祭南海之神，立石刻碑，歌颂秦王朝的功德。碑文是：

皇帝德高业伟，平定统一天下，德惠深厚久远。在位三十七年，亲自巡行天下，周游遍览远方。登临会稽山顶，考察民间习俗，百姓恭谨庄重。群臣歌颂功德，推原皇帝事迹，追溯高强英明。秦圣君临天下，创制刑法制度，发扬旧有典章。建立公平法则，审定百官职掌，建立永久纲常。六王专横荒悖，贪暴傲慢凶残，率众依势逞强。暴虐胡作非为，依仗武力骄狂，屡次兴兵作战。暗中派遣使者，图谋合纵抗秦，行为卑鄙猖狂。内藏奸诈阴谋，向外侵我边境，由此引起灾祸。秦起义兵讨伐，消灭强暴叛逆，乱君贼臣灭亡。圣德广博深厚，天地四海之内，恩泽覆盖无疆。皇帝统一天下，了解天下诸事，各地政治清明。执掌管理万物，考察验证事实，分别

三十七年十月癸丑，始皇出游。左丞相斯从，右丞相去疾守。少子胡亥爱慕请从，上许之。十一月，行至云梦，望祀虞舜于九疑山。浮江下，观籍柯，渡江渚。过丹阳，至钱唐。临浙江，水波恶，乃西百二十里从狭中渡。上会稽，祭大禹，望于南海，而立石刻颂秦德。其文曰：

皇帝休烈，平一宇内，德惠修长。三十有七年，亲巡天下，周览远方。遂登会稽，宣省习俗，黔首斋庄。群臣诵功，本原事迹，追首高明。秦圣临国，始定刑名，显陈旧章。初平法式，审别职任，以立恒常。六王专倍，贪戾慠猛，率众自强。暴虐恣行，负力而骄，数动甲兵。阴通间使，以事合从，行为辟方。内饰诈谋，外来侵边，遂起祸殃。义威诛之，殄熄暴悖，乱贼灭亡。圣德广密，六合之中，被泽无疆。皇帝并宇，兼听万事，远近毕清。运理群物，考验事实，各载其名。贵贱并通，善否陈前，靡有隐情。饰省宣义，有子而嫁，

倍死不贞。防隔内外,禁止淫泆,男女洁诚。夫为寄豭,杀之无罪,男秉义程。妻为逃嫁,子不得母,咸化廉清。大治濯俗,天下承风,蒙被休经。皆遵度轨,和安敦勉,莫不顺令。黔首修洁,人乐同则,嘉保太平。后敬奉法,常治无极,舆舟不倾。从臣诵烈,请刻此石,光垂休铭。

记录其名。进言不分贵贱,善否都可前陈,没有任何隐情。文过假装正经,有子而又改嫁,是为背叛不贞。内外分隔有别,禁止放荡淫乱,男女贞洁诚信。丈夫淫于他室,杀之不算罪过,男子要守规程。妻子逃走另嫁,子女不以为母,风俗廉洁清正。圣治涤荡旧俗,全民蒙受教化,天下沐浴新风。全都遵守法度,和睦安乐勤勉,顺从国家法令。百姓美善纯洁,乐于共同守法,共保天下太平。后世敬业奉法,国家长治久安,永无倾覆之忧。从臣歌颂功德,请求刻石作铭,光明流布千古。

还过吴,从江乘渡。并海上,北至琅邪。方士徐市等入海求神药,数岁不得,费多,恐谴,乃诈曰:“蓬莱药可得,然常为大鲛鱼所苦,故不得至,愿请善射与俱,见则以连弩射之。”始皇梦与海神战,如人状。问占梦,博士曰:“水神不可见,以大鱼蛟龙为候。今上祷祠备谨,而有此恶神,当除去,而善神可致。”乃令入海者赍捕巨鱼具,而自以连弩候大鱼出,射之。自琅邪北至荣成山,弗见。至之罘,见巨鱼,射杀一鱼。遂并海西。

返回时经过吴县,从江乘县渡江。沿海北上到达琅邪。方士徐市等人到海中寻求神仙之药,好几年都没找到,花费很多钱财,害怕遭受责罚,于是就欺骗始皇道:“蓬莱仙药是可以得到的,但我们常被大鲛鱼阻挠,所以无法取得,希望皇上派些善于射箭的人与我同去,见到鲛鱼就用连弩射死它。”刚好始皇梦见自己同海神交战,海神的样子与人相似。他就问占梦博士,博士说:“水神是见不到的,它以大鱼和蛟龙作为出现的征兆。如今皇上祭祀祷祝既完善又恭谨,却还有这种恶神出现,应当设法除掉它,而后善神才会来临。”于是始皇命令入海求仙者携带捕杀大鱼的器械,而自己也带着连弩以备大鱼出现时射杀它。始皇自琅邪山北行到荣成山，也没见到大鱼出现。到达之罘时，遇到了大鱼，射杀了一条。接着又沿海岸西行。

到达平原津时，始皇帝病了。始皇厌恶谈到死，群臣不敢说死的事情。始皇的病日益严重，于是写了一封加盖玺印的诏书给公子扶苏，说："到咸阳与灵车会合，处理丧葬事宜。"诏书已经封好，放在掌管符玺的中车府令赵高那里，没有交给使者。七月丙寅日，始皇在沙丘平台驾崩。丞相李斯认为皇帝在外驾崩，怕各公子及天下发生变故，于是隐瞒消息，不发丧。把棺木放置在辒凉车中，派始皇生前宠爱的宦官陪在遗体旁，所到之处，依旧照常呈上餐饭。百官像平常一样向皇帝奏事，由宦官在辒凉车内批示公文。只有皇子胡亥、赵高及始皇宠幸的五六个宦官知道皇上已死。赵高曾教胡亥写字以及狱律法令等事，胡亥私下很亲近他。赵高于是与公子胡亥、丞相李斯暗中拆开并毁掉始皇赐给公子扶苏的诏书，而且假称丞相李斯在沙丘曾接到秦始皇遗诏，立皇子胡亥为太子。又伪造诏书赐给公子扶苏、蒙恬，列举他们的罪名，将他们赐死。这些事都详细记载在《李斯列传》中。胡亥等人继续前进，他们从井陉口北上至九原郡。正好赶上暑天，始皇的辒凉车散发出臭气，于是给随从官员下诏，让每车装载一石鲍

至平原津而病。始皇恶言死，群臣莫敢言死事。上病益甚，乃为玺书赐公子扶苏曰："与丧会咸阳而葬。"书已封，在中车府令赵高行符玺事所，未授使者。七月丙寅，始皇崩于沙丘平台。丞相斯为上崩在外，恐诸公子及天下有变，乃秘之，不发丧。棺载辒凉车中，故幸宦者参乘，所至上食。百官奏事如故，宦者辄从辒凉车中可其奏事。独子胡亥、赵高及所幸宦者五六人知上死。赵高故尝教胡亥书及狱律令法事，胡亥私幸之。高乃与公子胡亥、丞相斯阴谋破去始皇所封书赐公子扶苏者，而更诈为丞相斯受始皇遗诏沙丘，立子胡亥为太子。更为书赐公子扶苏、蒙恬，数以罪，赐死。语具在《李斯传》中。行，遂从井陉抵九原。会暑，上辒车臭，乃诏从官令车载一石鲍鱼，以乱其臭。行从直道至咸阳，发丧。太子胡亥袭位，为二世皇帝。

九月，葬始皇郦山。始皇初即位，穿治郦山，及并天下，天下徒送诣七十余万人，穿三泉，下铜而致椁，宫观百官奇器珍怪徙臧满之。令匠作机弩矢，有所穿近者，辄射之。以水银为百川江河大海，机相灌输，上具天文，下具地理。以人鱼膏为烛，度不灭者久之。二世曰："先帝后宫非有子者，出焉不宜。"皆令从死，死者甚众。葬既已下，或言工匠为机，臧皆知之，臧重即泄。大事毕，已臧，闭中羡，下外羡门，尽闭工匠臧者，无复出者。树草木以象山。

秦二世嬴胡亥

二世皇帝元年，年二十一。赵高为郎中令，任用事。二世下诏，增始皇寝庙牺牲及山川百祀之礼。令群臣议尊始皇庙。群臣皆顿首言曰："古者天子

鱼，来掩盖尸体散发的臭味。车队沿直道到达咸阳，发丧。太子胡亥即位，就是秦二世皇帝。

九月，把秦始皇葬于郦山。始皇刚即位时，就已经在挖掘、修治郦山陵墓了，等到他统一天下后，又从全国各地征调徒隶七十多万人。挖过了三重泉水，灌下铜液，再放置棺椁。作宫殿及百官位次，将奇珍异宝装满其中。令工匠们制作带有机关的弓弩，一旦有人进入靠近，立即射杀。用水银制造成江河大海，用机关相互贯通，壁顶仿有日月星辰，地下有地理景观。用人鱼油做成蜡烛，估计很久都不会熄灭。秦二世说："先帝的后宫妃嫔没有生过孩子的，放出宫去不好。"就命令她们全部殉葬，死的人非常多。灵柩下葬以后，有人说是工匠制作的机关，机关埋藏在哪里这些工匠都知道，埋藏得再隐秘也会泄露。丧事完毕，已经埋藏好陪葬品，关闭墓中神道，放下外层墓门，把工匠和搬运宝藏的人都关在里面，没有再出来的。在墓上种植草木，装饰得像小山一样。

二世皇帝元年，胡亥二十一岁。赵高为郎中令，执掌大权。二世下诏，增加祭祀始皇帝寝庙的牺牲及祭祀山川神灵的规格。命群臣商议尊崇祭祀始皇庙的事。群臣都叩头进言道："古时天子是七庙，诸

侯是五庙，大夫是三庙，万世也不能撤除。如今始皇庙为极庙，让普天之下都给始皇庙进献贡品，增加祭牲数量，做到礼数周备，已经做到极致了。先王的陵庙有的在西雍，有的在咸阳。天子按礼仪应独自捧酒祭祀始皇庙。自襄公以下的庙都可以撤除，一共设置七庙。群臣按礼前去祭拜，尊始皇庙为皇帝祖庙。之后的皇帝仍自称为'朕'。"

秦二世与赵高商量道："我年轻，刚即位，百姓还不归附。先帝巡行天下郡县来显示强大，神威震服海内。现在我安然不巡行，就会让人觉得我软弱无能，将无法统治天下。"春天，秦二世往东走巡行郡县，李斯随行。他们到达碣石，沿海而行，向南到达会稽，在始皇所立的全部石碑上刻字，在石碑侧面刻上之前跟随始皇来此巡行的大臣的名字，以彰显秦始皇的丰功盛德：

皇帝说："这些金石碑刻都是之前始皇帝所为，如今我承袭了皇帝名号，而那些碑文中则未称始皇帝，时间久远之后，就好像是后世皇帝所做的一样，不能彰明始皇帝的丰功盛德。"丞相李斯、冯去疾、御史大夫德冒死进言说："臣等请求把这份诏书刻在石碑上，如此便能分辨清楚了。臣等冒死请求。"二世皇帝制书道："可以。"

七庙，诸侯五，大夫三，虽万世世不轶毁。今始皇为极庙，四海之内皆献贡职，增牺牲，礼咸备，毋以加。先王庙或在西雍，或在咸阳。天子仪当独奉酌祠始皇庙。自襄公已下轶毁。所置凡七庙。群臣以礼进祠，以尊始皇庙为帝者祖庙。皇帝复自称'朕'。"

二世与赵高谋曰："朕年少，初即位，黔首未集附。先帝巡行郡县，以示强，威服海内。今晏然不巡行，即见弱，毋以臣畜天下。"春，二世东行郡县，李斯从。到碣石，并海，南至会稽，而尽刻始皇所立刻石，石旁著大臣从者名，以章先帝成功盛德焉：

皇帝曰："金石刻尽始皇帝所为也。今袭号而金石刻辞不称始皇帝，其于久远也如后嗣为之者，不称成功盛德。"丞相臣斯、臣去疾、御史大夫臣德昧死言："臣请具刻诏书刻石，因明白矣。臣昧死请。"制曰："可。"

遂至辽东而还。

于是二世乃遵用赵高，申法令。乃阴与赵高谋曰："大臣不服，官吏尚强，及诸公子必与我争，为之奈何？"高曰："臣固愿言而未敢也。先帝之大臣，皆天下累世名贵人也，积功劳世以相传久矣。今高素小贱，陛下幸称举，令在上位，管中事。大臣鞅鞅，特以貌从臣，其心实不服。今上出，不因此时案郡县守尉有罪者诛之，上以振威天下，下以除去上生平所不可者。今时不师文而决于武力，愿陛下遂从时毋疑，即群臣不及谋。明主收举余民，贱者贵之，贫者富之，远者近之，则上下集而国安矣。"二世曰："善。"乃行诛大臣及诸公子，以罪过连逮少近官三郎，无得立者，而六公子戮死于杜。公子将闾昆弟三人囚于内宫，议其罪独后。二世使使令将闾曰："公子不臣，罪当死，吏致法焉。"将闾曰："阙廷之礼，吾未尝敢不从宾赞也；廊庙之位，吾未

于是又巡行到辽东，而后返回都城。

这时二世遵用赵高的建议，申明法令。他又暗中与赵高商量道："朝中大臣们都不服从，官吏的势力还很大，还有诸公子必会与我争权，这该怎么办呢？"赵高说："我本来就想说却又不敢说。先帝的大臣，都是天下闻名的世代权贵，他们建功立业，世代相传。而我赵高生来卑贱，如今幸得陛下抬举，让我身居高位，管理宫中事务。大臣们心怀不满，只是表面上服从我，其实内心不服。如今皇上出巡，何不趁此时查办一些有罪的郡县守尉，把他们全部诛杀？这样不仅可以使皇上威震天下，而且还可以除掉皇上一直不喜欢的人。如今的情势不能施法文治，而要诉诸武力，希望陛下立即顺从时势，不要犹豫，让群臣来不及谋划。英明的君主收服举用其余的人，让卑贱的人显贵，让贫穷的人富有，让疏远的人亲近，那么就上下归附，国家安定了。"二世说："好。"于是开始诛杀大臣及各个公子，用各种罪名牵连逮捕近侍之臣，中郎、外郎、散郎，无人幸免，始皇的六个儿子被杀死在杜县。公子将闾兄弟三人被囚禁在内宫，议罪排在最后。二世派使者命令将闾道："你们身为公子，却不像臣子，论罪当死，现在派官吏来执行。"将闾说："宫廷的礼仪，我从来不

敢不服从宾赞的训示；朝廷的位次，我从不敢失掉礼节；奉命对答，我从来不敢有言辞的闪失。如何说我不像臣子呢？我希望知道自己的罪后再死。"使者说："我没有参与谋议，只是奉诏行事。"将闾于是仰天大喊三声，说道："老天啊！我没有罪啊！"兄弟三人都痛哭流涕，拔剑自杀。宗室都震惊惶恐。群臣中有敢进谏的就被认为是诽谤，高官为保住禄位，只好谄媚奉承，苟且容身，百姓都震惊恐慌。

四月，二世皇帝回到咸阳，说："先帝因为咸阳宫太小，所以营建阿房宫。宫殿尚未完成，赶上先帝驾崩，只能先行作罢，让修建的人去郦山修筑陵墓。如今郦山的大事已大体完成，还搁置阿房宫的工程不进行，就是在宣布先帝做的这件事错了。"于是重新修建阿房宫。对外派兵安抚四夷，按照始皇的计划进行。征召身强体壮的士卒五万人驻守咸阳，并让他们教人射箭。狗马禽兽需要消耗的粮食很多，预计存粮不足，下令各郡县转运粮食及草料，运送的人员都需要自带食物，在咸阳三百里以内不能食用这些调拨的粮食。法律的施行更加严厉苛刻。

七月，戍卒陈胜等人在原楚地造反，号称"张楚"。陈胜自立为楚王，根据地在陈县，派遣部将四处攻占地盘。崤山以东各郡县的年轻人痛恨秦朝官吏，都杀掉

尝敢失节也；受命应对，吾未尝敢失辞也。何谓不臣？愿闻罪而死。"使者曰："臣不得与谋，奉书从事。"将闾乃仰天大呼天者三，曰："天乎！吾无罪！"昆弟三人皆流涕拔剑自杀。宗室振恐。群臣谏者以为诽谤，大吏持禄取容，黔首振恐。

四月，二世还至咸阳，曰："先帝为咸阳朝廷小，故营阿房宫。为室堂未就，会上崩，罢其作者，复土郦山。郦山事大毕，今释阿房宫弗就，则是章先帝举事过也。"复作阿房宫。外抚四夷，如始皇计。尽征其材士五万人为屯卫咸阳，令教射，狗马禽兽当食者多，度不足，下调郡县转输菽粟刍藁，皆令自赍粮食；咸阳三百里内不得食其谷。用法益刻深。

七月，戍卒陈胜等反故荆地，为"张楚"。胜自立为楚王，居陈，遣诸将徇地。山东郡县少年苦秦吏，皆杀其守尉

令丞反，以应陈涉，相立为侯王，合从西乡，名为伐秦，不可胜数也。谒者使东方来，以反者闻二世。二世怒，下吏。后使者至，上问，对曰："群盗，郡守尉方逐捕，今尽得，不足忧。"上悦。武臣自立为赵王，魏咎为魏王，田儋为齐王。沛公起沛。项梁举兵会稽郡。

二年冬，陈涉所遣周章等将西至戏，兵数十万。二世大惊，与群臣谋曰："奈何？"少府章邯曰："盗已至，众强，今发近县不及矣。郦山徒多，请赦之，授兵以击之。"二世乃大赦天下，使章邯将，击破周章军而走，遂杀章曹阳。二世益遣长史司马欣、董翳佐章邯击盗，杀陈胜城父，破项梁定陶，灭魏咎临济。楚地盗名将已死，章邯乃北渡河，击赵王歇等于钜鹿。

赵高说二世曰："先帝临制天下久，故群臣不敢为非，进邪说。今陛下富于春秋，初

当地的郡守、郡尉、县令、县丞等官吏造反，以响应陈胜，相继自立为侯王，联合起来向西进发，打着伐秦旗号的队伍，多到数不清。谒者出使东方回来，把造反情况报告给二世。二世发怒，把谒者交给狱吏治罪。此后再有使者回来，皇上询问使者情况，他们都回答说："只是一群盗贼，各郡县的守尉正在追捕，现在已全部抓到，用不着担忧。"二世很高兴。武臣自立为赵王，魏咎为魏王，田儋为齐王。沛公在沛县起兵。项梁在会稽郡起兵。

秦二世二年冬，陈涉派遣的将领周章等人西进到了戏水，军队多达数十万人。秦二世非常惊讶，同群臣商量道："怎么办？"少府章邯说："盗贼已到跟前，人多势众，现在征发附近郡县的兵力已来不及了。郦山的刑徒很多，请皇上赦免他们，授予他们兵器来抗击盗贼。"二世于是大赦天下，派章邯为将领，打败了周章的军队，周章的军队落荒而逃，秦军便在曹阳杀死了周章。二世又派长史司马欣、董翳帮助章邯攻击盗贼，在城父杀了陈涉，在定陶打败了项梁，在临济消灭了魏咎。楚地盗贼中有名的将领已死，于是章邯北渡黄河，在钜鹿攻打赵王歇等人。

赵高劝说二世道："先帝统治天下的时间很长，所以群臣不敢胡作非为，进说谗言。如今陛下正值年少，刚即位，怎么

可以和公卿在朝廷之上决议大事呢？事情如果有差错，就是向群臣暴露了自己的短处。天子自称为朕，本来就是不能让人听到声音的意思。"于是二世一直深居宫中，与赵高决定各种事情。后来满朝公卿很少能够朝见皇帝，盗贼日益增多，而关中士兵源源不断地被征发到东方抗击盗贼。右丞相冯去疾、左丞相李斯、将军冯劫进谏道："关东地区群盗并起，秦发兵征讨，杀死了很多人，但仍然不能平息事态。盗贼众多，都是因为国家征戍、运输太苦以及赋税太重。请皇帝暂时停止修建阿房宫，削减四方边境的守军和服徭役者的数量。"二世说："我听韩非子说：'尧、舜用不经刮削的原木做椽子，茅屋不加修剪；用陶制的粗碗吃饭，用陶制的粗杯喝汤，即使是看门士卒的奉养也不比这简陋。大禹开凿龙门，疏通大夏，疏导黄河淤积停滞之水，将其引入大海，亲自扛着杵和锹，小腿上的毛都被磨光了，即使是奴隶的苦差也不会比这更繁重了。'凡是能贵有天下者，就应该为所欲为，主上要修明法制，让下面的人不敢做坏事，这样就可以统治天下了。像虞舜、夏禹那样的帝王，虽贵为天子，却自己过着穷苦的生活，为百姓付出，怎么能效法呢？我尊为万乘之君，却没有万乘之实，我想建造一千辆车驾，有一万辆车的部属，以符合我的名号。

即位，奈何与公卿廷决事？事即有误，示群臣短也。天子称朕，固不闻声。"于是二世常居禁中，与高决诸事。其后公卿希得朝见，盗贼益多，而关中卒发东击盗者毋已。右丞相去疾、左丞相斯、将军冯劫进谏曰："关东群盗并起，秦发兵诛击，所杀亡甚众，然犹不止。盗多，皆以戍漕转作事苦，赋税大也。请且止阿房宫作者，减省四边戍转。"二世曰："吾闻之韩子曰：'尧、舜采椽不刮，茅茨不翦，饭土塯，啜土形，虽监门之养，不觳于此。禹凿龙门，通大夏，决河亭水，放之海，身自持筑臿，胫毋毛，臣虏之劳不烈于此矣。'凡所为贵有天下者，得肆意极欲，主重明法，下不敢为非，以制御海内矣。夫虞、夏之主，贵为天子，亲处穷苦之实，以徇百姓，尚何于法？朕尊万乘，毋其实，吾欲造千乘之驾，万乘之属，充吾号名。且先帝起诸侯，兼天下，天下已定，外攘四夷以安边竟，作宫室以章得意，而君观先帝功业有绪。今朕即位二年之间，群盗并起，君不能禁，又欲罢先帝之所为，是上毋以报先帝，次不为朕尽忠力，何以在位？"下去疾、斯、劫吏，案责他罪。去疾、劫曰："将相不辱。"自杀。斯卒囚，就五刑。

三年，章邯等将其卒围钜鹿，楚上将军项羽将楚卒往救钜鹿。冬，赵高为丞相，竟案李斯杀之。夏，章邯等战数却，二世使人让邯，邯恐，使长史欣请事。赵高弗见，又弗信。欣恐，亡去，高使人捕追不及。欣见邯曰："赵高用事于中，将军有功亦诛，无功亦诛。"项羽急击秦军，虏王离，邯等遂以兵降诸侯。八月己亥，赵高欲为乱，恐群臣不听，乃先设验，持鹿献于二世，曰："马也。"二世笑曰："丞相误邪？谓鹿为马。"问左右，左右或默，或言马以阿顺赵高。或言鹿，高因阴中诸言鹿者以法。后群

而且先帝出身诸侯，兼并天下，天下平定后，外击四夷以安定边境，修建宫室来彰显志得意满，而你们能看到先帝的功业有所遗留。现在我即位才两年时间，盗贼并起，你们不能制止，还想放弃先帝所要做的事情，这说明你们既不能报答先帝，又不为我尽忠效力，你们凭什么居处官位？"把冯去疾、李斯、冯劫交给狱吏治罪，并审讯追查他们的其他罪行。冯去疾、冯劫说："将相不受辱。"二人就自杀了。李斯最终被囚禁，遭受各种刑罚。

秦二世三年，章邯等将领率领秦军包围钜鹿，楚国上将军项羽率楚军前去援救钜鹿。冬天，赵高为丞相，最终判李斯死刑杀了他。夏天，章邯等将领屡次战败后撤，二世派人去责备章邯，章邯害怕，派长史司马欣去请求指示。赵高不接见他，也不相信他。司马欣害怕，便逃离京城，赵高派人追捕，没有追到。司马欣见到章邯后说："赵高在朝廷总揽大权，将军您有功也会被杀，无功也会被杀。"项羽猛攻秦军，俘虏了王离，章邯等人便率兵投降了诸侯。八月己亥日，赵高想作乱，怕群臣不听，就先设计策试验，牵着一头鹿献给二世，说："这是马。"二世笑着说："丞相弄错了吧？把鹿说成马。"赵高便问左右大臣，左右大臣有的沉默不语，有的说是马来阿谀赵高，有的说是鹿。赵高暗中

借用法律中伤那些说是鹿的人。此后群臣都畏惧赵高。

赵高曾多次说"关东的盗贼不能成事"，项羽却在钜鹿俘虏了秦将王离等人并继续前进，章邯等人的军队也连连败退，上书请求增援，燕、赵、齐、楚、韩、魏都自立为王，自函谷关以东，大体都反叛了秦朝官吏而响应诸侯，诸侯都率领他们的部下向西进攻。沛公已率领数万人屠了武关，派人与赵高私下联络，赵高怕二世发怒，给自己招来杀身之祸，就推说有病，不去朝见。二世梦见有只白虎咬他车架的左骖马，杀了白虎。二世心中不乐，觉得奇怪，便去问占梦人。卜辞说："是泾水在作祟。"二世于是在望夷宫中斋戒，想祭祀泾水神，便把四匹白马沉入水底。二世派使者去责问赵高关于盗贼的事。赵高害怕，于是暗中和他的女婿咸阳令阎乐、弟弟赵成谋划道："皇上不听劝告，现在事情紧急，就想把罪过推到我们家。我想另立一个君主，改立公子婴。子婴仁慈节俭，百姓都乐于听他的话。"赵高派郎中令做内应，谎称有大批盗贼来到，命阎乐召集官吏发兵追捕，又劫持了阎乐的母亲，安置在自己府中。赵高派阎乐率吏卒一千多人来到望夷宫殿门前，捆绑了卫令、仆射，说："盗贼都进入宫里了，你们为什么不阻止呢？"卫令说："宫墙四周都设有卫士，

臣皆畏高。

高前数言"关东盗毋能为也"，及项羽虏秦将王离等钜鹿下而前，章邯等军数却，上书请益助，燕、赵、齐、楚、韩、魏皆立为王，自关以东，大氐尽畔秦吏应诸侯，诸侯咸率其众西乡。沛公将数万人已屠武关，使人私于高，高恐二世怒，诛及其身，乃谢病不朝见。二世梦白虎啮其左骖马，杀之，心不乐，怪问占梦。卜曰："泾水为祟。"二世乃斋于望夷宫，欲祠泾，沉四白马。使使责让高以盗贼事。高惧，乃阴与其婿咸阳令阎乐、其弟赵成谋曰："上不听谏，今事急，欲归祸于吾宗。吾欲易置上，更立公子婴。子婴仁俭，百姓皆载其言。"使郎中令为内应，诈为有大贼，令乐召吏发卒追，劫乐母置高舍。遣乐将吏卒千余人至望夷宫殿门，缚卫令仆射，曰："贼入此，何不止？"卫令曰："周庐设卒甚谨，安得贼敢入宫？"乐遂斩卫令，直将吏入，行射，郎宦者大惊，

或走或格，格者辄死，死者数十人。郎中令与乐俱入，射上幄坐帏。二世怒，召左右，左右皆惶扰不斗。旁有宦者一人，侍不敢去。二世入内，谓曰："公何不蚤告我？乃至于此！"宦者曰："臣不敢言，故得全。使臣蚤言，皆已诛，安得至今？"阎乐前即二世数曰："足下骄恣，诛杀无道，天下共畔足下，足下其自为计。"二世曰："丞相可得见否？"乐曰："不可。"二世曰："吾愿得一郡为王。"弗许。又曰："愿为万户侯。"弗许。曰："愿与妻子为黔首，比诸公子。"阎乐曰："臣受命于丞相，为天下诛足下，足下虽多言，臣不敢报。"麾其兵进。二世自杀。

阎乐归报赵高，赵高乃悉召诸大臣公子，告以诛二世之状。曰："秦故王国，始皇君天下，故称帝。今六国复自立，秦地益小，乃以空名为帝，不可。宜为王如故，便。"立二

戒备非常森严，盗贼怎么敢入宫呢？"阎乐于是斩杀卫令，率领吏卒直接冲入宫中，边走边射箭，宫中的郎官、宦者非常吃惊，有的逃走，有的抵抗，抵抗的全部被杀死，死了数十人。郎中令和阎乐一起进殿，向皇上的帐帏射箭。二世发怒，召唤左右侍从，侍从都惶恐畏惧，不敢搏斗。旁边有一个宦者侍奉着二世不敢离开。二世逃入内室，对他说："你为什么不早告诉我，竟到如此地步！"宦者说："我不敢说，所以才能保全。如果我说了，早就已经被您杀掉了，哪还能活到今天？"阎乐走到秦二世面前，数落道："你骄横放纵，滥杀无辜，天下人全都背叛你了，你自己想想办法吧。"二世说："我能见一下丞相吗？"阎乐说："不行。"二世说："我愿做一个郡的大王。"阎乐不答应。二世又说："我愿做万户侯。"阎乐没有答应。二世说："我愿带着妻子儿女做平民百姓，与那些公子一样。"阎乐说："我受丞相命令，为天下人来杀你，你的请求虽多，但是我不敢报告。"就指挥兵士上前。二世就自杀了。

阎乐回去报告赵高，于是赵高召集所有大臣、公子，向他们通报诛杀二世的情况。赵高说："秦原先是个诸侯国，始皇君临天下，所以称帝。如今六国又重新自立为王，秦的地盘越来越小，如果仍以空名称帝，那是不行的。应像以前那样称王，

这样才合适。"立二世哥哥的儿子公子婴为秦王。按平民的规格把二世葬在杜南宜春苑中。赵高命令子婴斋戒，到宗庙祭拜祖先，接受秦王印玺。斋戒五天，子婴和他的两个儿子商量道："丞相赵高在望夷宫中杀死了二世，他害怕群臣诛戮他，才假装以正义的名义立我为王。我听说赵高与楚国有约定，消灭秦宗室后在关中称王。现在让我斋戒去拜祭宗庙，是想在宗庙中乘机杀了我。我若称病不去，丞相必定会亲自前来，来了我们就杀掉他。"赵高多次派人来请子婴，子婴推辞不去，赵高果然亲自前来，说："祭拜宗庙是国家大事，大王为什么不去呢？"子婴于是在斋宫里刺杀了赵高，并灭了赵高的三族，在咸阳示众。

子婴为秦王四十六天，楚将沛公攻破秦军进入武关，接着抵达霸上，派人去劝子婴投降。子婴在脖子上绑着丝带，伴着白马素车，捧着天子玺印符节，在轵道亭旁迎降。沛公于是进入咸阳，封闭宫室府库，把军队撤回霸上。过了一个多月，诸侯的大军来到，项羽是各路诸侯军合纵之长，他杀死子婴及秦王室的所有宗室子弟。随后屠杀咸阳，焚烧秦国宫室，掳掠妇女儿童，没收珍宝财物，与各路诸侯一起瓜分。秦朝消灭以后，秦地被分成三份，立三王，称为雍王、塞王、翟王，号称"三秦"。

世之兄子公子婴为秦王。以黔首葬二世杜南宜春苑中。令子婴斋，当庙见，受王玺。斋五日，子婴与其子二人谋曰："丞相高杀二世望夷宫，恐群臣诛之，乃详以义立我。我闻赵高乃与楚约，灭秦宗室而王关中。今使我斋见庙，此欲因庙中杀我。我称病不行，丞相必自来，来则杀之。"高使人请子婴数辈，子婴不行，高果自往，曰："宗庙重事，王奈何不行？"子婴遂刺杀高于斋宫，三族高家以徇咸阳。

子婴为秦王四十六日，楚将沛公破秦军入武关，遂至霸上，使人约降子婴。子婴即系颈以组，白马素车，奉天子玺符，降轵道旁。沛公遂入咸阳，封宫室府库，还军霸上。居月余，诸侯兵至，项籍为从长，杀子婴及秦诸公子宗族。遂屠咸阳，烧其宫室，虏其子女，收其珍宝货财，诸侯共分之。灭秦之后，各分其地为三，名曰雍王、塞王、翟王，号曰三秦。项羽为西楚霸王，主命分天下王诸侯，秦竟灭矣。后五年，天下定于汉。

项羽为西楚霸王，主持分割天下，赐封诸侯王，秦就此灭亡。过了五年，天下由汉朝统一。

太史公曰：秦之先伯翳，尝有勋于唐虞之际，受土赐姓。及殷夏之间微散。至周之衰，秦兴，邑于西垂。自缪公以来，稍蚕食诸侯，竟成始皇。始皇自以为功过五帝，地广三王，而羞与之侪。善哉乎贾生推言之也！曰：

太史公说：秦的祖先伯翳，曾在唐尧、虞舜时代建立功勋，被分封土地并赐姓。在夏末殷初时没落分散。到周朝衰微，秦国兴起，在西方边疆建立了都城。自缪公以来，渐渐地蚕食诸侯，最终成就了始皇的功业。始皇自认为功业超过五帝，领土比三王时期还广阔，便不屑与他们并列。还是贾谊论述得好啊！他说：

秦并兼诸侯山东三十余郡，缮津关，据险塞，修甲兵而守之。然陈涉以戍卒散乱之众数百，奋臂大呼，不用弓戟之兵，锄櫌白梃，望屋而食，横行天下。秦人阻险不守，关梁不阖，长戟不刺，强弩不射。楚师深入，战于鸿门，曾无藩篱之艰。于是山东大扰，诸侯并起，豪俊相立。秦使章邯将而东征，章邯因以三军之众要市于外，以谋其上。群臣之不信，可见于此矣。子婴立，遂不寤。藉使子婴有庸主之材，仅得中佐，山东虽乱，秦之地可全而有，

秦兼并诸侯，在崤山以东设置三十多个郡，修治津渡关隘，据守要塞，修好盔甲和兵器，严加镇守。可是陈涉率领几百个散乱的戍卒，振臂一呼，没有弓戟等利器，只有锄柄木棍，走到哪里都就地取食，纵横驰骋于天下。秦人有险不能守，有关塞不能关闭，有长戟不能刺，有强弩不能射。楚军深入秦地，攻入鸿门，比越过篱笆、栅栏等阻碍还容易。于是山东大乱，诸侯群起，豪杰之士相继自立为王。秦派章邯带兵东征，章邯凭三军之众在外抬高身价，以此和朝廷博弈。秦朝群臣的不可信，由此可见一斑。子婴即位，仍不觉悟。假使子婴有一般君主的才能，仅得到中等资质的人辅佐，崤山以东地区虽然混乱，秦国

的地盘还是可以保全的，宗庙祭祀也不会断绝。

秦国土地有高山阻隔，黄河环绕这样天然坚固的防御地势，这是一个四面都有险阻的国家。自缪公以来，直到秦始皇，二十多个国君，大多都在诸侯中称雄。难道他们代代都那么贤明吗？是其地势使然啊！况且天下诸侯曾同心协力攻打秦国。那个时代，贤人智者云集，有良将统率军队，有贤相沟通彼此的谋略，结果被秦国险要的地势所阻碍，无法前进。秦国于是诱敌深入，打开关塞，结果百万大军败逃溃散。这难道是他们的勇气、力量、智慧不够吗？是形势和条件不便利啊！秦国将小邑合并成大城，派重兵驻守险要关塞，高筑壁垒不出战，紧闭关口，据守要道，拿着兵器严阵以待。起兵的诸侯是一些匹夫，都是为了利益才联合的，没有德高望重而未居王位者的德行。他们的结交并不亲密，下属也不亲附他们，他们名义上是要消灭秦朝，实际是为了谋取私利。当他们看到秦朝的险阻难以侵略，必会退兵。秦国若能安定本土，让百姓休养生息，等待反秦势力疲惫衰败，然后招纳、扶助那些穷困弱小的势力，再让他们去对付那些大国的诸侯，如此便不怕不能在四海之内称心如意了。子婴贵为天子，拥有天下，自己却遭擒获，这是因为他挽救败局的措施不对啊！

宗庙之祀未当绝也。

秦地被山带河以为固，四塞之国也。自缪公以来，至于秦王，二十余君，常为诸侯雄。岂世世贤哉？其势居然也。且天下尝同心并力而攻秦矣。当此之世，贤智并列，良将行其师，贤相通其谋，然困于阻险而不能进，秦乃延入战而为之开关，百万之徒逃北而遂坏。岂勇力智慧不足哉？形不利，势不便也。秦小邑并大城，守险塞而军，高垒毋战，闭关据厄，荷戟而守之。诸侯起于匹夫，以利合，非有素王之行也。其交未亲，其下未附，名为亡秦，其实利之也。彼见秦阻之难犯也，必退师。安土息民，以待其敝，收弱扶罢，以令大国之君，不患不得意于海内。贵为天子，富有天下，而身为禽者，其救败非也。

秦王足己不问，遂过而不变。二世受之，因而不改，暴虐以重祸。子婴孤立无亲，危弱无辅。三主惑而终身不悟，亡，不亦宜乎？当此时也，世非无深虑知化之士也，然所以不敢尽忠拂过者，秦俗多忌讳之禁，忠言未卒于口而身为戮没矣。故使天下之士，倾耳而听，重足而立，拑口而不言。是以三主失道，忠臣不敢谏，智士不敢谋，天下已乱，奸不上闻，岂不哀哉！先王知雍蔽之伤国也，故置公卿大夫士，以饰法设刑，而天下治。其强也，禁暴诛乱而天下服。其弱也，五伯征而诸侯从。其削也，内守外附而社稷存。故秦之盛也，繁法严刑而天下振；及其衰也，百姓怨望而海内畔矣。故周五序得其道，而千余岁不绝。秦本末并失，故不长久。由此观之，安危之统相去远矣。野谚曰"前事之不忘，后事之师也"。是以君子为国，观之上古，验之当世，参以人事，察盛衰之理，审权势之宜，去就有序，变化有时，故旷日长久而社稷安矣。

秦王满足于一己之功，不听取别人的意见，错了也不知悔改。二世承袭父过，因循不改，暴虐无道，加重了祸患。子婴孤立无亲，在危难时刻又没有贤臣辅佐。三位君主迷惑而终身没有醒悟，最后国家灭亡，不也是应该的吗？这个时期，世上并不是没有深谋远虑知权通化的人，然而之所以没有竭尽忠诚劝谏过失，是因为秦朝有太多容易犯忌讳的禁规，忠言还没有说完就被杀掉了。所以使得天下贤士，侧耳倾听，叠脚而立，闭口不言。因此三位君主治国失道，忠臣不敢进谏，智者不敢为其谋划，等天下已经大乱，叛乱的情况皇上无法知晓，岂不是很悲哀吗！先王懂得壅塞蒙蔽对于国家的危害，所以设置公卿、大夫、士，来整饬法制，设置刑罚，而后天下太平。当国家强大时，就能禁暴诛乱，使天下人心归服；当国家衰落时，还有霸主去征讨，让诸侯顺从；当国家被削弱时，内能自守其土，外不失亲附，社稷得以保存。而秦朝强盛时，法密刑严，天下震恐；到它衰落时，百姓怨恨愤怒，海内群起背叛。所以周朝的公、侯、伯、子、男五个爵位等级，符合治国之道，因而能使周传国千余年不断绝。秦朝完全抛弃了这些，所以不能长久。由此看来，使国家安定或危亡的做法彼此相差太远了。俗话说"前事不忘，后事之师"。因此君子治国，要详观上古的得失，验证当世，参照人情事理，了解兴盛衰亡的规律，审视谋略和时势是否适合，取舍有道，随时变化，这样就能长久存在而且使国家安定了。

秦孝公凭借崤山和函谷关的险固地势，占有雍州土地，君臣坚守着自己的土地，同时窥探着周王室，有席卷天下、占领海内的意图，控制全国、吞并八方的野心。当时，有商君辅佐，对内建立法令制度，注重耕种和纺织，修治作战的武备；对外主张连横，使诸侯互相争斗，于是秦国轻易就取得了西河以外的土地。

秦孝公死后，惠王、武王、昭王继承旧业，遵照遗命，向南兼并汉中，向西攻取巴、蜀，向东夺取大片肥沃的土地，收取险要的郡县。诸侯恐惧，会合盟誓谋划削弱秦国的势力，不吝惜珍器宝物和肥美的土地，来招揽天下的人才，他们合纵结盟，联合成一体。这时齐国有孟尝君，赵国有平原君，楚国有春申君，魏国有信陵君。这四位君子，都明智忠信，宽厚爱人，尊贤重士，他们建立合纵而瓦解秦的连横策略，集合韩、魏、燕、楚、齐、赵、宋、卫、中山等国的军队。那时六国的谋士中，有甯越、徐尚、苏秦、杜赫等人为联盟谋划，有齐明、周最、陈轸、昭滑、楼缓、翟景、苏厉、乐毅等人为各国沟通意见，有吴起、孙膑、带佗、兒良、王廖、田忌、廉

秦孝公据殽函之固，拥雍州之地，君臣固守而窥周室，有席卷天下，包举宇内，囊括四海之意，并吞八荒之心。当是时，商君佐之，内立法度，务耕织，修守战之备，外连衡而斗诸侯，于是秦人拱手而取西河之外。

孝公既没，惠王、武王、昭王蒙故业，因遗册，南兼汉中，西举巴、蜀，东割膏腴之地，收要害之郡。诸侯恐惧，会盟而谋弱秦，不爱珍器重宝肥美之地，以致天下之士，合从缔交，相与为一。当是时，齐有孟尝，赵有平原，楚有春申，魏有信陵。此四君者，皆明知而忠信，宽厚而爱人，尊贤重士，约从离衡，并韩、魏、燕、楚、齐、赵、宋、卫、中山之众。于是六国之士有甯越、徐尚、苏秦、杜赫之属为之谋，齐明、周最、陈轸、昭滑、楼缓、翟景、苏厉、乐毅之徒通其意，吴起、孙膑、

带佗、兒良、王廖、田忌、廉颇、赵奢之朋制其兵。常以十倍之地，百万之众，叩关而攻秦。秦人开关延敌，九国之师逡巡遁逃而不敢进。秦无亡矢遗镞之费，而天下诸侯已困矣。于是从散约解，争割地而奉秦。秦有余力而制其敝，追亡逐北，伏尸百万，流血漂卤。因利乘便，宰割天下，分裂河山，强国请服，弱国入朝。延及孝文王、庄襄王，享国日浅，国家无事。

　　及至秦王，续六世之余烈，振长策而御宇内，吞二周而亡诸侯，履至尊而制六合，执棰拊以鞭笞天下，威振四海。南取百越之地，以为桂林、象郡，百越之君俯首系颈，委命下吏。乃使蒙恬北筑长城而守藩篱，却匈奴七百余里，胡人不敢南下而牧马，士不敢弯弓而报怨。于是废先王之道，焚百家之言，以愚黔首。堕名城，杀豪俊，收天下之兵聚之咸阳，销锋铸镭，以为金人十二，以弱黔首之民。然后斩华为城，因河为津，据亿丈之城，临不测之溪以为固。良将劲弩守要害之处，信

颇、赵奢等人统兵作战。他们曾以十倍于秦国的土地，上百万的军队，去攻打秦国的关隘。秦国打开关口，延纳敌军，九国军队却徘徊观望不敢进去。秦国不费一箭一镞，而天下诸侯已困窘不堪了。于是合纵解散，盟约解除，争相割地去讨好秦国。秦国有余力在他们困敝时制服他们，于是追击败逃之敌，横尸百万，血流成河，可以漂起盾牌。秦国乘着有利的形势，宰割天下，分裂河山，强国请求称臣，弱国入朝进贡。到孝文王、庄襄王时，他们在位时间短，国家没有大事。

　　直到秦王政时，继承了六代先王遗留的功业，挥舞长鞭来驾驭天下，吞并二周并消灭诸侯，登上皇帝宝座而控制六合，手执棍棒以驱策天下，神威震动四海。他向南夺取百越的土地，设置为桂林、象郡，使百越的国君俯首系颈，把自己的性命交给秦国的官吏。又派蒙恬在北方修筑长城，镇守边防，把匈奴驱退七百多里，使胡人不敢南下放牧牛马，士人不敢弯弓报仇。于是秦始皇废除先王的法度，焚毁诸子百家的典籍，以此来使百姓愚笨。他们毁坏东方各地的名城，杀戮豪杰，收缴天下兵器，将其集中到咸阳，熔化铸成钟镭，制成十二座铜人，以此来削弱天下百姓。然后砍削华山，筑起城堡，以黄河作为护城河，他们据守亿丈高的城池，面对着深不可测

的深渊，作为坚固的防御。他们派遣良将、强劲的弓弩手镇守要害之处，亲信的臣子、精锐的士兵手执锐利的武器，盘问过往行人，天下因此安定。秦始皇心里，自以为关中坚固，像千里铜城，帝王之业可传至子孙万代。

始皇去世后，他的余威还震慑着风俗各异的边远地区。陈涉，是个以破缸做窗口，以绳子系门轴的普通人，是个卖力气耕田之人，是被征发去守边的戍卒。论才能他不及中等人，没有仲尼、墨翟的贤能，也没有陶朱、猗顿的财富，出身于士卒行伍之间，崛起于田间村野之中，带着疲劳涣散的士卒，领着几百人的队伍，转身攻打秦朝。他们砍下树枝作为兵器，举起竹竿当作旗帜，天下如云一样聚集响应，人们自带粮食，像影子一样追随他，于是山东豪杰同时起兵，灭亡了秦王朝。

而且秦国的天下没有变小变弱，雍州的土地，崤山、函谷关的坚固险要，还是和过去一样。陈涉的地位没有比齐、楚、燕、赵、韩、魏、宋、卫、中山的国君尊贵；他们的锄柄、木棍也不如钩戟、长矛锋利；守边的人，没有九国的军队强大；深谋远虑、行军用兵的策略，是比不上以前的谋士的。然而成败却有所不同，功业也完全相反。假如让山东诸侯与陈涉较量长短、大小，比较权势力量，那简直是不能相提

臣精卒陈利兵而谁何，天下以定。秦王之心，自以为关中之固，金城千里，子孙帝王万世之业也。

秦王既没，余威振于殊俗。陈涉，瓮牖绳枢之子，甿隶之人，而迁徙之徒，才能不及中人，非有仲尼、墨翟之贤，陶朱、猗顿之富，蹑足行伍之间，而倔起什伯之中，率罢散之卒，将数百之众，而转攻秦。斩木为兵，揭竿为旗，天下云集响应，赢粮而景从，山东豪俊遂并起而亡秦族矣。

且夫天下非小弱也，雍州之地，殽函之固自若也。陈涉之位，非尊于齐、楚、燕、赵、韩、魏、宋、卫、中山之君；锄耰棘矜，非铦于句戟长铩也；適戍之众，非抗于九国之师；深谋远虑，行军用兵之道，非及乡时之士也。然而成败异变，功业相反也。试使山东之国与陈涉度长絜大，比权量力，

则不可同年而语矣。然秦以区区之地，千乘之权，招八州而朝同列，百有余年矣。然后以六合为家，殽函为宫，一夫作难而七庙堕，身死人手，为天下笑者，何也？仁义不施而攻守之势异也。

秦并海内，兼诸侯，南面称帝，以养四海，天下之士斐然乡风，若是者何也？曰：近古之无王者久矣。周室卑微，五霸既殁，令不行于天下，是以诸侯力政，强侵弱，众暴寡，兵革不休，士民罢敝。今秦南面而王天下，是上有天子也。既元元之民冀得安其性命，莫不虚心而仰上，当此之时，守威定功，安危之本在于此矣。

秦王怀贪鄙之心，行自奋之智，不信功臣，不亲士民，废王道，立私权，禁文书而酷刑法，先诈力而后仁义，以暴虐为天下始。夫并兼者高诈力，安定者贵顺权，此言取与守不同术也。秦离战国而王天下，

并论的。然而秦国凭借一块小小的雍州之地，一个具有千乘诸侯的权力，招揽八州臣民，使相同地位的诸侯朝拜秦国，已经有一百多年了。这之后，秦让天下都成为一家，以崤山、函谷关为宫墙。但一人发难就使秦朝七庙毁坏，子孙死在别人手里，结果被天下人耻笑，这都是为什么呢？是不施行仁义导致攻守的形势发生变化了。

秦国统一天下，兼并诸侯，面南称帝，供养四海百姓，天下士人如草随风般归顺，这是什么原因呢？回答是：近古以来很久没有能统一天下的帝王出现了。自周王室衰微，五霸相继去世以后，天子的政令不能通行天下，因此诸侯用武力征伐，强大的侵略弱小的，人多的欺凌人少的，战乱不止，军民疲惫。如今秦始皇面南称帝，称王于天下，这就是上有天子了。可怜的百姓都希望能安身立命，无不诚心景仰着他们的皇帝，在这个时候，秦王朝应该保住权威，稳定功业，安定或危亡的关键就在于此。

秦始皇怀着贪鄙的心思，行事只凭自己的智慧，不信任功臣，不亲近士民，废弃王道，设立私权，禁止典籍流传，推行严酷的刑法，崇尚诡诈权术而抛弃仁德信义，以暴虐作为治理天下的基础。兼并天下时要重视诡诈权术，安定国家时要重视顺时权变。这就是说夺天下与守天下的

方法是不同的。秦国结束战国时代统一天下，而它的治国之道不变，方针政策不改，这就说明它夺天下与守天下的方法没有什么不同了。皇帝孤立无援却拥有天下，所以他的灭亡也就指日可待了。假使秦王能考虑一下上古之事，能够仿效殷周的治迹，来确立自己的行政方略，即使后代有骄奢淫逸的君主，也不至于有倾覆灭亡的祸患。所以夏、商、周三代之王建立天下，名声显赫而美好，所建功业也能长久存在。

如今秦二世即位，天下人无不伸长脖子观察他的治国方略。寒冷的人穿短袄都觉得温暖，饥饿的人吃糟糠都觉得甘甜，天下人嗷嗷待哺，这是新君主施政的有利之处。这就是说，对劳苦的百姓是容易施行仁政的。假使秦二世具备平凡君王的德行，能够任用忠臣贤士，君臣一心为天下的苦难而忧虑，身穿孝服时就纠正先帝的过失，割土分民，封赐功臣的后代，建立诸侯国，以礼义来治理天下，空出牢狱，免去刑戮，废除收孥、污秽那样的罪名，让他们返回各自的家乡，打开仓库，散发钱财，来赈济孤独穷困的士人，减轻赋税，减少劳役，帮助百姓解除急困；简化法令，减省刑罚，使天下人都有开始新生活的机会，改过或修养德行，各自谨慎修身，满足百姓的愿望，以威信德政施布天下，天下人就都归附了。如果四海之内，都欢欢

其道不易，其政不改，是其所以取之守之者无异也。孤独而有之，故其亡可立而待。借使秦王计上世之事，并殷周之迹，以制御其政，后虽有淫骄之主而未有倾危之患也。故三王之建天下，名号显美，功业长久。

今秦二世立，天下莫不引领而观其政。夫寒者利裋褐而饥者甘糟糠，天下之嗷嗷，新主之资也。此言劳民之易为仁也。乡使二世有庸主之行，而任忠贤，臣主一心而忧海内之患，缟素而正先帝之过，裂地分民以封功臣之后，建国立君以礼天下；虚囹圄而免刑戮，除去收帑污秽之罪，使各反其乡里；发仓廪，散财币，以振孤独穷困之士，轻赋少事，以佐百姓之急；约法省刑以持其后，使天下之人皆得自新，更节修行，各慎其身，塞万民之望，而以威德与天下，天下集矣。即四海之内，皆欢然各自安乐其处，唯恐有变，虽有狡猾之民，

无离上之心，则不轨之臣无以
饰其智，而暴乱之奸止矣。

二世不行此术，而重之以
无道，坏宗庙与民，更始作阿
房宫。繁刑严诛，吏治刻深，
赏罚不当，赋敛无度，天下多事，
吏弗能纪，百姓困穷而主弗收
恤。然后奸伪并起，而上下相遁，
蒙罪者众，刑戮相望于道，而
天下苦之。自君卿以下至于众
庶，人怀自危之心，亲处穷苦
之实，咸不安其位，故易动也。
是以陈涉不用汤、武之贤，不
藉公侯之尊，奋臂于大泽而天
下响应者，其民危也。故先王
见始终之变，知存亡之机，是
以牧民之道，务在安之而已。
天下虽有逆行之臣，必无响应
之助矣。故曰"安民可与行义，
而危民易与为非"，此之谓也。
贵为天子，富有天下，身不免
于戮杀者，正倾非也。是二世
之过也。

喜喜地安居乐业，唯恐发生变乱，即使有
狡猾的百姓，也无法让民众背离君主的心
思，那么图谋不轨的臣子就无法掩饰他的
诡诈，暴乱的奸谋也就被阻止了。

秦二世不采用这种做法，却更加暴虐
无道，毁坏宗庙，残害百姓，重新修建阿
房宫。严刑密法，肆意杀戮，官吏办事苛
刻狠毒，赏罚不当，征赋聚敛没有限度，
国家诸事混乱，官吏无法治理，百姓贫困
窘迫而君王不收容抚恤。于是奸险欺诈之
事日益纷繁，上下互相推诿，获罪的人众
多，受刑被杀者在道路上随处可见，天下
之民痛苦不堪。自公卿以下直到百姓，人
人怀着自危的心情，亲身处于穷苦的境地，
都不安于其位，所以容易发生动乱。因此
陈胜不必具有商汤、周武王的贤能，不必
凭借公侯的尊位，在大泽乡振臂一呼而天
下响应，其原因就在于人民正处于危难之
中。所以古代先王能洞察事物始终的变化
规律，知道国家存亡的关键，所以说治理
人民的关键就在于使他们过上安定的生活。
天下即使有叛逆的臣子，也一定不会有百
姓去响应帮助他。所以说"安定社会下的
民众，可以和他们一起行仁义；危难社会
下的民众，容易跟着别人为非作歹"，说
的就是这个道理。秦二世贵为天子，富有
天下，自身却不免遭到杀戮，是纠正过失
的方法错误。这是秦二世的过失。

襄公即位，在位十二年。他开始建造西畤。死后葬在西垂。生了文公。

文公即位，住在西垂宫。文公五十年去世，葬在西垂。生了静公。

静公还未即位就去世了。生了宪公。

宪公在位十二年。住在西新邑。死后葬在衙县。生了武公、德公、出子。

出子在位六年。住在西陵。庶长弗忌、威累、参父三人，率领贼人在鄙衍杀害了出子，出子葬在衙县。武公即位。

武公在位二十年。住在平阳封宫。葬在宣阳聚东南。三个庶长伏法被杀。德公即位。

德公在位两年。住在雍地大郑宫。生了宣公、成公、缪公。葬在阳邑。初次规定伏日，来抵御热毒邪气。

宣公在位十二年。住在阳宫。葬在阳邑。首次记载闰月。

成公在位四年，住在雍地的宫殿中。葬在阳邑。齐国讨伐山戎、孤竹。

缪公在位三十九年。周天子承认他是霸主。葬在雍县。缪公曾向宫中的侍卫学习。生了康公。

康公在位十二年。住在雍县的高寝宫。葬在竘社。生了共公。

共公在位五年。住在雍县高寝宫。葬在康公墓南面。生了桓公。

襄公立，享国十二年。初为西畤。葬西垂。生文公。

文公立，居西垂宫。五十年死，葬西垂。生静公。

静公不享国而死。生宪公。

宪公享国十二年。居西新邑。死，葬衙。生武公、德公、出子。

出子享国六年。居西陵。庶长弗忌、威累、参父三人，率贼贼出子鄙衍。葬衙。武公立。

武公享国二十年。居平阳封宫。葬宣阳聚东南。三庶长伏其罪。德公立。

德公享国二年。居雍大郑宫。生宣公、成公、缪公。葬阳。初伏，以御蛊。

宣公享国十二年。居阳宫。葬阳。初志闰月。

成公享国四年。居雍之宫。葬阳。齐伐山戎、孤竹。

缪公享国三十九年。天子致霸。葬雍。缪公学著人。生康公。

康公享国十二年。居雍高寝。葬竘社。生共公。

共公享国五年。居雍高寝。葬康公南。生桓公。

桓公享国二十七年。居雍太寝。葬义里丘北。生景公。

景公享国四十年。居雍高寝，葬丘里南。生毕公。

毕公享国三十六年。葬车里北。生夷公。

夷公不享国。死，葬左宫。生惠公。

惠公享国十年。葬车里。生悼公。

悼公享国十五年。葬僖公西。城雍。生剌龚公。

剌龚公享国三十四年。葬入里。生躁公、怀公。其十年，彗星见。

躁公享国十四年。居受寝。葬悼公南。其元年，彗星见。

怀公从晋来。享国四年。葬栎圉氏。生灵公。诸臣围怀公，怀公自杀。

肃灵公，昭子子也。居泾阳。享国十年。葬悼公西。生简公。

简公从晋来。享国十五年。葬僖公西。生惠公。其七年，百姓初带剑。

惠公享国十三年。葬陵圉。生出公。

出公享国二年。出公自杀，

桓公在位二十七年。住在雍县太寝宫。葬在义里丘的北边。生了景公。

景公在位四十年。住在雍县高寝宫，葬在丘里南面。生了毕公。

毕公在位三十六年。葬在车里北面。生了夷公。

夷公没有即位。死后葬在左宫。生了惠公。

惠公在位十年。葬在车里。生了悼公。

悼公在位十五年。葬在僖公西面。在雍县修筑城墙。生了剌龚公。

剌龚公在位三十四年。葬在入里。生了躁公、怀公。剌龚公十年，出现了彗星。

躁公在位十四年。住在受寝宫。葬在悼公墓的南面。躁公元年，彗星出现。

怀公从晋国回来即位。在位四年，葬在栎圉氏。生了灵公。大臣们围攻怀公，怀公自杀。

肃灵公是昭子的儿子。住在泾阳。在位十年。葬在悼公墓的西面。生了简公。

简公从晋国回来即位，在位十五年，葬在僖公墓的西面。生了惠公。简公七年，百官开始佩剑。

惠公在位十三年。葬在陵圉。生了出公。

出公在位两年。出公自杀，葬在

雍县。

献公在位二十三年。葬在嚣圉。生了孝公。

孝公在位二十四年。葬在弟圉。生了惠文王。孝公十三年，开始在咸阳建都。

惠文王在位二十七年。葬在公陵。生了悼武王。

悼武王在位四年。葬在永陵。

昭襄王在位五十六年。葬在芷阳。生了孝文王。

孝文王在位一年。葬在寿陵。生了庄襄王。

庄襄王在位三年。葬在芷阳。生了始皇帝。吕不韦做相国。

献公在位第七年，开始设立集市。第十年，建立户籍制度，把五户居民编为一"伍"。

孝公在位第十六年。桃树、李树在冬天开花。

惠文王十九岁即位。即位第二年，国家开始使用铜钱。有个新生婴儿说"秦国即将称王"。

悼武王十九岁即位。即位第三年，渭水一连三天呈红色。

昭襄王十九岁即位。即位第四年，开始削平老百姓田地中的阡陌。

孝文王五十三岁时即位。

庄襄王三十二岁时即位。即位第二年，

葬雍。

献公享国二十三年。葬嚣圉。生孝公。

孝公享国二十四年。葬弟圉。生惠文王。其十三年，始都咸阳。

惠文王享国二十七年。葬公陵。生悼武王。

悼武王享国四年。葬永陵。

昭襄王享国五十六年。葬芷阳。生孝文王。

孝文王享国一年。葬寿陵。生庄襄王。

庄襄王享国三年。葬芷阳。生始皇帝。吕不韦相。

献公立七年，初行为市。十年，为户籍相伍。

孝公立十六年。时桃李冬华。

惠文王生十九年而立。立二年，初行钱。有新生婴儿曰："秦且王。"

悼武王生十九年而立。立三年，渭水赤三日。

昭襄王生十九年而立。立四年，初为田开阡陌。

孝文王生五十三年而立。

庄襄王生三十二年而立。

立二年，取太原地。庄襄王元年，大赦，修先王功臣，施德厚骨肉，布惠于民。东周与诸侯谋秦，秦使相国不韦诛之，尽入其国。秦不绝其祀，以阳人地赐周君，奉其祭祀。

始皇享国三十七年。葬郦邑。生二世皇帝。始皇生十三年而立。

二世皇帝享国三年。葬宜春。赵高为丞相安武侯。二世生二十年而立。

右秦襄公至二世，六百一十岁。

孝明皇帝十七年十月十五日乙丑，曰：

周历已移，仁不代母。秦直其位，吕政残虐。然以诸侯十三，并兼天下，极情纵欲，养育宗亲。三十七年，兵无所不加，制作政令，施于后王。盖得圣人之威，河神授图，据狼、狐，蹈参、伐，佐政驱除，距之称始皇。

始皇既殁，胡亥极愚，郦山未毕，复作阿房，以遂前策。云"凡所为贵有天下者，肆意

攻取了太原地区。庄襄王元年，大赦天下，追赏先王功臣，广施恩德，厚待同宗子弟，施惠泽于百姓。东周与诸侯谋划攻打秦国，秦国派相国吕不韦征讨东周，占领整个东周。秦国没有断绝东周的祭祀，将阳人这个地方赐给东周君，让他承续周朝的祭祀。

始皇在位三十七年。葬在郦邑。生了二世皇帝。始皇十三岁继位。

二世皇帝在位三年。葬在宜春。赵高担任丞相，被封为安武侯。二世二十岁即位。

以上从秦襄公至秦二世，共六百一十年。

孝明皇帝十七年十月十五日乙丑，说：

周朝的历数已经过去，仁德之君是不会以子德代替母德的。秦朝赶上了帝王之位，而且秦始皇残酷暴虐。然而他十三岁就做了诸侯王，兼并了天下，极情纵欲，却又能养育宗室亲族。秦始皇在位三十七年，兵威无所不至，制定政令，传给后世帝王。这大概是由于他获得了圣人的神威，河神授予了他象征帝王受命的河图，他据守着狼星、狐星，脚踏着参星、伐星，这些都为秦始皇清除了道路，一直到他称始皇。

始皇去世后，胡亥极其愚蠢，郦山的陵墓尚未完成，就下令再度修建阿房宫，以完成始皇未完成的计划。他说"凡是贵

有天下的人，就应该肆意放纵，大臣竟敢想中断先帝所做的事情"。于是他杀了李斯、冯去疾，任用赵高。这样的话多么让人痛心啊！他长着人的头，却发出牲畜的叫声。如果他不乱施淫威，人们就不会讨伐他的罪恶；如果他的罪恶不极度深重，秦朝也就不会灭亡。他终于没能保住帝位，残暴酷虐加速了秦朝的灭亡，即使他占据着有利地势，仍然不能保全秦国。

子婴按顺序嗣位成为秦王，头戴玉冠，身佩华美的组绶，乘坐帝王的车驾，率领百官，朝拜祖庙。如果是一个小人意外地登上了不合自己身份的位子，无不恍恍惚惚，心无主宰，整天苟且偷安。而子婴却能深谋远虑，父子一同谋划，在房室之内就近得手，最后诛杀了奸臣，替先帝诛讨了逆贼。赵高死后，子婴的宾客亲戚还没来得及犒劳庆祝，饭还没有咽下，酒还来不及沾唇，楚国大军已经杀进关中，真命天子便已经来到了霸上。子婴只好素车白马，脖子上系着绶带，手捧符信玺印，把它送给帝王。子婴像郑襄公手持茅旌鸾刀那样表示归降，汉高祖也像楚庄王退舍七里那样有礼貌地表示接受。黄河决口不能重新堵上，鱼腐烂了不能复原。

贾谊、司马迁说："假使子婴有一般君主的才能，仅得到中等资质的大臣辅佐，崤山以东地区虽然混乱，秦国的地盘还是

极欲，大臣至欲罢先君所为"。诛斯、去疾，任用赵高。痛哉言乎！人头畜鸣。不威不伐恶，不笃不虚亡。距之不得留，残虐以促期，虽居形便之国，犹不得存。

子婴度次得嗣，冠玉冠，佩华绂，车黄屋，从百司，谒七庙。小人乘非位，莫不恍忽失守，偷安日日，独能长念却虑，父子作权，近取于户牖之间，竟诛猾臣，为君讨贼。高死之后，宾婚未得尽相劳，餐未及下咽，酒未及濡唇，楚兵已屠关中，真人翔霸上，素车婴组，奉其符玺，以归帝者。郑伯茅旌鸾刀，严王退舍。河决不可复壅，鱼烂不可复全。

贾谊、司马迁曰："向使婴有庸主之才，仅得中佐，山东虽乱，秦之地可全而有，宗

庙之祀未当绝也。"秦之积衰，天下土崩瓦解，虽有周旦之材，无所复陈其巧，而以责一日之孤，误哉！俗传秦始皇起罪恶，胡亥极，得其理矣。复责小子，云秦地可全，所谓不通时变者也。纪季以酅，《春秋》不名。吾读《秦纪》，至于子婴车裂赵高，未尝不健其决，怜其志。婴死生之义备矣。

可以保全的，宗庙祭祀也不至于断绝。"秦朝积久衰弱，天下土崩瓦解，即使有周公旦那样的才能，也无法施展他的才干。而用这个来责备在位几天的孤家寡人子婴，真是错了！世俗的人说秦始皇造下了罪戾，胡亥将其推向了极端，这话很有道理。贾谊等人又责备子婴，说秦国土地可以保全，这就是所谓不通达时变的人了。齐国灭纪国时，纪季将酅邑献给齐国以保全宗庙，而《春秋》不直书纪季的名字来肯定他的做法。我读《秦始皇本纪》，读到子婴车裂赵高时，总是赞叹他的果断坚决，而同情他的志向想法。子婴在生死大义上已经做得很完美了。

史记卷七
本纪第七

项羽

项籍是下相人，字羽。刚开始起事时，项羽二十四岁。他的叔父是项梁，项梁的父亲是楚国名将项燕，项燕被秦国将领王翦所杀。项氏世代为楚国将领，封在项城，所以姓项。

项籍年少时，学习读书写字没有学完，就去学剑，又没学完。项梁对他很生气。项籍说："读书写字只能记姓名而已。学剑术只能对付一个人，不值得学，要学能敌得过一万人的本领。"于是项梁就教项籍兵法，项籍非常高兴，略知兵法的大意，又不肯学完。项梁曾有罪被栎阳县官吏追捕，就请蕲县狱掾曹咎写了一封信给栎阳县狱掾司马欣，因此这事才得以作罢。项梁杀了人，与项籍在吴中躲避仇人。吴中贤士大夫的才智都在项梁之下。每逢吴中有大的徭役及丧事，项梁常常为他们主持操办，暗中用兵法的组织方法来约束宾客及年轻后辈，以此来了解他们的才能。秦始皇巡游到会稽山，渡过浙江，项梁与项籍都去观看。项籍说："他是可以被取而

项籍者，下相人也，字羽。初起时，年二十四。其季父项梁，梁父即楚将项燕，为秦将王翦所戮者也。项氏世世为楚将，封于项，故姓项氏。

项籍少时，学书不成，去；学剑，又不成。项梁怒之。籍曰："书足以记名姓而已。剑一人敌，不足学，学万人敌。"于是项梁乃教籍兵法，籍大喜，略知其意，又不肯竟学。项梁尝有栎阳逮，乃请蕲狱掾曹咎书抵栎阳狱掾司马欣，以故事得已。项梁杀人，与籍避仇于吴中。吴中贤士大夫皆出项梁下。每吴中有大繇役及丧，项梁常为主办，阴以兵法部勒宾客及子弟，以是知其能。秦始皇帝游会稽，渡浙江，梁与籍俱观。籍曰："彼可取而代也。"梁掩其口，曰："毋妄言，族

矣!"梁以此奇籍。籍长八尺余,力能扛鼎,才气过人,虽吴中子弟皆已惮籍矣。

秦二世元年七月,陈涉等起大泽中。其九月,会稽守通谓梁曰:"江西皆反,此亦天亡秦之时也。吾闻先即制人,后则为人所制。吾欲发兵,使公及桓楚将。"是时桓楚亡在泽中。梁曰:"桓楚亡,人莫知其处,独籍知之耳。"梁乃出,诫籍持剑居外待。梁复入,与守坐,曰:"请召籍,使受命召桓楚。"守曰:"诺。"梁召籍入。须臾,梁眴籍曰:"可行矣!"于是籍遂拔剑斩守头。项梁持守头,佩其印绶。门下大惊,扰乱,籍所击杀数十百人。一府中皆慑伏,莫敢起。梁乃召故所知豪吏,谕以所为起大事,遂举吴中兵。使人收下县,得精兵八千人。梁部署吴中豪杰为校尉、候、司马。有一人不得用,自言于梁。梁曰:"前时某丧使公主某事,不能办,以此不任用公。"众

代之的。"项梁掩住他的口,说:"不要胡说,会被灭族的!"项梁因此觉得项籍很不寻常。项籍身长八尺多,力气大得能扛起鼎,才气超过常人,即使是吴中子弟也很畏惧项籍。

秦二世元年七月,陈涉等人在大泽乡中起事。这年九月,会稽郡守殷通对项梁说:"长江以西都起兵造反,这也是天要亡秦的时候啊。我听说先开始行动的就可以制服别人,后行动的则会被人制服。我想发兵,让您及桓楚为将。"这时桓楚逃亡到大泽之中。项梁说:"桓楚逃亡,没有人知道他的去处,只有项籍知道。"项梁于是出去,告诫项籍持剑在外面等待。项梁又进去,与郡守坐下,说:"请召见项籍,让他接受命令去征召桓楚。"郡守说:"好。"项梁叫项籍进来。不一会儿,项梁给项籍使了个眼色说:"可以行动了!"于是项籍就拔剑斩了郡守的头颅。项梁拿着郡守的人头,佩戴上了郡守的印绶。郡守手下的人非常惊惧慌乱。项籍击杀了数十至上百人。一府中的人都恐惧而趴在地上,没有人敢起身。项梁便召来从前所了解的豪强大吏,告诉他们这样做是要干大事,于是在吴中举兵。派人去接收下辖的各县,得到精兵八千人。项梁部署吴中的豪杰担任校尉、军候、司马。有一个人没有得到任用,去找项梁推荐自己。

项梁说："之前某件丧事时让您去主办某件事，没能办成，因此不能任用您。"众人于是都很佩服项梁。于是项梁担任会稽郡守，项籍做了副将，派人巡行下辖各县。

广陵人召平这时为陈王攻打广陵，没能攻下。听说陈王战败逃走，秦兵又将要到达，召平就渡过长江，假传陈王的命令，拜项梁为楚王上柱国，并对项梁说："江东已经平定，赶快发兵向西攻打秦军。"项梁于是率八千人渡过长江向西进发。听说陈婴已攻下东阳，派使者想与他联合一起西进。陈婴，原为东阳令史，居住在县里，平素忠信谨慎，被称为有德之人。东阳县的少年杀了他们的县令，聚集了数千人，想设置一位首领，没有合适的人选，就去请陈婴来当。陈婴推说能力不够，于是他们强行立陈婴为首领。县中跟从的有两万人。少年们想立陈婴，直接让他称王，用青巾裹头以示他们是新起的义军。陈婴的母亲对陈婴说："自从我做了你家的媳妇，未曾听说你的祖上有显贵之人。如今突然得到这么大的名号，不吉祥。不如归属别人，事情成功还能封侯，事情失败也容易逃亡，不是世人能道名姓令人瞩目的人。"陈婴于是不敢称王，对他的军吏们说："项氏世代为将，在楚国很有名望，现在想成大事，将帅非他们的人不行。我们依靠名门大族，灭亡秦朝是一定的了。"于是众

乃皆伏。于是梁为会稽守，籍为裨将，徇下县。

广陵人召平于是为陈王徇广陵，未能下。闻陈王败走，秦兵又且至，乃渡江矫陈王命，拜梁为楚王上柱国。曰："江东已定，急引兵西击秦。"项梁乃以八千人渡江而西。闻陈婴已下东阳，使使欲与连和俱西。陈婴者，故东阳令史，居县中，素信谨，称为长者。东阳少年杀其令，相聚数千人，欲置长，无适用，乃请陈婴。婴谢不能，遂强立婴为长，县中从者得二万人。少年欲立婴便为王，异军苍头特起。陈婴母谓婴曰："自我为汝家妇，未尝闻汝先古之有贵者。今暴得大名，不祥。不如有所属，事成犹得封侯，事败易以亡，非世所指名也。"婴乃不敢为王。谓其军吏曰："项氏世世将家，有名于楚。今欲举大事，将非其人不可。我倚名族，亡秦必矣。"于是众从其言，以兵属项梁。项梁渡淮，

黥布、蒲将军亦以兵属焉。凡六七万人，军下邳。

当是时，秦嘉已立景驹为楚王，军彭城东，欲距项梁。项梁谓军吏曰："陈王先首事，战不利，未闻所在。今秦嘉倍陈王而立景驹，逆无道。"乃进兵击秦嘉。秦嘉军败走，追之至胡陵。嘉还战一日，嘉死，军降。景驹走死梁地。项梁已并秦嘉军，军胡陵，将引军而西。章邯军至栗，项梁使别将朱鸡石、馀樊君与战。馀樊君死。朱鸡石军败，亡走胡陵。项梁乃引兵入薛，诛鸡石。项梁前使项羽别攻襄城，襄城坚守不下。已拔，皆坑之。还报项梁。项梁闻陈王定死，召诸别将会薛计事。此时沛公亦起沛，往焉。

居鄛人范增，年七十，素居家，好奇计，往说项梁曰："陈胜败固当。夫秦灭六国，楚最无罪。自怀王入秦不反，楚人怜之至今，故楚南公曰'楚虽三户，亡秦必楚也。'今陈胜首事，不立楚后而自立，

人听从他的话，带领军队投奔项梁。项梁渡过淮河，黥布、蒲将军也率兵投奔了他。总共六七万人，驻军在下邳。

在这时，秦嘉已立景驹为楚王，驻军在彭城以东，想对抗项梁。项梁对军吏们说："陈王最先起事，作战失利，没有听说他的所在。如今秦嘉背叛陈王而立景驹为王，大逆不道。"于是进兵攻打秦嘉。秦嘉军队败逃，项梁率军追赶到胡陵。秦嘉回军交战一天，秦嘉战死，军队投降。景驹逃跑，死在梁地。项梁兼并了秦嘉军队后，驻扎在胡陵，准备率军西进。章邯军队到达栗县，项梁派部将朱鸡石、馀樊君前去交战。馀樊君战死，朱鸡石兵败，逃到胡陵。于是项梁带兵进入薛县，诛杀朱鸡石。项梁之前派项羽分兵攻打襄城，襄城坚守，不能攻下。攻下后，项羽把全城军民都活埋了。回来报告项梁。项梁听说陈王确实已死，召集各路将领到薛县共议大事。这时沛公也在沛县起事，去参加了聚会。

居鄛人范增，七十岁了，平素居住家中，好出奇计，前去游说项梁道："陈胜的失败是理所当然的。当初秦国灭掉六国，楚国最为无罪。自从楚怀王进入秦国后没有回来，楚人同情他直到今天，所以楚南公说'楚国即使只有三户，灭亡秦朝的也一定是楚国。'如今陈胜最先起事，不立

楚国后人而自立为王，势必不能长久。如今您在江东起事，楚国将士蜂拥而起争相归附您，因为您家世代为楚国将领，能够再次扶立楚国的后代。"于是项梁认为他的话有道理，就在民间寻求到楚怀王的孙子心，心在替别人放羊，于是立他为楚怀王，顺从民众的期望。陈婴担任楚上柱国，赐封五县，与怀王以盱台为都。项梁自称为武信君。

过了几个月，项梁带兵攻打亢父，与齐国的田荣、司马龙且的军队援救东阿，在东阿大败秦军。田荣便引兵回齐，驱逐了齐王田假。田假逃到楚国。田假的相国田角逃到赵国。田角的弟弟田间原是齐国将领，居留在赵国不敢回去。田荣立田儋的儿子田市为齐王。项梁已攻破东阿的秦国军队，于是追击秦军。他多次派使者催促齐国军队，想与他们一起向西进军攻秦。田荣说："楚国杀了田假，赵国杀了田角、田间，我就出兵。"项梁说："田假是盟国的君王，穷途末路而来投奔我，我不忍心杀他。"赵国也不杀田角、田间来与齐国做交易。齐国于是不肯发兵援助楚国。项梁另派沛公及项羽攻打城阳，将其屠灭。向西在濮阳城东大破秦军，秦军收兵退入濮阳城中。沛公、项羽于是攻打定陶，定陶未能攻下，只好撤离，向西攻到雍丘，大破秦军，斩杀李由。回军攻打外

其势不长。今君起江东，楚蜂午之将皆争附君者，以君世世楚将，为能复立楚之后也。"于是项梁然其言，乃求楚怀王孙心民间，为人牧羊，立以为楚怀王，从民所望也。陈婴为楚上柱国，封五县，与怀王都盱台。项梁自号为武信君。

居数月，引兵攻亢父，与齐田荣、司马龙且军救东阿，大破秦军于东阿。田荣即引兵归，逐其王假。假亡走楚。假相田角亡走赵。角弟田间故齐将，居赵不敢归。田荣立田儋子市为齐王。项梁已破东阿下军，遂追秦军。数使使趣齐兵，欲与俱西。田荣曰："楚杀田假，赵杀田角、田间，乃发兵。"项梁曰："田假为与国之王，穷来从我，不忍杀之。"赵亦不杀田角、田间以市于齐。齐遂不肯发兵助楚。项梁使沛公及项羽别攻城阳，屠之。西破秦军濮阳东，秦兵收入濮阳。沛公、项羽乃攻定陶。定陶未下，去，西略地至雍丘，大破秦军，斩李由。还攻外黄，外黄未下。

项梁起东阿西，比至定陶，再破秦军，项羽等又斩李由，益轻秦，有骄色。宋义乃谏项梁曰："战胜而将骄卒惰者败。今卒少惰矣，秦兵日益，臣为君畏之。"项梁弗听。乃使宋义使于齐。道遇齐使者高陵君显，曰："公将见武信君乎？"曰："然。"曰："臣论武信君军必败。公徐行即免死，疾行则及祸。"秦果悉起兵益章邯，击楚军，大破之定陶，项梁死。沛公、项羽去外黄攻陈留，陈留坚守，不能下。沛公、项羽相与谋曰："今项梁军破，士卒恐。"乃与吕臣军俱引兵而东。吕臣军彭城东，项羽军彭城西，沛公军砀。

章邯已破项梁军，则以为楚地兵不足忧，乃渡河击赵，大破之。当此时，赵歇为王，陈馀为将，张耳为相，皆走入钜鹿城。章邯令王离、涉间围钜鹿，章邯军其南，筑甬道而输之粟。陈馀为将，将卒数万人而军钜鹿之北，此所谓河北之军也。

黄，外黄未能攻下。

项梁自东阿出发，向西到达定陶，两次攻破秦军，项羽等人又斩杀了李由，项梁越来越轻视秦军，有骄傲的神色。宋义于是劝谏项梁说："战争取得胜利，而将领骄傲士卒怠惰的话就会失败。如今士卒有些怠惰了，秦军一天比一天多，我替您担心。"项梁没有听。于是派宋义出使齐国。宋义在路上遇到齐国使者高陵君显，说："您是要去见武信君吗？"高陵君显回答说："是的。"宋义说："我认为武信君的军队一定会失败。您慢点走便可免于一死，快点走就会祸及自身。"秦国果然派出全部兵力增援章邯，攻击楚军，在定陶大破楚军，项梁战死。沛公、项羽离开外黄攻打陈留。陈留坚守，没能攻下。沛公、项羽一起谋划道："如今项梁的军队被打败，士卒都很害怕。"于是他们与吕臣的军队一起引兵向东。吕臣在彭城东驻军，项羽在彭城西驻军，刘邦在砀县驻军。

章邯已经打败项梁的军队，就认为楚地的士兵不值得担忧，于是渡过黄河攻打赵国，大破赵军。正当这时，赵歇为赵王，陈馀为将军，张耳为相国，都逃入钜鹿城中。章邯命王离、涉间围攻钜鹿，章邯在钜鹿的南面驻军，修筑甬道给他们输送粮草。陈馀担任将军，率领士卒数万人在钜鹿北面驻军，这就是河北之军。

楚军已在定陶被打败，楚怀王很害怕，从盱台去了彭城，合并项羽、吕臣的军队，亲自带领他们。楚怀王任命吕臣为司徒，任命吕臣的父亲吕青为令尹。任命沛公为砀郡长，封他为武安侯，率领砀郡的士兵。

当初，宋义所遇到的齐国使者高陵君显在楚军营中，去见楚怀王，说："宋义判断武信君的军队一定会失败，过了几天，军队果然败了。军队尚未开战就预先看出失败的征兆，可谓是懂得用兵之道了。"楚怀王召见宋义，与他议论事情，非常喜欢他，因而安排他做了上将军；项羽做了鲁公，是次将；范增是末将，命令他们援救赵国。其他各路将领都归属宋义，宋义号称卿子冠军。军队到达安阳，停留四十六天没有前进。项羽说："我听说秦军在钜鹿围困赵王，率兵快速渡过了黄河，楚军如果攻打秦军外围，赵军在秦军包围圈内响应，打败秦军是一定的了。"宋义说："不对。与牛搏斗的牛虻不可用来消灭虮虱。如今秦兵攻打赵军，战争取得胜利则军队疲乏，我们就可以趁着他们疲惫攻击；没有取得胜利，那么我们就引兵大张旗鼓地向西，一定能攻克秦朝了。所以不如先让秦、赵两军相斗。披坚执锐，我不如您；运筹帷幄，您不如我。"宋义因而在军中下令道："凶猛如虎，不听话如羊，贪婪如狼，倔强不听指派的人，要把他们

楚兵已破于定陶，怀王恐，从盱台之彭城，并项羽、吕臣军自将之。以吕臣为司徒，以其父吕青为令尹。以沛公为砀郡长，封为武安侯，将砀郡兵。

初，宋义所遇齐使者高陵君显在楚军，见楚王曰："宋义论武信君之军必败，居数日，军果败。兵未战而先见败征，此可谓知兵矣。"王召宋义与计事而大说之，因置以为上将军；项羽为鲁公，为次将；范增为末将，救赵。诸别将皆属宋义，号为卿子冠军。行至安阳，留四十六日不进。项羽曰："吾闻秦军围赵王钜鹿，疾引兵渡河，楚击其外，赵应其内，破秦军必矣。"宋义曰："不然。夫搏牛之虻不可以破虮虱。今秦攻赵，战胜则兵罢，我承其敝；不胜，则我引兵鼓行而西，必举秦矣。故不如先斗秦赵。夫被坚执锐，义不如公；坐而运策，公不如义。"因下令军中曰："猛如虎，很如羊，贪如狼，强不可使者，皆斩之。"乃遣其子宋襄相齐，身送之至无盐，饮酒高会。天寒

大雨，士卒冻饥。项羽曰："将
戮力而攻秦，久留不行。今岁
饥民贫，士卒食芋菽，军无见
粮，乃饮酒高会，不引兵渡河
因赵食，与赵并力攻秦，乃曰
'承其敝'。夫以秦之强，攻
新造之赵，其势必举赵。赵举
而秦强，何敝之承！且国兵新
破，王坐不安席，扫境内而专
属于将军，国家安危，在此一举。
今不恤士卒而徇其私，非社稷
之臣。"项羽晨朝上将军宋义，
即其帐中斩宋义头，出令军中
曰："宋义与齐谋反楚，楚王
阴令羽诛之。"当是时，诸将
皆慑服，莫敢枝梧。皆曰："首
立楚者，将军家也。今将军诛
乱。"乃相与共立羽为假上将军。
使人追宋义子，及之齐，杀之。
使桓楚报命于怀王。怀王因使
项羽为上将军，当阳君、蒲将
军皆属项羽。

项羽已杀卿子冠军，威震

全都杀了。"于是派遣他的儿子宋襄去齐
国做宰相，又亲自送儿子到无盐，饮酒聚
会。天气寒冷，下着大雨，士卒受冻挨饿。
项羽说："我们应通力合作去攻打秦军，
却长时间地停留而不行军。如今荒年民众
贫穷，士卒吃的是山芋野菽，军中没有现
存的粮食，上将军却还饮酒聚会，不说带
兵渡过黄河到赵国解决军粮问题，与赵军
合力攻打秦军，却说'趁着他们疲惫攻击'。
以秦国的强大，攻打新建立的赵国，秦国
一定能攻克赵国。赵国被攻克，秦国变强，
哪有什么疲惫可以让人趁虚而入呢！况且
我们楚国军队刚被打败，楚王难以安坐，
聚集境内全部兵力，将其交付上将军，国
家安危，在此一举。如今上将军不体恤士
卒，却只顾着他的儿女私情，不是能担负
国家重任的大臣。"项羽早晨朝见上将军
宋义，就在宋义的帐中斩了他的头，出去
命令军中道："宋义与齐国密谋反叛楚国，
楚王暗中命令我诛杀他。"当时，诸位将
领都被吓得服从，没人敢表示反对，于是
都说："最先拥立楚王的是将军家。如今
将军是诛杀乱臣。"于是共同拥立项羽为
代理上将军。项羽派人去追赶宋义的儿子，
到齐国追上并杀了他。项羽派桓楚向怀王
复命。怀王就让项羽担任上将军，当阳君、
蒲将军都归属项羽。

项羽杀了卿子冠军之后，威震楚国，

闻名各国。于是派当阳君、蒲将军率两万兵渡河，援救钜鹿。战争稍有胜利，陈馀又请求援兵。项羽于是率领全军渡河，沉掉全部船只，打破锅碗，烧掉营垒，只携带三天的粮食，以显示必死和无一退还之心。于是一到就包围王离，与秦军相遇并交战多次，断绝了秦军的甬道，大败秦军，杀了苏角，俘虏了王离。涉间不肯降楚，自焚而死。这时，楚军雄冠诸侯。各路诸侯的军队前去救援钜鹿的有十几座大营，没有人敢出兵。等到楚军攻打秦军，各国诸侯军队都在壁垒之上观望。楚军战士无不以一当十，楚军呼声震天，诸侯的军队无不人人恐惧。于是大破秦军之后，项羽召见各国将领，他们进入辕门，无不用膝盖向前行走，没有谁敢仰视。项羽从此开始成为诸侯的上将军，各诸侯军队都归他统辖。

章邯在棘原驻军，项羽在漳南驻军，两军相持，没有交战。秦军多次退却，秦二世派人来斥责章邯。章邯害怕，派长史司马欣去请求汇报情况。到达咸阳，在司马门停留三天，赵高不肯接见，有不信任他的意思。长史司马欣害怕，返回到军中，不敢走原来的道路，赵高果然派人追赶他，结果没有追上。司马欣到达军中报告说："赵高在朝中用事，下面的人也做不了什么。如今战争若能获胜，赵高一定嫉妒我

楚国，名闻诸侯。乃遣当阳君、蒲将军将卒二万渡河，救钜鹿。战少利，陈馀复请兵。项羽乃悉引兵渡河，皆沉船，破釜甑，烧庐舍，持三日粮，以示士卒必死，无一还心。于是至则围王离，与秦军遇，九战，绝其甬道，大破之，杀苏角，虏王离。涉间不降楚，自烧杀。当是时，楚兵冠诸侯。诸侯军救钜鹿下者十余壁，莫敢纵兵。及楚击秦，诸将皆从壁上观。楚战士无不一以当十，楚兵呼声动天，诸侯军无不人人惴恐。于是已破秦军，项羽召见诸侯将，入辕门，无不膝行而前，莫敢仰视。项羽由是始为诸侯上将军，诸侯皆属焉。

章邯军棘原，项羽军漳南，相持未战。秦军数却，二世使人让章邯。章邯恐，使长史欣请事。至咸阳，留司马门三日，赵高不见，有不信之心。长史欣恐，还走其军，不敢出故道，赵高果使人追之，不及。欣至军，报曰："赵高用事于中，下无可为者。今战能胜，高必疾妒吾功；战不能胜，不免于死。

愿将军孰计之。"陈馀亦遗章
邯书曰："白起为秦将,南征鄢、
郢,北坑马服,攻城略地,不
可胜计,而竟赐死。蒙恬为秦
将,北逐戎人,开榆中地数千里,
竟斩阳周。何者?功多,秦不
能尽封,因以法诛之。今将军
为秦将三岁矣,所亡失以十万
数,而诸侯并起滋益多。彼赵
高素谀日久,今事急,亦恐二
世诛之,故欲以法诛将军以塞
责,使人更代将军以脱其祸。
夫将军居外久,多内郤,有功
亦诛,无功亦诛。且天之亡秦,
无愚智皆知之。今将军内不能
直谏,外为亡国将,孤特独立
而欲常存,岂不哀哉!将军何
不还兵与诸侯为从,约共攻
秦,分王其地,南面称孤;此
孰与身伏铁质,妻子为僇乎?"
章邯狐疑,阴使候始成使项羽,
欲约。约未成,项羽使蒲将军
日夜引兵度三户,军漳南,与
秦战,再破之。项羽悉引兵击
秦军汙水上,大破之。

章邯使人见项羽,欲约。

们的功劳;战争若不能取胜,免不了一死。
希望将军认真考虑这件事。"陈馀也写给
章邯一封信说:"白起做秦将,向南征服
楚都鄢郢,向北活埋马服君赵括大军,攻
占的城池和掠夺的土地不可胜数,最终却
被赐死。蒙恬做秦将,向北驱逐戎人,开
拓榆中土地数千里,最终在阳周被杀。为
什么?因为功劳太多,秦朝不能全部封赏,
因此用国法诛杀了他们。如今将军做秦将
三年了,所伤亡的人马数以十万计,而且
诸侯并起,越来越多。那赵高一向诣谀,
时日已久,如今事情危急,也害怕二世杀
了他,所以想用国法杀了将军来搪塞责任,
派人代替将军来避免他自己的灾祸。将军
在外面待久了,在朝廷之内多有嫌隙,有
功也会被杀,无功也会被杀。况且天要灭
亡秦朝,无论智者愚者都知道这件事了。
如今将军对内不能直谏,在外成了亡国之
将,想保持独立,还想长期保全,这不是
太悲哀了吗!将军何不回师与诸侯合纵,
约定共同攻打秦朝,瓜分秦地,面南称王?
这与自己身死、妻儿被杀相比哪个好呢?"
章邯犹豫不定,暗中派军候始成到项羽军
中,想订盟约。盟约没谈成,项羽派蒲将
军日夜带兵渡过三户津,在漳水南岸驻军,
与秦军交战,又一次打败秦军。项羽率领
全部军队在汙水边上攻打秦军,大败秦军。

章邯派人去见项羽,想订盟约。项羽

召见军官们商议道："我们缺少粮草，想同意和章邯订立盟约。"军官们都说："好。"项羽于是与章邯约定时间在洹水之南的殷虚见面。订立盟约后，章邯见到项羽，流着泪对他讲了赵高的事。项羽于是立章邯为雍王，将他安置在楚军中。让长史司马欣担任上将军，让他带领秦军为先行部队。

到了新安。诸侯军中的吏卒从前服徭役或戍边时路过秦中，秦中吏卒对待他们大多没有礼貌，等到秦军投降了诸侯，诸侯军中的吏卒乘胜，经常把他们视为奴隶使唤，动辄欺负侮辱秦朝吏卒。秦朝吏卒经常私下谈论说："章将军等人骗我们投降诸侯，如今若能入关灭了秦朝固然好；若不能，诸侯俘虏我们向东去，秦朝一定将我们的父母妻儿全都杀死。"诸侯将领稍微听到了一些他们的计议，就告诉了项羽。项羽于是召见黥布、蒲将军商议说："秦朝吏卒还很多，他们心中不服，到达关中不听指挥，事情必定危险。不如杀了他们，只与章邯、司马欣、都尉董翳入秦。"于是楚军夜间在新安城南击杀或活埋了秦朝吏卒二十余万人。

项羽行军平定了秦朝领地。到函谷关发现有士兵把守，不能进入。又听说沛公已攻破咸阳，项羽大怒，派当阳君等人攻打关隘。项羽于是入关，到达戏水之西。

项羽召军吏谋曰："粮少，欲听其约。"军吏皆曰："善。"项羽乃与期洹水南殷虚上。已盟，章邯见项羽而流涕，为言赵高。项羽乃立章邯为雍王，置楚军中。使长史欣为上将军，将秦军为前行。

到新安。诸侯吏卒异时故繇使屯戍过秦中，秦中吏卒遇之多无状，及秦军降诸侯，诸侯吏卒乘胜多奴虏使之，轻折辱秦吏卒。秦吏卒多窃言曰："章将军等诈吾属降诸侯，今能入关破秦，大善；即不能，诸侯虏吾属而东，秦必尽诛吾父母妻子。"诸将微闻其计，以告项羽。项羽乃召黥布、蒲将军计曰："秦吏卒尚众，其心不服，至关中不听，事必危，不如击杀之，而独与章邯、长史欣、都尉翳入秦。"于是楚军夜击坑秦卒二十余万人新安城南。

行略定秦地。函谷关有兵守关，不得入。又闻沛公已破咸阳，项羽大怒，使当阳君等击关。项羽遂入，至于戏西。

沛公军霸上，未得与项羽相见。沛公左司马曹无伤使人言于项羽曰："沛公欲王关中，使子婴为相，珍宝尽有之。"项羽大怒，曰："旦日飨士卒，为击破沛公军！"当是时，项羽兵四十万，在新丰鸿门，沛公兵十万，在霸上。范增说项羽曰："沛公居山东时，贪于财货，好美姬。今入关，财物无所取，妇女无所幸，此其志不在小。吾令人望其气，皆为龙虎，成五采，此天子气也。急击勿失。"

楚左尹项伯者，项羽季父也，素善留侯张良。张良是时从沛公，项伯乃夜驰之沛公军，私见张良，具告以事，欲呼张良与俱去。曰："毋从俱死也。"张良曰："臣为韩王送沛公，沛公今事有急，亡去不义，不可不语。"良乃入，具告沛公。沛公大惊，曰："为之奈何？"张良曰："谁为大王为此计者？"曰："鲰生说我曰'距关，毋内诸侯，秦地可尽王也'。故听之。"良曰："料大王士卒足以当项王乎？"沛公默然，曰："固不如也，且

沛公在霸上驻军，没能与项羽相见。沛公左司马曹无伤派人对项羽说："沛公想在关中称王，让子婴做丞相，占有全部珍宝。"项羽大怒，说："明天犒劳士卒，为我打败沛公的军队！"在当时，项羽的军队有四十万人，驻扎在新丰鸿门，沛公的军队有十万人，驻扎在霸上。范增劝项羽说："沛公在山东时，贪图财货，喜欢美女。如今进入关中，没有取什么财物，没有宠爱什么妇女，由此可见他的志向不小。我让人观望他所在的气，都是龙虎之状，呈现五彩之色，这是天子之气。赶紧攻打，勿失良机。"

楚国左尹项伯，是项羽的叔父，平素与留侯张良交好。张良此时跟随沛公，项伯于是连夜奔驰到沛公军中，私下会见张良，把事情详细地告诉了他，想叫张良与他一起逃走，说："不要跟着沛公一起死了。"张良说："我为韩王护送沛公，沛公如今事有急难，逃走不合道义，不能不对他说。"张良于是进入，把事情详细告诉了沛公。沛公非常害怕，说："怎么办？"张良说："是谁为大王出的这个计策？"沛公说："鲰生劝我说'把守住函谷关，不要让诸侯进入，秦地就可全部占领而称王了。'所以我听了他的话。"张良说："大王估计一下您的士卒足以抵挡项王吗？"沛公默然，说："当然不能了，

那怎么办？"张良说："请让我去对项伯说，说沛公不敢背叛项王。"沛公说："您怎么与项伯有交情呢？"张良说："秦朝时我和他有交往，项伯杀了人，我救了他。如今事有急难，所以幸好他来告诉了我。"沛公说："他和您谁的年纪大？"张良说："他比我大。"沛公说："您替我把他叫进来，我要用对待兄长的礼节对待他。"张良出去邀请项伯。项伯便进入见了沛公。沛公捧起酒杯为项伯祝寿，和项伯约定联姻，又说："我入关，多小的东西都不敢碰，登记了吏民，封好了府库，等待着将军。之所以派将领把守函谷关，是为了防备盗贼的出入和意外事故的发生。我日夜盼望将军到达，怎么敢反叛呢！希望项伯详细地告诉项王我不敢背弃恩德。"项伯答应了，对沛公说："明天不可不早点来亲自向项王谢罪。"沛公说："好。"于是项伯又连夜回去，到达军中，把沛公的话详细地报告给项王，乘机进言说："沛公若不首先攻破关中，您难道敢入关吗？如今人家有大功却攻打他，不合道义，不如就此善待他。"项王答应了。

沛公第二天带一百多人骑着马来见项王，到达鸿门，道歉说："我与将军协力攻打秦朝，将军在河北作战，我在河南作战，然而自己没有料到能先进入关中攻破

为之奈何？"张良曰："请往谓项伯，言沛公不敢背项王也。"沛公曰："君安与项伯有故？"张良曰："秦时与臣游，项伯杀人，臣活之。今事有急，故幸来告良。"沛公曰："孰与君少长？"良曰："长于臣。"沛公曰："君为我呼入，吾得兄事之。"张良出，要项伯。项伯即入见沛公。沛公奉卮酒为寿，约为婚姻，曰："吾入关，秋豪不敢有所近，籍吏民，封府库，而待将军。所以遣将守关者，备他盗之出入与非常也。日夜望将军至，岂敢反乎！愿伯具言臣之不敢倍德也。"项伯许诺。谓沛公曰："旦日不可不蚤自来谢项王。"沛公曰："诺。"于是项伯复夜去，至军中，具以沛公言报项王。因言曰："沛公不先破关中，公岂敢入乎？今人有大功而击之，不义也，不如因善遇之。"项王许诺。

沛公旦日从百余骑来见项王，至鸿门，谢曰："臣与将军戮力而攻秦，将军战河北，臣战河南，然不自意能先入关破秦，

得复见将军于此。今者有小人之
言,令将军与臣有郤。"项王曰:
"此沛公左司马曹无伤言之;
不然,籍何以至此。"项王即
日因留沛公与饮。项王、项伯
东向坐,亚父南向坐。亚父者,
范增也。沛公北向坐,张良西
向侍。范增数目项王,举所佩
玉玦以示之者三,项王默然不应。
范增起,出召项庄,谓曰:"君
王为人不忍,若入前为寿,寿毕,
请以剑舞,因击沛公于坐,杀之。
不者,若属皆且为所虏。"庄
则入为寿。寿毕,曰:"君王
与沛公饮,军中无以为乐,请
以剑舞。"项王曰:"诺。"
项庄拔剑起舞,项伯亦拔剑起
舞,常以身翼蔽沛公,庄不得击。
于是张良至军门,见樊哙。樊
哙曰:"今日之事何如?"良
曰:"甚急。今者项庄拔剑舞,
其意常在沛公也。"哙曰:"此
迫矣,臣请入,与之同命。"
哙即带剑拥盾入军门。交戟之
卫士欲止不内,樊哙侧其盾以撞,
卫士仆地,哙遂入,披帷西向立,
瞋目视项王,头发上指,目眦
尽裂。项王按剑而跽曰:"客

秦朝,在这里得以又见到将军。如今有小
人进言,让将军与我有嫌隙。"项王说:
"这是沛公的左司马曹无伤告诉我的;不
然,我怎么会这样呢?"项王当天就留下
沛公与他饮酒。项王、项伯向东而坐,亚
父向南而坐。亚父就是范增。沛公向北而
坐,张良向西陪侍。范增多次给项王使眼
色,多次举起所佩戴的玉玦暗示项王,项
王默然没有回应。范增起身,出去召来项庄,
对他说:"君王为人不够狠心,你进去上
前祝寿,祝寿完毕,请求用剑舞蹈,趁机
在座位上攻击沛公,杀了他。不然,你们
都将被他俘虏。"项庄就进去祝寿。祝寿完,
他说:"君王与沛公饮酒,军中没有什么
可供娱乐的,请允许我用剑舞蹈。"项王
说:"好。"项庄拔剑起舞,项伯也拔剑
起舞,一直用身体保护沛公,项庄无法攻
击。这时张良来到军门,见到樊哙。樊哙
说:"今天的事怎么样?"张良说:"十
分危急。如今项庄拔剑起舞,但他的心思
全在沛公身上。"樊哙说:"这太紧迫了,
我要进去,和他们拼命。"樊哙就带剑持
盾进入军门。持戟相交的卫士想阻止不让
他入内,樊哙侧过他的盾牌一撞,卫士扑
倒在地,樊哙于是进入,拨开帷帐向西而立,
睁大眼睛怒瞪项王,头发上竖,眼眶几乎
裂开。项王手按剑柄,跪坐起来问:"你
是干什么的?"张良说:"这是沛公的参

乘樊哙。"项王说："壮士啊，赐他一杯酒。"就给了他一大杯酒。樊哙拜谢，起身，站着喝了酒。项王说："赐给他一块猪腿。"就给了他一块生猪腿。樊哙把他的盾牌扣在地上，把猪腿放在上面，拔剑切着吃了它。项王说："壮士，能再饮酒吗？"樊哙说："我死都不躲避，一杯酒怎么值得推辞！秦王有虎狼一样的心，杀人好像不能杀完，对人用刑只担心不能用尽，天下人都背叛了他。怀王与各路诸侯约定说'先攻破秦军进入咸阳的，在关中称王'。如今沛公先攻破秦军进入咸阳，一丝一毫都不敢动，封闭宫室，回军霸上，等待大王前来。派将领守住关隘的原因，是防备其他盗贼的出入和意外事故的发生。如此劳苦功高，没有得到封侯的赏赐，将军却听信小人的话，想诛杀有功之人。这是已被灭亡的秦朝的延续而已，我私下认为大王这样做不对。"项王没有回应，只说："坐。"樊哙随从张良坐下。坐了一会儿，沛公起身如厕，乘机招呼樊哙出去。

沛公出去之后，项王派都尉陈平去叫沛公。沛公说："现在出来，没有告辞，这怎么办呢？"樊哙说："要干大事就不必拘小节，要遵行大礼就无须回避琐碎的指责。如今人家是菜刀案板，我们是鱼和肉，还告辞什么？"就这样离开了。于是命张良留下来辞谢。张良问道：

何为者？"张良曰："沛公之参乘樊哙者也。"项王曰："壮士，赐之卮酒。"则与斗卮酒。哙拜谢，起，立而饮之。项王曰："赐之彘肩。"则与一生彘肩。樊哙覆其盾于地，加彘肩上，拔剑切而啖之。项王曰："壮士，能复饮乎？"樊哙曰："臣死且不避，卮酒安足辞！夫秦王有虎狼之心，杀人如不能举，刑人如恐不胜，天下皆叛之。怀王与诸将约曰'先破秦入咸阳者王之'。今沛公先破秦入咸阳，豪毛不敢有所近，封闭宫室，还军霸上，以待大王来。故遣将守关者，备他盗出入与非常也。劳苦而功高如此，未有封侯之赏，而听细说，欲诛有功之人。此亡秦之续耳，窃为大王不取也。"项王未有以应，曰："坐。"樊哙从良坐。坐须臾，沛公起如厕，因招樊哙出。

沛公已出，项王使都尉陈平召沛公。沛公曰："今者出，未辞也，为之奈何？"樊哙曰："大行不顾细谨，大礼不辞小让。如今人方为刀俎，我为鱼肉，何辞为。"于是遂去。乃令张良留谢。良问曰："大王来何操?"曰:"我持白璧一双,欲献项王,玉斗一双,欲与亚父,会其怒,不敢献。公为我献之。"张良曰:"谨诺。"当是时,项王军在鸿门下,沛公军在霸上,相去四十里。沛公则置车骑,脱身独骑,与樊哙、夏侯婴、靳彊、纪信等四人持剑盾步走,从郦山下,道芷阳间行。沛公谓张良曰:"从此道至吾军,不过二十里耳。度我至军中,公乃入。"沛公已去,间至军中,张良入谢,曰:"沛公不胜杯杓,不能辞。谨使臣良奉白璧一双,再拜献大王足下;玉斗一双,再拜奉大将军足下。"项王曰:"沛公安在?"良曰:"闻大王有意督过之,脱身独去,已至军矣。"项王则受璧,置之坐上。亚父受玉斗,置之地,拔剑撞而破之,曰:"唉!竖子不足与谋。夺项王天下者,必沛公也,吾属今为之虏矣。"沛公至军,立诛杀曹无伤。

居数日,项羽引兵西屠咸阳,杀秦降王子婴,烧秦宫室,火三月不灭;收其货宝妇女而东。人或说项王曰:"关中阻

"大王来的时候拿了什么?"沛公说:"我拿了一双白璧,想献给项王,一双玉斗,想给亚父,赶上他们发怒,不敢进献。您替我献给他们。"张良说:"遵命。"当时,项王的军队在鸿门下,沛公的军队在霸上,相距四十里。沛公便搁下车马随从,抽身独自上马,樊哙、夏侯婴、靳彊、纪信等四人手持剑和盾步行跟着逃走,从郦山下去,取道芷阳走小路。沛公对张良说:"从这条路到我们军中,不过二十里而已。估计我到了军中,您再进去。"沛公离去后,张良走小路到了项羽军中,进入致歉,说:"沛公不胜酒力,不能告辞。谨派臣张良奉上一双白璧,敬献给大王;一双玉斗,敬奉给大将军。"项王说:"沛公在哪里?"张良说:"听说大王有意责备他,所以抽身离去,已经到军中了。"项王便接受了白璧,搁在座位上。亚父接受了玉斗,扔在地上,拔出剑一下打破了它,说:"唉!不值得与这小子谋事。夺取项王天下的,一定是沛公,我们都要被他俘虏了。"沛公到达军中,立即诛杀了曹无伤。

过了几天,项羽引兵向西屠咸阳城,杀了投降的秦王子婴,烧毁秦朝宫室,火三个月没灭;占取了秦朝的财货宝物和妇女,向东而去。有人劝说项王道:"关中

有山河险阻，土地肥沃富饶，可以建都称霸。"项王见秦朝宫室都已被焚烧得残破不堪，心中又怀有回到东方的想法，就说："富贵了不回归故乡，就像穿着锦绣衣服在夜间行走，谁能看见呢？"劝说的人说："人家说楚人就像猕猴戴着帽子，果然如此。"项王听了这话后，烹杀了劝说的人。

项王派人向怀王请示。怀王说："按照约定行事。"于是项羽尊怀王为义帝。项羽想自己称王，就先封诸位将相为王。项羽对他们说："天下刚发起反抗时，暂时立诸侯的后代为王来讨伐秦朝。然而亲自披坚执锐，首先起事，在山野暴露三年，灭亡秦朝平定天下的，是诸位将相与我项籍。义帝本来没有功劳，因此应当瓜分义帝之地而使诸将相称王。"诸位将领都说："对。"于是分割天下，立诸位将领为侯为王。项王、范增怀疑沛公会占有天下，已经讲和，又羞于违背诸言，害怕诸侯反叛他。于是他们暗中谋划说："巴、蜀道路险阻，秦朝迁徙的人口都居住在蜀地。"就说："巴、蜀也是关中的土地。"所以立沛公为汉王，领有巴、蜀、汉中，建都南郑。而把关中分为三份，让秦朝降将统治来阻塞汉王。项王于是立章邯为雍王，统治咸阳以西，建都废丘。长史司马欣，原本是栎阳狱掾，曾有恩于项梁；都尉董翳，曾劝说章邯降楚。所以立司马欣为塞王，

山河四塞，地肥饶，可都以霸。"项王见秦宫室皆以烧残破，又心怀思欲东归，曰："富贵不归故乡，如衣绣夜行，谁知之者！"说者曰："人言楚人沐猴而冠耳，果然。"项王闻之，烹说者。

项王使人致命怀王。怀王曰："如约。"乃尊怀王为义帝。项王欲自王，先王诸将相。谓曰："天下初发难时，假立诸侯后以伐秦。然身被坚执锐首事，暴露于野三年，灭秦定天下者，皆将相诸君与籍之力也。义帝虽无功，故当分其地而王之。"诸将皆曰："善。"乃分天下，立诸将为侯王。项王、范增疑沛公之有天下，业已讲解，又恶负约，恐诸侯叛之，乃阴谋曰："巴、蜀道险，秦之迁人皆居蜀。"乃曰："巴、蜀亦关中地也。"故立沛公为汉王，王巴、蜀、汉中，都南郑。而三分关中，王秦降将以距塞汉王。项王乃立章邯为雍王，王咸阳以西，都废丘。长史欣者，故为栎阳狱掾，尝有德于项梁；都尉董翳者，本劝章邯降

楚。故立司马欣为塞王，王咸
阳以东至河，都栎阳；立董翳
为翟王，王上郡，都高奴。徙
魏王豹为西魏王，王河东，都
平阳。瑕丘申阳者，张耳嬖臣也，
先下河南，迎楚河上，故立申
阳为河南王，都雒阳。韩王成
因故都，都阳翟。赵将司马卬
定河内，数有功，故立卬为殷王，
王河内，都朝歌。徙赵王歇为
代王。赵相张耳素贤，又从入关，
故立耳为常山王，王赵地，都
襄国。当阳君黥布为楚将，常
冠军，故立布为九江王，都六。
鄱君吴芮率百越佐诸侯，又从
入关，故立芮为衡山王，都邾。
义帝柱国共敖将兵击南郡，功多，
因立敖为临江王，都江陵。徙
燕王韩广为辽东王。燕将臧荼
从楚救赵，因从入关，故立荼为
燕王，都蓟。徙齐王田市为胶东
王。齐将田都从共救赵，因从入关，
故立都为齐王，都临菑。故秦所
灭齐王建孙田安，项羽方渡河救
赵，田安下济北数城，引其兵降
项羽，故立安为济北王，都博阳。
田荣者，数负项梁，又不肯将兵
从楚击秦，以故不封。成安君陈

统治咸阳以东至黄河的土地，建都栎阳；
立董翳为翟王，统治上郡，建都高奴。魏
王豹改封为西魏王，统治黄河以东，建都
平阳。瑕丘申阳，是张耳的宠臣，最先攻
下河南地区，在黄河边上迎接楚军，所以
立申阳为河南王，建都洛阳。韩王成仍居
旧都，建都阳翟。赵国将领司马卬平定河内，
多有战功，所以立司马卬为殷王，统治河内，
建都朝歌。赵王歇改封为代王。赵国丞相
张耳一向贤能，又跟随入关，所以立张耳
为常山王，统治赵地，建都襄国。当阳君
黥布是楚国将领，勇冠全军，所以立黥布
为九江王，在六建都。鄱君吴芮率领百越
军辅佐诸侯，又跟随入关，所以立吴芮为
衡山王，建都邾县。义帝的柱国共敖领兵
攻打南郡，功劳多，因此立共敖为临江王，
建都江陵。改封燕王韩广为辽东王。燕国
将领臧荼跟随楚军援救赵国，还跟随入关，
所以立臧荼为燕王，建都蓟县。改封齐王
田市为胶东王。齐国将领田都跟随一起援
救赵国，还跟随入关，所以立田都为齐王，
建都临淄。之前被秦朝所灭掉的齐王田建
的孙子田安，因项羽刚渡过黄河援救赵国
时，攻下济北数座城池，率领他的军队投
降了项羽，所以立田安为济北王，建都博阳。
田荣多次背叛项梁，又不肯率兵跟随楚军
攻打秦朝，因此不封爵。成安君陈馀抛下
将印离去，不跟从楚军入关，然而一向有

贤能之名，对赵国有功，有人说他在南皮，所以把南皮周围的三个县封给了他。番君的部将梅锅立功很多，所以封他为十万户侯。项羽自立为西楚霸王，统领九郡，建都彭城。

汉元年四月，诸侯在戏水罢兵，各自回到封地。项王离开关中去往封国，派人去迁徙义帝，说："古代帝王的领地方圆千里，必须居住在上游。"于是派使者将义帝迁徙到长沙郴县，催促义帝启程。义帝的大臣们渐渐背叛了他。项羽于是暗中命令衡山王、临江王在长江杀死义帝。韩王成没有军功，项羽不让他回自己的封地，把他一起带到了彭城，废黜为侯，不久后又杀了他。臧荼回到封地，就驱逐韩广去往辽东。韩广不答应，臧荼就在无终杀死了韩广，并占有了他的封地。

田荣听说项羽改封齐王市到胶东，而封齐将田都为齐王，就非常愤怒，不肯让齐王市去胶东，趁机凭借齐地造反，迎击田都。田都逃到楚国。齐王市畏惧项王，于是逃到了胶东自己的封国。田荣发怒，追到即墨杀死了他。田荣于是自立为齐王，向西攻杀了济北王田安，一并统治三齐。田荣给彭越将军印，命他在梁地造反。陈馀暗中派张同、夏说劝说齐王田荣："项羽分封天下做得不公平。现在把原来的诸侯王都封在了不好的地方，而把他的

馀弃将印去，不从入关，然素闻其贤，有功于赵，闻其在南皮，故因环封三县。番君将梅锅功多，故封十万户侯。项王自立为西楚霸王，王九郡，都彭城。

汉之元年四月，诸侯罢戏下，各就国。项王出之国，使人徙义帝，曰："古之帝者地方千里，必居上游。"乃使使徙义帝长沙郴县。趣义帝行，其群臣稍稍背叛之，乃阴令衡山、临江王击杀之江中。韩王成无军功，项王不使之国，与俱至彭城，废以为侯，已又杀之。臧荼之国，因逐韩广之辽东，广弗听，荼击杀广无终，并王其地。

田荣闻项羽徙齐王市胶东，而立齐将田都为齐王，乃大怒，不肯遣齐王之胶东，因以齐反，迎击田都。田都走楚。齐王市畏项王，乃亡之胶东就国。田荣怒，追击杀之即墨。荣因自立为齐王，而西击杀济北王田安，并王三齐。荣与彭越将军印，令反梁地。陈馀阴使张同、夏说说齐王田荣曰："项羽为天下宰不平。今尽王故王于丑地，

而王其群臣诸将善地,逐其故主,赵王乃北居代,馀以为不可。闻大王起兵,且不听不义,愿大王资馀兵,请以击常山,以复赵王,请以国为扞蔽。"齐王许之,因遣兵之赵。陈馀悉发三县兵,与齐并力击常山,大破之。张耳走归汉。陈馀迎故赵王歇于代,反之赵。赵王因立陈馀为代王。

是时,汉还定三秦。项羽闻汉王皆已并关中,且东,齐、赵叛之,大怒。乃以故吴令郑昌为韩王,以距汉。令萧公角等击彭越。彭越败萧公角等。汉使张良徇韩,乃遗项王书曰:"汉王失职,欲得关中,如约即止,不敢东。"又以齐、赵反书遗项王曰:"齐欲与赵并灭楚。"楚以此故无西意,而北击齐。征兵九江王布。布称疾不往,使将将数千人行。项王由此怨布也。

汉之二年冬,项羽遂北至城阳,田荣亦将兵会战。田荣不胜,走至平原,平原民杀之。遂北烧夷齐城郭室屋,皆坑田荣降卒,系虏其老弱妇女。徇

大臣将军都封到了好地方,还驱逐了以前的君主,赵王于是向北走,处于代地,我认为不行。听说大王起兵,而且不听从不义之人。希望大王资助我们一些兵力,让我们去攻打常山,拥立赵王,赵国就可以做齐国的屏障了。"齐王答应了,就派兵前往赵国。陈馀发动三县所有的兵力,与齐军合力攻打常山,大破常山军队。张耳逃走,归附汉王。陈馀在代地迎回赵王歇。赵王于是封陈馀为代王。

这时,汉王平定了三秦。项羽听说汉王已经全部兼并了关中,将要东进,齐国、赵国背叛了他,非常愤怒。于是封原来的吴县县令郑昌为韩王,来对抗汉王刘邦。命萧公角等人攻打彭越,彭越打败了萧公角等人。汉王派张良攻打韩国,让他给项王送书信说:"汉王没有尽到职责,想得到关中,完成盟约就停止行动,不敢东进。"又把齐国、赵国的反叛文书送给项王说:"齐国想与赵国一起灭掉楚国。"楚军因此无意西进,而向北攻打齐国,并征调九江王黥布。黥布称病不去,派一名部将率几千人前往。项王由此怨恨黥布。

汉二年冬,项羽率兵向北到达城阳,田荣也率兵前来会战。田荣没有胜利,逃到了平原县,平原百姓杀死了他。项羽于是北进焚毁夷平了齐国的城郭、房屋,把田荣的降卒全部活埋,掳掠走了齐国的妇

女老弱。扫荡齐国直到北海,很多地方被摧毁破坏。齐人聚集起来造反,于是田荣的弟弟田横收编齐国散兵数万人,在城阳反叛。项羽因此停留,连续几次作战都没能攻下。

春天,汉王统率五个诸侯的军队,共五十六万人,东进讨伐楚国。项羽听说后,就命将领攻打齐国,而自己率领三万精兵向南从鲁县穿过胡陵。四月,汉军都攻入彭城,收取了彭城的珍宝美女,每天大摆酒宴。项王于是走西边的萧县,早晨攻击汉军后,一路向东,直逼彭城,到中午时分,大破汉军。汉军四处逃散,许多人被赶入了穀水、泗水,仅在这里被杀的汉军就有十多万人。汉军都向南逃入山中,楚军又追击到灵壁东面的睢水边上。汉军退却,楚军紧逼,汉军死伤惨重。汉军十多万人都掉入了睢水,睢水都因此堵塞断流了。楚军将汉王里外三层重重包围。这时大风从西北而起,折断大树,掀毁房屋,飞沙走石,天昏地暗,迎面刮向楚军。楚军大乱,汉王才得以与几十名骑兵逃走。汉王想经过沛县,带上家眷向西奔逃;楚军也派人追到沛县,去捉拿汉王家眷,汉王的家眷都已经逃走,没能与汉王相见。汉王在路上遇到了孝惠帝、鲁元公主,于是载着他们一起前行。楚国骑兵追赶汉王,汉王心急,将孝惠帝、鲁元公主推落车下。滕公

齐至北海,多所残灭。齐人相聚而叛之。于是田荣弟田横收齐亡卒得数万人,反城阳。项王因留,连战未能下。

春,汉王部五诸侯兵,凡五十六万人,东伐楚。项王闻之,即令诸将击齐,而自以精兵三万人南从鲁出胡陵。四月,汉皆已入彭城,收其货宝美人,日置酒高会。项王乃西从萧晨击汉军而东,至彭城,日中,大破汉军。汉军皆走,相随入穀、泗水,杀汉卒十余万人。汉卒皆南走山,楚又追击至灵壁东睢水上。汉军却,为楚所挤,多杀,汉卒十余万人皆入睢水,睢水为之不流。围汉王三匝。于是大风从西北而起,折木发屋,扬沙石,窈冥昼晦,逢迎楚军。楚军大乱,坏散,而汉王乃得与数十骑遁去。欲过沛,收家室而西;楚亦使人追之沛,取汉王家;家皆亡,不与汉王相见。汉王道逢得孝惠、鲁元,乃载行。楚骑追汉王,汉王急,推堕孝惠、鲁元车下,滕公常下收载之。如是者三。曰:"虽

急不可以驱,奈何弃之?"于是遂得脱。求太公、吕后不相遇。审食其从太公、吕后间行,求汉王,反遇楚军。楚军遂与归,报项王,项王常置军中。

是时吕后兄周吕侯为汉将兵居下邑,汉王间往从之,稍稍收其士卒。至荥阳,诸败军皆会,萧何亦发关中老弱未傅悉诣荥阳,复大振。楚起于彭城,常乘胜逐北,与汉战荥阳南京、索间,汉败楚,楚以故不能过荥阳而西。

项王之救彭城,追汉王至荥阳,田横亦得收齐,立田荣子广为齐王。汉王之败彭城,诸侯皆复与楚而背汉。汉军荥阳,筑甬道属之河,以取敖仓粟。

汉之三年,项王数侵夺汉甬道,汉王食乏,恐,请和,割荥阳以西为汉。项王欲听之。历阳侯范增曰:"汉易与耳,今释弗取,后必悔之。"项王乃与范增急围荥阳。汉王患之,乃用陈平计间项王。项王使者

赶紧下去把他们带上车。就这样反复多次。滕公说:"虽然情况危急,车子也跑不快,但怎么能抛弃儿女呢?"最终还是得以逃脱。寻找太公和吕后,没有找到。审食其跟从太公和吕后抄小路,寻找汉王,反而遇到了楚军。楚军于是带着他们回去,禀报了项王,项王把他们安置在军中。

这时吕后的哥哥周吕侯任汉王的将领,统兵驻扎在下邑,汉王抄小路前去投奔他,慢慢收聚了败散的士卒。汉王走到荥阳,各路败军都会集在一起,萧何也征发关中没有载入徭役簿籍的老弱人员去荥阳,汉军又声势大振。楚军从彭城出发,常常胜利,追击败军。与汉军在荥阳南面的京县、索亭之间交战,汉军打败了楚军,楚军因此不能越过荥阳向西前进。

项王援救彭城,追击汉王到达荥阳,田横也得以收复齐地,立田荣的儿子田广为齐王。汉王在彭城惨败,诸侯又都与楚联合而背叛汉。汉王在荥阳驻军,修筑甬道与黄河相连,以此来运送敖仓的粮食。

汉三年,项王多次侵夺汉军的甬道,汉王粮草缺乏,感到害怕,于是请求议和,提出割取荥阳以西为汉的领地。项王想同意他的议和请求。历阳侯范增说:"汉军容易对付,如今放掉不取,以后一定会后悔的。"项王便和范增加紧围攻荥阳。汉王担心此事,就用陈平的计谋离间项王。

项王的使者前来，汉军为他们准备齐全的猪、牛、羊三牲，并端着做出进献给他们的样子。见到使者时，招待者又假装惊愕地说："我还以为是亚父的使者，原来是项王的使者。"就撤下去，改用粗劣的食物招待项王的使者。使者回去报告了项王，项王于是怀疑范增与汉王有私情，慢慢剥夺了他的权力。范增大怒，说："天下之事大体已经定了，君王自己去做吧。希望君王能赐我这把老骨头回归家乡。"项王答应了他。范增还未到达彭城，就因背上毒疮发作而死。

汉王的将领纪信劝汉王道："事情已经很危急了，为了您请让我装扮成汉王去诓骗楚军，大王您可以抄小路出城。"于是汉王夜间从荥阳城东门放出两千名身披铠甲的女子，楚军从四面攻打她们。纪信乘坐黄盖车，在左侧马的头上插着一撮牦牛尾，说："城中粮食用尽，汉王投降。"楚军都大呼万岁。汉王与几十个骑兵从城的西门出去，奔向成皋。项王见到纪信，问："汉王在哪里？"纪信说："汉王已经出城了。"项王烧死了纪信。

汉王派御史大夫周苛、枞公、魏豹坚守荥阳。周苛、枞公商议说："反叛汉的诸侯王，难以与他一起守城。"于是他们一起杀了魏豹。楚军攻下荥阳城，生擒周苛。项王对周苛说："做我的将领，我可以让

来，为太牢具，举欲进之。见使者，详惊愕曰："吾以为亚父使者，乃反项王使者。"更持去，以恶食食项王使者。使者归报项王，项王乃疑范增与汉有私，稍夺之权。范增大怒，曰："天下事大定矣，君王自为之。愿赐骸骨归卒伍。"项王许之。行未至彭城，疽发背而死。

汉将纪信说汉王曰："事已急矣，请为王诳楚为王，王可以间出。"于是汉王夜出女子荥阳东门被甲二千人，楚兵四面击之。纪信乘黄屋车，傅左纛，曰："城中食尽，汉王降。"楚军皆呼万岁。汉王亦与数十骑从城西门出，走成皋。项王见纪信，问："汉王安在？"信曰："汉王已出矣。"项王烧杀纪信。

汉王使御史大夫周苛、枞公、魏豹守荥阳。周苛、枞公谋曰："反国之王，难与守城。"乃共杀魏豹。楚下荥阳城，生得周苛。项王谓周苛曰："为我将，

我以公为上将军，封三万户。"
周苛骂曰："若不趣降汉，汉
今虏若，若非汉敌也。"项王怒，
烹周苛，并杀枞公。

汉王之出荥阳，南走宛、叶，
得九江王布，行收兵，复入保
成皋。汉之四年，项王进兵围
成皋。汉王逃，独与滕公出成
皋北门，渡河走修武，从张
耳、韩信军。诸将稍稍得出成
皋，从汉王。楚遂拔成皋，欲西。
汉使兵距之巩，令其不得西。

是时，彭越渡河击楚东阿，
杀楚将军薛公。项王乃自东击
彭越。汉王得淮阴侯兵，欲渡
河南。郑忠说汉王，乃止壁河内。
使刘贾将兵佐彭越，烧楚积聚。
项王东击破之，走彭越。汉王
则引兵渡河，复取成皋，军广武，
就敖仓食。项王已定东海来西，
与汉俱临广武而军，相守数月。

当此时，彭越数反梁地，
绝楚粮食，项王患之。为高
俎，置太公其上，告汉王曰：
"今不急下，吾烹太公。"汉
王曰："吾与项羽俱北面受命
怀王，曰'约为兄弟'，吾

您做上将军，封三万户。"周苛骂道："你
不赶快投降汉军，汉军马上就要俘虏你了，
你并非汉军的对手。"项王发怒，烹死了
周苛，并杀了枞公。

汉王逃出荥阳，向南跑到宛县、叶
县，得到九江王黥布，行军收聚士兵，又
进入成皋坚守。汉四年，项王进军围攻成
皋。汉王逃走，独自与滕公从成皋北门逃
出，渡过黄河跑到修武，去张耳、韩信的
军队。其他诸位将领慢慢也得以逃出成皋，
跟从汉王。楚军于是攻占了成皋，想西进。
汉王派兵在巩县抵御，使楚军不能西进。

这时，彭越渡过黄河攻打楚国的东阿，
杀死楚将军薛公。项王于是亲自向东攻打
彭越。汉王得到淮阴侯的军队，想渡过黄
河南下。郑忠劝说汉王，才在河内驻兵扎营。
派刘贾领兵辅佐彭越，烧掉楚军粮草。项
王向东打败刘贾，赶走彭越。汉王则引兵
渡过黄河，又攻取成皋，在广武驻军，取
用敖仓的粮食。项王已平定东海返回，向
西进军，与汉军都在广武附近驻军，相持
数月。

正当这时，彭越屡次在梁地反叛，断
绝楚军粮食，项王担忧此事，就在高处放
置了一个砧板，把太公放在上面，告诉汉
王说："如果不赶紧投降，我就烹死太公。"
汉王说："我和你项羽都面向北接受怀王
的命令，说过'约定做兄弟'，我父亲就是

你父亲，一定要煮你的父亲的话，希望你分给我一杯羹！"项王大怒，想杀了太公。项伯说："天下之事还不知道如何，况且争夺天下的人不会顾家，即使杀了太公也没有好处，只会增加祸患而已。"项王听从了他的话。

楚汉长久相持未决胜负，青壮年苦于军旅生活，老弱之人疲于水陆运输。项王对汉王说："天下纷扰多年，只因你我二人而已。希望与汉王挑战，决一雌雄，别让天下的父子百姓白白受苦。"汉王笑着辞谢说："我宁可斗智，不会斗力。"项王命壮士出去挑战。汉军有个善于骑射的楼烦人，楚军派人挑战了三次，他一次次射杀了他们。项王非常愤怒，于是亲自披甲持戟挑战。楼烦人想射项王，项王瞪着眼呵斥他，他的眼睛不敢与项王对视，手上不敢放箭，便掉头跑回营中，不敢再出来。汉王派人暗中询问，才知道是项王。汉王非常吃惊。于是项王靠近汉王，和汉王相互隔着广武涧对话。汉王数落项王的罪过，项王大怒，想决一死战。汉王不听，项王埋伏的弓箭手射中了汉王。汉王受伤，逃入成皋城。

项王听说淮阴侯已攻下河北，攻破齐国、赵国，将要攻打楚国，于是派龙且前往攻打淮阴侯。淮阴侯与龙且交战，骑将灌婴攻打龙且，大败楚军，并且杀死了

翁即若翁，必欲烹而翁，则幸分我一杯羹。"项王怒，欲杀之。项伯曰："天下事未可知，且为天下者不顾家，虽杀之无益，只益祸耳。"项王从之。

楚汉久相持未决，丁壮苦军旅，老弱罢转漕。项王谓汉王曰："天下匈匈数岁者，徒以吾两人耳，愿与汉王挑战决雌雄，毋徒苦天下之民父子为也。"汉王笑谢曰："吾宁斗智，不能斗力。"项王令壮士出挑战。汉有善骑射者楼烦，楚挑战三合，楼烦辄射杀之。项王大怒，乃自被甲持戟挑战。楼烦欲射之，项王瞋目叱之，楼烦目不敢视，手不敢发，遂走还入壁，不敢复出。汉王使人间问之，乃项王也。汉王大惊。于是项王乃即汉王相与临广武间而语。汉王数之，项王怒，欲一战。汉王不听，项王伏弩射中汉王。汉王伤，走入成皋。

项王闻淮阴侯已举河北，破齐、赵，且欲击楚，乃使龙且往击之。淮阴侯与战，骑将灌婴击之，大破楚军，杀龙且。

韩信因自立为齐王。项王闻龙且军破，则恐，使盱台人武涉往说淮阴侯。淮阴侯弗听。是时，彭越复反，下梁地，绝楚粮。项王乃谓海春侯大司马曹咎等曰："谨守成皋，则汉欲挑战，慎勿与战，毋令得东而已。我十五日必诛彭越，定梁地，复从将军。"乃东，行击陈留、外黄。

外黄不下。数日，已降，项王怒，悉令男子年十五已上诣城东，欲坑之。外黄令舍人儿年十三，往说项王曰："彭越强劫外黄，外黄恐，故且降，待大王。大王至，又皆坑之，百姓岂有归心？从此以东，梁地十余城皆恐，莫肯下矣。"项王然其言，乃赦外黄当坑者。东至睢阳，闻之皆争下项王。

汉果数挑楚军战，楚军不出。使人辱之，五六日，大司马怒，渡兵汜水。士卒半渡，汉击之，大破楚军，尽得楚国货赂。大司马咎、长史翳、塞王欣皆自到汜水上。大司马咎者，故蕲狱掾，长史欣亦故栎阳狱

龙且。韩信因而自立为齐王。项王听说龙且的军队被打败，很害怕，派盱台人武涉前往游说淮阴侯。淮阴侯没有听从。这时，彭越又反叛，攻下梁地，断绝了楚军的粮食。项王于是对海春侯大司马曹咎等人说："谨慎坚守住成皋，如果汉军想挑战，小心不要与他们交战，不要让他们向东进军就可以了。我十五天内一定诛杀彭越，平定梁地，再来与将军会合。"于是向东行军，攻打陈留、外黄。

外黄没能攻下。几天后，外黄降服，项王大怒，命令十五岁以上的所有男子到城东，想在那里坑杀他们。外黄县令门客的儿子十三岁，去劝说项王："彭越强行劫持外黄，外黄害怕，所以暂且投降，等待大王。大王到达，又坑杀了他们，百姓怎么会有归附之心？从外黄向东，梁地十几座城池的人都会害怕，没有哪座城肯投降了。"项王觉得他说得对，于是赦免了外黄该被坑杀的人。从此处往东到睢阳，这些地方听说此事后都争着投降项王。

汉军果然多次向楚军挑战，楚军不肯出战。汉派人辱骂楚军，过五六天，楚军大司马发怒，领兵渡过汜水。士卒渡河到一半，汉军袭击他们，大败楚军，尽得楚军物资。大司马曹咎、长史董翳、塞王司马欣都在汜水边自刎了。大司马曹咎，原是蕲县的狱掾，长史司马欣也是从前栎阳

的狱吏，两人曾有恩于项梁，因此项王信任他们。此时，项王在睢阳，听说海春侯的军队被打败，就带兵返回。汉军正在荥阳以东围攻锺离眜，项王到了，汉军害怕楚军，全部躲到了险要地带。

这时，汉兵多粮足，项王兵疲粮绝。汉王派陆贾劝说项王，请求接回太公，项王没有听从。汉王又派侯公去劝说项王，项王于是与汉王约定，平分天下，分割鸿沟以西的地区归汉，鸿沟以东之地归楚。项王答应了他，于是放回了汉王的父母妻儿。汉军都大呼万岁。汉王于是封侯公为平国君。侯公藏起来不肯再见。汉王说："这是天下的辩士，有他在的地方足可倾覆邦国，所以称为平国君。"项王与汉订立盟约后，就带兵撤回到东方了。

汉王想回到西方，张良、陈平劝说道："汉拥有大半个天下，而且诸侯都归附汉。楚军兵疲粮绝，这是天要亡楚的时候啊，不如趁此机会消灭它。如果放着不打，就是所谓的'养虎自留祸患'啊。"汉王听从了他们。汉五年，汉王追击项王到达阳夏以南，停止进军，与淮阴侯韩信、建成侯彭越约定日期攻打楚军。到达固陵，韩信、彭越的军队没来会合。楚军攻打汉军，大败汉军。汉王又进入军营，深挖沟堑防守。汉王问张良："诸侯不按照约定来，该怎么办呢？"张良回答说："楚军将要被打败，

吏，两人尝有德于项梁，是以项王信任之。当是时，项王在睢阳，闻海春侯军败，则引兵还。汉军方围锺离眜于荥阳东，项王至，汉军畏楚，尽走险阻。

是时，汉兵盛食多，项王兵罢食绝。汉遣陆贾说项王，请太公，项王弗听。汉王复使侯公往说项王，项王乃与汉约，中分天下，割鸿沟以西者为汉，鸿沟而东者为楚。项王许之，即归汉王父母妻子。军皆呼万岁。汉王乃封侯公为平国君。匿弗肯复见。曰："此天下辩士，所居倾国，故号为平国君。"项王已约，乃引兵解而东归。

汉欲西归，张良、陈平说曰："汉有天下太半，而诸侯皆附之。楚兵罢食尽，此天亡楚之时也，不如因其机而遂取之。今释弗击，此所谓'养虎自遗患'也。"汉王听之。汉五年，汉王乃追项王至阳夏南，止军，与淮阴侯韩信、建成侯彭越期会而击楚军。至固陵，而信、越之兵不会。楚击汉军，大破之。汉王复入壁，深堑而自守。谓张子房曰："诸侯不从约，为

之奈何？"对曰："楚兵且破，信、越未有分地，其不至固宜。君王能与共分天下，今可立致也。即不能，事未可知也。君王能自陈以东傅海，尽与韩信；睢阳以北至穀城，以与彭越：使各自为战，则楚易败也。"汉王曰："善。"于是乃发使者告韩信、彭越曰："并力击楚。楚破，自陈以东傅海与齐王，睢阳以北至穀城与彭相国。"使者至，韩信、彭越皆报曰："请今进兵。"韩信乃从齐往，刘贾军从寿春并行，屠城父，至垓下。大司马周殷叛楚，以舒屠六，举九江兵，随刘贾、彭越皆会垓下，诣项王。

项王军壁垓下，兵少食尽，汉军及诸侯兵围之数重。夜闻汉军四面皆楚歌，项王乃大惊曰："汉皆已得楚乎？是何楚人之多也！"项王则夜起，饮帐中。有美人名虞，常幸从；骏马名骓，常骑之。于是项王乃悲歌忼慨，自为诗曰："力拔山兮气盖世，时不利兮骓不逝。骓不逝兮可奈何，虞兮虞兮奈若何！"歌数阕，美人和之。

韩信、彭越没有分到土地，他们不到理所应当。君王能与他们共分天下，他们马上就可以到达。如果他们不到，事情就不可预料了。君王能把自陈县以东靠近海边的土地，全部给韩信，睢阳以北至穀城给彭越，使他们各自作战，那楚军就很容易被打败了。"汉王说："好。"于是就派出使者告诉韩信、彭越说："合并兵力攻打楚军。楚军被打败，自陈县以东靠近海边的土地给齐王，睢阳以北至穀城的土地给彭相国。"使者到达，韩信、彭越都回报说："现在就出兵。"韩信于是从齐地出发，刘贾的军队从寿春同时进军，屠灭城父，到达垓下。这时大司马周殷反叛楚王，以舒县之兵屠灭六县，带领九江的军队，跟随刘贾、彭越等人在垓下会合，进逼项王。

项王的军队在垓下修筑营垒，兵少粮尽，汉军及诸侯的军队把他们包围了好几重。夜间听到汉军在四面唱起了楚地的歌谣，项王于是大惊说："汉军已经把楚地都占领了吗？怎么楚人这么多呢！"项王于是夜间起床，在帐中饮酒。有位美人名虞，因得宠而常伴随在项王身边；有匹骏马叫骓，项王经常骑乘。于是项王慷慨悲歌，作诗道："力拔山兮气盖世，时不利兮骓不逝。骓不逝兮可奈何，虞兮虞兮奈若何！"唱了数遍，美人也同他一起唱和。

项王泪流不止，左右之人也都哭起来，谁也不忍抬头看他。

于是项王骑上马，麾下壮士骑马随从的有八百多人，趁夜晚突破包围从南边逃出，骑马飞驰而去。天快亮时，汉军才发觉他们已经逃走，命骑将灌婴率五千骑兵追赶他们。项王渡过淮水，能骑马跟上的只有一百多人。项王到达阴陵，迷失了道路，询问一个农夫，农夫欺骗说："向左边走。"向左，于是陷入了大沼泽中，因此汉军追赶上了他们。项王于是又带兵向东，到达东城，只有二十八个骑兵。汉军追赶的骑兵有数千人。项王估计自己逃脱不了了，对跟着他的骑兵说："我从起兵到今天八年了，身经七十多场战役，阻挡我的都被我打败，我所攻打的都降服我了，不曾打败过，终于称霸于天下。然而今天终究被困在此地，这是天要亡我，绝不是作战上的过错。今天一定要决一死战，希望为诸君痛快地决战，一定要多战胜他们几次，帮诸君突破包围，斩杀追将，砍倒敌旗，让诸君知道是天要亡我，不是我作战上的过错。"于是项王将他的骑兵分成四队，面朝四个方向。汉军把他们包围了好几重。项王对他的骑兵说："我为你们取他们一将的性命。"命他们从四面奔驰而下，约定在山东面的三处会合。于是项王大喊着奔驰而下，汉军都溃退，于是斩

项王泣数行下，左右皆泣，莫能仰视。

于是项王乃上马骑，麾下壮士骑从者八百余人，直夜溃围南出，驰走。平明，汉军乃觉之，令骑将灌婴以五千骑追之。项王渡淮，骑能属者百余人耳。项王至阴陵，迷失道，问一田父，田父绐曰"左"。左，乃陷大泽中。以故汉追及之。项王乃复引兵而东，至东城，乃有二十八骑。汉骑追者数千人。项王自度不得脱。谓其骑曰："吾起兵至今八岁矣，身七十余战，所当者破，所击者服，未尝败北，遂霸有天下。然今卒困于此，此天之亡我，非战之罪也。今日固决死，愿为诸君快战，必三胜之，为诸君溃围，斩将，刈旗，令诸君知天亡我，非战之罪也。"乃分其骑以为四队，四向。汉军围之数重。项王谓其骑曰："吾为公取彼一将。"令四面骑驰下，期山东为三处。于是项王大呼驰下，汉军皆披靡，遂斩汉一将。是时，赤泉侯为骑将，追项王，项王瞋目而叱之，赤泉

侯人马俱惊,辟易数里。与其骑会为三处。汉军不知项王所在,乃分军为三,复围之。项王乃驰,复斩汉一都尉,杀数十百人,复聚其骑,亡其两骑耳。乃谓其骑曰:"何如?"骑皆伏曰:"如大王言。"

于是项王乃欲东渡乌江。乌江亭长枻船待,谓项王曰:"江东虽小,地方千里,众数十万人,亦足王也。愿大王急渡。今独臣有船,汉军至,无以渡。"项王笑曰:"天之亡我,我何渡为!且籍与江东子弟八千人渡江而西,今无一人还,纵江东父兄怜而王我,我何面目见之?纵彼不言,籍独不愧于心乎?"乃谓亭长曰:"吾知公长者。吾骑此马五岁,所当无敌,尝一日行千里,不忍杀之,以赐公。"乃令骑皆下马步行,持短兵接战。独籍所杀汉军数百人。项王身亦被十余创。顾见汉骑司马吕马童,曰:"若非吾故人乎?"马童面之,指王翳曰:"此项王也。"

了汉军一将。这时,赤泉侯担任骑将,追赶项王,项王瞪眼呵斥他,赤泉侯人马都受惊,退避了好几里。项羽与他的骑兵分三处会合。汉军不知道项王在哪一处,于是兵分三路,又包围了他们。项王于是骑马飞驰,又斩杀了汉军一个都尉,杀了数十上百人,又聚集他的骑兵,只失去了两名骑兵而已。于是对他的骑兵说:"怎么样?"骑兵都佩服地说:"和大王说的一样。"

于是项王就想往东走渡过乌江。乌江亭的亭长正停靠着船等待,对项王说:"江东虽然小,但地方千里,有数十万之众,也足以称王了。希望大王赶快渡江。现在只有我有船,汉军到达也没办法渡江。"项王笑道:"天要亡我,我渡江做什么!况且项籍与八千江东子弟渡江向西,如今没有一人生还,纵使江东父老兄弟可怜我让我为王,我有什么脸面去见他们呢?纵使他们不说,我项籍难道不会有愧于心吗?"于是对亭长说:"我知道您是好人,我骑了这匹马五年,所向无敌,曾一日行千里,我不忍心杀它,现在把它送给您。"于是命骑兵都下马步行,持短兵器交战。仅项籍所杀的汉军就有数百人。项王的身体也被伤了十几处。他回头看见汉军骑司马吕马童,说:"你不是我的老熟人吗?"吕马童面对着他,指给王翳说:"这就是项王。"项王就说:"我听说汉王用千金买我的人头，还封邑万户，我把这恩德送给你吧。"于是自刎而死。王翳取了他的头，其他骑兵为了抢夺项王尸体互相蹂躏践踏，相互残杀，死了几十人。最后，郎中骑杨喜，骑司马吕马童，郎中吕胜、杨武各得到项王一肢。五人将他们手里的残肢合在一起，都确实是项王的。所以将悬赏的万户封邑分为五份：封吕马童为中水侯，封王翳为杜衍侯，封杨喜为赤泉侯，封杨武为吴防侯，封吕胜为涅阳侯。

项王死后，楚地都投降了汉，只有鲁地不投降。汉王于是率领天下军队想屠杀这里。因为他们坚守礼义，会为忠于君主的操行而死，所以拿项王的人头给鲁人看，鲁地父老兄弟这才投降。之前，楚怀王最初封项籍为鲁公，等到他死了，鲁地最后投降，所以以鲁公的礼仪把项王葬在了穀城。汉王为他举行哀悼仪式，哭泣了一场才离去。

项氏的宗族亲属，汉王都没有杀。又封项伯为射阳侯。桃侯、平皋侯、玄武侯都姓项，给他们赐姓刘氏。

太史公说：我曾听周生说"舜的眼睛有两个瞳孔"，又听说项羽也是重瞳的人。项羽难道是舜的后代吗？不然怎么会兴盛得这么快呢！秦朝失去了政权，陈涉首

项王乃曰："吾闻汉购我头千金，邑万户，吾为若德。"乃自刎而死。王翳取其头，余骑相蹂践争项王，相杀者数十人。最其后，郎中骑杨喜，骑司马吕马童，郎中吕胜、杨武各得其一体。五人共会其体，皆是。故分其地为五：封吕马童为中水侯，封王翳为杜衍侯，封杨喜为赤泉侯，封杨武为吴防侯，封吕胜为涅阳侯。

项王已死，楚地皆降汉，独鲁不下。汉乃引天下兵欲屠之，为其守礼义，为主死节，乃持项王头视鲁，鲁父兄乃降。始，楚怀王初封项籍为鲁公，及其死，鲁最后下，故以鲁公礼葬项王穀城。汉王为发哀，泣之而去。

诸项氏枝属，汉王皆不诛。乃封项伯为射阳侯。桃侯、平皋侯、玄武侯皆项氏，赐姓刘氏。

太史公曰：吾闻之周生曰"舜目盖重瞳子"，又闻项羽亦重瞳子。羽岂其苗裔邪？何兴之暴也！夫秦失其政，陈涉

首难，豪杰蜂起，相与并争，不可胜数。然羽非有尺寸，乘势起陇亩之中，三年，遂将五诸侯灭秦，分裂天下，而封王侯，政由羽出，号为霸王，位虽不终，近古以来未尝有也。及羽背关怀楚，放逐义帝而自立，怨王侯叛己，难矣。自矜功伐，奋其私智而不师古，谓霸王之业，欲以力征经营天下，五年卒亡其国，身死东城，尚不觉寤而不自责，过矣。乃引"天亡我，非用兵之罪也"，岂不谬哉！

先发起反抗，众豪杰蜂拥而起，相互吞并争斗的不可胜数。然而项羽没有尺寸土地，却能乘势兴起于田野之中，三年时间，就率领五国诸侯灭了秦朝，分割天下，封王封侯，政令全由项羽发出，号称"霸王"。地位虽然没有保持到最后，但也是近世以来未曾有过的。等到项羽离开关中、怀念楚地，放逐义帝而自立为王，怨恨王侯背叛自己，他的形势就艰难了。自夸功勋，发挥个人的智慧而不效法古人，说的霸王之业，只是想用武力征伐经营天下，五年后自己的国家终究亡了，身死东城，还不觉悟也不自责，这就错了。却还说"天要亡我，不是用兵的过错"，这不是太荒谬了吗！

史记卷八
本纪第八

高祖刘邦

高祖是沛县丰邑中阳里人，姓刘，字季。父亲叫太公，母亲叫刘媪。先前刘媪曾在大泽边上休息，梦见与神相遇。这时雷电交加光线昏暗，太公过去看时，见到一条蛟龙在她身上。不久刘媪有了身孕，于是生下高祖。

高祖其人，鼻挺且额头高，胡须很漂亮，左大腿上有七十二颗黑痣。仁义爱人，乐善好施，性情豁达。常有远大志向，不肯从事家中的生产劳作。等到了壮年，被任用为官吏，担任泗水亭长，官署中的官吏没有不被他轻慢戏弄的。高祖喜欢喝酒，喜好女色，经常从王媪、武负处赊酒，喝醉就躺倒睡觉，武负、王媪看见他的上方常有龙盘绕，觉得他很奇怪。高祖每次来买酒留下来喝，卖出的酒都是平日的好几倍。看见这些怪事，到了年终，这两家酒馆就会毁弃凭证、放弃酒债。

高祖曾到咸阳服徭役，在秦始皇一次出行时，他看到了秦始皇，慨然长叹道："啊，大丈夫就应当这样啊！"

高祖，沛丰邑中阳里人，姓刘氏，字季。父曰太公，母曰刘媪。其先刘媪尝息大泽之陂，梦与神遇。是时雷电晦冥，太公往视，则见蛟龙于其上。已而有身，遂产高祖。

高祖为人，隆准而龙颜，美须髯，左股有七十二黑子。仁而爱人，喜施，意豁如也。常有大度，不事家人生产作业。及壮，试为吏，为泗水亭长，廷中吏无所不狎侮。好酒及色。常从王媪、武负贳酒，醉卧，武负、王媪见其上常有龙，怪之。高祖每酤留饮，酒雠数倍。及见怪，岁竟，此两家常折券弃责。

高祖常繇咸阳，纵观，观秦皇帝，喟然太息曰："嗟乎，大丈夫当如此也！"

单父人吕公善沛令，避仇
从之客，因家沛焉。沛中豪桀
吏闻令有重客，皆往贺。萧何
为主吏，主进，令诸大夫曰：
"进不满千钱，坐之堂下。"
高祖为亭长，素易诸吏，乃绐
为谒曰"贺钱万"，实不持一钱。
谒入，吕公大惊，起，迎之门。
吕公者，好相人，见高祖状貌，
因重敬之，引入坐。萧何曰：
"刘季固多大言，少成事。"
高祖因狎侮诸客，遂坐上坐，
无所诎。酒阑，吕公因目固留
高祖。高祖竟酒，后。吕公曰：
"臣少好相人，相人多矣，无
如季相，愿季自爱。臣有息女，
愿为季箕帚妾。"酒罢，吕媪
怒吕公曰："公始常欲奇此女，
与贵人。沛令善公，求之不与，
何自妄许与刘季？"吕公曰：
"此非儿女子所知也。"卒与
刘季。吕公女乃吕后也，生孝
惠帝、鲁元公主。

高祖为亭长时，常告归之
田。吕后与两子居田中耨，有
一老父过请饮，吕后因铺之。

单父人吕公和沛县县令交好，为躲避
仇人，他在沛县县令家做客，因而把家安
到了沛县。沛县的豪绅、官吏听说县令家
有贵客，都前往道贺。萧何担任主吏，主
管收贺礼，对诸位贵客说："贺礼不满
一千钱的，请坐在堂下。"高祖是亭长，
素来不看重这些官吏，于是在礼帖上写道
"贺钱一万"，实际没带一钱。礼帖递进
去后，吕公非常惊讶，起身到门口迎接他。
吕公好给人相面，见到高祖的相貌，就很
敬重他，请他到堂上就座。萧何说："刘
季本就好说大话，很少能成事。"高祖乘
机戏弄各位客人，便坐在了上座，毫不谦让。
酒宴快结束时，吕公使眼色执意挽留高祖，
高祖喝完酒后，留在最后。吕公说："我
年轻时好给人相面，相过的人很多了，没
有像你这样的相貌，希望你好自珍爱。我
有个女儿，希望可以做你扫洒的妻子。"
酒宴结束后，吕媪生气地对吕公说："你
当初常想让这个女儿与众不同，嫁给贵人。
沛县县令与你交好，请求娶她，你都不给，
为什么你随便就把她许配给刘季呢？"吕
公说："这不是你们妇孺之辈所能理解
的。"最终将女儿许配给了刘季。吕公的
女儿就是吕后，她生下了孝惠帝、鲁元公主。

高祖做亭长时，曾请假回家到田里帮
忙干活。吕后与两个孩子在田中除草时，
有一个老人路过求水喝，吕后顺便给了老

人一些吃的。老人给吕后相面说："夫人是天下的贵人。"让他给两个孩子相面，见了孝惠帝，说："夫人之所以显贵，就是因为这个男孩。"给鲁元公主相面，也说会显贵。老人离去后，高祖刚好从旁边的屋舍过来，吕后详细告诉了他有客人经过，给他们母子相面，都是大贵之相。高祖问了问老人去向，吕后说："还未走远。"于是高祖追赶上了老人，向他询问。老人说："刚才看到的夫人和孩子都像您，您的面相贵不可言。"高祖于是道谢说："果真如您所言，恩德绝不敢忘。"等到高祖显贵之后，却不知道老人所在了。

高祖做亭长时，就用竹皮做成帽子，是他命捕盗的士卒到薛县找人制作的，高祖经常戴着它，等到显贵之后也经常戴，所谓的"刘氏冠"就是这种帽子。

高祖以亭长的身份为县里押送役徒去郦山，役徒大多在路上就逃走了。高祖自己估量等到达郦山时役徒都逃光了，于是在到达丰山西边的大泽中时，他就停下来喝酒，那晚就放走了所要遣送的役徒，对他们说："你们都走吧，我也从此就跑了！"役徒中的精壮少年愿意追随他的有十八人。高祖带着酒意，夜间在大泽中的小路上行进，命一个人在前面行走。走在前面的人返回报告说："前面有一条大蛇挡住了路，还是往回走吧。"高祖喝醉了，

老父相吕后曰："夫人天下贵人。"令相两子，见孝惠，曰："夫人所以贵者，乃此男也。"相鲁元，亦皆贵。老父已去，高祖适从旁舍来，吕后具言客有过，相我子母皆大贵。高祖问，曰："未远。"乃追及，问老父。老父曰："乡者夫人婴儿皆似君，君相贵不可言。"高祖乃谢曰："诚如父言，不敢忘德。"及高祖贵，遂不知老父处。

高祖为亭长，乃以竹皮为冠，令求盗之薛治之，时时冠之，及贵常冠，所谓"刘氏冠"乃是也。

高祖以亭长为县送徒郦山，徒多道亡。自度比至皆亡之，到丰西泽中，止饮，夜乃解纵所送徒。曰："公等皆去，吾亦从此逝矣！"徒中壮士愿从者十余人。高祖被酒，夜径泽中，令一人行前。行前者还报曰："前有大蛇当径，愿还。"高祖醉，曰："壮士行，何畏！"乃前，拔剑击斩蛇。蛇遂分为两，径开。行数里，醉，因卧。

后人来至蛇所，有一老妪夜哭。人问何哭，妪曰："人杀吾子，故哭之。"人曰："妪子何为见杀？"妪曰："吾子，白帝子也，化为蛇，当道，今为赤帝子斩之，故哭。"人乃以妪为不诚，欲苦之，妪因忽不见。后人至，高祖觉。后人告高祖，高祖乃心独喜，自负。诸从者日益畏之。

秦始皇帝常曰"东南有天子气"，于是因东游以厌之。高祖即自疑，亡匿，隐于芒、砀山泽岩石之间。吕后与人俱求，常得之。高祖怪问之。吕后曰："季所居上常有云气，故从往常得季。"高祖心喜。沛中子弟或闻之，多欲附者矣。

秦二世元年秋，陈胜等起蕲，至陈而王，号为"张楚"。诸郡县皆多杀其长吏以应陈涉。沛令恐，欲以沛应涉。掾、主吏萧何、曹参乃曰："君为秦吏，

就说："壮士行走，怕什么！"于是上前，拔剑砍杀了大蛇。蛇便分成了两段，路就开了。行走数里，大醉，就躺地上睡着了。后面的人来到斩蛇的地方，有一个老妇人在夜里哭泣。有人问为什么哭，老妇人说："有人杀了我的儿子，所以为他哭。"有人说："你的儿子为什么被杀了？"老妇人说："我的儿子是白帝的儿子，幻化为蛇，挡在路中，如今被赤帝的儿子杀了，所以哭。"有人于是认为老妇人在说假话，想给她点苦头吃，老妇人却忽然不见了。后面的人到达后，高祖醒了。后面的人告诉了高祖，高祖于是心中暗喜，自认为了不起。那些追随他的人更加敬畏他。

秦始皇帝经常说"东南方有天子之气"，于是就到东方巡游来镇压它。高祖便怀疑是因为自己，就逃跑了，躲藏在芒、砀一带的山泽岩石之间。吕后与别人一起寻找，经常能找到他。高祖觉得奇怪就去问她。吕后说："你所在的地方上空经常有云气，所以跟随它走经常能找到你。"高祖心中高兴。沛县中有些子弟听说此事后，很多都想归附他了。

秦二世元年秋天，陈胜等人在蕲县起事，到达陈县后自立为王，国号"张楚"。各郡县大多都杀掉他们的长吏来响应陈涉。沛县县令害怕，想以沛县响应陈涉。狱掾曹参、主吏萧何说："您身为秦朝官吏，

如今想背叛秦朝，率领沛县子弟起兵，恐怕他们不听你的。希望您召回逃亡在外的人，可以得到数百人，依靠他们来胁持众人，众人不敢不听从。"于是派樊哙召回刘季。此时刘季的部下已有数十上百人了。

于是樊哙跟随刘季回来。沛县县令后悔了，害怕有紧急事变，于是关闭城门坚守城池，想杀萧何、曹参。萧何、曹参害怕，翻越城墙去投靠刘季。刘季于是把话写在布帛上用箭射到了城上，对沛县父老说："天下苦于秦的暴政已经很久了！如今各位父老虽为沛县县令坚守城池，但诸侯并起，即将屠灭沛县。沛县父老如果现在一起杀了县令，选择年轻后辈中可以拥立的人拥立，来响应诸侯，则家室可以保全。不然，父亲和儿子都要被杀，没有什么意义啊。"沛县父老于是率领年轻后辈一起杀了沛县县令，打开城门迎接刘季，想让他做沛县县令。刘季说："天下正乱，诸侯并起，如果设立的将领不合适，之后就会一败涂地。我并非爱惜自己的性命，而是担心才能浅薄，不能保全父老兄弟。这是大事，希望大家推荐选择出合适的人。"萧何、曹参等都是文吏，爱惜自己的性命，害怕事情不能成功，以后被秦朝灭族，便都推让给刘季。各位父老都说："平日所听说的刘季有许多珍奇怪事，定当显贵，而且占卜了此事，都不如刘季吉利。"刘

今欲背之，率沛子弟，恐不听。愿君召诸亡在外者，可得数百人，因劫众，众不敢不听。"乃令樊哙召刘季。刘季之众已数十百人矣。

于是樊哙从刘季来。沛令后悔，恐其有变，乃闭城城守，欲诛萧、曹。萧、曹恐，逾城保刘季。刘季乃书帛射城上，谓沛父老曰："天下苦秦久矣。今父老虽为沛令守，诸侯并起，今屠沛。沛令共诛令，择子弟可立者立之，以应诸侯，则家室完。不然，父子俱屠，无为也。"父老乃率子弟共杀沛令，开城门迎刘季，欲以为沛令。刘季曰："天下方扰，诸侯并起，今置将不善，壹败涂地。吾非敢自爱，恐能薄，不能完父兄子弟。此大事，愿更相推择可者。"萧、曹等皆文吏，自爱，恐事不就，后秦种族其家，尽让刘季。诸父老皆曰："平生所闻刘季诸珍怪，当贵，且卜筮之，莫如刘季最吉。"于是刘季数让。众莫敢为，乃立季为沛公。祠黄帝、祭蚩尤于沛庭，而衅鼓旗，帜皆赤。由所杀蛇

白帝子，杀者赤帝子，故上赤。
于是少年豪吏如萧、曹、樊哙
等皆为收沛子弟二三千人，攻
胡陵、方与，还守丰。

秦二世二年，陈涉之将周
章军西至戏而还。燕、赵、齐、
魏皆自立为王。项氏起吴。秦
泗川监平将兵围丰，二日，出
与战，破之。命雍齿守丰，引
兵之薛。泗川守壮败于薛，走
至戚，沛公左司马得泗川守壮，
杀之。沛公还军亢父，至方
与，周市来攻方与，未战。陈
王使魏人周市略地。周市使
人谓雍齿曰：“丰，故梁徙
也。今魏地已定者数十城。齿
今下魏，魏以齿为侯守丰。不
下，且屠丰。”雍齿雅不欲属
沛公，及魏招之，即反为魏守丰。
沛公引兵攻丰，不能取。沛公
病，还之沛。沛公怨雍齿与丰
子弟版之，闻东阳甯君、秦嘉
立景驹为假王，在留，乃往从
之，欲请兵以攻丰。是时秦将

季再三推让，众人中没有敢担任的，于是
立刘季为沛公。祭祀黄帝，在县衙庭院祭
祀蚩尤，衅祭战鼓和战旗，旗帜都为赤色。
因为所杀的蛇是白帝的儿子，杀蛇的是赤
帝的儿子，所以崇尚赤色。于是少年豪杰
官吏如萧何、曹参、樊哙等人为他收聚沛
县子弟共两三千人，攻打胡陵、方与，然
后返回驻守丰地。

秦二世二年，陈涉的部将周章的军队
向西到达戏水而返回。燕、赵、齐、魏都
自立为王。项氏一族在吴县起事。秦朝的
泗川郡监平率兵包围丰邑，两天后，出城
与秦军交战，打败了秦兵。命雍齿坚守丰邑，
刘邦带兵去薛县。泗川郡郡守壮在薛县被
打败，逃到戚县，沛公的左司马抓到泗川
郡郡守壮，杀了他。沛公回军亢父，到
达方与，周市来攻打方与，没有交战。陈
王派魏人周市攻城略地。周市派人对雍齿
说：“丰邑原是梁惠王孙假迁徙之地。如
今魏国土地已平定的有数十座城。你如果
投降魏国，魏国就封你为侯驻守丰邑。不
投降，就屠灭丰邑。”雍齿平素就不想归
属沛公，等到魏国招降他，就反过来替魏
国驻守丰邑。沛公引兵攻打丰邑，没能攻下。
沛公生病，撤回到沛县。沛公怨恨雍齿与
丰邑的子弟背叛他，听说东阳甯君、秦嘉
立景驹为假王，在留县。于是去投奔他们，
想请求他们出兵来攻打丰邑。这时秦将章

邯追击陈王的军队，别将司马尸率兵向北平定楚地，屠灭相县，到达砀县。东阳甯君、沛公带兵向西，与司马尸在萧县以西交战，没有胜利。撤回后将兵力聚集在留县，率兵攻打砀县，三天才攻下砀县。因此收编了砀县的军队，得到五六千人。攻打下邑，攻占了它。回军丰邑。听说项梁在薛县，带着一百多骑兵去见项梁。项梁增拨给沛公士卒五千人，五大夫级的将领十人。沛公返回，引兵攻打丰邑。

沛公跟随项梁一月有余，项羽已经攻下襄城返回。项梁在薛县召集全部别将。听说陈王确实已死，便立楚国后人怀王的孙子心为楚王，建都盱台。项梁号称武信君。过了数月，向北攻打亢父，援救东阿，打败秦军。齐军回国，楚军单独追击败军，派沛公、项羽另外攻打城阳，屠灭城阳。在濮阳城东驻军，与秦军交战，打败秦军。

秦军军势复振，坚守濮阳，引水环城守卫。楚军离去转而攻打定陶，定陶没能攻下。沛公与项羽向西攻城略地到达雍丘城下，与秦军交战，大败秦军，斩杀李由。回军攻打外黄，外黄没能攻下。

项梁两次打败秦军，有骄傲的神色。宋义劝谏项梁，项梁没有听。秦朝给章邯增拨兵力，夜间秦军嘴里衔着枚去袭击项梁，在定陶打败了项梁的军队，项梁战死。沛公与项羽正攻打陈留，听说项梁战

章邯从陈，别将司马尸将兵北定楚地，屠相，至砀。东阳甯君、沛公引兵西，与战萧西，不利。还收兵聚留，引兵攻砀，三日乃取砀。因收砀兵，得五六千人。攻下邑，拔之。还军丰。闻项梁在薛，从骑百余往见之。项梁益沛公卒五千人，五大夫将十人。沛公还，引兵攻丰。

从项梁月余，项羽已拔襄城还。项梁尽召别将居薛。闻陈王定死，因立楚后怀王孙心为楚王，治盱台。项梁号武信君。居数月，北攻亢父，救东阿，破秦军。齐军归，楚独追北，使沛公、项羽别攻城阳，屠之。军濮阳之东，与秦军战，破之。

秦军复振，守濮阳，环水。楚军去而攻定陶，定陶未下。沛公与项羽西略地至雍丘之下，与秦军战，大破之，斩李由。还攻外黄，外黄未下。

项梁再破秦军，有骄色。宋义谏，不听。秦益章邯兵，夜衔枚击项梁，大破之定陶，项梁死。沛公与项羽方攻陈留，闻项梁死，引兵与吕将军俱东。

吕臣军彭城东，项羽军彭城西，沛公军砀。

章邯已破项梁军，则以为楚地兵不足忧，乃渡河，北击赵，大破之。当是之时，赵歇为王，秦将王离围之钜鹿城，此所谓"河北之军"也。

秦二世三年，楚怀王见项梁军破，恐，徙盱台，都彭城，并吕臣、项羽军自将之。以沛公为砀郡长，封为武安侯，将砀郡兵。封项羽为长安侯，号为鲁公。吕臣为司徒，其父吕青为令尹。

赵数请救，怀王乃以宋义为上将军，项羽为次将，范增为末将，北救赵。令沛公西略地入关。与诸将约，先入定关中者王之。

当是时，秦兵强，常乘胜逐北，诸将莫利先入关。独项羽怨秦破项梁军，奋，愿与沛公西入关。怀王诸老将皆曰："项羽为人僄悍猾贼。项羽尝攻襄城，襄城无遗类，皆坑之，诸所过无不残灭。且楚数进取，前陈王、项梁皆败。不如更遣

死，就率兵与吕将军一起向东。吕臣在彭城东面驻军，项羽在彭城西面驻军，沛公在砀县驻军。

章邯打败项梁的军队之后，便认为楚地的士兵不值得担忧，于是渡过黄河，向北攻打赵国，大败赵国。当时，赵歇做赵王，秦将王离将他围困在钜鹿城内，这就是所说的"河北之军"。

秦二世三年，楚怀王见项梁的军队被打败，害怕了，便把都城从盱台迁到了彭城，合并吕臣、项羽的军队，自己统率他们。任命沛公为砀郡郡长，封为武安侯，率领砀郡的军队。封项羽为长安侯，号称鲁公。任命吕臣为司徒，他的父亲吕青担任令尹。

赵国多次请求救援，怀王于是任命宋义为上将军，项羽为次将，范增为末将，向北救援赵国。命沛公向西攻城略地进入关中。与诸位将领约定，先进入平定关中的人就在关中称王。

当时，秦军强大，常常乘胜追击败军，诸位将领没有谁认为先入关中是有利的。唯独项羽怨恨秦军打败了项梁的军队，奋勇向前，希望与沛公一道向西进入关中。怀王的各位老将都说："项羽为人剽悍奸猾。项羽曾攻打襄城，襄城没有留下一个活口，全被项羽坑杀了，项羽经过的地方没有不被残破毁灭的。况且楚军多次攻取

关中，先前陈王、项梁都失败了。不如改换派遣一位宽厚长者以仁义之名向西，劝告秦地的父老兄弟。秦地的父老兄弟苦于他们的君主已经很久了，现在如果能有一位宽厚长者前往，不欺凌不暴虐，应当可以使他们投降。如今项羽剽悍，现在不能派去。唯独沛公一向是宽容的长者，可以派遣。"怀王最终没有答应项羽的要求，而派遣沛公向西攻城略地，收编陈王、项梁的散兵。于是沛公取道砀县到达成阳，与杠里的秦军对垒而战，打败两支秦军。楚军出兵攻打王离，大败王离的军队。

沛公带兵向西，在昌邑遇到彭越，便与他一起攻打秦军，作战没有取得胜利。回军到达栗县，遇到刚武侯，夺了他的军队，约四千多人，把他们收编到自己的军队中。与魏将皇欣、魏申徒武蒲的军队联合攻打昌邑，昌邑未能攻下。向西经过高阳。郦食其为看城门的人，说："诸位将领路过这里的有很多，我看沛公是个大人长者。"于是求见游说沛公。沛公正伸开腿坐在床上，让两个女子给他洗脚。郦生没有下拜，长作一揖，说："足下如果一定要诛灭无道的秦朝，不应当伸开腿坐着接见长者。"于是沛公起身，整理好衣服向郦生道歉，请他坐在上座。郦食其劝说沛公袭击陈留，夺取秦军囤积的粮食。于是封郦食其为广野君，郦商为将领，率领

长者扶义而西，告谕秦父兄。秦父兄苦其主久矣，今诚得长者往，毋侵暴，宜可下。今项羽剽悍，今不可遣。独沛公素宽大长者，可遣。"卒不许项羽，而遣沛公西略地，收陈王、项梁散卒。乃道砀至成阳，与杠里秦军夹壁。破秦二军。楚军出兵击王离，大破之。

沛公引兵西，遇彭越昌邑，因与俱攻秦军，战不利。还至栗，遇刚武侯，夺其军，可四千余人，并之。与魏将皇欣、魏申徒武蒲之军并攻昌邑，昌邑未拔。西过高阳。郦食其为监门，曰："诸将过此者多，吾视沛公大人长者。"乃求见，说沛公。沛公方踞床，使两女子洗足。郦生不拜，长揖，曰："足下必欲诛无道秦，不宜踞见长者。"于是沛公起，摄衣谢之，延上坐。食其说沛公袭陈留，得秦积粟。乃以郦食其为广野君，郦商为将，将陈留兵，与偕攻开封，开封未拔。西与

秦将杨熊战白马，又战曲遇东，大破之。杨熊走之荥阳，二世使使者斩以徇。南攻颍阳，屠之。因张良遂略韩地轘辕。

当是时，赵别将司马卬方欲渡河入关，沛公乃北攻平阴，绝河津。南，战雒阳东，军不利，还至阳城，收军中马骑，与南阳守齮战犫东，破之。略南阳郡，南阳守齮走，保城守宛。沛公引兵过而西。张良谏曰："沛公虽欲急入关，秦兵尚众，距险。今不下宛，宛从后击，强秦在前，此危道也。"于是沛公乃夜引兵从他道还，更旗帜，黎明，围宛城三匝。南阳守欲自刭。其舍人陈恢曰："死未晚也。"乃逾城见沛公，曰："臣闻足下约，先入咸阳者王之。今足下留守宛。宛，大郡之都也，连城数十，人民众，积蓄多，吏人自以为降必死，故皆坚守乘城。今足下尽日止攻，士死伤者必多；引兵去宛，宛必随足下后；足下前则失咸阳之约，后又有强宛之患。为足下

陈留的军队，与他一起攻打开封，开封未能攻下。向西与秦将杨熊在白马县交战，又在曲遇东面交战，大败秦军。杨熊逃到荥阳，二世派使者斩了他示众。向南攻打颍阳，屠灭颍阳。张良又帮助沛公成功攻占了韩地轘辕。

这时，赵国别将司马卬正想渡过黄河进入关中，沛公于是向北攻打平阴，断绝黄河渡口。向南，在洛阳东交战，战斗失利，回军到达阳城，收聚军中的战马和骑兵，与南阳郡守齮在犫县以东交战，大败秦军。攻占南阳郡，南阳郡守齮逃走，退守宛城。沛公带兵绕过宛城向西进军。张良劝谏说："沛公虽然想赶紧入关，但秦军还很多，据守险要之地。如今不攻下宛城，宛城从后面出兵袭击，强大的秦军在前阻截，这是危险的一条路啊。"于是沛公就夜间带兵从其他道路返回，改换旗帜，黎明时，将宛城包围了三重。南阳郡守想自杀，他的门客陈恢说："到时再死也不晚。"于是陈恢翻越城墙去见沛公，说："我听说足下等人曾约定，先进入咸阳的人在其地称王。如今足下却留在宛城。宛城是大郡的郡治，数十座城池相连，民众多，积蓄丰厚，官吏和民众都认为投降一定会死，所以他们都登城坚守。如今足下终日留在此处进攻，死伤的士卒必定很多；带兵离开宛城，宛城又一定会跟随在后面袭

击：足下前进失去先入咸阳的机会，后退又有被强劲的宛城军队进攻的忧患。为足下考虑，不如约请投降，封赏他们的城守，还让他留守此地，率领他的士兵与他们一起向西。各城没有投降的，听到消息就会争相打开城门等待，足下通行就没有什么负担了。"沛公说："好。"于是把南阳郡守封为殷侯，封给陈恢千户。带兵向西，没有不投降的。到达丹水，高武侯戚鳃、襄侯王陵在西陵投降。回军攻打胡阳，遇到番君所属别将梅鋗，与他一起降伏了析县、郦县。派魏人甯昌出使秦，使者没有回来。这时章邯已率军在赵国投降项羽了。

当初，项羽与宋义向北救援赵国，等到项羽杀了宋义，代替宋义做了上将军，黥布等诸位将领都归项羽统领，项羽打败秦将王离的军队，降伏了章邯，诸侯都归附他。等到赵高杀死秦二世，派人前来，想约定分割关中为王。沛公认为有诈，就采用张良之计，派郦生、陆贾前去游说秦将，用利益引诱，趁机偷袭攻打武关，攻破了武关。又与秦军在蓝田以南交战，增布虚张声势、迷惑敌人的旗帜，命令军队所过之处不得掳掠，秦人喜悦，秦军瓦解，于是大败秦军。又在蓝田以北与秦军交战，大败秦军。乘胜利之势，彻底打败了秦军。

汉元年十月，沛公的军队在各路诸侯军之前到达霸上。秦王子婴伴着丧事用的

计，莫若约降，封其守，因使止守，引其甲卒与之西。诸城未下者，闻声争开门而待，足下通行无所累。"沛公曰："善。"乃以宛守为殷侯，封陈恢千户。引兵西，无不下者。至丹水，高武侯鳃、襄侯王陵降西陵。还攻胡阳，遇番君别将梅鋗，与皆，降析、郦。遣魏人甯昌使秦，使者未来。是时章邯已以军降项羽于赵矣。

初，项羽与宋义北救赵，及项羽杀宋义，代为上将军，诸将黥布皆属，破秦将王离军，降章邯，诸侯皆附。及赵高已杀二世，使人来，欲约分王关中。沛公以为诈，乃用张良计，使郦生、陆贾往说秦将，啖以利，因袭攻武关，破之。又与秦军战于蓝田南，益张疑兵旗帜，诸所过毋得掠卤，秦人憙，秦军解，因大破之。又战其北，大破之。乘胜，遂破之。

汉元年十月，沛公兵遂先诸侯至霸上。秦王子婴素车白

马，系颈以组，封皇帝玺、符、节，降轵道旁。诸将或言诛秦王。沛公曰："始怀王遣我，固以能宽容；且人已服降，又杀之，不祥。"乃以秦王属吏，遂西入咸阳。欲止宫休舍，樊哙、张良谏，乃封秦重宝财物府库，还军霸上。召诸县父老豪桀曰："父老苦秦苛法久矣，诽谤者族，偶语者弃市。吾与诸侯约，先入关者王之，吾当王关中。与父老约法三章耳：杀人者死，伤人及盗抵罪。余悉除去秦法。诸吏人皆案堵如故。凡吾所以来，为父老除害，非有所侵暴，无恐！且吾所以还军霸上，待诸侯至而定约束耳。"乃使人与秦吏行县乡邑，告谕之。秦人大喜，争持牛羊酒食献飨军士。沛公又让不受，曰："仓粟多，非乏，不欲费人。"人又益喜，唯恐沛公不为秦王。

或说沛公曰："秦富十倍天下，地形强。今闻章邯降项

素车白马，用丝绳系着脖子，带着封起来的皇帝的玺印符节，在轵道旁投降。有的将领建议说杀了秦王。沛公说："当初怀王派我，本就因为我宽容；况且现在人家已经投降，又杀了他，不吉利。"于是把秦王交给官吏，便向西进入咸阳。想留在宫中休息，樊哙、张良劝谏，才封印好秦宫的贵重珍宝、财物和府库，回军到霸上。召来各县的父老豪杰说："各位父老苦于秦朝的苛虐法令已经很久了，诽谤朝廷的人要被灭族，相聚议论的人要被弃市处死。我与诸侯约定，先入关的人在关中称王，我应当在关中称王。我与各位父老约定，法律只有三条而已：杀人的人死刑，伤人及偷盗的人视情节轻重处以相应刑罚。其余的秦朝法律全部除去。各位吏人还负责自己原来的工作。我来此是为父老们除去祸害的，不会有什么侵凌暴虐之举，不要害怕！我之所以回军霸上，是为了等待诸侯到达制定法令约束而已。"于是派人与秦朝官吏巡行各县各乡邑，清楚地告诉他们这些。秦人非常高兴，争相拿着牛羊肉和美酒等食物犒赏军士。沛公又推让不肯接受，说："仓库粮食很多，不缺乏，不想让大家破费。"人们更加高兴，唯恐沛公不做秦王。

有人劝说沛公道："秦地富足十倍于天下，地形优越。如今听说章邯投降了项羽，

于是项羽封他为雍王，统治关中。如果他来，沛公恐怕不能占据关中。可赶紧派兵驻守函谷关，不让诸侯军进入，逐渐征调关中的兵力来使自己强大，抵御他们。"沛公认为此计不错，便依计行事。十一月中，项羽果然率领诸侯军向西，想入函谷关，但关门紧闭。听说沛公已平定关中，大怒，派黥布等人攻破函谷关。十二月中，便到达戏水。沛公左司马曹无伤听说项王发怒，想攻打沛公，派人告诉项羽说："沛公想统治关中，命子婴为丞相，占有全部珍宝。"想以此求得封赏。亚父劝项羽攻打沛公。就犒劳战士，准备第二天交战。这时项羽的兵有四十万，号称百万。沛公的兵有十万，号称二十万，兵力不能和项羽匹敌。恰好项伯想救张良，夜间便前去见张良，向项羽详细明白地说明沛公的心意，项羽才终止发兵。沛公带着一百多名骑兵，赶到鸿门，向项羽谢罪。项羽说："这是沛公左司马曹无伤说的，不然，我项籍怎么会做这些事！"沛公靠着樊哙、张良的帮助，才得以脱身回到军中。返回后，立即杀了曹无伤。

项羽于是向西，屠杀秦人，焚烧咸阳的秦朝宫室，所过之处无不残灭。秦人非常失望，只是因害怕不敢不服罢了。项羽派人去报告怀王。怀王说："按照约定行事。"项羽怨恨怀王不肯下令他与沛公一

羽，项羽乃号为雍王，王关中。今则来，沛公恐不得有此。可急使兵守函谷关，无内诸侯军，稍征关中兵以自益，距之。"沛公然其计，从之。十一月中，项羽果率诸侯兵西，欲入关，关门闭。闻沛公已定关中，大怒，使黥布等攻破函谷关。十二月中，遂至戏。沛公左司马曹无伤闻项王怒，欲攻沛公，使人言项羽曰："沛公欲王关中，令子婴为相，珍宝尽有之。"欲以求封。亚父劝项羽击沛公。方飨士，旦日合战。是时项羽兵四十万，号百万。沛公兵十万，号二十万，力不敌。会项伯欲活张良，夜往见良，因以文谕项羽，项羽乃止。沛公从百余骑，驱之鸿门，见谢项羽。项羽曰："此沛公左司马曹无伤言之。不然，籍何以至此！"沛公以樊哙、张良故，得解归。归，立诛曹无伤。

项羽遂西，屠烧咸阳秦宫室，所过无不残破。秦人大失望，然恐，不敢不服耳。项羽使人还报怀王。怀王曰："如约。"项羽怨怀王不肯令与沛

公俱西入关，而北救赵，后天下约。乃曰："怀王者，吾家项梁所立耳，非有功伐，何以得主约！本定天下，诸将及籍也。"乃详尊怀王为义帝，实不用其命。

正月，项羽自立为西楚霸王，王梁、楚地九郡，都彭城。负约，更立沛公为汉王，王巴、蜀、汉中，都南郑。三分关中，立秦三将：章邯为雍王，都废丘；司马欣为塞王，都栎阳；董翳为翟王，都高奴。楚将瑕丘申阳为河南王，都洛阳。赵将司马卬为殷王，都朝歌。赵王歇徙王代。赵相张耳为常山王，都襄国。当阳君黥布为九江王，都六。怀王柱国共敖为临江王，都江陵。番君吴芮为衡山王，都邾。燕将臧荼为燕王，都蓟。故燕王韩广徙王辽东。广不听，臧荼攻杀之无终。封成安君陈馀河间三县，居南皮。封梅鋗十万户。

四月，兵罢戏下，诸侯各就国。汉王之国，项王使卒三万人从，楚与诸侯之慕从者数万人，从杜南入蚀中。去辄烧绝栈道，以备诸侯盗兵袭之，

起向西入关，而让他向北救援赵国，结果他在"先入关中者为王"的天下之约中落后。项羽就说："怀王是我项家的项梁拥立的，没有战功，怎么能主持约定呢！平定天下的，是诸位将领和我项籍。"于是故意推尊楚怀王为义帝，实际上不听他的命令。

正月，项羽自立为西楚霸王，统治梁地、楚地九个郡，建都彭城。违背约定，改立沛公为汉王，统治巴、蜀、汉中，建都南郑。将关中分为三份，立秦朝的三个将领为王：章邯为雍王，建都废丘；司马欣为塞王，建都栎阳；董翳为翟王，建都高奴。楚将瑕丘申阳为河南王，建都洛阳。赵将司马卬为殷王，建都朝歌。赵王歇迁封为代王。赵国宰相张耳为常山王，建都襄国。当阳君黥布为九江王，建都六。怀王的柱国共敖为临江王，建都江陵。番君吴芮为衡山王，建都邾。燕将臧荼为燕王，建都蓟。原来的燕王韩广迁封为辽东王。韩广不听命令，臧荼在无终杀了他。把河间三县封给成安君陈馀，让他居住在南皮。封给梅鋗十万户。

四月，在戏下罢兵，诸侯各自回到封国。汉王前往封国，项王派兵三万人跟随，楚军和诸侯军中仰慕跟从的人有数万人，从杜县以南进入蚀中。离开就立即烧毁栈道，以防备诸侯偷偷带兵袭击，也向项羽表示

没有东进之意。到达南郑，诸位将领及士卒大多在路上逃回，士卒都歌唱着想回到东方。韩信劝说汉王道："项羽把各位将领中有功劳的人封为王，而让大王独身一人居留南郑，这是流放啊。军官和士卒都是崤山以东之人，日夜踮脚盼望东归，趁他们的锐气利用他们，可以大有作为。如果天下太平了，人们都渴望安宁，就不可再用他们打仗了。不如决定现在向东，去争天下。"

项羽出了关中，派人迁徙义帝。项羽说："古代的帝王土地方圆千里，一定要居住在上游。"于是派使者把义帝迁徙到长沙郴县，催促义帝上路，群臣也逐渐背叛义帝，于是暗中命令衡山王、临江王攻击义帝，在江南杀死义帝。项羽怨恨田荣，立齐国将领田都为齐王。田荣大怒，便自立为齐王，杀死田都反叛楚国；授予彭越将军符印，让他在梁地造反。楚国命令萧公角攻打彭越，彭越大败萧公角。陈馀怨恨项羽不封自己为王，命夏说游说田荣，请求出兵攻打张耳。齐国给予陈馀军队，打败了常山王张耳，张耳逃归汉王。陈馀从代地把赵王歇迎回，又立为赵王。赵王便立陈馀为代王。项羽大怒，向北攻打齐国。

八月，汉王采用韩信的计策，从故道返回，攻打雍王章邯。章邯在陈仓迎击汉

亦示项羽无东意。至南郑，诸将及士卒多道亡归，士卒皆歌思东归。韩信说汉王曰："项羽王诸将之有功者，而王独居南郑，是迁也。军吏士卒皆山东之人也，日夜跂而望归，及其锋而用之，可以有大功。天下已定，人皆自宁，不可复用。不如决策东乡，争权天下。"

项羽出关，使人徙义帝。曰："古之帝者地方千里，必居上游。"乃使使徙义帝长沙郴县，趣义帝行，群臣稍倍叛之，乃阴令衡山王、临江王击之，杀义帝江南。项羽怨田荣，立齐将田都为齐王。田荣怒，因自立为齐王，杀田都而反楚；予彭越将军印，令反梁地。楚令萧公角击彭越，彭越大破之。陈馀怨项羽之弗王己也，令夏说说田荣，请兵击张耳。齐予陈馀兵，击破常山王张耳，张耳亡归汉。迎赵王歇于代，复立为赵王。赵王因立陈馀为代王。项羽大怒，北击齐。

八月，汉王用韩信之计，从故道还，袭雍王章邯。邯迎

击汉陈仓，雍兵败，还走；止
战好畤，又复败，走废丘。汉
王遂定雍地。东至咸阳，别兵
围雍王废丘，而遣诸将略定陇
西、北地、上郡。令将军薛
欧、王吸出武关，因王陵兵南阳，
以迎太公、吕后于沛。楚闻之，
发兵距之阳夏，不得前。令故
吴令郑昌为韩王，距汉兵。

二年，汉王东略地，塞王欣、
翟王翳、河南王申阳皆降。韩
王昌不听，使韩信击破之。于
是置陇西、北地、上郡、渭南、
河上、中地郡；关外置河南郡。
更立韩太尉信为韩王。诸将以
万人若以一郡降者，封万户。
缮治河上塞。诸故秦苑囿园池，
皆令人得田之。正月，虏雍王
弟章平。大赦罪人。

汉王之出关至陕，抚关外
父老，还，张耳来见，汉王厚
遇之。二月，令除秦社稷，更
立汉社稷。三月，汉王从临晋渡，
魏王豹将兵从。下河内，虏殷王，
置河内郡。南渡平阴津，至雒
阳。新城三老董公遮说汉王以
义帝死故。汉王闻之，袒而大哭。
遂为义帝发丧，临三日。发使

军，雍王的军队战败，原路撤回；停军在
好畤交战，又战败，逃到废丘。汉王于是
平定雍地。向东到达咸阳，率兵在废丘包
围了雍王，而派诸位将领平定陇西、北地、
上郡。命将军薛欧、王吸出兵武关，借南
阳王陵的军队，到沛县去迎接太公、吕后。
楚国听说此事，发兵在阳夏阻拦，汉军
不能前进。命原来的吴县县令郑昌为韩王，
抵挡汉军。

汉二年，汉王向东夺取土地，塞王司
马欣、翟王董翳、河南王申阳都投降了。
韩王郑昌不服从，派韩信打败了郑昌。于
是设置了陇西、北地、上郡、渭南、河上、
中地六郡；在关外设置了河南郡。改立韩
国的太尉信为韩王。诸位将领中能有带
一万人或带一个郡投降的，封赐万户。修
缮、治理河上要塞。秦朝原来的苑囿园池，
都开放让人们耕作。正月，俘虏了雍王的
弟弟章平。大赦犯罪之人。

汉王出函谷关到达陕县，抚慰关外的
父老，返回，张耳前来求见，汉王给他以
优厚的待遇。二月，下令废除秦朝的社稷，
改立汉的社稷。三月，汉王从临晋渡过黄
河，魏王豹率兵跟随。攻下河内，俘虏殷
王，设置河内郡。向南渡过平阴津，到达
洛阳。新城县的三老董公在路上拦住汉王，
向汉王说了义帝死去的原因。汉王听说
此事，袒露臂膀大哭起来。于是汉王为义

帝发丧，哭吊三日。派出使者告诉天下诸侯："天下人共同拥立义帝，面朝北向他俯首称臣。如今项羽放逐义帝于江南并杀了他，大逆不道。我亲自为义帝发丧，诸侯都要穿缟素丧服。我要发动关中所有的军队，收聚河南、河东、河内的士卒，向南沿长江汉水而下。希望诸侯王跟从我去攻打楚国杀死义帝的人。"

这时项王向北攻打齐国，田荣与项王在城阳交战。田荣战败，逃到平原，平原的民众杀了他。齐国全部地方都投降了楚国。楚国于是焚烧齐国的城郭，掳掠齐国人的子女。齐国人又反叛了楚国。田荣的弟弟田横立田荣的儿子田广为齐王，齐王在城阳反叛楚国。项羽虽然听说汉军向东，但已经与齐军交战了，就想打败齐军再攻打汉军。汉王因此得以胁迫五个诸侯的军队，攻入彭城。项羽听说此事，便率兵离开齐国，从鲁地出胡陵，到达萧县，与汉军在彭城灵壁以东的睢水边上大战，大败汉军，杀了很多士卒，睢水因此断流。于是在沛县掳走了汉王的父母、妻子和儿女，安置在军中作为人质。这时，诸侯见楚军强大而汉军战败，又都离开汉王投靠楚王。塞王司马欣逃入楚国。

吕后的兄长周吕侯替汉王领兵，驻扎在下邑。汉王到他那里，逐渐收聚士卒，在砀县驻军。汉王于是向西经过梁地，到

者告诸侯曰："天下共立义帝，北面事之。今项羽放杀义帝于江南，大逆无道。寡人亲为发丧，诸侯皆缟素。悉发关内兵，收三河士，南浮江汉以下，愿从诸侯王击楚之杀义帝者。"

是时项王北击齐，田荣与战城阳。田荣败，走平原，平原民杀之。齐皆降楚。楚因焚烧其城郭，系虏其子女，齐人叛之。田荣弟横立荣子广为齐王，齐王反楚城阳。项羽虽闻汉东，既已连齐兵，欲遂破之而击汉。汉王以故得劫五诸侯兵，遂入彭城。项羽闻之，乃引兵去齐，从鲁出胡陵，至萧，与汉大战彭城灵壁东睢水上，大破汉军，多杀士卒，睢水为之不流。乃取汉王父母妻子于沛，置之军中以为质。当是时，诸侯见楚强汉败还，皆去汉复为楚。塞王欣亡入楚。

吕后兄周吕侯为汉将兵，居下邑。汉王从之，稍收士卒，军砀。汉王乃西过梁地，至

虞。使谒者随何之九江王布所，曰：“公能令布举兵叛楚，项羽必留击之。得留数月，吾取天下必矣。”随何往说九江王布，布果背楚。楚使龙且往击之。

汉王之败彭城而西，行使人求家室，家室亦亡，不相得。败后乃独得孝惠，六月，立为太子，大赦罪人。令太子守栎阳，诸侯子在关中者皆集栎阳为卫。引水灌废丘，废丘降，章邯自杀。更名废丘为槐里。于是令祠官祀天地四方上帝山川，以时祀之。兴关内卒乘塞。

是时九江王布与龙且战，不胜，与随何间行归汉。汉王稍收士卒，与诸将及关中卒益出，是以兵大振荥阳，破楚京、索间。

三年，魏王豹谒归视亲疾，至即绝河津，反为楚。汉王使郦生说豹，豹不听。汉王遣将军韩信击，大破之，虏豹。遂定魏地，置三郡，曰河东、太原、上党。汉王乃令张耳与韩信遂东下井陉击赵，斩陈馀、赵王歇。其明年，立张耳为赵王。

派谒者随何去九江王黥布的处所，说：“请您让黥布举兵背叛楚国，项羽一定留下攻打他。能让他停留数月，我就一定能夺得天下了。”随何前去游说九江王黥布，黥布果然背叛楚国。楚国派龙且去攻打黥布。

汉王在彭城兵败后向西而行，派人寻找家室，家室也逃走了，互相没有遇见。战败后就只找到了孝惠，六月，立孝惠为太子，大赦犯罪之人。命太子留守栎阳，诸侯的儿子中留在关中的，都集中到栎阳守卫。引水淹灌废丘，废丘投降，章邯自杀。把废丘改名为槐里。于是命令祠官祭祀天地、四方、上帝、山川，并且以后按时祭祀。调动关内士卒守卫要塞。

这时九江王黥布与龙且交战，不能取胜，与随何走小路归附汉王。汉王逐渐收聚士卒，与诸位将领及关中士卒大举出动，因此汉军在荥阳军威大振，在京、索之间打败楚军。

汉三年，魏王豹告假归乡去探视生病的父母，一到就断绝了黄河的渡口，反过来投靠楚国。汉王派郦生劝说魏豹，魏豹不听。汉王派将军韩信攻打，打败了魏豹的军队，俘虏了魏豹。于是平定魏地，设置了三个郡，河东郡、太原郡、上党郡。汉王于是命张耳与韩信顺势向东攻下井陉，攻打赵国，杀了陈馀、赵王歇。次年，立张耳为赵王。

汉王在荥阳城南驻军，修筑甬道与黄河相连，来运取敖仓之粮。与项羽对峙一年多，项羽多次破坏汉军的甬道，汉军缺乏粮食，于是楚军包围了汉王。汉王请求议和，荥阳以西划分为汉的领地。项王没有同意。汉王忧虑此事，就采用陈平的计策，给陈平四万斤黄金，用以离间楚国君臣。于是项羽就怀疑亚父。亚父这时正劝项羽直接攻下荥阳，等到他见项羽怀疑自己，就发怒，以年老为由辞官，请求告老还乡，结果还未到达彭城就死了。

汉军粮草已尽，于是夜间派出两千多名女子从东门出去，披戴盔甲，楚军乘机从四面攻打她们。将军纪信于是乘着汉王的马车，假装是汉王，欺骗楚军，楚军都大呼万岁，去城东门观看，因此汉王得以与几十名骑兵从西门逃走。汉王命令御史大夫周苛、魏豹、枞公驻守荥阳。诸位将领和不能跟从的士卒，全部留在城中。周苛、枞公互相商议说："反叛国家的诸侯王，难以与他一同守城。"他们就杀了魏豹。

汉王逃出荥阳，进入关中收聚兵卒，想再次向东进军。袁生劝汉王道："汉军与楚军在荥阳对峙几年，汉军经常被困。希望大王从武关出兵，项羽一定领兵向南走，大王深沟高垒，使荥阳、成皋之间的军民暂且得以休整。派韩信等人去平定黄

汉王军荥阳南，筑甬道属之河，以取敖仓。与项羽相距岁余。项羽数侵夺汉甬道，汉军乏食，遂围汉王。汉王请和，割荥阳以西者为汉。项王不听。汉王患之，乃用陈平之计，予陈平金四万斤，以间疏楚君臣。于是项羽乃疑亚父。亚父是时劝项羽遂下荥阳，及其见疑，乃怒，辞老，愿赐骸骨归卒伍，未至彭城而死。

汉军绝食，乃夜出女子东门二千余人，被甲，楚因四面击之。将军纪信乃乘王驾，诈为汉王，诳楚，楚皆呼万岁，之城东观，以故汉王得与数十骑出西门遁。令御史大夫周苛、魏豹、枞公守荥阳。诸将卒不能从者，尽在城中。周苛、枞公相谓曰："反国之王，难与守城。"因杀魏豹。

汉王之出荥阳，入关收兵，欲复东。袁生说汉王曰："汉与楚相距荥阳数岁，汉常困。愿君王出武关，项羽必引兵南走，王深壁，令荥阳、成皋间且得休。使韩信等辑河北

赵地，连燕、齐，君王乃复走荥阳，未晚也。如此，则楚所备者多，力分，汉得休，复与之战，破楚必矣。"汉王从其计，出军宛、叶间，与黥布行收兵。

项羽闻汉王在宛，果引兵南。汉王坚壁不与战。是时彭越渡睢水，与项声、薛公战下邳，彭越大破楚军。项羽乃引兵东击彭越。汉王亦引兵北军成皋。项羽已破走彭越，闻汉王复军成皋，乃复引兵西，拔荥阳，诛周苛、枞公，而虏韩王信，遂围成皋。

汉王跳，独与滕公共车出成皋玉门，北渡河，驰宿修武。自称使者，晨驰入张耳、韩信壁，而夺之军。乃使张耳北益收兵赵地，使韩信东击齐。汉王得韩信军，则复振。引兵临河，南飨军小修武南，欲复战。郎中郑忠乃说止汉王，使高垒深堑，勿与战。汉王听其计，使卢绾、刘贾将卒二万人，骑数百，渡白马津，入楚地，与彭越复击破楚军燕郭西，遂复下梁地

河北面的赵地，使燕地、齐地连成一片，大王再前往荥阳，也不晚。这样一来，楚国所要防备的地方有很多，兵力分散，汉军得以休整，再与楚军交战，打败楚军是一定的了。"汉王听从了袁生的计策，出兵宛城、叶县之间，与黥布边行军边收聚兵卒。

项羽听说汉王在宛城，果然引兵南下。汉王坚守壁垒不与他交战。这时彭越渡过睢水，与项声、薛公在下邳交战，彭越大败楚军。项羽于是领兵向东攻打彭越。汉王也领兵往北在成皋驻军。项羽打跑彭越后，听说汉王又在成皋驻军，便又领兵向西，攻下荥阳，杀了周苛、枞公，而且俘虏了韩王信，于是包围了成皋。

汉王逃走，只与滕公共乘一车从成皋玉门出去，向北渡过黄河，疾行到修武住宿。汉王自称为使者，清早驱马进入张耳、韩信的军营，控制了他们的军队。于是派张耳向北去赵地收聚兵卒，派韩信向东攻打齐国。汉王得到韩信的军队，军势复振。汉王领兵面对黄河，在小修武城南犒劳军队，想再次战斗。郎中郑忠劝阻了汉王，让他高垒城堡挖深壕沟，不要与楚军交战。汉王听从了他的计策，派卢绾、刘贾率领士卒两万人，骑兵数百人，渡过白马津口，进入楚地，与彭越再次在燕县城

西击败楚军，于是又攻下梁地十余座城池。

淮阴侯受命向东后，没有渡过平原津。汉王派郦生前去劝说齐王田广，田广背叛楚国，与汉王讲和，共同攻打项羽。韩信采用蒯通之计，袭击成功，打败了齐国。齐王烹杀了郦生，向东逃到高密。项羽听说韩信已率领河北的军队打败齐军、赵军，将要攻打楚国，便派龙且、周兰去攻打韩信。韩信与楚军交战，骑将灌婴出击，大败楚军，杀死龙且。齐王田广投奔彭越。当时，彭越领兵驻扎在梁地，往来骚扰使楚军受苦，还断绝了楚军的粮食。

汉四年，项羽对海春侯大司马曹咎说："要谨慎地驻守成皋。如果汉军挑战，千万不要与他们交战，不要使汉军东进就可以了。我十五日内一定平定梁地，再来找将军。"于是项羽行军攻打陈留、外黄、睢阳，攻下了这些地方。汉军果然多次挑战楚军，楚军没有出战，汉军辱骂了楚军五六天，大司马发怒，领兵渡过汜水。士卒渡到一半，汉军袭击楚军，大败楚军，夺去了楚国的金玉等财物。大司马曹咎、长史司马欣都在汜水边自刎。项羽到达睢阳，听说海春侯被打败，于是领兵返回。汉军正在荥阳以东围攻锺离眜，项羽到达后，全部逃到险要地带。

韩信打败齐国后，派人对汉王说："齐国靠近楚国，权太轻，不任命为临时的诸

十余城。

淮阴已受命东，未渡平原。汉王使郦生往说齐王田广，广叛楚，与汉和，共击项羽。韩信用蒯通计，遂袭破齐。齐王烹郦生，东走高密。项羽闻韩信已举河北兵破齐、赵，且欲击楚，则使龙且、周兰往击之。韩信与战，骑将灌婴击，大破楚军，杀龙且。齐王广奔彭越。当此时，彭越将兵居梁地，往来苦楚兵，绝其粮食。

四年，项羽乃谓海春侯大司马曹咎曰："谨守成皋。若汉挑战，慎勿与战，无令得东而已。我十五日必定梁地，复从将军。"乃行击陈留、外黄、睢阳，下之。汉果数挑楚军，楚军不出，使人辱之五六日，大司马怒，度兵汜水。士卒半渡，汉击之，大破楚军，尽得楚国金玉货赂。大司马咎、长史欣皆自刭汜水上。项羽至睢阳，闻海春侯破，乃引兵还。汉军方围锺离眜于荥阳东，项羽至，尽走险阻。

韩信已破齐，使人言曰："齐边楚，权轻，不为假王，

恐不能安齐。"汉王欲攻之。留侯曰："不如因而立之，使自为守。"乃遣张良操印绶立韩信为齐王。

项羽闻龙且军破，则恐，使盱台人武涉往说韩信。韩信不听。

楚汉久相持未决，丁壮苦军旅，老弱罢转饷。汉王、项羽相与临广武之间而语。项羽欲与汉王独身挑战。汉王数项羽曰："始与项羽俱受命怀王，曰'先入定关中者王之'，项羽负约，王我于蜀汉，罪一。项羽矫杀卿子冠军而自尊，罪二。项羽已救赵，当还报，而擅劫诸侯兵入关，罪三。怀王约入秦无暴掠，项羽烧秦宫室，掘始皇帝冢，私收其财物，罪四。又强杀秦降王子婴，罪五。诈坑秦子弟新安二十万，王其将，罪六。项羽皆王诸将善地，而徙逐故主，令臣下争叛逆，罪七。项羽出逐义帝彭城，自都之，夺韩王地，并王梁、楚，多自予，罪八。项羽使人阴弑义帝江南，罪九。夫为人臣而弑其主，杀已降，为政不平，主约不信，

侯王，恐怕不能安定齐地。"汉王想攻打韩信。留侯张良说："不如顺势立他为王，让他自己守地。"于是派张良拿着印绶立韩信为齐王。

项羽听说龙且的军队被打败，害怕了，派盱台人武涉前去游说韩信。韩信没有听从。

楚军、汉军长期相持，不分胜负，青壮年苦于军旅生活，老弱者疲累于转运粮草。汉王与项羽隔着广武涧互相说话。项羽想与汉王单独挑战。汉王责备项羽说："当初与项羽一起接受怀王的命令，说先入关平定关中的人就在关中称王，项羽违背约定，让我在蜀汉为王，这是第一条罪状。项羽假传怀王之命杀了卿子冠军而自加尊号，这是第二条罪状。项羽已经救援赵国成功，应当返回复命，却擅自胁迫诸侯的军队进入关中，这是第三条罪状。怀王约定进入秦地不能抢夺，项羽焚烧秦朝宫室，挖掘始皇帝的坟冢，私自收纳秦朝财物，这是第四条罪状。还有强行杀了投降的秦王子婴，这是第五条罪状。以欺诈手段在新安坑杀了秦人子弟二十万人，封他们的将领为王，这是第六条罪状。项羽把好地方封给诸位将领为王，而迁徙驱逐了原来的君主，使臣下争相叛逆，这是第七条罪状。项羽把义帝逐出彭城，自己在彭城建都，掠夺韩王的土地，兼并梁地、楚地，

给自己的土地很多，这是第八条罪状。项羽派人暗中在江南弑杀义帝，这是第九条罪状。身为人臣却弑杀他的君主，杀已经投降的人，为政不公，主持约定却不守信用，是天下所不能容忍的，大逆不道，这是第十条罪状。我以仁义之师带领诸侯诛杀残暴的贼人，让受过刑的罪人击杀你项羽，何苦还跟老子挑战！"项羽大怒，让埋伏的弓弩手射中了汉王。汉王伤及胸部，却按着脚说："丑虏射中了我的脚趾。"汉王受伤卧床，张良请求汉王强行起身出去慰劳军队，以让士卒安心，以免楚军乘胜攻击汉军。汉王出去巡视军队后，病情加重，于是驱马进入成皋。

汉王伤愈后，向西进入关中，到达栎阳，慰问父老，设酒宴，把原塞王司马欣的人头砍下挂在栎阳市集示众。汉王在栎阳停留四天，又到军中，在广武驻军。关中派出了更多的军队。

此时，彭越领兵驻扎在梁地，往来骚扰使楚军受苦，又断绝了楚军的粮食。田横去投奔他。项羽多次攻打彭越等人，齐王韩信又进兵攻打楚军，项羽害怕，于是与汉王约定，中分天下，割鸿沟以西的土地归汉，鸿沟以东的土地归楚。项王放回了汉王的父母、妻子、儿女，军中都大呼万岁，于是两军都撤回了。

项羽撤兵向东返回。汉王想领兵向西

天下所不容，大逆无道，罪十也。吾以义兵从诸侯诛残贼，使刑余罪人击杀项羽，何苦乃与公挑战！"项羽大怒，伏弩射中汉王。汉王伤胸，乃扪足曰："虏中吾指！"汉王病创卧，张良强请汉王起行劳军，以安士卒，毋令楚乘胜于汉。汉王出行军，病甚，因驰入成皋。

病愈，西入关，至栎阳，存问父老，置酒，枭故塞王欣头栎阳市。留四日，复如军，军广武。关中兵益出。

当此时，彭越将兵居梁地，往来苦楚兵，绝其粮食。田横往从之。项羽数击彭越等，齐王信又进击楚。项羽恐，乃与汉王约，中分天下，割鸿沟而西者为汉，鸿沟而东者为楚。项王归汉王父母妻子，军中皆呼万岁，乃归而别去。

项羽解而东归。汉王欲引

而西归，用留侯、陈平计，乃进兵追项羽，至阳夏南止军，与齐王信、建成侯彭越期会而击楚军。至固陵，不会。楚击汉军，大破之。汉王复入壁，深堑而守之。用张良计，于是韩信、彭越皆往。及刘贾入楚地，围寿春，汉王败固陵，乃使使者召大司马周殷举九江兵而迎武王，行屠城父，随刘贾、齐梁诸侯皆大会垓下。立武王布为淮南王。

五年，高祖与诸侯兵共击楚军，与项羽决胜垓下。淮阴侯将三十万自当之，孔将军居左，费将军居右，皇帝在后，绛侯、柴将军在皇帝后。项羽之卒可十万。淮阴先合，不利，却。孔将军、费将军纵，楚兵不利，淮阴侯复乘之，大败垓下。项羽夜闻汉军之楚歌，以为汉尽得楚地，项羽乃败而走，是以兵大败。使骑将灌婴追杀项羽东城，斩首八万，遂略定楚地。鲁为楚坚守不下。汉王引诸侯兵北，示鲁父老项羽头，鲁乃降。遂以鲁公号葬项羽穀城。还至定陶，驰入齐王壁，夺其军。

返回，但采用了留侯、陈平的计策，又进兵追击项羽，到达阳夏南面停止进军，与齐王韩信、建成侯彭越约定日期集合攻打楚军。到达固陵，没有会合。楚军攻打汉军，大败汉军。汉王再次进入军营，深挖壕沟坚守壁垒。采用了张良的计谋，于是韩信、彭越都前来会师。等到刘贾进入楚地，包围了寿春，汉王在固陵战败，于是汉王派使者召大司马周殷率领九江的军队去迎接武王，行军中屠灭了城父县，之后跟着刘贾、齐地、梁地的诸侯在垓下会合。立武王黥布为淮南王。

汉五年，高祖与诸侯的军队一起攻打楚军，与项羽在垓下决胜负。淮阴侯率领三十万大军亲自正面抵挡楚军，孔将军在左翼，费将军在右翼，皇帝在后军，绛侯、柴将军在皇帝后面。项羽的士卒大约十万。淮阴侯先与楚军正面交锋，战斗失利，往后退。孔将军、费将军纵兵进击，楚军失利，淮阴侯又攻了上来，最终在垓下大败楚军。项羽夜里听到汉军在唱楚地歌谣，以为汉军已完全得到了楚地，于是失败而逃，因此楚军大败。派骑将灌婴追击，在东城杀了项羽，斩首八万，终于攻占平定了楚地。鲁地为楚坚守不肯投降。汉王率领诸侯军向北，把项羽的人头给鲁地父老看，鲁地才投降。于是以鲁公的名号把项羽葬在了穀城。回军到达定陶，驱马驰入齐王的军营，夺了韩信的军队。

正月，诸侯及将相共同请求尊称汉王为皇帝。汉王说："我听说帝号是贤德之人享有的，不是靠空言虚语就能拥有的，我不敢当皇帝。"群臣都说："大王从平民起事，诛伐暴逆，平定四海，有功的人总是分地给他封为王侯。大王不称帝，他们都会怀疑而不相信封赏。臣等以死坚守提议。"汉王辞让再三，不得已，说："诸君如果认定这样有利，那我就做这有利于国家的事吧。"甲午日，汉王在汜水北面即皇帝位。

皇帝说："义帝没有后代。齐王韩信熟悉楚地的风俗，改封为楚王。"建都下邳。立建成侯彭越为梁王，建都定陶。原韩王信仍为韩王，建都阳翟。迁封衡山王吴芮为长沙王，建都临湘。番君的将领梅鋗有功，跟随高祖进入武关，以此感激感谢番君。淮南王黥布、燕王臧荼、赵王张敖的封号都和原来一样。

天下基本平定。高祖建都洛阳，诸侯都称臣归附。原临江王骦为了项羽背叛汉，高祖命令卢绾、刘贾围攻临江王，没有攻下。几个月后临江王投降，在洛阳被杀。

五月，士卒都解甲归家。诸侯的儿子在关中的免除徭役十二年，已回封国的免除徭役六年，国家供养他们一年。

高祖在洛阳南宫设置酒宴。高祖说：

正月，诸侯及将相相与共请尊汉王为皇帝。汉王曰："吾闻帝贤者有也，空言虚语，非所守也，吾不敢当帝位。"群臣皆曰："大王起微细，诛暴逆，平定四海，有功者辄裂地而封为王侯。大王不尊号，皆疑不信。臣等以死守之。"汉王三让，不得已，曰："诸君必以为便，便国家。"甲午，乃即皇帝位汜水之阳。

皇帝曰："义帝无后。齐王韩信习楚风俗，徙为楚王。"都下邳。立建成侯彭越为梁王，都定陶。故韩王信为韩王，都阳翟。徙衡山王吴芮为长沙王，都临湘。番君之将梅鋗有功，从入武关，故德番君。淮南王布、燕王臧荼、赵王敖皆如故。

天下大定。高祖都雒阳，诸侯皆臣属。故临江王骦为项羽叛汉，令卢绾、刘贾围之，不下。数月而降，杀之雒阳。

五月，兵皆罢归家。诸侯子在关中者复之十二岁，其归者复之六岁，食之一岁。

高祖置酒雒阳南宫。高祖

曰："列侯诸将无敢隐朕，皆言其情。吾所以有天下者何？项氏之所以失天下者何？"高起、王陵对曰："陛下慢而侮人，项羽仁而爱人。然陛下使人攻城略地，所降下者因以予之，与天下同利也。项羽妒贤嫉能，有功者害之，贤者疑之，战胜而不予人功，得地而不予人利，此所以失天下也。"高祖曰："公知其一，未知其二。夫运筹策帷帐之中，决胜于千里之外，吾不如子房。镇国家，抚百姓，给馈饷，不绝粮道，吾不如萧何。连百万之军，战必胜，攻必取，吾不如韩信。此三者，皆人杰也，吾能用之，此吾所以取天下也。项羽有一范增而不能用，此其所以为我擒也。"

高祖欲长都雒阳，齐人刘敬说，及留侯劝上入都关中，高祖是日驾，入都关中。六月，大赦天下。

七月，燕王臧荼反，攻下代地。高祖自将击之，得燕王臧荼。即立太尉卢绾为燕王。使丞相哙将兵攻代。

其秋，利几反，高祖自将

"各位诸侯将领不要隐瞒我，你们都说说实话。我能拥有天下的原因是什么？项氏失去天下的原因又是什么？"高起、王陵回答说："陛下傲慢爱轻侮人，项羽仁厚而爱人。然而陛下派人攻城略地，所降伏和攻下的地方就给予那些人，与天下人同享利益。项羽嫉贤妒能，伤害有功劳的人，怀疑贤能的人，别人有战功他也不给人授功，他夺得土地也不给别人好处，这是他失去天下的原因。"高祖说："你们只知其一，不知其二。运筹帷幄之中，决胜千里之外，我不如子房。镇守国家，安抚百姓，供给粮饷，保护运粮通道，我不如萧何。统率百万大军，能做到战斗必胜利，攻打必占取，我不如韩信。这三个人，都是人中俊杰，我能重用他们，这就是我能取得天下的原因。项羽只有一个范增却不能任用，这就是他被我擒获的原因。"

高祖想在洛阳长久定都，齐人刘敬劝谏他，留侯张良也劝高祖进入关中建都，高祖当日起驾，到关中建都。六月，大赦天下。

七月，燕王臧荼造反，攻占了代地。高祖亲自领兵攻打，抓到了燕王臧荼。接着立太尉卢绾为燕王。派丞相樊哙领兵攻打代地。

这年秋天，利几谋反，高祖亲自领兵

攻打他，利几逃走。利几，是项氏的将领。项氏失败，利几为陈公，没有跟随项羽，逃走归降了高祖，高祖把他封到颍川为侯。高祖到达洛阳，要召见所有在名册上的列侯，利几害怕，所以谋反。

汉六年，高祖每五天朝见太公一次，像平民百姓一样行父子之礼。太公的家令劝说太公道："天上没有两个太阳，国家没有两个君王。如今高祖虽是儿子，但也是人主；太公虽是父亲，但也是人臣，怎么能让人主拜见人臣呢！如果这样，皇帝的威严就无法行于天下了。"后来高祖朝见，太公抱着扫帚，在门口迎接倒退着走。高祖大惊，下车扶太公。太公说："皇帝是人主，怎么能因为我而扰乱天下的法度呢！"于是高祖就尊太公为太上皇。高祖心中对家令说的话感到很高兴，赐给他金五百斤。

十二月，有人上书告发楚王韩信谋反，高祖询问左右大臣，左右大臣都争着想攻打韩信。最后采用了陈平的计策，就是假装巡游云梦，在陈县会见诸侯。楚王韩信来迎接，于是乘机捉住了他。这天，大赦天下。田肯前来祝贺，同时劝高祖道："陛下擒得韩信，又在关中建都。秦是地理形势优越的地方，有山河之险要，与中原远隔千里，一百万持戟的士卒，可以发挥百倍的作用。秦国地势便利，从这里向

兵击之，利几走。利几者，项氏之将。项氏败，利几为陈公，不随项羽，亡降高祖，高祖侯之颍川。高祖至雒阳，举通侯籍召之，而利几恐，故反。

六年，高祖五日一朝太公，如家人父子礼。太公家令说太公曰："天无二日，土无二王。今高祖虽子，人主也；太公虽父，人臣也。奈何令人主拜人臣！如此，则威重不行。"后高祖朝，太公拥篲，迎门却行。高祖大惊，下扶太公。太公曰："帝，人主也，奈何以我乱天下法！"于是高祖乃尊太公为太上皇。心善家令言，赐金五百斤。

十二月，人有上变事告楚王信谋反，上问左右，左右争欲击之。用陈平计，乃伪游云梦，会诸侯于陈，楚王信迎，即因执之。是日，大赦天下。田肯贺，因说高祖曰："陛下得韩信，又治秦中。秦，形胜之国，带河山之险，县隔千里，持戟百万，秦得百二焉。地势便利，其以下兵于诸侯，譬犹居高屋

之上建瓴水也。夫齐，东有琅邪、即墨之饶，南有泰山之固，西有浊河之限，北有勃海之利。地方二千里，持戟百万，县隔千里之外，齐得十二焉。故此东、西秦也。非亲子弟，莫可使王齐矣。"高祖曰："善。"赐黄金五百斤。

后十余日，封韩信为淮阴侯，分其地为二国。高祖曰："将军刘贾数有功。"以为荆王，王淮东。弟交为楚王，王淮西。子肥为齐王，王七十余城，民能齐言者皆属齐。乃论功，与诸列侯剖符行封。徙韩王信太原。

七年，匈奴攻韩王信马邑，信因与谋反太原。白土曼丘臣、王黄立故赵将赵利为王以反，高祖自往击之。会天寒，士卒堕指者什二三，遂至平城。匈奴围我平城，七日而后罢去。令樊哙止定代地。立兄刘仲为代王。

二月，高祖自平城过赵、雒阳，至长安。长乐官成，丞相已下徙治长安。

八年，高祖东击韩王信余

诸侯发兵，就好像从高屋脊上往下倒水一样。齐地，东有琅邪、即墨的富饶，南有泰山的险固，西有黄河的险阻，北有渤海的便利。土地方圆两千里，与中原远隔千里之外，一百万持戟的士卒，可以发挥十倍的作用。所以齐是东方的秦了。不是亲儿子亲弟弟，万不可使他到齐地称王。"高祖说："好。"赐给他黄金五百斤。

十几天后，封韩信为淮阴侯，分割他的土地为两个诸侯国。高祖说："将军刘贾屡立战功。"封刘贾为荆王，统治淮河以东。弟弟刘交为楚王，统治淮河以西。儿子刘肥为齐王，统治七十余城，能讲齐国话的民众都归齐国。于是论功行赏，与各位列侯剖符为信实行分封。把韩王信迁到太原郡。

汉七年，匈奴在马邑攻打韩王信，韩王信就此与匈奴联合，在太原谋反。白土县的曼丘臣、王黄拥立原赵国将领赵利为王反叛，高祖亲自前往攻打他们。赶上天气寒冷，士卒中冻掉手指的有十分之二三，到达平城。匈奴把我军包围在平城，七天后才撤军离去。命令樊哙留下平定代地，立兄长刘仲为代王。

二月，高祖从平城经过赵国、洛阳，到达长安。长乐宫建成，丞相以下的官吏都迁到了长安。

汉八年，高祖向东追击韩王信的残余

反贼，到达东垣。

丞相萧何营建未央宫，已建成东阙、北阙、前殿、武库、太仓。高祖返回，见宫阙非常壮丽，大怒，对萧何说："天下纷纷扰扰苦于战争好多年，事业成败还不知道，为什么修筑的宫室如此过分呢？"萧何说："天下还未安定，所以可以趁此机会修完宫室。况且天子以四海为家，不壮丽不能显示天子的威严，而且不用让后代子孙修建更壮丽的了。"高祖这才高兴。

高祖前往东垣，路过柏人县，赵国丞相贯高等人图谋弑杀高祖，高祖心下不安，就没有留宿。代王刘仲抛弃封国逃跑，自行逃到洛阳，废掉王号降为合阳侯。

汉九年，赵国丞相贯高等人谋反的事被发觉，被夷灭三族。废掉赵王张敖的王号，降为宣平侯。这年，将楚国昭、屈、景、怀四家和齐国田氏等贵族迁到关中。

未央宫建成。高祖大会诸侯群臣，在未央宫前殿设置酒宴。高祖手捧玉杯，起身为太上皇祝寿，说："当初您常常认为我不中用，不能经营产业，不如刘仲能干。如今我的产业与刘仲的相比谁的多？"殿上群臣都高呼万岁，大笑作乐。

汉十年十月，淮南王黥布、梁王彭越、燕王卢绾、荆王刘贾、楚王刘交、齐王刘肥、长沙王吴芮都来长乐宫朝见。春夏没

反寇于东垣。

萧丞相营作未央宫，立东阙、北阙、前殿、武库、太仓。高祖还，见宫阙壮甚，怒，谓萧何曰："天下匈匈苦战数岁，成败未可知，是何治宫室过度也？"萧何曰："天下方未定，故可因遂就宫室。且夫天子以四海为家，非壮丽无以重威，且无令后世有以加也。"高祖乃说。

高祖之东垣，过柏人，赵相贯高等谋弑高祖，高祖心动，因不留。代王刘仲弃国亡，自归雒阳，废以为合阳侯。

九年，赵相贯高等事发觉，夷三族。废掉赵王敖为宣平侯。是岁，徙贵族楚昭、屈、景、怀、齐田氏关中。

未央宫成。高祖大朝诸侯群臣，置酒未央前殿。高祖奉玉卮，起为太上皇寿，曰："始大人常以臣无赖，不能治产业，不如仲力。今某之业所就孰与仲多？"殿上群臣皆呼万岁，大笑为乐。

十年十月，淮南王黥布、梁王彭越、燕王卢绾、荆王刘贾、楚王刘交、齐王刘肥、长沙王

吴芮皆来朝长乐宫。春夏无事。

七月，太上皇崩栎阳宫。楚王、梁王皆来送葬。赦栎阳囚。更命郦邑曰新丰。

八月，代相国陈豨反代地。上曰：“豨尝为吾使，甚有信。代地吾所急也，故封豨为列侯，以相国守代，今乃与王黄等劫掠代地！代地吏民非有罪也，其赦代吏民。”九月，上自东往击之。至邯郸，上喜曰：“豨不南据邯郸而阻漳水，吾知其无能也。”闻豨将皆故贾人也，上曰：“吾知所以与之。”乃多以金啖豨将，豨将多降者。

十一年，高祖在邯郸诛豨等未毕，豨将侯敞将万余人游行，王黄军曲逆，张春渡河击聊城。汉使将军郭蒙与齐将击，大破之。太尉周勃道太原入，定代地。至马邑，马邑不下，即攻残之。豨将赵利守东垣，高祖攻之，不下。月余，卒骂高祖，高祖怒。城降，令出骂者斩之，不骂者原之。于是乃分赵山北，立子恒以为代王，

有大事可记。

七月，太上皇在栎阳宫去世。楚王、梁王都来送葬。赦免栎阳的囚犯。把郦邑改名为新丰。

八月，赵国的相国陈豨在代地造反。高祖说：“陈豨曾当过我的使者，很讲信用。代地是我所重视的地方，所以我封陈豨为列侯，以相国的身份守代地，如今竟与王黄等人劫掠代地！代地的官员和民众没有罪，可赦免代地的官员和民众。”九月，高祖亲自东征，前去攻打陈豨。到达邯郸，高祖高兴地说：“陈豨不向南据守邯郸，却以漳水为险阻，我知道他不能有所作为了。”听说陈豨的将领原来都是商人，高祖说：“我知道怎样对付他们了。”于是用重金引诱陈豨的将领，陈豨的将领有很多投降的。

汉十一年，高祖在邯郸讨伐陈豨等人还没成功，陈豨的将领侯敞带着一万多人以游击方式作战，王黄在曲逆驻军，张春渡过黄河攻打聊城。汉廷派将军郭蒙与齐国将领攻打，大败张春。太尉周勃取道太原入代，平定代地。到达马邑，马邑不投降，于是攻击摧毁了马邑。陈豨的将领赵利镇守东垣，高祖攻打东垣，没有攻下。一个多月后，叛卒辱骂高祖，高祖大怒。东垣城投降，命令揪出辱骂的人斩了，没有骂的人赦免他们。于是就分出赵国常山以北

的土地，立儿子刘恒为代王，建都晋阳。

春，淮阴侯韩信在关中谋反，被夷灭三族。夏，梁王彭越谋反，废掉王爵贬到蜀地；又想谋反，于是被夷灭三族。高祖立儿子刘恢为梁王，儿子刘友为淮阳王。秋七月，淮南王黥布谋反，向东兼并了荆王刘贾的土地，向北渡过淮水，楚王刘交逃入薛县。高祖亲自前往攻打黥布。立儿子刘长为淮南王。

汉十二年十月，高祖在会甄攻打黥布的军队，黥布逃走，命令别将追击黥布。

高祖返回，路过沛县，就停留在沛县。在沛宫设置酒宴，召来所有老朋友和父老子弟畅快饮酒，选出沛中一百二十个孩童，教他们唱歌。饮酒正酣，高祖击筑，自己作诗歌唱道："大风起兮云飞扬，威加海内兮归故乡，安得猛士兮守四方！"命令那些孩童都和唱练习这首歌。高祖于是起身舞蹈，情绪激昂地感怀往事，泪如雨下。他对沛县的父老兄弟说："游子眷念故乡，我虽然建都关中，但我死之后我的魂魄还会思念沛县。而且我从成为沛公开始去诛讨暴逆，才享有天下，那就以沛县为我的汤沐邑，免除沛县所有人的赋税，世世代代不让他们纳税。"沛县的父老兄弟、妇女长辈和老朋友每天畅饮，极尽欢乐，谈论着往事嬉笑作乐。十多天后，高祖想离去，沛县的父老兄弟坚决请求挽留高祖。高祖

都晋阳。

春，淮阴侯韩信谋反关中，夷三族。夏，梁王彭越谋反，废迁蜀；复欲反，遂夷三族。立子恢为梁王，子友为淮阳王。秋七月，淮南王黥布反，东并荆王刘贾地，北渡淮，楚王交走入薛。高祖自往击之。立子长为淮南王。

十二年十月，高祖已击布军会甄，布走，令别将追之。

高祖还归，过沛，留。置酒沛宫，悉召故人父老子弟纵酒，发沛中儿得百二十人，教之歌。酒酣，高祖击筑，自为歌诗曰："大风起兮云飞扬，威加海内兮归故乡，安得猛士兮守四方！"令儿皆和习之。高祖乃起舞，慷慨伤怀，泣数行下。谓沛父兄曰："游子悲故乡。吾虽都关中，万岁后吾魂魄犹乐思沛。且朕自沛公以诛暴逆，遂有天下，其以沛为朕汤沐邑，复其民，世世无有所与。"沛父兄诸母故人日乐饮极欢，道旧故为笑乐。十余日，高祖欲去，沛父兄固请留高祖。高祖曰："吾人众多，父兄不

能给。"乃去。沛中空县皆之邑西献。高祖复留止，张饮三日。沛父兄皆顿首曰："沛幸得复，丰未复，唯陛下哀怜之。"高祖曰："丰吾所生长，极不忘耳，吾特为其以雍齿故反我为魏。"沛父兄固请，乃并复丰，比沛。于是拜沛侯刘濞为吴王。

汉将别击布军洮水南北，皆大破之，追得斩布鄱阳。樊哙别将兵定代，斩陈豨当城。

十一月，高祖自布军至长安。十二月，高祖曰："秦始皇帝、楚隐王陈涉、魏安釐王、齐缗王、赵悼襄王皆绝无后，予守冢各十家，秦皇帝二十家，魏公子无忌五家。"赦代地吏民，为陈豨、赵利所劫掠者皆赦之。陈豨降将言豨反时，燕王卢绾使人之豨所，与阴谋。上使辟阳侯迎绾，绾称病。辟阳侯归，具言绾反有端矣。二月，使樊哙、周勃将兵击燕王绾。赦燕吏民与反者。立皇子建为燕王。

说："我的人马众多，父老兄弟供应不起。"于是离去。沛县城中所有人都到城西敬献牛酒。高祖又停留下来，搭起帷帐畅饮三天。沛县的父老兄弟都叩头说："沛县有幸得以免除赋税，丰邑没有免除赋税，希望陛下哀怜他们。"高祖说："丰邑是我生长的地方，我根本不会忘记，我这样做只是因为丰邑当年帮雍齿反叛我而投靠魏。"沛县的父老兄弟坚决请求，于是一并免除了丰邑的赋税，与沛县一样。于是封沛侯刘濞为吴王。

汉将分别在洮水的南、北两岸攻打黥布的军队，都大败黥布军，在鄱阳县追上并杀了黥布。樊哙另外领兵平定代地，在当城斩了陈豨。

十一月，高祖从攻打黥布的军中回到长安。十二月，高祖说："秦始皇帝、楚隐王陈涉、魏安釐王、齐湣王、赵悼襄王都断绝了后代，各给予他们十户人家看守坟冢，给秦始皇帝二十户，魏公子无忌五户。"赦免代地的官吏和民众，被陈豨、赵利所胁迫的人也都被赦免了。陈豨的降将说陈豨造反时，燕王卢绾派人到过陈豨的处所，与他暗中谋划过事情。高祖派辟阳侯迎接卢绾，卢绾声称有病。辟阳侯返回，详细汇报说卢绾造反是有端倪的了。二月，派樊哙、周勃率兵攻打燕王卢绾。赦免燕地的官吏和参与反叛的民众。立皇子刘建为燕王。

高祖攻打黥布时，被流矢射中，在路上生病了。病情严重，吕后请来良医。医生进入见高祖，高祖询问医生病情。医生说："病可以医治。"于是高祖骂医生道："我以布衣的身份提着三尺长剑取得天下，这难道不是天命吗？命在于天，即使是扁鹊又有什么用呢！"于是不让治病，赐了金五十斤打发他走了。不久吕后问："陛下百年之后，萧相国若死去，让谁接替他呢？"高祖说："曹参可以。"问其次是谁，高祖说："王陵可以。然而王陵有些憨直，陈平可以辅助他。陈平才智有余，然而难以独担重任。周勃持重敦厚，缺乏文才，然而安定刘氏政权的人一定是周勃，可以让他做太尉。"吕后再问之后是谁，高祖说："之后也不是你能知道的了。"

卢绾与数千骑兵在塞下窥探，希望高祖病愈后亲自入京谢罪。

四月甲辰日，高祖在长乐宫驾崩。四天没有发丧。吕后与审食其谋划说："各位将领与皇帝原先都是编在户籍的平民，如今他们面北称臣，常常因此怏怏不乐，如今又侍奉少主，不全数族灭他们，天下不得安宁。"有人听说此事后，告诉了郦将军。郦将军前往见审食其，说："我听说皇帝已经驾崩了，四天不发丧，是想

高祖击布时，为流矢所中，行道病。病甚，吕后迎良医。医入见，高祖问医。医曰："病可治。"于是高祖嫚骂之曰："吾以布衣提三尺剑取天下，此非天命乎？命乃在天，虽扁鹊何益！"遂不使治病，赐金五十斤罢之。已而吕后问："陛下百岁后，萧相国即死，令谁代之？"上曰："曹参可。"问其次，上曰："王陵可。然陵少戆，陈平可以助之。陈平智有余，然难以独任。周勃重厚少文，然安刘氏者必勃也，可令为太尉。"吕后复问其次，上曰："此后亦非而所知也。"

卢绾与数千骑居塞下候伺，幸上病愈自入谢。

四月甲辰，高祖崩长乐宫。四日不发丧。吕后与审食其谋曰："诸将与帝为编户民，今北面为臣，此常怏怏，今乃事少主，非尽族是，天下不安。"人或闻之，语郦将军。郦将军往见审食其，曰："吾闻帝已崩，四日不发丧，欲诛诸将。诚如此，

天下危矣。陈平、灌婴将十万守荥阳，樊哙、周勃将二十万定燕、代，此闻帝崩，诸将皆诛，必连兵还乡以攻关中。大臣内叛，诸侯外反，亡可翘足而待也。”审食其入言之，乃以丁未发丧，大赦天下。

卢绾闻高祖崩，遂亡入匈奴。

丙寅，葬。己巳，立太子，至太上皇庙。群臣皆曰：“高祖起微细，拨乱世反之正，平定天下，为汉太祖，功最高。”上尊号为高皇帝。太子袭号为皇帝，孝惠帝也。令郡国诸侯各立高祖庙，以岁时祠。

及孝惠五年，思高祖之悲乐沛，以沛宫为高祖原庙。高祖所教歌儿百二十人，皆令为吹乐，后有缺，辄补之。

高帝八男：长庶齐悼惠王肥；次孝惠，吕后子；次戚夫人子赵隐王如意；次代王恒，已立为孝文帝，薄太后子；次梁王恢，吕太后时徙为赵共王；次淮阳王友，吕太后时徙为赵幽王；次淮南厉王长；次

诛杀各位将领。如果这样，天下就危险了。陈平、灌婴率领十万人驻守荥阳，樊哙、周勃率领二十万人平定燕地、代地，他们如果听说皇帝驾崩，诸位将领都被诛杀，一定联合起来返回攻打关中。大臣在内叛乱，诸侯在外造反，灭亡就可翘足而待了。”审食其入宫告诉了吕后，于是在丁未日发丧，大赦天下。

卢绾听说高祖驾崩，就逃入匈奴了。

丙寅日，高祖下葬。己巳日，立太子为皇帝，到太上皇庙祭告。群臣都说：“高祖以平民之身起事，而能拨转乱世使之归于正道，平定天下，是汉王朝的太祖，功劳最高。”上尊号为高皇帝。太子沿袭皇帝称号，这就是孝惠帝。命令郡国诸侯都修建高祖庙，按时祭祀。

等到孝惠帝五年，想起了高祖在沛县时的悲乐情形，就把沛宫作为高祖原庙。让高祖所教唱歌的一百二十个孩童作为原庙中的吹乐者，以后有空缺，就随时再找人补齐。

高帝有八个儿子：长子是庶出的齐悼惠王刘肥；次子孝惠，是吕后的儿子；三子是戚夫人的儿子赵隐王如意；四子是代王刘恒，后来立为孝文帝，是薄太后的儿子；五子是梁王刘恢，吕太后时改封为赵共王；六子是淮阳王刘友，吕太后时改封为赵幽王；七子是淮南厉王刘长；八子是

燕王刘建。

　　太史公说：夏朝的政治忠厚。忠厚的弊端是会使民众粗野少礼，所以殷朝取代夏朝后倡导威严恭敬。威严恭敬的弊端是会使民众变得迷信，所以周朝取代商朝后讲究礼乐制度。礼乐制度的弊端，是会使民众变得不诚恳，而要挽救这种弊病莫过于讲究忠厚。三王的治国之道是循环的，周而复始。在周末秦初之际，可以说礼乐制度凋敝了。秦朝施政不加以革新，反而加重刑罚和法律，这岂不是太荒谬了吗？所以汉朝兴起，虽承继了秦朝衰败的政局，但矫正了过去的弊病，使人民不会倦怠，符合天道。每年的十月朝见天子。天子乘坐以黄缯为顶的篷车，在左骖马头上插着牦牛尾或雉尾作为装饰。高祖死后葬于长陵。

燕王建。

　　太史公曰：夏之政忠，忠之敝，小人以野，故殷人承之以敬。敬之敝，小人以鬼，故周人承之以文。文之敝，小人以僿，故救僿莫若以忠。三王之道若循环，终而复始。周、秦之间，可谓文敝矣。秦政不改，反酷刑法，岂不缪乎？故汉兴，承敝易变，使人不倦，得天统矣。朝以十月。车服黄屋左纛。葬长陵。

史记卷九
本纪第九

太后吕雉

吕太后，是高祖身份低微时的妻子，生了孝惠帝、女儿鲁元太后。后来高祖做了汉王，得到定陶的戚姬，宠幸她，生了赵隐王如意。孝惠帝为人仁爱软弱，高祖认为不像他，常想废掉太子，立戚姬的儿子如意为太子，认为如意像他自己。戚姬得到宠幸，经常跟随高祖去关东，还日夜啼哭，想立她的儿子来代替太子。吕后年纪大，经常留守关中，很少见到高祖，更加被疏远。如意立为赵王以后，好几次差点就取代了太子，全靠大臣们力争，以及留侯张良的计策，太子才没被废黜。

吕后为人刚强坚毅，辅佐高祖平定天下，诛杀大臣时吕后出力很多。吕后有两个兄长，都是将领。长兄周吕侯为国事而死，封他的儿子吕台为郦侯，儿子吕产为炎侯；二哥吕释之为建成侯。

汉十二年四月甲辰日，高祖在长乐宫驾崩，太子承袭尊号为帝。这时高祖有八个儿子：长子刘肥，是孝惠帝的兄长，和

吕太后者，高祖微时妃也，生孝惠帝、女鲁元太后。及高祖为汉王，得定陶戚姬，爱幸，生赵隐王如意。孝惠为人仁弱，高祖以为不类我，常欲废太子，立戚姬子如意，如意类我。戚姬幸，常从上之关东，日夜啼泣，欲立其子代太子。吕后年长，常留守，希见上，益疏。如意立为赵王后，几代太子者数矣，赖大臣争之，及留侯策，太子得毋废。

吕后为人刚毅，佐高祖定天下，所诛大臣多吕后力。吕后兄二人，皆为将。长兄周吕侯死事，封其子吕台为郦侯，子产为炎侯；次兄吕释之为建成侯。

高祖十二年四月甲辰，崩长乐宫，太子袭号为帝。是时高祖八子：长男肥，孝惠兄也，

异母，肥为齐王；余皆孝惠弟，戚姬子如意为赵王，薄夫人子恒为代王，诸姬子子恢为梁王，子友为淮阳王，子长为淮南王，子建为燕王。高祖弟交为楚王，兄子濞为吴王。非刘氏功臣番君吴芮子臣为长沙王。

吕后最怨戚夫人及其子赵王，乃令永巷囚戚夫人，而召赵王。使者三反，赵相建平侯周昌谓使者曰："高帝属臣赵王，赵王年少。窃闻太后怨戚夫人，欲召赵王并诛之，臣不敢遣王。王且亦病，不能奉诏。"吕后大怒，乃使人召赵相。赵相征至长安，乃使人复召赵王。王来，未到。孝惠帝慈仁，知太后怒，自迎赵王霸上，与入宫，自挟与赵王起居饮食。太后欲杀之，不得间。孝惠元年十二月，帝晨出射，赵王少，不能蚤起。太后闻其独居，使人持鸩饮之。犁明，孝惠还，赵王已死。于是乃徙淮阳王友为赵王。夏，诏赐郦侯父追谥为令武侯。太后遂断戚夫人手足，去眼，煇耳，饮喑药，使居厕中，命曰"人

孝惠帝不同母，刘肥被封为齐王；其余的都是孝惠的弟弟，戚姬的儿子刘如意被封为赵王，薄夫人的儿子刘恒被封为代王，诸位姬妾所生的儿子中刘恢为梁王，刘友为淮阳王，刘长为淮南王，刘建为燕王。高祖的弟弟刘交为楚王，兄长的儿子刘濞为吴王。非刘氏功臣的番君吴芮的儿子吴臣为长沙王。

吕后最怨恨戚夫人和她的儿子赵王，于是下令把戚夫人囚禁在永巷，又召见赵王。使者三次往返，赵相建平侯周昌对使者说："高帝把赵王托付给我，赵王还年少。我听说太后怨恨戚夫人，想召见赵王一并杀了他，我不敢让赵王去。况且赵王也生病了，不能遵奉皇帝的命令。"吕后大怒，就派人召来赵相。赵相被征召到长安，就派人又去征召赵王。赵王前来，还未到。孝惠帝仁慈，知道太后发怒，亲自在霸上迎接赵王，与他一起入宫，自己起居饮食都和赵王一起。太后想杀赵王，得不到机会。孝惠帝元年十二月，孝惠帝早晨出宫射猎。赵王年少，不能早起。太后听说赵王独自在家，派人拿毒酒给他喝。黎明，孝惠帝返回，赵王已经死了。于是就改封淮阳王刘友为赵王。夏，下诏追赐郦侯的父亲为令武侯。太后又斩断戚夫人的手脚，挖去双眼，用火灼聋耳朵，给她喝下哑药，给她扔在厕所中，起

名为"人彘"。过了几天，叫孝惠帝来观看。孝惠帝见了，询问之后才知道人彘是戚夫人，于是大哭，因而生病，一年多不能起床。派人告诉太后说："这不是人干的事。我作为太后的儿子，终究不能治理天下。"孝惠帝从此终日饮酒淫乐，不理朝政，因此有病了。

孝惠帝二年，楚元王、齐悼惠王都来京参加十月岁首的朝觐。孝惠帝与齐王在太后面前宴饮，孝惠帝以兄长之礼对待齐王，把他安置在上座，就像平民百姓之间的礼节一样。太后大怒，于是命人斟了两杯毒酒，放在齐王面前，让齐王起来为她祝寿。齐王起身，孝惠帝也起身，取酒杯想一起为太后祝寿。太后于是害怕，自己起身打翻了孝惠帝的酒杯。齐王觉得奇怪，于是不敢喝酒，假装喝醉而离去。经询问，知道那是毒酒，齐王就害怕，自认为不能逃出长安，为此担忧。齐王的内史士劝齐王说："太后只有孝惠帝和鲁元公主。如今大王有七十多座城池，而公主才有数座汤沐邑。大王若把一个郡献给太后，作为公主的汤沐邑，太后必定欢喜，大王也一定不用忧虑了。"于是齐王就献出了城阳郡，尊鲁元公主为王太后。吕后欢喜，接受了城邑。于是在齐王的府邸设置酒宴，欢乐畅饮，酒宴结束，放齐王返回封地。孝惠帝三年，修筑长安城，孝惠帝四年时完成

彘"。居数日，乃召孝惠帝观人彘。孝惠见，问，乃知其戚夫人，乃大哭，因病，岁余不能起。使人请太后曰："此非人所为。臣为太后子，终不能治天下。"孝惠以此日饮为淫乐，不听政，故有病也。

二年，楚元王、齐悼惠王皆来朝十月，孝惠与齐王燕饮太后前，孝惠以为齐王兄，置上坐，如家人之礼。太后怒，乃令酌两卮鸩，置前，令齐王起为寿。齐王起，孝惠亦起，取卮欲俱为寿。太后乃恐，自起泛孝惠卮。齐王怪之，因不敢饮，详醉去。问，知其鸩，齐王恐，自以为不得脱长安，忧。齐内史士说王曰："太后独有孝惠与鲁元公主。今王有七十余城，而公主乃食数城。王诚以一郡上太后，为公主汤沐邑，太后必喜，王必无忧。"于是齐王乃上城阳之郡，尊公主为王太后。吕后喜，许之。乃置酒齐邸，乐饮，罢，归齐王。三年，方筑长安城，四年就半，五年六年城就。七年，诸侯来会。十月，朝贺。

七年秋八月戊寅，孝惠帝崩。发丧，太后哭，泣不下。留侯子张辟彊为侍中，年十五，谓丞相曰："太后独有孝惠，今崩，哭不悲，君知其解乎？"丞相曰："何解？"辟彊曰："帝毋壮子，太后畏君等。君今请拜吕台、吕产为将，将兵居南、北军，及诸吕皆入宫，居中用事，如此则太后心安，君等幸得脱祸矣。"丞相乃如辟彊计。太后说，其哭乃哀。吕氏权由此起。乃大赦天下。九月辛丑，葬。太子即位为帝，谒高庙。元年，号令一出太后。

太后称制，议欲立诸吕为王，问右丞相王陵。王陵曰："高帝刑白马盟曰：'非刘氏而王，天下共击之。'今王吕氏，非约也。"太后不说。问左丞相陈平、绛侯周勃。勃等对曰："高帝定天下，王子弟；今太后称制，王昆弟诸吕，无所不可。"太后喜，罢朝。王陵让陈平、绛侯曰："始与高帝喋

了一半，孝惠帝五年、六年时长安城建成。孝惠帝七年，诸侯前来聚会，十月入朝祝贺。

孝惠帝七年秋八月戊寅日，孝惠帝驾崩。发丧时，太后哭泣，却没有流眼泪。留侯的儿子张辟彊为侍中，年方十五岁，对丞相说："太后仅有孝惠帝，如今孝惠帝驾崩，太后哭泣却不悲伤，您知道其中的原因吗？"丞相说："什么原因？"辟彊说："皇帝没有成年的儿子，太后畏惧你们这些大臣。您现在请求封吕台、吕产为将领，领兵治理南北军，再让诸位吕姓之人入宫，在宫中掌权，这样太后才会心安，你们这些大臣就能幸运地避免祸患了。"丞相于是按辟彊的计策行事。太后心里高兴，哭得才悲伤起来。吕氏的权势由此兴起。于是大赦天下。九月辛丑日，孝惠帝下葬。太子即位为皇帝，拜谒高庙。少帝元年，号令一律出自太后。

太后代行皇帝的职权，商议想立诸吕为王，询问右丞相王陵。王陵说："高帝杀白马盟誓说'不是刘氏而称王的人，天下人一起攻打他'。如今吕氏为王，不遵守约定。"太后不高兴。询问左丞相陈平、绛侯周勃。周勃等人回答说："高帝平定天下，封刘姓子弟为王，如今太后代行皇帝职权，封吕氏众兄弟为王，没有什么不可以的。"太后欢喜，退朝。王陵责备陈平、绛侯说："当初与高帝歃血为盟，诸位难

道不在吗？如今高帝驾崩，太后一介女主，想让吕氏诸人称王，诸位听从她的想法阿谀逢迎、违背约定，还有何面目去地下见高帝？"陈平、绛侯说："像今天这样在朝廷上当面反驳，据理诤谏，我们不如您；若说保全社稷，安定刘氏后代，您也不如我们。"王陵没有什么话回答他们。十一月，太后想废黜王陵，就拜他为皇帝的太傅，夺了他的相权。王陵于是称病，被罢免回乡。就让左丞相陈平担任右丞相，让辟阳侯审食其担任左丞相。左丞相不治理政事，让他监管宫中之事，像郎中令一样。审食其过去受到太后的宠幸，常常掌权决事，公卿大臣都要通过他来决议政事。于是追尊郦侯的父亲为悼武王，想以此成为封诸吕为王的开始。

四月，太后想封诸吕为侯，于是先封高祖的功臣郎中令无择为博城侯。鲁元公主去世，赐谥号为鲁元太后。儿子张偃为鲁王。鲁王的父亲，是宣平侯张敖。封齐悼惠王的儿子刘章为朱虚侯，把吕禄的女儿嫁给他为妻。封齐国丞相齐寿为平定侯。封少府阳成延为梧侯。又封吕种为沛侯，吕平为扶柳侯，张买为南宫侯。

太后想立诸吕为王，先立孝惠帝后宫嫔妃所生的儿子刘彊为淮阳王，儿子刘不疑为常山王，儿子刘山为襄城侯，儿子刘

血盟，诸君不在邪？今高帝崩，太后女主，欲王吕氏，诸君从欲阿意背约，何面目见高帝地下？"陈平、绛侯曰："于今面折廷争，臣不如君；夫全社稷，定刘氏之后，君亦不如臣。"王陵无以应之。十一月，太后欲废王陵，乃拜为帝太傅，夺之相权。王陵遂病免归。乃以左丞相平为右丞相，以辟阳侯审食其为左丞相。左丞相不治事，令监宫中，如郎中令。食其故得幸太后，常用事，公卿皆因而决事。乃追尊郦侯父为悼武王，欲以王诸吕为渐。

四月，太后欲侯诸吕，乃先封高祖之功臣郎中令无择为博城侯。鲁元公主薨，赐谥为鲁元太后。子偃为鲁王。鲁王父，宣平侯张敖也。封齐悼惠王子章为朱虚侯，以吕禄女妻之。齐丞相寿为平定侯。少府延为梧侯。乃封吕种为沛侯，吕平为扶柳侯，张买为南宫侯。

太后欲王吕氏，先立孝惠后宫子彊为淮阳王，子不疑为常山王，子山为襄城侯，子朝

为轵侯，子武为壶关侯。太后风大臣，大臣请立郦侯吕台为吕王，太后许之。建成康侯释之卒，嗣子有罪，废，立其弟吕禄为胡陵侯，续康侯后。二年，常山王薨，以其弟襄城侯山为常山王，更名义。十一月，吕王台薨，谥为肃王，太子嘉代立为王。三年，无事。四年，封吕婴为临光侯，吕他为俞侯，吕更始为赘其侯，吕忿为吕城侯，及诸侯丞相五人。

宣平侯女为孝惠皇后时，无子，详为有身，取美人子名之，杀其母，立所名子为太子。孝惠崩，太子立为帝。帝或闻其母死，非真皇后子，乃出言曰："后安能杀吾母而名我？我未壮，壮即为变。"太后闻而患之，恐其为乱，乃幽之永巷中，言帝病甚，左右莫得见。太后曰："凡有天下治为万民命者，盖之如天，容之如地，上有欢心以安百姓，百姓欣然以事其上，欢欣交通而天下治。今皇帝病久不已，乃失惑悖乱，不能继嗣奉宗庙祭祀，不可属天下，其代之。"群臣皆顿首言："皇

朝为轵侯，儿子刘武为壶关侯。太后暗示大臣，大臣就请求立郦侯吕台为吕王，太后答应了他们。建成康侯吕释之去世，嫡长子有罪被废黜，立他的弟弟吕禄为胡陵侯，接续康侯的后代。少帝二年，常山王去世，就让他的弟弟襄城侯刘山为常山王，改名刘义。十一月，吕王吕台去世，谥号为肃王，太子吕嘉代立为王。少帝三年，无大事需记。少帝四年，封吕婴为临光侯，吕他为俞侯，吕更始为赘其侯，吕忿为吕城侯，还封了五个诸侯王国的丞相为侯。

宣平侯的女儿做孝惠皇后时，没有儿子，假装有身孕，将其他嫔妃所生的儿子占为己有，并杀死孩子的母亲，立这个孩子为太子。孝惠帝驾崩，把太子立为皇帝。皇帝长大后有时听说他的母亲已死，他不是皇后真的儿子，于是开口说："太后怎么能杀我母亲而将我据为己有呢？我还未长大，长大我就发动变乱。"太后听说后就担心他，害怕他发动变乱，于是把他幽禁在永巷中，说皇帝病得严重，左右大臣不得觐见。太后说："凡是受命拥有天下统治万民的人，像天一样覆盖万物，像地一样容纳万物，主上怀有欢悦爱护之心去安抚百姓，百姓才会欢欣喜悦地侍奉他们的主上，欢喜欣悦地交流沟通，天下就能大治。如今皇帝久病不愈，失去理智而且

昏乱不明，不能继承奉守宗庙的祭祀，不可以治理天下，应该用其他人代替他。"群臣都叩头说："皇太后为了天下平民，对安定宗庙社稷的考虑是非常深远的，我们俯首接受诏命。"少帝被废，太后暗中杀了他。五月丙辰日，立常山王刘义为皇帝，改名叫刘弘。没有改称元年，是因为太后在管理天下的事情。封轵侯刘朝为常山王。设置太尉官职，任命绛侯周勃为太尉。少帝五年八月，淮阳王去世，封他的弟弟壶关侯刘武为淮阳王。少帝六年十月，太后说吕王吕嘉平日的仪容举止骄横放肆，废黜了他，封肃王吕台的弟弟吕产为吕王。夏天，大赦天下。封齐悼惠王的儿子刘兴居为东牟侯。

少帝七年正月，太后召见赵王刘友。刘友娶吕家的女儿为王后，不爱她，爱其他姬妾，吕家的女儿嫉妒，发怒离去，向太后进谗言，诬陷赵王有罪，说赵王曾说："吕氏怎能为王！太后百年之后，我一定攻打他们。"太后发怒，因此召见赵王。赵王到达后，被安置在府邸，不接见他，命令侍卫包围着看守他，不给他食物。赵王的群臣中有人暗中给他食物，就逮捕了那个人将其治罪。赵王饥饿，就唱道："诸吕当权啊刘氏危荡；胁迫王侯啊强给我妻子。我妻子又嫉妒啊就以恶名诬陷我，进谗言的女人扰乱国家啊主上竟不觉悟。我

太后为天下齐民计所以安宗庙社稷甚深，群臣顿首奉诏。"帝废位，太后幽杀之。五月丙辰，立常山王义为帝，更名曰弘。不称元年者，以太后制天下事也。以轵侯朝为常山王。置太尉官，绛侯勃为太尉。五年八月，淮阳王薨，以弟壶关侯武为淮阳王。六年十月，太后曰吕王嘉居处骄恣，废之，以肃王台弟吕产为吕王。夏，赦天下。封齐悼惠王子兴居为东牟侯。

七年正月，太后召赵王友。友以诸吕女为后，弗爱，爱他姬，诸吕女妒，怒去，谗之于太后，诬以罪过，曰"吕氏安得王！太后百岁后，吾必击之"。太后怒，以故召赵王。赵王至，置邸不见，令卫围守之，弗与食。其群臣或窃馈，辄捕论之。赵王饿，乃歌曰："诸吕用事兮刘氏危，迫胁王侯兮强授我妃。我妃既妒兮诬我以恶，谗女乱国兮上曾不寤。我无忠臣兮何故弃国？自决中野兮苍天

举直！于嗟不可悔兮宁蚤自财。为王而饿死兮谁者怜之！吕氏绝理兮托天报仇。"丁丑，赵王幽死，以民礼葬之长安民冢次。

己丑，日食，昼晦。太后恶之，心不乐，乃谓左右曰："此为我也。"

二月，徙梁王恢为赵王。吕王产徙为梁王，梁王不之国，为帝太傅。立皇子平昌侯太为吕王。更名梁曰吕，吕曰济川。太后女弟吕媭有女为营陵侯刘泽妻，泽为大将军。太后王诸吕，恐即崩后刘将军为害，乃以刘泽为琅邪王，以慰其心。

梁王恢之徙王赵，心怀不乐。太后以吕产女为赵王后。王后从官皆诸吕，擅权，微伺赵王，赵王不得自恣。王有所爱姬，王后使人鸩杀之。王乃为歌诗四章，令乐人歌之。王悲，六月即自杀。太后闻之，以为王用妇人弃宗庙礼，废其嗣。

宣平侯张敖卒，以子偃为鲁王，敖赐谥为鲁元王。

没有忠臣啊不然为什么要离开国家？自杀在荒野中啊请苍天作主！可惜后悔已晚啊宁愿早点自裁；身为王侯而饿死啊有谁可怜我！吕氏灭绝天理啊托苍天报仇。"丁丑日，赵王被幽禁而死，按平民的葬礼把他埋葬在长安的民间坟地中。

己丑日，发生日食，白昼晦暗。太后讨厌日食，心中不乐，就对左右大臣说："这是因为我吧。"

二月，迁封梁王刘恢为赵王，吕王吕产为梁王，梁王不去封国，做皇帝的太傅。立皇子昌平侯刘太为吕王。将梁改名为吕，将吕改名为济川。太后的妹妹吕媭有个女儿是营陵侯刘泽的妻子，刘泽担任大将军。太后封诸吕为王，害怕自己驾崩后刘将军作乱，就封刘泽为琅邪王，以此来收买他。

梁王刘恢被迁到赵国为王，心中不高兴。太后把吕产的女儿嫁给赵王做王后。王后的随从官员都是吕家人，专权，偷偷监视赵王，赵王行事不自由。赵王有个宠爱的姬妾，王后派人用毒酒杀了她。赵王于是作了四首诗歌，命乐人歌唱。赵王悲伤，六月就自杀了。太后听说此事后，认为赵王为了妇人抛弃宗庙礼节，废除了他后代继承封国的权利。

宣平侯张敖去世，封他的儿子张偃为鲁王，赐予张敖谥号为鲁元王。

秋天，太后派使者告诉代王，想迁封他为赵王。代王谢绝，愿留守边地的代国。

太傅吕产、丞相陈平等人说，武信侯吕禄是上等侯爵，位列第一，请立他为赵王。太后答应了他们，追尊吕禄的父亲康侯为赵昭王。九月，燕灵王刘建去世，有个姬妾所生的儿子，太后派人杀了他，燕王就没有后代了，封国被除。少帝八年十月，立吕肃王的儿子东平侯吕通为燕王，封吕通的弟弟吕庄为东平侯。

三月时，吕后外出祓祭，返回时路过轵道亭，看到一个东西像黑狗，撞到了高后的腋下，忽然又不见了。占卜此事，说是赵王如意在作祟。高后于是因腋下之伤而患病。

高后认为外孙鲁元王张偃年少，从小失去父母，孤苦幼弱，于是封张敖以前的姬妾所生的两个儿子为侯，张侈为新都侯，张寿为乐昌侯，来辅佐鲁元王张偃。又封中大谒者张释为建陵侯，吕荣为祝兹侯。各位宫中担任令丞的宦官都为关内侯，食邑五百户。

七月时，高后病情加重，于是命赵王吕禄为上将军，统领北军；吕王吕产统率南军。吕太后告诫吕产、吕禄说："高帝平定天下后，与大臣约定，说'不是刘氏而称王的，天下人一起攻打他'。如今吕氏称王，大臣心中不平。我将崩逝，皇帝

秋，太后使使告代王，欲徙王赵。代王谢，愿守代边。

太傅产、丞相平等言，武信侯吕禄上侯，位次第一，请立为赵王。太后许之，追尊禄父康侯为赵昭王。九月，燕灵王建薨，有美人子，太后使人杀之，无后，国除。八年十月，立吕肃王子东平侯吕通为燕王，封通弟吕庄为东平侯。

三月中，吕后祓，还过轵道，见物如苍犬，据高后掖，忽弗复见。卜之，云赵王如意为祟。高后遂病掖伤。

高后为外孙鲁元王偃年少，蚤失父母，孤弱，乃封张敖前姬两子，侈为新都侯，寿为乐昌侯，以辅鲁元王偃。及封中大谒者张释为建陵侯，吕荣为祝兹侯。诸中宦者令丞皆为关内侯，食邑五百户。

七月中，高后病甚，乃令赵王吕禄为上将军，军北军；吕王产居南军。吕太后诫产、禄曰："高帝已定天下，与大臣约，曰'非刘氏王者，天下共击之'。今吕氏王，大臣弗

平。我即崩,帝年少,大臣恐为变。必据兵卫官,慎毋送丧,毋为人所制。"辛巳,高后崩,遗诏赐诸侯王各千金,将相列侯郎吏皆以秩赐金。大赦天下。以吕王产为相国,以吕禄女为帝后。

高后已葬,以左丞相审食其为帝太傅。

朱虚侯刘章有气力,东牟侯兴居其弟也,皆齐哀王弟,居长安。当是时,诸吕用事擅权,欲为乱,畏高帝故大臣绛、灌等,未敢发。朱虚侯妇,吕禄女,阴知其谋。恐见诛,乃阴令人告其兄齐王,欲令发兵西,诛诸吕而立。朱虚侯欲从中与大臣为应。齐王欲发兵,其相弗听。八月丙午,齐王欲使人诛相,相召平乃反举兵欲围王,王因杀其相,遂发兵东,诈夺琅邪王兵,并将之而西。语在《齐王》语中。

齐王乃遗诸侯王书曰:"高帝平定天下,王诸子弟,悼惠王王齐。悼惠王薨,孝惠帝使留侯良立臣为齐王。孝惠

年幼,恐怕大臣要作乱。一定要拥兵护卫皇宫,千万不要送丧,不要被别人所控制。"辛巳日,高后驾崩,留下诏书赐给诸侯王各一千金,将、相、列侯、郎、吏都按官位品级赏金。大赦天下。封吕王吕产为相国,封吕禄的女儿为皇后。

高后下葬之后,让左丞相审食其做皇帝的太傅。

朱虚侯刘章勇武而有气节,东牟侯刘兴居是他的弟弟,他们都是齐哀王的弟弟,住在长安。当时,吕氏诸人专权管事,想犯上作乱,畏惧高帝原来的大臣绛侯、灌婴等人,还不敢行动。朱虚侯的妻子是吕禄的女儿,朱虚侯暗中知道了诸吕的阴谋,害怕被诛杀,于是暗中让人告诉他的兄长齐王,想让他发兵向西,诛灭诸吕而自立为帝。朱虚侯想与大臣在关中当内应。齐王要发兵,他的丞相没有答应。八月丙午日,齐王想派人杀了丞相,丞相召平就造反举兵,想包围齐王,齐王乘机杀了他的丞相,于是发兵向东,以诈夺取了琅邪王的军队,率领合并后的军队向西进发。这件事记载在《齐悼惠王世家》中。

齐王于是给诸侯王写信说:"高帝平定天下,封诸位子弟为王,悼惠王统治齐国。悼惠王去世,孝惠帝派留侯张良立我为齐王。孝惠帝驾崩,高后掌权,年纪大,

听信诸吕，擅自废掉皇帝改立他人，又接连杀了刘如意、刘友、刘恢三位赵王，灭掉梁王、赵王、燕王的嗣国而把诸吕封到那里为王，把齐国一分为四。有忠臣进谏，但统治者昏乱不明，不肯听从。如今高后崩逝，而皇帝年纪轻，不能治理天下，本来应该依赖大臣和诸侯。而诸吕又擅自居高官，聚集军队加强威势，胁持列侯和忠臣，假传圣旨来号令天下，宗庙社稷因此岌岌可危。我率兵入京，诛杀不应当称王的人。"汉廷听说此事后，相国吕产等人就派颍阴侯灌婴领兵攻打齐王。灌婴等人到达荥阳，却谋划说："诸吕在关中掌控兵权，想危害刘氏而自立。如今我打败齐王返回复命，这是在帮助吕氏了。"于是停在荥阳驻军，派使者告诉齐王及诸侯，与他们联合，等待吕氏变乱，再一起诛灭吕氏。齐王听说这个消息后，就回军到齐国西边边界等待相约之事。

吕禄、吕产想在关中发动叛乱，朝内忌惮绛侯、朱虚侯等人，朝外畏惧齐、楚的军队，又害怕灌婴背叛他们，想等待灌婴的军队与齐王的军队交战后再发动叛乱，正犹豫不决。当时，济川王刘太、淮阳王刘武、常山王刘朝名义上是少帝的弟弟，他们和吕后的外孙鲁元王都因年少没有去封国，居住在长安。赵王吕禄、梁王吕产分别领兵管理南、北军，这些人都是

崩，高后用事，春秋高，听诸吕，擅废帝更立，又比杀三赵王，灭梁、赵、燕以王诸吕，分齐为四。忠臣进谏，上惑乱弗听。今高后崩，而帝春秋富，未能治天下，固恃大臣诸侯。而诸吕又擅自尊官，聚兵严威，劫列侯忠臣，矫制以令天下，宗庙所以危。寡人率兵入诛不当为王者。"汉闻之，相国吕产等乃遣颍阴侯灌婴将兵击之。灌婴至荥阳，乃谋曰："诸吕权兵关中，欲危刘氏而自立。今我破齐还报，此益吕氏之资也。"乃留屯荥阳，使使谕齐王及诸侯，与连和，以待吕氏变，共诛之。齐王闻之，乃还兵西界待约。

吕禄、吕产欲发乱关中，内惮绛侯、朱虚等，外畏齐、楚兵，又恐灌婴畔之，欲待灌婴兵与齐合而发，犹豫未决。当是时，济川王太、淮阳王武、常山王朝名为少帝弟，及鲁元王吕后外孙，皆年少未之国，居长安。赵王禄、梁王产各将兵居南北军，皆吕氏之人。列

侯群臣莫自坚其命。

太尉绛侯勃不得入军中主兵。曲周侯郦商老病,其子寄与吕禄善。绛侯乃与丞相陈平谋,使人劫郦商,令其子寄往绐说吕禄曰:"高帝与吕后共定天下,刘氏所立九王,吕氏所立三王,皆大臣之议,事已布告诸侯,诸侯皆以为宜。今太后崩,帝少,而足下佩赵王印,不急之国守藩,乃为上将,将兵留此,为大臣诸侯所疑。足下何不归将印,以兵属太尉,请梁王归相国印,与大臣盟而之国?齐兵必罢,大臣得安,足下高枕而王千里,此万世之利也。"吕禄信然其计,欲归将印,以兵属太尉。使人报吕产及诸吕老人,或以为便,或曰不便,计犹豫未有所决。吕禄信郦寄,时与出游猎。过其姑吕嬃,嬃大怒,曰:"若为将而弃军,吕氏今无处矣。"乃悉出珠玉宝器散堂下,曰:"毋为他人守也。"

左丞相食其免。

九月庚申旦,平阳侯窋

吕氏的人。列侯和群臣中没有人能保证自己性命无虞。

太尉绛侯周勃不能进入军中掌握兵权。曲周侯郦商年老有病,他的儿子郦寄与吕禄交好。绛侯于是与丞相陈平谋划,派人劫持郦商,让他的儿子郦寄前往哄骗吕禄说:"高帝与吕后一起平定天下,刘氏所立的王有九个,吕氏所立的王有三个,都是经大臣商议的,事情已经遍告诸侯,诸侯都认为合适。如今太后崩逝,皇帝年幼,而足下佩带赵王印玺,不赶紧去封国镇守封地,竟然做上将,领兵留在此地,让大臣及诸侯有所怀疑。足下何不归还将印,把兵权交给太尉呢?请梁王归还相国的印玺,与大臣订立盟约而去封国,齐王的军队一定撤兵,大臣得以安心,足下高枕无忧而统治千里之地,这是对万世有利的事啊。"吕禄觉得他的计策对,想归还将印,把兵权交给太尉。派人报告吕产及吕氏中的老人,有人说可行,有人说不可行,大家一直犹豫而没有商量出结果。吕禄信任郦寄,时常与他外出游猎。吕禄探望姑姑吕嬃,吕嬃大怒,说:"你身为将军却放弃军队,吕氏如今无存身之处了。"于是拿出全部珠玉宝器扔到院子里,说:"不用为他人守着了。"

左丞相审食其被免职。

九月庚申日早晨,平阳侯曹窋代行御

史大夫的事务，去见相国吕产计议事情。郎中令贾寿的使者从齐国回来，就数落吕产说："大王不早点去封国，如今即使想走，还能走得了吗？"把灌婴与齐、楚合纵想诛灭诸吕的事全部告诉了吕产，于是催促吕产赶快入宫。平阳侯听到了一些他们的话，就骑马告诉了丞相、太尉。太尉想进入北军，却进不去。襄平侯纪通掌管符节，就让他手持符节假托皇帝诏命把太尉带入北军。太尉又命令郦寄与典客刘揭先劝说吕禄道："皇帝派太尉掌管北军，想让足下去封国，足下赶快归还将印辞别而去，不然，祸患将要临头。"吕禄认为郦兄不会欺骗自己，于是解下将印交给了典客，而把兵权授予了太尉。太尉拿着将印进入军门，在军中发布命令说："拥护吕氏的裸露右臂，拥护刘氏的裸露左臂。"军中将士都裸露左臂拥护刘氏。太尉将要到达时，将军吕禄也已解下上将的印玺离去，太尉于是掌控北军。

然而还有南军。平阳侯听到吕产的话后，把吕产的计划告诉了丞相陈平，丞相陈平于是召来朱虚侯帮助太尉。太尉命令朱虚侯监守军门。让平阳侯告诉卫尉："不要让相国吕产进入殿门。"吕产不知道吕禄已经离开北军，于是进入未央宫，想发动兵变，进不去殿门，走来走去徘徊不定。平阳侯害怕不能取胜，骑马去告诉太尉。

行御史大夫事，见相国产计事。郎中令贾寿使从齐来，因数产曰："王不蚤之国，今虽欲行，尚可得邪？"具以灌婴与齐楚合从欲诛诸吕告产，乃趣产急入宫。平阳侯颇闻其语，乃驰告丞相、太尉。太尉欲入北军，不得入。襄平侯通尚符节，乃令持节矫内太尉北军。太尉复令郦寄与典客刘揭先说吕禄曰："帝使太尉守北军，欲足下之国，急归将印辞去，不然，祸且起。"吕禄以为郦兄不欺己，遂解印属典客，而以兵授太尉。太尉将之入军门，行令军中曰："为吕氏右袒，为刘氏左袒。"军中皆左袒为刘氏。太尉行至，将军吕禄亦已解上将印去，太尉遂将北军。

然尚有南军。平阳侯闻之，以吕产谋告丞相平，丞相平乃召朱虚侯佐太尉。太尉令朱虚侯监军门。令平阳侯告卫尉："毋入相国产殿门。"吕产不知吕禄已去北军，乃入未央宫，欲为乱，殿门弗得入，裴回往来。平阳侯恐弗胜，驰语太尉。

太尉尚恐不胜诸吕，未敢讼言诛之，乃遣朱虚侯谓曰：“急入宫卫帝。”朱虚侯请卒，太尉予卒千余人。入未央宫门，遂见产廷中。日铺时，遂击产。产走。天风大起，以故其从官乱，莫敢斗。逐产，杀之郎中府吏厕中。

朱虚侯已杀产，帝命谒者持节劳朱虚侯。朱虚侯欲夺节信，谒者不肯，朱虚侯则从与载，因节信驰走，斩长乐卫尉吕更始。还，驰入北军，报太尉。太尉起，拜贺朱虚侯曰：“所患独吕产，今已诛，天下定矣。”遂遣人分部悉捕诸吕男女，无少长皆斩之。辛酉，捕斩吕禄，而笞杀吕嬃。使人诛燕王吕通，而废鲁王偃。壬戌，以帝太傅食其复为左丞相。戊辰，徙济川王王梁，立赵幽王子遂为赵王。遣朱虚侯章以诛诸吕氏事告齐王，令罢兵。灌婴兵亦罢荥阳而归。

诸大臣相与阴谋曰：“少帝及梁、淮阳、常山王，皆非真孝惠子也。吕后以计诈名他

太尉还担心不能战胜诸吕，不敢公开说诛灭他们，于是派朱虚侯进宫，并对他说：“赶快入宫保卫皇帝。”朱虚侯请求派给他士卒，太尉给了他士卒一千多人。进入未央宫门，就看见吕产在宫中。傍晚时分，攻打吕产。吕产逃走。天空刮起大风，因此吕产的随从官员乱作一团，没有人敢抵抗。追击吕产，把他杀死在郎中令官府的厕所中。

朱虚侯杀死吕产之后，皇帝命令谒者手持符节去慰劳朱虚侯。朱虚侯想夺走符节印信，谒者不肯给，朱虚侯则与谒者一同乘车，凭借符节印信奔驰而去，杀了长乐宫的卫尉吕更始。返回，骑马进入北军，报告太尉。太尉起身，作揖祝贺朱虚侯说：“所担忧的只有吕产，如今已经诛杀，天下安定了。”于是派人分头悉数逮捕吕氏男女，无论老少都杀了他们。辛酉日，捕杀了吕禄，而且用竹节笞杀了吕嬃。派人诛杀了燕王吕通，而且废黜了鲁王张偃。壬戌日，让皇帝的太傅审食其再次担任左丞相。戊辰日，迁封济川王为梁王，立赵幽王的儿子刘遂为赵王。派朱虚侯刘章把诛杀诸吕的事情告知齐王，让他罢兵。灌婴的军队也从荥阳撤军回都。

诸位大臣一起暗中谋划说：“少帝及梁王、淮阳王、常山王都不是孝惠帝的儿子。吕后用计欺骗占有了别人的儿子，杀

了这些孩子的母亲，把他们养在后宫，让孝惠帝把他们认为儿子，立为太子或诸侯王，来加强吕氏的势力。如今吕氏众人都已被夷灭，却不管所立诸王，当他们长大掌权，我们这些人就要全部被灭了。不如选取诸侯王中最贤能的人来拥立为帝。"有人说："齐悼惠王是高帝的长子，如今他的嫡子是齐王，推本溯源来说，他是高帝的嫡长孙，可以立为帝。"大臣都说："吕氏以外戚身份作恶，几乎危及刘氏宗庙，危害到功臣。如今齐王母家的驷钧是个恶人，若立齐王，那是又出现了一个吕氏。"想立淮南王，认为他年少，母家又凶恶。最后大家商量说："代王如今是高帝现存的儿子中年纪最大的，仁义、孝顺而且宽厚。代王太后家薄氏恭谨善良。况且拥立年长者本就顺乎情理，代王以仁爱孝顺闻名天下，有利于国家。"于是一同暗中派人召来代王。代王派人推辞谢绝。使者又往返了一次，然后代王乘坐六匹马所拉的马车出发。闰九月月末己酉日，到达长安，住在代邸。大臣都前往谒见，捧着天子玺印献给代王，共同尊立他为天子。代王多次辞让，群臣坚决请求，然后代王同意了。

东牟侯刘兴居说："诛灭吕氏我没有功劳，请让我清除皇宫。"于是与太仆汝阴侯滕公入宫，刘兴居上前对少帝说："足下不是刘氏，不应当立为皇帝。"于是

人子，杀其母，养后宫，令孝惠子之，立以为后及诸王，以强吕氏。今皆已夷灭诸吕，而置所立，即长用事，吾属无类矣。不如视诸王最贤者立之。"或言："齐悼惠王高帝长子，今其適子为齐王，推本言之，高帝適长孙，可立也。"大臣皆曰："吕氏以外家恶而几危宗庙，乱功臣。今齐王母家驷钧，恶人也，即立齐王，则复为吕氏。"欲立淮南王，以为少，母家又恶。乃曰："代王方今高帝见子最长，仁孝宽厚。太后家薄氏谨良。且立长故顺，以仁孝闻于天下，便。"乃相与共阴使人召代王。代王使人辞谢。再反，然后乘六乘传，后九月晦日己酉，至长安，舍代邸。大臣皆往谒，奉天子玺上代王，共尊立为天子。代王数让，群臣固请，然后听。

东牟侯兴居曰："诛吕氏吾无功，请得除宫。"乃与太仆汝阴侯滕公入宫，前谓少帝曰："足下非刘氏，不当立。"

乃顾麾左右执戟者掊兵罢去。有数人不肯去兵，宦者令张泽谕告，亦去兵。滕公乃召乘舆车载少帝出。少帝曰："欲将我安之乎？"滕公曰："出就舍。"舍少府。乃奉天子法驾，迎代王于邸。报曰："宫谨除。"代王即夕入未央宫。有谒者十人持戟卫端门，曰："天子在也，足下何为者而入？"代王乃谓太尉。太尉往谕，谒者十人皆掊兵而去。代王遂入而听政。夜，有司分部诛灭梁、淮阳、常山王及少帝于邸。

代王立为天子。二十三年崩，谥为孝文皇帝。

太史公曰：孝惠皇帝、高后之时，黎民得离战国之苦，君臣俱欲休息乎无为，故惠帝垂拱，高后女主称制，政不出房户，天下晏然。刑罚罕用，罪人是希。民务稼穑，衣食滋殖。

回头挥手示意左右执戟的侍卫放下兵器离去。有几人不肯放下兵器，宦者令张泽向他们说明情况，这几个人就也放下了兵器。滕公于是找来一辆车来载少帝出宫。少帝说："想将我安置到哪儿去？"滕公说："出宫去住。"住在少府官署。又用天子乘坐的法驾去府邸迎接代王，报告说："宫廷内已清理好了。"代王当天晚上进入未央宫。有十名谒者持戟守卫正门，说："天子在宫中，足下是要进去干什么？"代王于是告诉太尉。太尉前去告诉他们情况，十名谒者都放下兵器离去。代王于是入宫听政。当晚，安排了相关人员分别到各府邸诛灭了梁王、淮阳王、常山王及少帝。

代王立为天子。在位二十三年驾崩，谥号为孝文皇帝。

太史公说：孝惠皇帝、高后的时候，黎民百姓得以脱离战国的苦难，君臣都想休养生息，无所施为，所以惠帝垂拱无事，高后身为女主代行皇帝的职权，施政不出房门，天下安定。刑罚很少使用，犯罪的人很少。民众致力于农业生产，衣食丰富。

孝文帝刘恒

孝文皇帝，是高祖排行居中的儿子。高祖十一年春，打败陈豨的军队之后，平定了代地，立刘恒为代王，建都中都。刘恒是太后薄氏的儿子。刘恒即代王位十七年，高后八年七月，高后崩逝。九月，吕氏中的吕产等人想作乱，以危害刘氏天下，大臣共同诛灭了吕氏。商议召来代王，立为皇帝，这件事记载于《吕太后本纪》中。

丞相陈平、太尉周勃等人派人迎接代王。代王询问左右近臣郎中令张武等人。张武等人商议说："汉廷大臣都是原来高帝时的大将，熟悉兵事，多有阴谋诡计，他们的用意恐怕不止于此，只是畏惧高帝、吕太后的威势罢了。如今已经诛灭诸吕，刚血洗京师，这是以迎立大王为借口，实际上不可轻信。希望大王称病不要前往，观察他们的动向。"中尉宋昌进言说："群臣的计议都不对。秦朝丧失政道，诸侯豪杰纷纷起事，自以为能得天下的人数以万计，然而最终登上天子之位的是刘氏，让天下人断绝了得到天下的希望，这是第

孝文皇帝，高祖中子也。高祖十一年春，已破陈豨军，定代地，立为代王，都中都。太后薄氏子。即位十七年，高后八年七月，高后崩。九月，诸吕吕产等欲为乱，以危刘氏，大臣共诛之，谋召立代王，事在《吕后》语中。

丞相陈平、太尉周勃等使人迎代王。代王问左右郎中令张武等。张武等议曰："汉大臣皆故高帝时大将，习兵，多谋诈，此其属意非止此也，特畏高帝、吕太后威耳。今已诛诸吕，新啑血京师，此以迎大王为名，实不可信。愿大王称疾毋往，以观其变。"中尉宋昌进曰："群臣之议皆非也。夫秦失其政，诸侯豪桀并起，人人自以为得之者以万数，然卒践天子之位者，刘氏也，天

下绝望,一矣。高帝封王子弟,地犬牙相制,此所谓盘石之宗也,天下服其强,二矣。汉兴,除秦苛政,约法令,施德惠,人人自安,难动摇,三矣。夫以吕太后之严,立诸吕为三王,擅权专制,然而太尉以一节入北军,一呼士皆左袒,为刘氏,叛诸吕,卒以灭之。此乃天授,非人力也。今大臣虽欲为变,百姓弗为使,其党宁能专一邪?方今内有朱虚、东牟之亲,外畏吴、楚、淮南、琅邪、齐、代之强。方今高帝子独淮南王与大王,大王又长,贤圣仁孝,闻于天下,故大臣因天下之心而欲迎立大王,大王勿疑也。"代王报太后计之,犹与未定。卜之龟,卦兆得大横。占曰:"大横庚庚,余为天王,夏启以光。"代王曰:"寡人固已为王矣,又何王?"卜人曰:"所谓天王者乃天子。"于是代王乃遣太后弟薄昭往见绛侯,绛侯等具为昭言所以迎立王意。薄昭还报曰:"信矣,毋可疑者。"代王乃笑谓宋昌曰:"果如公言。"乃命宋昌

一点。高帝分封子弟为王,封地犬牙交错,互相制约,这就是所谓的稳如磐石的宗室,天下人屈服于刘氏的强大,这是第二点。汉朝兴起后,废除了秦朝的苛虐政令,约定法令,对百姓施以恩惠,人人自谋安宁,这些难以动摇,这是第三点。凭借吕太后的威严,立诸吕中三人为王,把持朝政,独断专行,然而太尉凭借一个符节进入北军,一声召唤士卒都袒露左臂,拥护刘氏,反叛诸吕,最终消灭诸吕。这是天意所为,不是人力所能做到的。如今大臣虽然想作乱,百姓不为他们所驱使,他们的党羽难道能同心同德吗?在朝内,有朱虚侯、东牟侯这样的亲族,在朝外,有吴、楚、淮南、琅邪、齐、代等强大的诸侯王力量震慑着。如今高帝的儿子只有淮南王与大王,大王又年长,贤德圣明,仁爱孝顺,闻名于天下,所以大臣顺应天下人的心愿而想迎立大王为帝,大王不要怀疑了。"代王禀报太后,与太后商议此事,还是犹豫没有做出决定。又用龟甲占卜,龟甲上显现出一条大的横向裂纹,卜辞说:"大横预示更替,我将做天王,像夏启那样,使父业光大。"代王说:"寡人原本就已经是王了,又做什么王?"占卜的人说:"所谓天王就是天子。"于是代王就派太后的弟弟薄昭前去见绛侯,绛侯等人详细告诉了薄昭之所以要迎立代王的想法。薄昭返回报告说:

"可以信了，没有什么可怀疑的。"代王于是笑着对宋昌说："果然如您所言。"于是命令宋昌作为参乘，张武等六人也乘传车前往长安。到达高陵停下休息，而派宋昌先驰马去长安观察事态的变化。

宋昌到达渭桥，丞相以下的官员都来迎接。宋昌返回报告。代王驱车到达渭桥。群臣拜见称臣。代王下车拜答。太尉周勃上前说："希望能和大王私下谈话。"宋昌说："所说的是公事，就公开说。所说的是私事，做大王的人不受理私事。"太尉于是跪下献上天子的玉玺和符节。代王辞谢说："到达代邸再商议此事。"于是驱车进入代邸，群臣跟随而至。丞相陈平、太尉周勃、大将军灌婴、御史大夫张苍、宗正刘郢、朱虚侯刘章、东牟侯刘兴居、典客刘揭都拜了两拜，进言说："皇子刘弘等人都不是孝惠帝的儿子，不应当奉祀宗庙。我们恭敬地与阴安侯、列侯顷王后与琅邪王、宗室、大臣、列侯、二千石级官吏商议说：'大王如今是高帝的长子，最适合做高帝的继承人。'希望大王即天子之位。"代王说："奉祀高帝的宗庙，是重大的事情。我没有才能，不足以奉祀宗庙。希望请楚王考虑适宜的人选，我不敢当。"群臣都拜伏坚决请求。代王向西而坐推让了三次，向南而坐推让了两次。丞相陈平等人都说："我们再三考虑这件

参乘，张武等六人乘六乘传诣长安。至高陵休止，而使宋昌先驰之长安观变。

昌至渭桥，丞相以下皆迎。宋昌还报。代王驰至渭桥，群臣拜谒称臣。代王下车拜。太尉勃进曰："愿请间言。"宋昌曰："所言公，公言之；所言私，王者不受私。"太尉乃跪上天子玺符。代王谢曰："至代邸而议之。"遂驰入代邸。群臣从至。丞相陈平、太尉周勃、大将军灌婴、御史大夫张苍、宗正刘郢、朱虚侯刘章、东牟侯刘兴居、典客刘揭皆再拜言曰："子弘等皆非孝惠帝子，不当奉宗庙。臣谨请阴安侯、列侯顷王后与琅邪王、宗室、大臣、列侯、吏二千石议曰：'大王高帝长子，宜为高帝嗣。'愿大王即天子位。"代王曰："奉高帝宗庙，重事也。寡人不佞，不足以称宗庙。愿请楚王计宜者，寡人不敢当。"群臣皆伏固请。代王西乡让者三，南乡让者再。丞相平等皆

曰："臣伏计之，大王奉高帝宗庙最宜称，虽天下诸侯万民以为宜。臣等为宗庙社稷计，不敢忽。愿大王幸听臣等。臣谨奉天子玺符再拜上。"代王曰："宗室将相王列侯以为莫宜寡人，寡人不敢辞。"遂即天子位。

群臣以礼次侍。乃使太仆婴与东牟侯兴居清宫，奉天子法驾，迎于代邸。皇帝即日夕入未央宫。乃夜拜宋昌为卫将军，镇抚南北军。以张武为郎中令，行殿中。还坐前殿。于是夜下诏书曰："间者诸吕用事擅权，谋为大逆，欲以危刘氏宗庙，赖将相列侯宗室大臣诛之，皆伏其辜。朕初即位，其赦天下，赐民爵一级，女子百户牛酒，酺五日。"

孝文皇帝元年十月庚戌，徙立故琅邪王泽为燕王。辛亥，皇帝即阼，谒高庙。右丞相平徙为左丞相，太尉勃为右丞相，大将军灌婴为太尉。诸吕所夺齐、楚故地，皆复与之。壬子，遣车骑将军薄昭迎皇太后于代。皇帝

事，请大王奉祀高帝宗庙最合适，而且天下诸侯和万民也这样认为。我们为宗庙社稷考虑，不敢轻率。希望大王能听从我们的意见。我们恭敬地捧着天子玺印和符节再拜献上。"代王说："既然宗室、将相、诸王、列侯都认为没有人比我更适合，那我就不敢推辞了。"于是代王即天子之位。

群臣按照礼仪依次侍立在旁。于是派太仆夏侯婴与东牟侯刘兴居去清理皇宫，用天子乘坐的法驾，在代邸迎接代王。皇帝在当天晚上就进入未央宫。又连夜任命宋昌为卫将军，镇守安抚南北军，任命张武为郎中令，巡行殿中。皇帝回到前殿坐朝。在当夜下诏书说："近来诸吕擅权弄事，阴谋叛逆，想要危害刘氏宗庙，仰赖将相、列侯、宗室、大臣诛灭了他们，都使他们受到了应有的惩罚。我刚即位，那就大赦天下，赐给普通民家户主爵位一级，女子以百户为单位赐予牛和酒，准许民众聚饮五天。"

孝文皇帝元年十月庚戌日，改立原琅邪王刘泽为燕王。辛亥日，皇帝正式即位，谒拜高庙。右丞相陈平改封为左丞相，太尉周勃为右丞相，大将军灌婴为太尉。诸吕所剥夺的齐、楚故地，又都还给齐和楚。壬子日，派车骑将军薄昭去代国迎接皇太后。皇帝说："吕产任命自己

为相国，吕禄为上将军，擅自假托皇帝诏令派将军灌婴领兵攻打齐王，想取代刘氏。灌婴停留在荥阳没有攻打，与诸侯合谋来诛灭吕氏。吕产想作乱，丞相陈平与太尉周勃谋划夺取了吕产等人的兵权。朱虚侯刘章首先逮捕了吕产等人。太尉亲自带着襄平侯纪通拿着符节奉诏进入北军。典客刘揭亲自夺得吕禄的印玺。加封太尉周勃一万户食邑，赏金五千斤。丞相陈平、将军灌婴各增食邑三千户，赏金两千斤。朱虚侯刘章、襄平侯纪通、东牟侯刘兴居各增食邑两千户，赏金一千斤。封典客刘揭为阳信侯，赏金一千斤。"

十二月，皇上说："法令是治理国家的准绳，用来禁止暴力，引导人们向善。现在犯法的人已经论罪，却让无罪的父母、妻子、儿女及兄弟连坐，甚至被收为奴隶。我很不赞同，请大家讨论一下。"相关官员都说："百姓不能自己约束自己，所以制定法令来约束他们。一人犯法会牵连他人被收监入狱，用这样的方法来使他们的想法有所牵绊，让他们不敢轻易犯法，这种做法由来已久，还是按原来的法令实施好。"皇上说："我听说法律公正百姓就忠厚，刑罚得当百姓才会顺从。况且管理民众并引导他们向善的人是官吏。官吏已然不能引导，又采用不公正的法律惩罚民

曰："吕产自置为相国，吕禄为上将军，擅矫遣灌将军婴将兵击齐，欲代刘氏，婴留荥阳弗击，与诸侯合谋以诛吕氏。吕产欲为不善，丞相陈平与太尉周勃谋夺吕产等军。朱虚侯刘章首先捕吕产等。太尉身率襄平侯通持节承诏入北军。典客刘揭身夺赵王吕禄印。益封太尉勃万户，赐金五千斤。丞相陈平、灌将军婴邑各三千户，金二千斤。朱虚侯刘章、襄平侯通、东牟侯刘兴居邑各二千户，金千斤。封典客揭为阳信侯，赐金千斤。"

十二月，上曰："法者，治之正也，所以禁暴而率善人也。今犯法已论，而使毋罪之父母妻子同产坐之，及为收帑，朕甚不取。其议之。"有司皆曰："民不能自治，故为法以禁之。相坐坐收，所以累其心，使重犯法，所从来远矣。如故便。"上曰："朕闻法正则民悫，罪当则民从。且夫牧民而导之善者，吏也。其既不能导，又以不正之法罪之，是反害于民为暴者也。何以禁之？朕未见其便，其孰计之。"有司皆曰：

"陛下加大惠，德甚盛，非臣等所及也。请奉诏书，除收帑诸相坐律令。"

正月，有司言曰："蚤建太子，所以尊宗庙。请立太子。"上曰："朕既不德，上帝神明未歆享，天下人民未有嗛志。今纵不能博求天下贤圣有德之人而禅天下焉，而曰豫建太子，是重吾不德也。谓天下何？其安之。"有司曰："豫建太子，所以重宗庙社稷，不忘天下也。"上曰："楚王，季父也，春秋高，阅天下之义理多矣，明于国家之大体。吴王于朕，兄也，惠仁以好德。淮南王，弟也，秉德以陪朕。岂为不豫哉！诸侯王宗室昆弟有功臣，多贤及有德义者，若举有德以陪朕之不能终，是社稷之灵，天下之福也。今不选举焉，而曰必子，人其以朕为忘贤有德者而专于子，非所以忧天下也。朕甚不取也。"有司皆固请曰："古者殷、周有国，治

众，这反而是在害得民众去诉诸暴力。如何能禁止暴力呢？我没有看到这样做的好处，你们好好考虑一下。"相关官员都说："陛下施行这样大的恩惠，功德盛大，不是我们臣子所能想到的。请让我们遵奉诏书，废除没收妻儿等连坐的法令。"

正月，有大臣进言说："及早确立太子，有利于尊奉宗庙，请皇上立太子。"皇上说："我还不够贤德，上帝神明还没歆享我的祭祀，天下人民也没有表示满意，现在纵然不能广求贤圣有德的人把天下禅让给他，而说预先确立太子，却也是在加重我的不贤德，让我怎么向天下交代呢？这事先缓缓吧。"主管官员说："预立太子，是以宗庙社稷为重，不忘天下的表现。"皇上说："楚王是我的叔父，年纪大，关于天下事理的阅历丰富，明白国家的大体。吴王于我而言，是兄长，慈惠仁爱而贤德。淮南王是我的弟弟，能秉持才德来辅佐我，难道不应该列入考虑的范围吗？诸侯王、宗室兄弟及有功的臣子，也有很多贤能而有德行的人，如果推举一个有德之人来辅佐我未竟的事业，是社稷的福分，天下的福分。如今不举荐他们，却说一定要立儿子为继承人，人们将会认为我忘记贤能有德的人而专注于自己的儿子，这不是在为天下着想，我非常不认同这种做法。"主管官员都坚决请求说："古代殷、周立国，

天下安定都长达一千多年，古代享有天下的王朝没有比它们更长久的了，就是因为他们采用这个做法。立为继承人的必须是自己的儿子，这是由来已久的了。高帝亲自率领士大夫平定天下，分封诸侯，成为后世皇帝的太祖。诸侯王与列侯，最早受封立国的也都是他们各个封国的先祖。子孙继位，代代不绝，这是天下的大义，所以高帝设立这种制度来安抚海内。如今放弃应立的人选而另从诸侯和宗室中选取，这不是高帝的意愿了，另议他人为继承人是不合适的。皇子中哪位最年长，又纯厚仁慈，请皇上立他为太子。"皇帝于是答应了。于是赐给天下百姓应当继承父业的人每人爵位一级。封将军薄昭为轵侯。

三月，有大臣请求立皇后。薄太后说："诸侯都是同姓，立太子的母亲为皇后吧。"皇后姓窦。皇上因为立皇后，赐天下无妻、无夫、无父、无母等穷困之人，以及年过八十的老人与九岁以下的孤儿一定标准的布帛米肉。皇上从代国来到京城，刚刚即位，向天下广施德惠，安抚诸侯和四夷部族，使他们都和睦融洽，又对从代国随同而来的功臣论功行赏。皇上说："当初大臣们诛灭吕氏迎接我，我有些犹豫，大臣们都阻止我，只有中尉宋昌劝我前往，我因此得以保全奉祀宗庙。我已尊封宋昌为卫将军，现在再封宋昌为壮武侯。其他跟

安皆千余岁，古之有天下者莫长焉，用此道也。立嗣必子，所从来远矣。高帝亲率士大夫，始平天下，建诸侯，为帝者太祖。诸侯王及列侯始受国者皆亦为其国祖。子孙继嗣，世世弗绝，天下之大义也，故高帝设之以抚海内。今释宜建而更选于诸侯及宗室，非高帝之志也。更议不宜。子某最长，纯厚慈仁，请建以为太子。"上乃许之。因赐天下民当代父后者爵各一级。封将军薄昭为轵侯。

三月，有司请立皇后。薄太后曰："诸侯皆同姓，立太子母为皇后。"皇后姓窦氏。上为立后故，赐天下鳏寡孤独穷困及年八十已上、孤儿九岁已下布帛米肉各有数。上从代来，初即位，施德惠天下，填抚诸侯四夷皆洽欢，乃循从代来功臣。上曰："方大臣之诛诸吕迎朕，朕狐疑，皆止朕，唯中尉宋昌劝朕，朕以得保奉宗庙。已尊昌为卫将军，其封昌为壮武侯。诸从朕六人，官

皆至九卿。"

上曰："列侯从高帝入蜀、汉中者六十八人，皆益封各三百户；故吏二千石以上从高帝颍川守尊等十人食邑六百户，淮阳守申徒嘉等十人五百户，卫尉定等十人四百户。封淮南王舅父赵兼为周阳侯，齐王舅父驷钧为清郭侯。"秋，封故常山丞相蔡兼为樊侯。

人或说右丞相曰："君本诛诸吕，迎代王，今又矜其功，受上赏，处尊位，祸且及身。"右丞相勃乃谢病免罢，左丞相平专为丞相。

二年十月，丞相平卒，复以绛侯勃为丞相。上曰："朕闻古者诸侯建国千余，各守其地，以时入贡，民不劳苦，上下欢欣，靡有遗德。今列侯多居长安，邑远，吏卒给输费苦，而列侯亦无由教驯其民。其令列侯之国。为吏及诏所止者，遣太子。"

十一月晦，日有食之。十二月望，日又食。上曰："朕闻之，

从我的六人，官职都已升到九卿。"

皇上说："跟随高帝进入蜀地、汉中的六十八位列侯，都加封三百户；原先官禄在二千石以上跟随高帝的颍川郡守尊等十人，封食邑六百户，淮阳郡守申徒嘉等十人封食邑五百户；卫尉定等十人封食邑四百户。封淮南王的舅父赵兼为周阳侯，封齐王的舅父驷钧为清郭侯。"秋，封原来常山国的丞相蔡兼为樊侯。

有人劝说右丞相道："您过去诛杀诸吕，迎立代王，如今又靠这些功劳，受到皇上的赏赐，身处尊位，祸患将要临头了。"右丞相周勃于是称病辞官，左丞相陈平独自担任丞相。

孝文皇帝二年十月，丞相陈平去世，又任命绛侯周勃为丞相。皇上说："我听说古代诸侯建国的有一千多个，诸侯各自守卫他们的封地，按时向天子进贡，民众不觉劳苦，全国欢喜，也没有人干不道德的事。如今列侯大多居住在长安，封邑遥远，向朝廷运送给养的吏卒很辛苦，而且列侯也没有机会教导和管理他们的百姓。现命令列侯都回到封国，在朝廷担任职务和有诏令特准留下的，就派他们的太子前往封国。"

十一月的晦日，发生了日食。十二月的望日，又发生了日食。皇上说："我听说，

天生万民，为他们设立君王以养育治理他们。人主若不贤德，施政不公，那么上天就会降下灾难，来告诫他治理不当。在十一月的晦日发生日食，这是上天在表示谴责，没有比这更大的灾异了！我得以承继帝业，以渺小的一己之身处于万民与诸侯之上，天下的治乱在于我一人，那两三位执政大臣犹如我的股肱手足。我对下没能治理养育万民，对上有损于日、月、星辰的光辉，这种失德实在是太严重了。诏令下达后，你们都要想想我的过失，以及我的知识、见识和想法的不足之处，请务必告诉我。你们还要推选贤良方正、能够直言力谏的人，以匡正我的不足。要各自谨慎对待自己的职责，务必减省徭役开支来方便百姓。我不能使恩德施及远方，所以很担心外族有侵略的野心，因此边境防备不能停息。如今纵然不能撤回边境的驻屯和戍守，而又要整饬军队加强守卫，所以撤除卫将军的军队。太仆掌管的马匹，只留下够用的，其余的都交给驿站。"

正月，皇上说："农业是天下的根本，要开辟籍田，我亲自率领耕种，以供给宗庙祭祀所用的谷物。"

三月，有大臣请求立皇子为诸侯王。皇上说："赵幽王被幽禁而死，我非常怜悯他，已经立他的长子刘遂为赵王。刘遂的弟弟刘辟彊和齐悼惠王的儿子朱虚侯刘

天生蒸民，为之置君以养治之。人主不德，布政不均，则天示之以灾，以诫不治。乃十一月晦，日有食之，适见于天，灾孰大焉！朕获保宗庙，以微眇之身托于兆民君王之上，天下治乱，在朕一人，唯二三执政犹吾股肱也。朕下不能理育群生，上以累三光之明，其不德大矣。令至，其悉思朕之过失，及知见思之所不及，丐以告朕。及举贤良方正能直言极谏者，以匡朕之不逮。因各饬其任职，务省繇费以便民。朕既不能远德，故悯然念外人之有非，是以设备未息。今纵不能罢边屯戍，而又饬兵厚卫，其罢卫将军军。太仆见马遗财足，余皆以给传置。"

正月，上曰："农，天下之本，其开籍田，朕亲率耕，以给宗庙粢盛。"

三月，有司请立皇子为诸侯王。上曰："赵幽王幽死，朕甚怜之，已立其长子遂为赵王。遂弟辟彊及齐悼惠王

子朱虚侯章、东牟侯兴居有功,可王。”乃立赵幽王少子辟彊为河间王,以齐剧郡立朱虚侯为城阳王,立东牟侯为济北王,皇子武为代王,子参为太原王,子揖为梁王。

上曰:“古之治天下,朝有进善之旌,诽谤之木,所以通治道而来谏者。今法有诽谤妖言之罪,是使众臣不敢尽情,而上无由闻过失也。将何以来远方之贤良?其除之。民或祝诅上以相约结而后相谩,吏以为大逆,其有他言,而吏又以为诽谤。此细民之愚无知抵死,朕甚不取。自今以来,有犯此者勿听治。”

九月,初与郡国守相为铜虎符、竹使符。

三年十月丁酉晦,日有食之。十一月,上曰:“前日诏遣列侯之国,或辞未行。丞相朕之所重,其为朕率列侯之国。”绛侯勃免丞相就国,以太尉颍阴侯婴为丞相。罢太尉官,属丞相。四月,城阳王章薨。

章、东牟侯刘兴居都有功,可立为王。”于是立赵幽王的小儿子刘辟彊为河间王,把齐国的几个大郡割出,立朱虚侯为城阳王,立东牟侯刘兴居为济北王,立皇子刘武为代王、皇子刘参为太原王、皇子刘揖为梁王。

皇上说:“古代治理天下,朝廷设有进谏用的旌旗和诽谤的木牌,这都是为了畅通治国之道,招揽进谏之人。如今法律规定有诽谤妖言的罪名,这就使大臣们不敢尽情直谏,而皇帝也就无从听到自己的过失。这还怎么能招揽远方的贤良人士呢?应废除这些法律。百姓中有人诅咒皇帝并相约结誓互相隐瞒,而后又互相告发,官吏们认为这是大逆不道,如果还有其他怨言,官吏又认为是诽谤。这是小民因愚昧无知而招致死罪,我很不赞成这种做法。从今以后,有犯这条法律的不要追究治罪。”

九月,开始发给郡国守相铜虎符和竹使符。

孝文皇帝三年十月丁酉晦日,发生日食。十一月,皇上说:“前些日子下诏遣列侯回到封国去,有的推辞不走。丞相是我所敬重的,请丞相为我率领列侯回到封国去。”绛侯周勃被免去丞相职位,去了封国。任命太尉颍阴侯灌婴为丞相。废除太尉官职,将其事务交给丞相。四月,城阳王刘章去世。淮南王刘长和随从魏敬杀死了辟阳侯审食其。

五月，匈奴侵入北地，驻扎黄河以南，骚扰劫掠。文帝初次驾临甘泉宫。六月，文帝说："汉朝与匈奴结为兄弟，为了不让他们侵扰边境，所以送给匈奴的物资十分丰厚。如今右贤王离开他的国土，率领部众居住在黄河以南归降的土地上，不守旧规，在边塞一带往来，捕杀官吏士兵，驱逐守卫边塞的蛮夷部落，让他们不得居住在原来的地方，欺侮边吏，侵入内地，非常傲慢无道，这是违背盟约的行为。现派遣边塞的官吏以骑兵八万五千人进驻高奴城，派丞相颍阴侯灌婴率兵反击匈奴。"匈奴撤军后，又征调中尉手下勇健的士兵，让他们归属于卫将军，驻军长安。

辛卯日，文帝从甘泉宫到达高奴，又驾临太原，召见以前的臣子们，都给了他们赏赐。论功行赏，赐给百姓牛肉与酒。又免除晋阳、中都一带民众三年的赋税。在太原停留游玩了十多天。

济北王刘兴居听说文帝去了代地，要去攻打匈奴，于是反叛，发兵想偷袭荥阳。于是文帝下诏罢除丞相军队，派棘蒲侯陈武为大将军，率领十万军队去攻打济北王。祁侯缯贺为将军，驻军荥阳。七月辛亥日，文帝从太原回到长安。于是给有关官员下诏："济北王违背德义，反叛皇上，连累

淮南王长与从者魏敬杀辟阳侯审食其。

五月，匈奴入北地，居河南为寇。帝初幸甘泉。六月，帝曰："汉与匈奴约为昆弟，毋使害边境，所以输遗匈奴甚厚。今右贤王离其国，将众居河南降地，非常故，往来近塞，捕杀吏卒，驱保塞蛮夷，令不得居其故，陵轹边吏，入盗，甚敖无道，非约也。其发边吏骑八万五千诣高奴，遣丞相颍阴侯灌婴击匈奴。"匈奴去，发中尉材官属卫将军，军长安。

辛卯，帝自甘泉之高奴，因幸太原，见故群臣，皆赐之。举功行赏，诸民里赐牛酒。复晋阳、中都民三岁。留游太原十余日。

济北王兴居闻帝之代，欲往击胡，乃反，发兵欲袭荥阳。于是诏罢丞相兵，遣棘蒲侯陈武为大将军，将十万往击之。祁侯贺为将军，军荥阳。七月辛亥，帝自太原至长安。乃诏有司曰："济北王背德反上，

诖误吏民，为大逆。济北吏民兵未至先自定，及以军地邑降者，皆赦之，复官爵。与王兴居去来，亦赦之。"八月，破济北军，虏其王。赦济北诸吏民与王反者。

六年，有司言淮南王长废先帝法，不听天子诏，居处毋度，出入拟于天子，擅为法令，与棘蒲侯太子奇谋反，遣人使闽越及匈奴，发其兵，欲以危宗庙社稷。群臣议，皆曰"长当弃市"。帝不忍致法于王，赦其罪，废勿王。群臣请处王蜀严道邛邮，帝许之。长未到处所，行病死，上怜之。后十六年，追尊淮南王长谥为厉王，立其子三人为淮南王、衡山王、庐江王。

十三年夏，上曰："盖闻天道祸自怨起而福繇德兴。百官之非，宜由朕躬。今秘祝之官移过于下，以彰吾之不德，朕甚不取。其除之。"

五月，齐太仓令淳于公有

误导官吏百姓，这是大逆不道。济北的官吏百姓在平叛大军未到之前就先自己平叛的，以及带领军队献出城邑投降的，都赦免他们，恢复官爵。曾与济北王刘兴居有来往的，也赦免他们。"八月，大破济北叛军，俘虏了济北王。赦免了跟随济北王反叛的官吏和百姓。

孝文皇帝六年，主管官员说淮南王刘长废弃先帝的法律，不听天子诏令，生活没有节度，出入的仪仗和天子相当，擅自制定法令，与棘蒲侯的太子陈奇谋反，并派人出使闽越和匈奴，调用他们的军队，企图危害宗庙社稷。大臣们商议，都说："应当将刘长斩首示众。"文帝不忍心按法律来处罚淮南王，赦免了他的罪行，只废除了他的王位。大臣们请求把淮南王流放到蜀地严道的邛邮，文帝准许了。刘长还没到流放地，就在路上病死了，文帝很怜悯他。后来孝文皇帝十六年时，追尊淮南王刘长谥号为厉王，封他的三个儿子分别为淮南王、衡山王、庐江王。

孝文皇帝十三年夏，皇上说："听说依天道祸患自怨恨而起，福泽由德行而兴。百官的过错，理应由我负责。现在秘祝之官把过错都推到臣下，这就彰显了我的不贤德，我非常不赞成这样做，应当废除这种做法。"

五月，齐国的太仓令淳于公有罪，当

受刑罚，下诏让狱吏逮捕他并将其押解到长安。太仓公没有儿子，只有五个女儿。太仓公被抓临行时，骂他的女儿们说："生孩子不生个男孩，有急事时没有一点用处！"他的小女儿缇萦伤心地哭泣起来，并跟随她的父亲到了长安，上书说："我的父亲为官，齐国人都称赞他廉洁公正，如今他犯法要受刑。我悲伤的是，人死之后不能复生，受刑之后不能复原，即使他们想要改过自新，也已经无法办到了。我愿意入官府为奴婢，来抵赎父亲的刑罪，使他得以改过自新。"上书奏到天子，天子悲悯她的情意，就下诏说："我听说有虞氏的时代，给罪犯穿特殊图形或颜色的衣服他们就觉得耻辱，而民众也就不会犯法。为什么呢？因为政治极为清明。如今的刑罚有三种肉刑，而犯法作乱的事不断发生，问题的症结何在？难道不是因为我德行浅薄而教化不力吗？我自己感到非常惭愧。所以训导的方法不完善，就会使愚昧的百姓去犯罪。《诗经》说'平易近人的君子，是万民的父母'。如今人一旦犯了错，教化还没有施行就施加刑罚，有些人想改过行善也无路可走了，我非常怜悯他们。刑罚使人肢体断裂，毁坏肌肤，终生不能恢复，多么痛苦而且不合道德啊，这怎么称得上为民父母呢！应当废除肉刑。"

罪当刑，诏狱逮徙系长安。太仓公无男，有女五人。太仓公将行会逮，骂其女曰："生子不生男，有缓急非有益也！"其少女缇萦自伤泣，乃随其父至长安，上书曰："妾父为吏，齐中皆称其廉平，今坐法当刑。妾伤夫死者不可复生，刑者不可复属，虽复欲改过自新，其道无由也。妾愿没入为官婢，赎父刑罪，使得自新。"书奏天子，天子怜悲其意，乃下诏曰："盖闻有虞氏之时，画衣冠异章服以为僇，而民不犯。何则？至治也。今法有肉刑三，而奸不止，其咎安在？非乃朕德薄而教不明欤？吾甚自愧。故夫驯道不纯而愚民陷焉。《诗》曰'恺悌君子，民之父母'。今人有过，教未施而刑加焉，或欲改行为善而道毋由也。朕甚怜之。夫刑至断支体，刻肌肤，终身不息，何其楚痛而不德也，岂称为民父母之意哉！其除肉刑。"

上曰："农，天下之本，务莫大焉。今勤身从事而有租税之赋，是为本末者毋以异，其于劝农之道未备。其除田之租税。"

十四年冬，匈奴谋入边为寇，攻朝那塞，杀北地都尉卬。上乃遣三将军军陇西、北地、上郡，中尉周舍为卫将军，郎中令张武为车骑将军，军渭北，车千乘，骑卒十万。帝亲自劳军，勒兵申教令，赐军吏卒。帝欲自将击匈奴，群臣谏，皆不听。皇太后固要帝，帝乃止。于是以东阳侯张相如为大将军，成侯赤为内史，栾布为将军，击匈奴。匈奴遁走。

春，上曰："朕获执牺牲珪币以事上帝宗庙，十四年于今，历日县长，以不敏不明而久抚临天下，朕甚自愧。其广增诸祀墠场珪币。昔先王远施不求其报，望祀不祈其福，右贤左戚，先民后己，至明之极也。今吾闻祠官祝釐，皆归福朕躬，不为百姓，朕甚愧之。夫以朕不德，而躬享独美其福，百姓不与焉，是重吾不德。其令祠

皇上说："农业是天下的根本，没有比这更重要的事情了。如今农民辛勤地从事农业生产却还要缴纳租税，使得农业和商业没有区别，这是由于鼓励农耕的方法还不完备。应当废除农田的租税。"

孝文皇帝十四年冬，匈奴企图侵入边境，攻打朝那塞，杀死了北地郡的都尉卬。皇上于是派三位将军分别驻扎在陇西、北地、上郡，任命中尉周舍为卫将军，郎中令张武为车骑将军，驻军渭北，兵车一千辆，骑兵十万。文帝亲自慰劳军队，整顿军队，申明教令，奖赏官兵。文帝准备亲自率兵攻打匈奴，群臣劝谏，文帝一概不听。皇太后坚决阻拦文帝，文帝才罢休。于是任命东阳侯张相如为大将军，成侯董赤为内史，栾布为将军，攻打匈奴。匈奴逃走了。

春天，皇上说："我有幸执掌牺牲、珪币来奉祀上帝宗庙，到现在有十四年了，历时长久，我不聪敏又不贤明，却长期治理天下，我自己感到非常惭愧。应该扩大祭祀的场所，增加祭祀的珪币。昔日先王远施恩惠而不求报答，遥寄山川而不为自己祈福，尊崇贤才抑制亲戚，凡事以民众为先，以自己为后，英圣明达到极致。现在我听说祠官祭祀祈福时，都是祈求将福瑞降到我的身上，不为百姓祈福，我非常惭愧。我如此不德，却独自享受着神灵的

福佑，没有将其给予百姓，这是加重我的不德啊。命令祠官要表达敬意，不要为我有所祈求。"

这时北平侯张苍为丞相，正在制定律历。鲁国人公孙臣上书陈说五德终始的事情，说现在的王朝是土德，土德应有黄龙出现，我们应当改变历法服色和制度。天子把这件事交给丞相商议。丞相推算认为现在是水德，应当明确以十月为正月，崇尚黑色，认为公孙臣的话不对，请求否决这件事。

孝文皇帝十五年，黄龙在成纪出现，天子于是再次召见鲁国的公孙臣，任命他为博士，让他申述关于土德的事情。于是皇上下诏说："有怪异的神物出现在成纪，对百姓无害，还会带来好收成。我亲自到郊外祭祀上帝和诸神。礼官们商议一下，不要怕我劳累而有所隐讳。"于是有关部门的官员和礼官们都说："古时候天子在夏季亲自到郊外祭祀上帝，所以称为'郊'。"于是天子开始巡幸雍县，郊祭五帝，在孟夏四月答谢祭礼。赵国人新垣平凭借望气之术觐见，并劝说文帝在渭阳设立五帝庙。想要找到周鼎，并预言会有玉英出现。

孝文皇帝十六年，文帝亲自郊祭渭阳五帝庙，也在夏初举行了答谢上帝的祭礼，并崇尚红色。

孝文皇帝十七年，文帝得到一个玉杯，

官致敬，毋有所祈。"

是时北平侯张苍为丞相，方明律历。鲁人公孙臣上书陈终始传五德事，言方今土德时，土德应黄龙见，当改正朔服色制度。天子下其事与丞相议。丞相推以为今水德，始明正十月上黑事，以为其言非是，请罢之。

十五年，黄龙见成纪，天子乃复召鲁公孙臣，以为博士，申明土德事。于是上乃下诏曰："有异物之神见于成纪，无害于民，岁以有年。朕亲郊祀上帝诸神。礼官议，毋讳以劳朕。"有司礼官皆曰："古者天子夏躬亲礼祀上帝于郊，故曰郊。"于是天子始幸雍，郊见五帝，以孟夏四月答礼焉。赵人新垣平以望气见，因说上设立渭阳五庙。欲出周鼎，当有玉英见。

十六年，上亲郊见渭阳五帝庙，亦以夏答礼而尚赤。

十七年，得玉杯，刻曰"人

主延寿"。于是天子始更为元年，令天下大酺。其岁，新垣平事觉，夷三族。

后二年，上曰："朕既不明，不能远德，是以使方外之国或不宁息。夫四荒之外不安其生，封畿之内勤劳不处，二者之咎，皆自于朕之德薄而不能远达也。间者累年匈奴并暴边境，多杀吏民，边臣兵吏又不能谕吾内志，以重吾不德也。夫久结难连兵，中外之国将何以自宁？今朕夙兴夜寐，勤劳天下，忧苦万民，为之怛惕不安，未尝一日忘于心，故遣使者冠盖相望，结轶于道，以谕朕意于单于。今单于反古之道，计社稷之安，便万民之利，亲与朕俱弃细过，偕之大道，结兄弟之义，以全天下元元之民。和亲已定，始于今年。"

后六年冬，匈奴三万人入上郡，三万人入云中。以中大夫令勉为车骑将军，军飞狐；故楚相苏意为将军，军句注；将军张武屯北地；河内守周亚夫为将军，居细柳；宗正刘礼

刻有"人主延寿"四字。于是天子将这年更改为元年，下令天下聚会宴饮。这一年，新垣平的事情败露，被灭了三族。

孝文皇帝后元二年，皇上说："我不贤明，不能远施德泽，所以使远方的国家不能安定。四方荒远地区的百姓不能安定地生活，国内的百姓辛勤劳苦也不得安居，这两者的过失，都源于我德行浅薄不能施及远方。最近匈奴连年侵犯边境，杀了很多官吏和百姓，守边的大臣和官兵又不明白我内心的想法，从而加重了我的不德。长期灾难相连，战火不断，中外各国将怎样保持各自的安宁？如今我早起晚睡，为天下操劳，为万民忧苦，为这些事情惶惶不安，没有一天能够忘记，所以派遣使臣来往不断，路上的车一辆接着一辆，为的是向单于表明我的心意。如今单于恢复古时的策略，考虑国家的安定，顾及百姓的利益，亲自与我一同抛弃细小的过失，一同走向大道，结成兄弟情谊，来保全天下善良的百姓。和亲已经确定，从今年开始。"

孝文皇帝后元六年冬天，匈奴三万人入侵上郡，三万人入侵云中。文帝任命中大夫令勉为车骑将军，在飞狐驻军；任命楚国丞相苏意为将军，在句注驻军；将军张武驻守北地；河内郡守周亚夫为将军，驻守细柳；宗正刘礼为将军，驻军霸上；

祝兹侯驻军棘门；来防备胡人。几个月后，胡人撤军，这些驻军也撤回了。

天下发生旱情，有蝗灾。文帝施加恩惠：命令诸侯不要向朝廷进贡，开放封禁的山林湖泊，减少服饰、车舆和狗马等玩物，裁减郎官吏员，发放仓库存粮来赈济贫民，百姓可以买卖爵位。

孝文帝从代国来到京城，即位二十三年，宫室、园囿、狗马、服饰、车驾没有增添，有不便于百姓的事立即开放禁令使其有利于百姓。文帝曾想建造露台，召来工匠计算，造价需要金一百斤。文帝说："一百斤金相当于中等人家十家的产业，我奉守先帝的宫室，时常担心有辱于先帝，还修建露台做什么？"文帝经常穿着粗丝厚衣，即使是宠幸的慎夫人，他也命令她穿的衣裙不得拖到地面，帏帐不得绣花，以此来表示质朴，为天下做表率。修建霸陵都用瓦器，不让用金银铜锡做装饰，不修建坟冢，想要节省，不烦扰百姓。南越王尉佗自立为武帝，而皇上召来尉佗的兄弟，让他们显贵，以德相报，尉佗于是废除帝号向汉称臣。文帝与匈奴和亲，匈奴却背弃盟约入境骚扰，而文帝命令边境只是备战防守，不发兵深入，不愿烦扰劳苦百姓。吴王假称有病不来朝见，文帝就赐给他小几和手杖。群臣中像袁盎等人言辞

为将军，居霸上；祝兹侯军棘门：以备胡。数月，胡人去，亦罢。

天下旱，蝗。帝加惠：令诸侯毋入贡，弛山泽，减诸服御狗马，损郎吏员，发仓庾以振贫民，民得卖爵。

孝文帝从代来，即位二十三年，宫室苑囿狗马服御无所增益，有不便，辄弛以利民。尝欲作露台，召匠计之，直百金。上曰："百金中民十家之产，吾奉先帝宫室，常恐羞之，何以台为！"上常衣绨衣，所幸慎夫人，令衣不得曳地，帏帐不得文绣，以示敦朴，为天下先。治霸陵皆以瓦器，不得以金银铜锡为饰，不治坟，欲为省，毋烦民。南越王尉佗自立为武帝，然上召贵尉佗兄弟，以德报之，佗遂去帝称臣。与匈奴和亲，匈奴背约入盗，然令边备守，不发兵深入，恶烦苦百姓。吴王诈病不朝，就赐几杖。群臣如袁盎等称说虽切，常假借用之。群臣如张武等受赂遗金钱，觉，上乃发御府金钱赐之，

以愧其心，弗下吏。专务以德化民，是以海内殷富，兴于礼义。

后七年六月己亥，帝崩于未央宫。遗诏曰："朕闻盖天下万物之萌生，靡不有死。死者天地之理，物之自然者，奚可甚哀！当今之时，世咸嘉生而恶死，厚葬以破业，重服以伤生，吾甚不取。且朕既不德，无以佐百姓；今崩，又使重服久临，以离寒暑之数，哀人之父子，伤长幼之志，损其饮食，绝鬼神之祭祀，以重吾不德也，谓天下何！朕获保宗庙，以眇眇之身托于天下君王之上，二十有余年矣。赖天地之灵，社稷之福，方内安宁，靡有兵革。朕既不敏，常畏过行，以羞先帝之遗德；维年之久长，惧于不终。今乃幸以天年，得复供养于高庙，朕之不明与嘉之，其奚哀悲之有！其令天下吏民，令到出临三日，皆释服。毋禁取妇嫁女祠祀饮酒食

虽然直率尖锐，但文帝总是宽容地采纳他们的意见。群臣中像张武等人收受金钱贿赂，事情被发觉后，文帝就从御府中拿出金钱赐给他们，让他们内心惭愧，不把他们交给官吏治罪。文帝专心致力于用德政感化百姓，因此海内殷富，礼义兴盛。

孝文皇帝后元七年六月己亥日，文帝在未央宫驾崩。遗诏说："我听说天下萌生的万物，没有不死的。死亡是天地间的规律，是生物的自然现象，哪里需要过分哀痛呢？如今，世人都喜欢活着而厌恶死亡，为了厚葬而破产，长期服丧而伤害身体，我非常不赞同这种做法。况且我已不德，没能帮助百姓；如今驾崩，又让他们长期服丧哀悼，经过好几个寒暑，使百姓父子哀伤，伤害老幼的精神，让他们减少饮食，断绝了对鬼神的祭祀，从而加重了我的不德，我怎么对得起天下人呢！我有幸承继帝业，以渺小的一己之身处于万民与诸侯之上，已经有二十多年了。仰赖天地的神灵，社稷的福祉，四方之内安宁没有战争。我不聪敏，时常担心行为有过失，使先帝遗留下的美德蒙羞；岁月长久，又害怕不能善始善终。如今有幸得以尽享天年，又能被供养在高庙中，以我的不英明却得到这样的赞美，还有什么可悲哀的呢！下令天下官吏和民众，诏令到达后吊唁三天，之后就都脱下丧服，不要禁止娶

妻、嫁女、祭祠、饮酒、吃肉这些事情。自然应当给丧事服丧哭吊的人，都不要光脚。经带不要超过三寸，不要把车驾及兵器用白布包起来，不要征发男女到宫殿哭吊。宫殿中应当哭吊的人，都在早晚各哭十五声，礼毕就停止。不是早晚哭吊的时候，禁止，不得擅自哭泣。下葬以后，服大功十五天，小功十四天，缌麻七天，脱下丧服。其他不在诏令中的事情，都按这个诏令比照遵从。通告天下，使人们明白知晓我的心意。霸陵的山川顺应它原来的样子，不要有所改变。把夫人以下至少使的后宫女子都遣回家。"命中尉周亚夫为车骑将军，典属国徐悍为将屯将军，郎中令张武为复土将军，征发附近各县现有士卒一万六千人，征发内史所属士卒一万五千人，护送棺椁、挖掘墓穴、覆土成冢的事务归将军张武指挥。

乙巳日，群臣都叩首奉上尊号，称孝文皇帝。

太子在高庙即位。丁未日，承袭帝号称皇帝。

孝景皇帝元年十月，下诏给御史："我听说古代帝王被称为祖是因为有取天下之功，而被称为宗是因为有治天下之德，制定礼仪音乐各有依托。听说歌是用来颂扬德行的；舞是用来显扬功绩的。在高庙使用酌酒祭祀，要表演《武德》《文始》《五

肉者。自当给丧事服临者，皆无践。经带无过三寸，毋布车及兵器，毋发民男女哭临宫殿。宫殿中当临者，皆以旦夕各十五举声，礼毕罢。非旦夕临时，禁毋得擅哭。已下，服大红十五日，小红十四日，纤七日，释服。佗不在令中者，皆以此令比率从事。布告天下，使明知朕意。霸陵山川因其故，毋有所改。归夫人以下至少使。"令中尉亚夫为车骑将军，属国悍为将屯将军，郎中令武为复土将军，发近县见卒万六千人，发内史卒万五千人，藏郭穿复土属将军武。

乙巳，群臣皆顿首上尊号曰孝文皇帝。

太子即位于高庙。丁未，袭号曰皇帝。

孝景皇帝元年十月，制诏御史："盖闻古者祖有功而宗有德，制礼乐各有由。闻歌者，所以发德也；舞者，所以明功也。高庙酎，奏《武德》《文始》《五行》之舞。孝惠庙酎，奏

《文始》《五行》之舞。孝文皇帝临天下，通关梁，不异远方。除诽谤，去肉刑，赏赐长者，收恤孤独，以育群生。减嗜欲，不受献，不私其利也。罪人不帑，不诛无罪。除宫刑，出美人，重绝人之世。朕既不敏，不能识。此皆上古之所不及，而孝文皇帝亲行之。德厚侔天地，利泽施四海，靡不获福焉。明象乎日月，而庙乐不称，朕甚惧焉。其为孝文皇帝庙为《昭德》之舞，以明休德。然后祖宗之功德著于竹帛，施于万世，永永无穷，朕甚嘉之。其与丞相、列侯、中二千石、礼官具为礼仪奏。"丞相臣嘉等言："陛下永思孝道，立《昭德》之舞以明孝文皇帝之盛德，皆臣嘉等愚所不及。臣谨议：世功莫大于高皇帝，德莫盛于孝文皇帝，高皇庙宜为帝者太祖之庙，孝文皇帝庙宜为帝者太宗之庙。天子宜世世献祖宗之庙，郡国诸侯宜各为孝文皇帝立太宗之庙。诸侯王列侯使者侍祠天子，岁献祖宗之庙。请著之竹帛，宣布天下。"

行》的歌舞。在孝惠庙使用酎酒祭祀，要表演《文始》《五行》的歌舞。孝文皇帝治理天下，开通关卡桥梁，边远地区也没有不同。废除诽谤罪，取消肉刑，赏赐年老之人，收养抚恤孤独之人，这样抚育众生。减省嗜好和欲望，不接受臣下进献的贡品，不谋求自己的私利；对犯罪不搞株连，不杀无罪的人。废除宫刑，放出后宫美人，对绝人后嗣的事情看得很重。我不聪敏，没有这样的识见。这些都是上古帝王所没有做到的，而孝文皇帝亲身践行了这些。功德厚重堪比天地，福利恩泽广施四海，没有一个地方没得到他的福泽。他的圣明如同日月，可祭祀时所用的歌舞却不相称，我感到非常不安。应当为孝文皇帝庙作《昭德》的歌舞，以彰显他的美德。然后把祖宗的功德写在竹简和布帛上，流传万世，永无穷尽，我很赞成这样做。你与丞相、列侯、中二千石的官吏、礼官一起制定好这套礼仪上奏给我。"丞相申屠嘉等人说："陛下长念孝道，创立《昭德》的歌舞来彰显孝文皇帝的盛德，都是臣申屠嘉等愚昧之人所不能及的。臣等谨慎地商议：世间的功业没有大过高皇帝的，德泽没有胜过孝文皇帝的，高皇帝庙应当作为汉朝皇帝的太祖庙，孝文皇帝庙应当作为汉朝皇帝的太宗庙。天子应当世世代代尊奉祖宗之庙，各郡国诸侯应当都为孝文皇帝建立太宗庙。诸侯王、列侯每年都要派使者来陪从天子祭祀，向祖宗之庙献祭。请把这些写在竹简和布帛上，公布天下。"

景帝批示："可以。"

太史公说：孔子说"必须经过三十年才能达到仁政。善人治理国家一百年，也可以清除暴政，废止刑戮"。这话确实是对的啊！汉朝兴起到孝文帝时有四十多年了，德政已达极盛。文帝逐渐走向更改历法、变换服色和举行封禅了，但孝文皇帝为人谦让，至今没能完成。唉，这难道不是仁德吗？

制曰："可。"

太史公曰：孔子言"必世然后仁。善人之治国百年，亦可以胜残去杀"。诚哉是言！汉兴，至孝文四十有余载，德至盛也。廪廪乡改正服封禅矣，谦让未成于今。呜呼，岂不仁哉！

史记卷十一
本纪第十一

孝景帝刘启

孝景皇帝，是孝文皇帝的排行中间的儿子。母亲是窦太后。孝文帝在代国时，前一个王后生有三个儿子，等到窦太后得到宠幸，前一个王后去世，三个儿子也相继死亡，所以孝景皇帝得以即位。

孝景皇帝元年四月乙卯日，大赦天下。乙巳日，赐予民众爵位一级。五月，免除一半的田租。为孝文帝建立太宗庙。命令群臣不必朝贺。匈奴入侵代地，朝廷与匈奴约定和亲。

孝景皇帝二年春，封原相国萧何之孙萧系为武陵侯。男子年满二十开始服役。四月壬午日，孝文帝母亲薄太后驾崩。广川王、长沙王都回到封国。丞相申屠嘉去世。八月，任命御史大夫开封侯陶青为丞相。彗星出现在东北方。秋天，衡山一带下了冰雹，大的有五寸，最深的地方有二尺。火星逆行，守在北极星旁边。月亮从北极星区域升起。木星逆行于天廷之中。设置南陵和内史，以祋祤为县。

孝景三年正月乙巳日，大赦天下。流

孝景皇帝者，孝文之中子也。母窦太后。孝文在代时，前后有三男，及窦太后得幸，前后死，及三子更死，故孝景得立。

元年四月乙卯，赦天下。乙巳，赐民爵一级。五月，除田半租，为孝文立太宗庙。令群臣无朝贺。匈奴入代，与约和亲。

二年春，封故相国萧何孙系为武陵侯。男子二十而得傅。四月壬午，孝文太后崩。广川、长沙王皆之国。丞相申屠嘉卒。八月，以御史大夫开封侯陶青为丞相。彗星出东北。秋，衡山雨雹，大者五寸，深者二尺。荧惑逆行，守北辰。月出北辰间。岁星逆行天廷中。置南陵及内史祋祤为县。

三年正月乙巳，赦天下。

长星出西方，天火燔雒阳东宫大殿城室。吴王濞、楚王戊、赵王遂、胶西王卬、济南王辟光、菑川王贤、胶东王雄渠反，发兵西乡。天子为诛晁错，遣袁盎谕告，不止，遂西围梁。上乃遣大将军窦婴、太尉周亚夫将兵诛之。六月乙亥，赦亡军及楚元王子蓺等与谋反者。封大将军窦婴为魏其侯。立楚元王子平陆侯礼为楚王。立皇子端为胶西王，子胜为中山王。徙济北王志为菑川王，淮阳王馀为鲁王，汝南王非为江都王。齐王将庐、燕王嘉皆薨。

四年夏，立太子。立皇子彻为胶东王。六月甲戌，赦天下。后九月，更以弋阳为阳陵。复置津关，用传出入。冬，以赵国为邯郸郡。

五年三月，作阳陵、渭桥。五月，募徙阳陵，予钱二十万。江都大暴风从西方来，坏城十二丈。丁卯，封长公主子蟜为隆虑侯。徙广川王为赵王。

六年春，封中尉绾为建陵侯，江都丞相嘉为建平侯，陇西太守浑邪为平曲侯，赵丞相嘉为江陵侯，

星出现在西方。天火烧毁了洛阳东宫的大殿和房屋。吴王刘濞、楚王刘戊、赵王刘遂、胶西王刘卬、济南王刘辟光、淄川王刘贤、胶东王刘雄渠造反，发兵西进。天子为此而诛杀了晁错，派袁盎晓谕七国，他们仍不罢兵，向西围攻梁国。皇上于是派大将军窦婴、太尉周亚夫率兵诛讨他们。六月乙亥日，赦免了逃亡叛军及楚元王之子刘蓺等参与谋反的人。封大将军窦婴为魏其侯。立楚元王之子平陆侯刘礼为楚王。立皇子刘端为胶西王，皇子刘胜为中山王。迁封济北王刘志为淄川王，淮阳王刘馀为鲁王，汝南王刘非为江都王。齐王刘将庐、燕王刘嘉等人都去世了。

孝景皇帝四年夏，立太子。立皇子刘彻为胶东王。六月甲戌日，大赦天下。后九月，弋阳更名为阳陵。重新在渡口、关隘设置关卡，持证明出入。冬，把赵国设置为邯郸郡。

孝景皇帝五年三月，修建阳陵、渭桥。五月，招募民众迁居阳陵，给二十万钱。从江都的西方刮来暴风，毁坏了十二丈城墙。丁卯日，封长公主之子陈蟜为隆虑侯。迁封广川王为赵王。

孝景皇帝六年春，封中尉卫绾为建陵侯，江都丞相程嘉为建平侯，陇西太守浑邪为平曲侯，赵国丞相苏嘉为江陵侯，前

将军栾布为鄃侯。梁王、楚王都薨逝。闰九月，砍伐驰道边上的树木，填平兰池。

孝景皇帝七年冬，废掉栗太子为临江王。十一月的晦日，发生日食。春天，赦免修建阳陵的刑徒和奴隶。丞相陶青被免相。二月乙巳日，封太尉条侯周亚夫为丞相。四月乙巳日，立胶东王太后为皇后。丁巳日，立胶东王为太子。太子名叫刘彻。

中元元年，封原御史大夫周苛之孙周平为绳侯，原御史大夫周昌之子周左车为安阳侯。四月乙巳日，大赦天下，赐百姓爵位一级。废除不准商人、赘婿做官和不准犯过罪的官吏重新做官的法令。发生地震。衡山、原都地区下了冰雹，大的有一尺八寸。

中元二年二月，匈奴入侵燕地，于是不再与匈奴和亲。三月，召临江王来京，不久临江王死于中尉府中。夏天，立皇子刘越为广川王，皇子刘寄为胶东王。封楚相张尚、太傅赵夷吾、赵相建德、内史王悍的儿子为侯。九月甲戌日，发生日食。

中元三年冬，废除诸侯国中御史中丞一职。春天，匈奴的两个王率领其部众前来投降，都被封为列侯。立皇子刘乘为清河王。三月，彗星出现在西北方。丞相周亚夫被免职，任命御史大夫桃侯刘舍为丞相。四月，发生地震。九月戊戌晦日，发生日食。驻军于东都门外。

故将军布为鄃侯。梁、楚二王皆薨。后九月，伐驰道树，殖兰池。

七年冬，废栗太子为临江王。十一月晦，日有食之。春，免徒隶作阳陵者。丞相青免。二月乙巳，以太尉条侯周亚夫为丞相。四月乙巳，立胶东王太后为皇后。丁巳，立胶东王为太子。名彻。

中元年，封故御史大夫周苛孙平为绳侯，故御史大夫周昌子左车为安阳侯。四月乙巳，赦天下，赐爵一级。除禁锢。地动。衡山、原都雨雹，大者尺八寸。

中二年二月，匈奴入燕，遂不和亲。三月，召临江王来，即死中尉府中。夏，立皇子越为广川王，子寄为胶东王。封四侯。九月甲戌，日食。

中三年冬，罢诸侯御史大夫。春，匈奴王二人率其徒来降，皆封为列侯。立皇子乘为清河王。三月，彗星出西北。丞相周亚夫免，以御史大夫桃侯刘舍为丞相。四月，地动。九月戊戌晦，日食。军东都门外。

中四年三月，置德阳宫。大蝗。秋，赦徒作阳陵者。

中五年夏，立皇子舜为常山王。封十侯。六月丁巳，赦天下，赐爵一级。天下大潦。更命诸侯丞相曰相。秋，地动。

中六年二月己卯，行幸雍，郊见五帝。三月，雨雹。四月，梁孝王、城阳共王、汝南王皆薨。立梁孝王子明为济川王，子彭离为济东王，子定为山阳王，子不识为济阴王。梁分为五。封四侯。更命廷尉为大理，将作少府为将作大匠，主爵中尉为都尉，长信詹事为长信少府，将行为大长秋，大行为行人，奉常为太常，典客为大行，治粟内史为大农。以大内为二千石，置左右内官，属大内。七月辛亥，日食。八月，匈奴入上郡。

后元年冬，更命中大夫令为卫尉。三月丁酉，赦天下，赐爵一级，中二千石、诸侯相爵右庶长。四月，大酺。五月丙戌，地动，其蚤食时复动。上庸地动二十二日，坏城垣。七月乙巳，日食。丞相刘舍免。八月壬辰，以御史大夫绾为丞

中元四年三月，修建德阳宫。发生大蝗灾。秋天，赦免修建阳陵的刑徒。

中元五年夏，立皇子刘舜为常山王。封十人为列侯。六月丁巳日，大赦天下，赐给百姓爵位一级。天下发生严重涝灾。把诸侯国的丞相改称为相。秋天，发生地震。

中元六年二月己卯日，景帝驾临雍县，在郊外祭祀五帝庙。三月，下冰雹。四月，梁孝王、城阳共王、汝南王都薨逝。立梁孝王之子刘明为济川王，儿子刘彭离为济东王，儿子刘定为山阳王，儿子刘不识为济阴王。把梁国一分为五。封了四人为列侯。把廷尉这个官职更名为大理，将作少府更名为将作大匠，主爵中尉更名为都尉，长信詹事更名为长信少府，将行更名为大长秋，大行更名为行人，奉常更名为太常，典客更名为大行，治粟内史更名为大农。把主管京城仓库的大内定为二千石级的官员，设置左右内官，隶属于大内。七月辛亥日，发生日食。八月，匈奴侵入上郡。

后元元年冬，把中大夫令更名为卫尉。三月丁酉日，大赦天下，赐给百姓爵位一级，赐给中二千石级官员和诸侯国的相以右庶长的爵位。四月，允许天下聚饮。五月丙戌日，发生地震，这天早饭时再次震动。上庸县连续地震了二十二天，城墙被毁坏。七月乙巳日，发生日食。丞相刘舍被免职。八月壬辰日，任命御史大夫卫绾

为丞相，封为建陵侯。

后元二年正月，一天发生三次地震。郅将军攻打匈奴。允许百姓聚饮五天。诏令内史和各郡不得用粮食喂马，违者没收马匹，收归官府。命令刑徒和奴隶穿七缕粗布衣服。禁止用马春粟。因这一年粮食歉收，不允许天下在明年秋收之前吃完粮食。派遣列侯回封国。三月，匈奴侵入雁门。七月，出租长陵的官田给百姓耕种。发生大旱。衡山国、河东郡、云中郡民间发生瘟疫。

后元三年十月，发生日食和月食，太阳和月亮连续五天呈现红色。十二月的晦日，打雷，太阳变得像紫色一样。五大行星逆行，守在太微垣附近。月亮横贯天廷之中。正月甲寅日，皇太子行加冠礼。甲子日，孝景皇帝驾崩。遗诏赐给诸侯王以下至平民应该继承父业的人爵位一级，赐予天下每户一百钱。遣散后宫之人让她们回家，并免除她们终身赋税。太子即位，这就是孝武皇帝。三月，封皇太后的弟弟田蚡为武安侯，弟弟田胜为周阳侯。设置阳陵邑。

太史公说：汉朝兴建以来，孝文帝广施恩德，天下人心思安，安居乐业。到孝景帝时，不再担心异姓诸王反叛，而晁错建议削夺诸侯王的土地，于是使七国一同

相，封为建陵侯。

后二年正月，地一日三动。郅将军击匈奴。酺五日。令内史郡不得食马粟，没入县官。令徒隶衣七缕布。止马春。为岁不登，禁天下食不造岁。省列侯遣之国。三月，匈奴入雁门。七月，租长陵田。大旱。衡山国、河东、云中郡民疫。

后三年十月，日月皆食，赤五日。十二月晦，雷。日如紫。五星逆行守太微。月贯天廷中。正月甲寅，皇太子冠。甲子，孝景皇帝崩。遗诏赐诸侯王以下至民为父后爵一级，天下户百钱。出宫人归其家，复无所与。太子即位，是为孝武皇帝。三月，封皇太后弟蚡为武安侯，弟胜为周阳侯。置阳陵。

太史公曰：汉兴，孝文施大德，天下怀安。至孝景，不复忧异姓，而晁错刻削诸侯，遂使七国俱起，合从而西乡，

以诸侯太盛，而错为之不以渐也。及主父偃言之，而诸侯以弱，卒以安。安危之机，岂不以谋哉？

起兵造反，联合向西进攻，这是由于诸侯王势力太强大，而晁错没能循序渐进地削减。等到主父偃提出准许诸侯王分封自己的子弟的建议，诸侯王的势力才得以削弱，天下终于安定。国家安危的关键，难道不在于谋略吗？

史记卷十二
本纪第十二

孝武帝刘彻

孝武皇帝，是孝景皇帝排行中间的儿子。母亲是王太后。孝景四年，以皇子身份做胶东王。孝景七年，栗太子被废为临江王，立胶东王为太子。景帝在位十六年驾崩，太子即位，这就是孝武皇帝。孝武皇帝刚即位，就特别重视对鬼神的祭祀。

武帝元年，汉朝建立已有六十多年了，天下安定，朝中大臣都希望天子举行封禅大典，修改各种制度。而皇上也崇尚儒术，招纳贤良之士。赵绾、王臧等人凭借文章博学担任公卿，想建议天子依照古制在城南建立明堂，来朝会诸侯。他们草拟天子巡狩、封禅及更改历法、服色这些事，尚未完成，赶上窦太后推崇黄老学说，不喜欢儒术，派人私下查访得知赵绾等人的非法谋私之事，传讯审查赵绾、王臧，赵绾、王臧自杀，他们所要兴办之事全都被废止了。

六年后，窦太后驾崩。第二年，皇上征召文学之士公孙弘等人。

孝武皇帝者，孝景中子也。母曰王太后。孝景四年，以皇子为胶东王。孝景七年，栗太子废为临江王，以胶东王为太子。孝景十六年崩，太子即位，为孝武皇帝。孝武皇帝初即位，尤敬鬼神之祀。

元年，汉兴已六十余岁矣，天下乂安，荐绅之属皆望天子封禅改正度也。而上乡儒术，招贤良，赵绾、王臧等以文学为公卿，欲议古立明堂城南，以朝诸侯。草巡狩封禅改历服色事未就。会窦太后治黄老言，不好儒术，使人微得赵绾等奸利事，召案绾、臧，绾、臧自杀，诸所兴为者皆废。

后六年，窦太后崩。其明年，上征文学之士公孙弘等。

明年，上初至雍，郊见五畤。后常三岁一郊。是时上求神君，舍之上林中蹄氏观。神君者，长陵女子，以子死悲哀，故见神于先后宛若。宛若祠之其室，民多往祠。平原君往祠，其后子孙以尊显。及武帝即位，则厚礼置祠之内中，闻其言，不见其人云。

是时而李少君亦以祠灶、谷道、却老方见上，上尊之。少君者，故深泽侯入以主方。匿其年及所生长，常自谓七十，能使物，却老。其游以方遍诸侯。无妻子。人闻其能使物及不死，更馈遗之，常余金钱帛衣食。人皆以为不治产业而饶给，又不知其何所人，愈信，争事之。少君资好方，善为巧发奇中。尝从武安侯饮，坐中有年九十余老人，少君乃言与其大父游射处，老人为儿时从其大父行，识其处，一坐尽惊。少君见上，上有故铜器，问少君。少君曰："此器齐桓公十年陈于柏寝。"已而案其刻，果齐桓公器。一宫尽骇，以少君为神，数百岁

第二年，皇上初到雍县，在郊外祭祀五帝庙。之后通常三年郊祭一次。这时皇上求得一位神君，供奉在上林苑中的蹄氏观。神君，是长陵的一个女子，因儿子早夭，悲痛而死，故而显灵于妯娌宛若身上。宛若便将她供奉在自己家里，百姓大多前往祭祀。平原君前去祭祀，他的后代子孙因此得以尊贵显赫。等到武帝即位后，武帝就以隆重的礼仪将她安置在宫内供奉，能听到她的声音，却看不见她本人。

这时李少君也以祭灶致福、辟谷不食、长生不老的方术进见皇上，皇上尊重他。少君，是已故深泽侯引荐来主管方药之事的。他隐瞒自己的年龄和生平情况，常自称七十岁，能驱使鬼物，使人长生不老。他凭借方术游遍诸侯各国。无妻子儿女。人们听说他能驱使鬼物，以及使人长生不死，就不断馈赠财物给他，他经常有多余的金钱、布帛、衣服和食物。人们都认为他不经营产业却能很富有，又不知他是哪里人，就愈加相信他，争相去侍奉他。少君天生喜好方术，善于用巧言说中事情。他曾到武安侯家宴饮，在座的有一位九十多岁的老人，少君就谈起与老人的祖父一起游玩射猎的地方，老人因为儿时跟随自己的祖父同行，知道这个地方。满座宾客无不惊讶。少君拜见皇上，皇上有一件古铜器，询问少君。少君说："这件铜器

在齐桓公十年时陈放于柏寝台。"随后查验铜器上所刻铭文，果真是齐桓公时的铜器。整个宫中的人都很吃惊，以为少君是神，是活了几百岁的人。

少君对皇上说："祭祀灶神就能招来鬼物，招来鬼物就可以使丹沙化为黄金，将黄金炼成饮食器皿使用就可使人延年益寿，延年益寿后就可以见到海中蓬莱岛上的仙人，见到仙人后举行封禅大典就可长生不死，黄帝就是这样的。臣曾经漫游于海上，见到安期生，他给过我枣吃，枣大得像瓜一样。安期生是仙人，往来于蓬莱仙岛中，与他投机他就出来相见，不投合他就隐去不见。"于是天子开始亲自祭祀灶神，并派方士入海中访求蓬莱岛上像安期生一类的仙人，同时做起用丹沙等各种药剂提炼黄金之事了。

过了很久，李少君病死。天子认为他是化仙而去并没有死，就派黄锤县的佐史宽舒学习他的方术。访求蓬莱仙人安期生没能找到，而沿海一带燕、齐之地的一些怪诞迂腐的方士大多仿效李少君，相继前来谈论神仙之事。

亳县人薄诱忌上奏祭祀泰一神的方法，说："天神中最尊贵的是泰一，泰一的辅佐者是五帝。古代天子于春秋两季在京城东南郊祭祀泰一神，用牛、羊、猪三牲祭祀七日，所筑祭坛八面都开有通道供鬼神

人也。

少君言于上曰："祠灶则致物，致物而丹沙可化为黄金，黄金成以为饮食器则益寿，益寿而海中蓬莱仙者可见，见之以封禅则不死，黄帝是也。臣尝游海上，见安期生，食臣枣，大如瓜。安期生仙者，通蓬莱中，合则见人，不合则隐。"于是天子始亲祠灶，而遣方士入海求蓬莱安期生之属，而事化丹沙诸药齐为黄金矣。

居久之，李少君病死。天子以为化去不死也，而使黄锤史宽舒受其方。求蓬莱安期生莫能得，而海上燕齐怪迂之方士多相效，更言神事矣。

亳人薄诱忌奏祠泰一方，曰："天神贵者泰一，泰一佐曰五帝。古者天子以春秋祭泰一东南郊，用太牢具，七日，为坛开八通之鬼道。"于

是天子令太祝立其祠长安东南郊，常奉祠如忌方。其后人有上书，言"古者天子三年一用太牢具祠神三一：天一，地一，泰一"。天子许之，令太祝领祠之忌泰一坛上，如其方。后人复有上书，言"古者天子常以春秋解祠，祠黄帝用一枭破镜；冥羊用羊；祠马行用一青牡马；泰一、皋山山君、地长用牛；武夷君用干鱼；阴阳使者以一牛"。令祠官领之如其方，而祠于忌泰一坛旁。

其后，天子苑有白鹿，以其皮为币，以发瑞应，造白金焉。

其明年，郊雍，获一角兽，若麃然。有司曰："陛下肃祗郊祀，上帝报享，锡一角兽，盖麟云。"于是以荐五畤，畤加一牛以燎。赐诸侯白金，以风符应合于天地。

于是济北王以为天子且封禅，乃上书献泰山及其旁邑。天子受之，更以他县偿之。常

通行。"于是天子令太祝在长安东南郊立泰一神祠，经常按照薄诱忌的方法供奉祭祀。之后有人上书，说"古代天子每三年一次用牛、羊、猪三牲祭祀三一之神：天一、地一、泰一"。天子准奏，命太祝在薄诱忌所奏请建立的泰一神坛上祭祀，按照这个人所上书的方法进行。后来又有人上书，说"古代天子经常在春秋两季举行消灾求福的解祠，用一只枭鸟和一只破镜祭祀黄帝；用羊祭冥羊神；用一匹青色公马祭马行神；用牛祭泰一神、皋山山君和地长神；用干鱼祭武夷山神；用一头牛祭阴阳使者"。天子又命令祠官按照上书这个人的方法，在薄诱忌所奏请建立的泰一神坛旁边举行祭祀。

此后，天子上林苑中有只白鹿，就把白鹿皮制成货币，为了激发祥瑞兆应，又铸造了银锡合金的白金币。

第二年，天子到雍县举行郊祭，捕获一只独角兽，很像狍子。主管官员说："陛下庄重肃穆地举行郊祭，上帝为了报答对他的供奉，赐下这头独角兽，这大概就是麒麟。"于是把它进献给五畤，每畤加一头牛举行燎祭。赐给诸侯白金币，以暗示这种符瑞应合于天地之意。

这时济北王以为天子将举行封禅大典，就上书献出泰山及其周围的封邑。天子接受进献，另用其他县邑补偿了他。常山王

有罪，被流放，天子把他的弟弟封在真定，以延续对先王的祭祀，而把常山国改为郡。这以后五岳都在天子直接管辖的郡县之内。

第二年，齐人少翁凭借鬼神方术进见皇上。皇上有个受宠的王夫人，王夫人去世，少翁就用方术在夜里使王夫人及灶神的形貌出现，天子从帐幕中望见了。于是就封少翁为文成将军，赏赐很多，以宾客之礼接待他。文成将军说道："皇上若想与神仙交往，宫室、被服等都不像神仙用的，神仙不会降临。"于是制造了画有云气的车子，按五行相克的原则，在吉日驾驶不同颜色的车子以驱赶恶鬼。又修建甘泉宫，在中央筑起台室，画上天神、地神、泰一等神，并且放置祭具，以此招请天神。过了一年多，他的方术日益衰微，神仙没有到来。于是他在一块帛书上写字让牛吞食入腹，佯装不知此事，说这牛肚子里有些奇怪。把牛杀了一看，得到一块帛书，上面写的话很奇怪，天子怀疑此事。有人认得那帛书的笔迹，让人拿去查问，果然是伪造的帛书。于是杀了文成将军，并把此事隐瞒起来。

此后又修造了柏梁台、铜柱和承露仙人掌之类的东西。

文成将军死后第二年，天子在鼎湖宫病得很重，巫医们用尽了所有办法，不见好转。游水县的发根于是说道："上郡有

山王有罪，迁，天子封其弟于真定，以续先王祀，而以常山为郡。然后五岳皆在天子之郡。

其明年，齐人少翁以鬼神方见上。上有所幸王夫人，夫人卒，少翁以方术盖夜致王夫人及灶鬼之貌云，天子自帷中望见焉。于是乃拜少翁为文成将军，赏赐甚多，以客礼礼之。文成言曰："上即欲与神通，宫室被服不象神，神物不至。"乃作画云气车，及各以胜日驾车辟恶鬼。又作甘泉宫，中为台室，画天、地、泰一诸神，而置祭具以致天神。居岁余，其方益衰，神不至。乃为帛书以饭牛，详弗知也，言此牛腹中有奇。杀而视之，得书，书言甚怪，天子疑之。有识其手书，问之人，果为书。于是诛文成将军而隐之。

其后则又作柏梁、铜柱、承露仙人掌之属矣。

文成死明年，天子病鼎湖甚，巫医无所不致，不愈。游水发根乃言曰："上郡有巫，

病而鬼下之。"上召置祠之甘泉。及病，使人问神君。神君言曰："天子毋忧病。病少愈，强与我会甘泉。"于是病愈，遂幸甘泉，病良已。大赦天下，置寿宫神君。神君最贵者太一，其佐曰大禁、司命之属，皆从之。非可得见，闻其音，与人言等。时去时来，来则风肃然也。居室帷中。时昼言，然常以夜。天子祓，然后入。因巫为主人，关饮食，所欲者言行下。又置寿宫、北宫，张羽旗，设供具，以礼神君。神君所言，上使人受书其言，命之曰"画法"。其所语，世俗之所知也，毋绝殊者，而天子独喜。其事秘，世莫知也。

其后三年，有司言元宜以天瑞命，不宜以一二数。一元曰建元，二元以长星曰元光，三元以郊得一角兽曰元狩云。

其明年冬，天子郊雍，议

个巫师，他生病时鬼神能附在他身上。"皇上把他召来供奉在甘泉宫。待巫师生病时，派人去问附在巫师身上的神君。神君说道："天子不必担忧病情。病情稍有好转，可强撑与我在甘泉宫相会。"于是天子病情好转，就驾临甘泉宫，病果然痊愈。大赦天下，把神君安置在寿宫。神仙中最尊贵的是太一，他的辅佐神是大禁、司命之类的神仙，这些神仙都遵从他。众神是不可见到的，只能听到声音，听起来和人说话的声音一样。神仙时去时来，来时有微风吹动，居住在室内的帷帐中。有时白天说话，不过经常是在夜间。天子举行祓祭，然后进入宫中。一名巫者为寿宫的主人，天子让他关照神君的饮食。神君所要说的话也由巫师下达。又为神君设置了寿宫、北宫，张挂羽旗，设置祭器，用来供奉神君。神君所说的话，皇上派人记录下来，称为"画法"。神君所说的话，都是世俗之人能知晓的，没什么特别的，而天子自己却很欢喜。这些事情都是秘密，世人都不知道。

三年后，主管官员说纪元应该根据上天所赐的祥瑞来命名，不应当用一、二来计数。第一个纪元可称为建元，第二个纪元因长星出现可称为元光，第三个纪元因郊祀时得到了独角兽，可称为元狩。

第二年冬，天子到雍县举行郊祭，计

议说："如今上帝由我亲自郊祭，地神后土却没有得到祭祀，这样不合于礼。"相关官员与太史公、祠官宽舒等人商议道："祭祀天地要用角小如蚕茧、板栗的牲畜。如今陛下亲自祭祀后土，祭祀后土宜在大泽中的圆丘上设五个祭坛，每坛用一头黄牛犊做太牢祭品，祭祀完毕将它们全部埋掉，而陪祭人员身穿黄色衣服。"于是天子就东行，首次在汾阴丘上立起后土祠，按照宽舒等人建议做的那样。皇上亲自望拜地神，与祭祀上帝的礼仪相同。礼毕，天子到荥阳后回都。经过洛阳，下诏说："夏、商、周三代已经很久远了，以致三代先王难以留下多少后代。划分出三十里地赐给周王的后裔，封其为周子南君，以供奉先王的祭祀。"这年，天子开始巡视各郡县，已逐渐接近泰山了。

这年春天，乐成侯上书举荐栾大。栾大，是胶东王的宫人，以前曾与文成将军师从同一人，不久做了胶东王主管配药的尚方令。乐成侯的姐姐是康王的王后，没有儿子。康王死后，其他姬妾所生之子被立为王。而康后有淫乱行为，与新王合不来，彼此利用法律互相陷害对方。康后听说文成将军已死，而想献媚于皇上，就派栾大通过乐成侯求见天子，谈论方术。天子诛杀了文成将军，后来又悔恨他早死，惋惜没有让他把方术全部拿出来，等见到栾大，龙

曰："今上帝朕亲郊，而后土毋祀，则礼不答也。"有司与太史公、祠官宽舒等议："天地牲角茧栗。今陛下亲祀后土，后土宜于泽中圜丘为五坛，坛一黄犊太牢具，已祠尽瘗，而从祠衣上黄。"于是天子遂东，始立后土祠汾阴脽上，如宽舒等议。上亲望拜，如上帝礼。礼毕，天子遂至荥阳而还。过雒阳，下诏曰："三代邈绝，远矣难存。其以三十里地封周后为周子南君，以奉先王祀焉。"是岁，天子始巡郡县，侵寻于泰山矣。

其春，乐成侯上书言栾大。栾大，胶东宫人，故尝与文成将军同师，已而为胶东王尚方。而乐成侯姊为康王后，毋子。康王死，他姬子立为王。而康后有淫行，与王不相中，相危以法。康后闻文成已死，而欲自媚于上，乃遣栾大因乐成侯求见言方。天子既诛文成，后悔恨其早死，惜其方不尽，及见栾大，大悦。大为人长美，

言多方略，而敢为大言，处之不疑。大言曰："臣尝往来海中，见安期、羡门之属。顾以为臣贱，不信臣。又以为康王诸侯耳，不足予方。臣数言康王，康王又不用臣。臣之师曰：'黄金可成，而河决可塞，不死之药可得，仙人可致也。'臣恐效文成，则方士皆掩口，恶敢言方哉！"上曰："文成食马肝死耳。子诚能修其方，我何爱乎！"大曰："臣师非有求人，人者求之。陛下必欲致之，则贵其使者，令有亲属，以客礼待之，勿卑，使各佩其信印，乃可使通言于神人。神人尚肯邪不邪。致尊其使，然后可致也。"于是上使先验小方，斗旗，旗自相触击。

是时上方忧河决，而黄金不就，乃拜大为五利将军。居月余，得四金印，佩天士将军、地士将军、大通将军、五利将军印。制诏御史："昔禹疏九江，决四渎。间者河溢皋陆，堤繇

颜大悦。栾大这个人长得高大英俊，言谈多有方略，而且敢说大话，行事自若。栾大说道："臣曾经往来于海上，见到了安期生、羡门高之类的仙人。他们认为臣地位低贱，不信任臣。他们又认为康王只是个诸侯而已，不值得给予方术。臣屡次向康王进言，康王又不任用臣。臣的老师说：'黄金可以炼成，而黄河决口也可以堵塞，不死之药可以获得，仙人也可以请到。'臣害怕像文成将军一样遭杀身之祸，那方士都要掩口不语了，哪里敢再谈方术呢！"皇上说："文成将军是误食马肝而死。你如果真能研究他的方术，我有什么可吝惜的呢！"栾大说："臣的老师并非有求于人，而是别人有求于他。陛下一定要请到仙人，那就要让仙人的使者尊贵，让他有家眷，以客人之礼对待他，不可瞧不起他，让他佩带各种信印，才可让他传话于仙人。神仙还不一定肯见。能够做到尊重仙人的使者，之后才能请到神仙。"于是皇上让他先施个小法术验证一下，栾大就施展了斗棋，棋子可以自动在棋盘上互相撞击。

这时皇上正在忧虑黄河决口之事，而黄金也没有炼成，于是封栾大为五利将军。过了一个多月，栾大得到四枚金印，佩带上天士将军、地士将军、大通将军、五利将军的印信。皇上下诏书给御史："昔日夏禹疏浚九江，开决四渎。近来黄河之

水溢出，淹没陆地。修筑堤防，劳役不息。我治理天下已有二十八年，好像是上天送方士给我而让我上通天意。《乾卦》所称'飞龙在天'，似'鸿鸟靠近磐石'，意思大概与此类似吧。把二千户的地方封给地士将军栾大让他做乐通侯。"赐给栾大列侯品级的甲等府第和僮仆一千人。皇上把不用的车马和帷帐等器物分给栾大来充实他的新居。又把卫长公主嫁给他，送他黄金万斤，把他的城邑更名为当利公主邑。天子亲临五利将军的府第。派去慰问的使者和所赐物品，在路上连续不断。自皇上的姑姑大长公主到将相以下，都在他家置办酒宴，献送礼物给他。于是天子又刻了有"天道将军"字样的玉印，派使者身穿羽衣，夜里站在白茅草上，五利将军也身穿羽衣，站在白茅上接受玉印，以示受印者并非臣下。而佩带"天道"之印，是要为天子引导天神降临的意思。于是五利将军常常夜间在家中祭祀，想求神仙降临。神仙没有来却把百鬼召集来了，但栾大颇能驱使百鬼。之后他就整理行装出发，向东入海，去寻求他的老师。栾大被引见数月，就佩带六印，身份尊贵震动天下，而沿海一带燕、齐之地的方士们无不扼腕激奋，都说自己有秘方，能通神仙。

这年夏天六月，汾阴的巫师锦在魏脽的后土祠旁为民祭祀，看见地面呈弯钩状，

不息。朕临天下二十有八年，天若遗朕士而大通焉。《乾》称'蜚龙'，'鸿渐于般'，意庶几与焉。其以二千户封地士将军大为乐通侯。"赐列侯甲第，僮千人。乘舆斥车马帷帐器物以充其家。又以卫长公主妻之，赍金万斤，更名其邑曰当利公主。天子亲如五利之第。使者存问，所给连属于道。自大主将相以下，皆置酒其家，献遗之。于是天子又刻玉印曰"天道将军"，使使衣羽衣，夜立白茅上，五利将军亦衣羽衣，立白茅上受印，以示弗臣也。而佩"天道"者，且为天子道天神也。于是五利常夜祠其家，欲以下神。神未至而百鬼集矣，然颇能使之。其后治装行，东入海，求其师云。大见数月，佩六印，贵振天下，而海上燕齐之间，莫不扼捥而自言有禁方，能神仙矣。

其夏六月中，汾阴巫锦为民祠魏脽后土营旁，见地如钩

状，掊视得鼎。鼎大异于众鼎，文镂毋款识，怪之，言吏。吏告河东太守胜，胜以闻。天子使使验问巫锦得鼎无奸诈，乃以礼祠，迎鼎至甘泉，从行，上荐之。至中山，晏温，有黄云盖焉。有麃过，上自射之，因以祭云。至长安，公卿大夫皆议请尊宝鼎。天子曰："间者河溢，岁数不登，故巡祭后土，祈为百姓育谷。今年丰庑未有报，鼎曷为出哉？"有司皆曰："闻昔大帝兴神鼎一，一者一统，天地万物所系终也。黄帝作宝鼎三，象天地人也。禹收九牧之金，铸九鼎，皆尝鬺烹上帝鬼神。遭圣则兴，迁于夏商。周德衰，宋之社亡，鼎乃沦伏而不见。《颂》云：'自堂徂基，自羊徂牛；鼐鼎及鼒，不虞不骜，胡考之休'。今鼎至甘泉，光润龙变，承休无疆。合兹中山，有黄白云降盖，若兽为符，路弓乘矢，集获坛下，报祠大飨。惟受命而帝者心知其意而合德焉。鼎宜见于祖祢，藏于帝廷，以合明应。"制曰："可。"

扒开土一看得到一只鼎。此鼎与其他鼎大不相同，上面只有花纹，没有铸刻的文字，巫师对此觉得奇怪，就告诉了官吏。县吏又报告了河东太守胜，胜把此事上报了朝廷。天子派使者查验询问，巫师锦的得鼎过程并无伪诈之举，就按礼仪举行祭祀，把鼎迎到甘泉宫，与天子随行，皇上把鼎祭献给上天。到中山时，天气晴暖，有片黄色云气遮蔽在上空。有只狍子跑过，皇上亲自射杀了它，就用它来祭祀黄云。到了长安，公卿大夫都建议请求尊奉宝鼎。天子说："近来黄河泛滥，连年庄稼歉收，所以才巡狩祭祀后土，为百姓祈求滋育庄稼。今年五谷丰茂，尚未酬谢祭祀后土，这鼎为什么会出现呢？"相关官员都说："听说昔日太昊伏羲氏造了一只神鼎，表示一统，即天地万物归统于神鼎，黄帝造了三只宝鼎，象征天、地、人。夏禹收集九州之金，铸有九鼎，都曾用来烹煮牺牲以祭祀上帝和鬼神。遇到圣主鼎就会出现，就这样传到夏朝、商朝。周朝政德衰败，宋国的社坛被毁灭，鼎就沦没隐伏不见了。《诗经·周颂》说'从堂内到庭阶，祭牲从羊到牛，从大鼎到小鼎，不喧哗也不傲慢，保佑长寿多吉祥'。如今宝鼎到甘泉宫，光华润泽如龙般神奇变化，承受无边的福禄。这正好与行至中山时，上空有黄色云气遮蔽、云形如同瑞兽的征兆相合，皇上在路上用大弓和四箭射得狍子，将所获之物集合于祭坛之下，举行报答遍祭天地鬼神的大典。只有承受天命做皇帝的人才能知道天意而与天德相合。此宝鼎应该祭献给祖先，珍藏在天帝宫廷，以迎合这些显著的征兆。"皇上下诏说："可以。"

入海访求蓬莱仙人的人，说蓬莱并不远，但不能到达，大概是因为看不到仙山的云气。皇上于是派望气官员辅佐他观测云气。

这年秋季，皇上驾临雍县，将要举行郊祭。有人说"五帝是泰一神的辅佐，应当立泰一神坛，由皇上亲自郊祭"。皇上犹豫未定。齐人公孙卿说："今年得到宝鼎，今冬辛巳日正是朔日，又交冬至，与黄帝得宝鼎的时间相同。"公孙卿有部札书说："黄帝在宛朐得到宝鼎后，向鬼臾区询问此事。鬼臾区回答说：'黄帝得到宝鼎和神策，那年己酉朔日交冬至，合乎天道历数，终而复始。'于是黄帝按照日月运行的规律推算历法，以后每隔二十年就遇到朔日交冬至，共推算二十次，三百八十年，黄帝成仙，升天而去。"公孙卿想通过所忠把此事上奏给皇上。所忠看他的书不正经，怀疑那是荒诞的伪书，推辞说："宝鼎之事已经决定了，还上奏干什么！"公孙卿又通过皇上身边的宠臣上奏了此事。皇上大悦，召来公孙卿询问。公孙卿回答说：

入海求蓬莱者，言蓬莱不远，而不能至者，殆不见其气。上乃遣望气佐候其气云。

其秋，上幸雍，且郊。或曰"五帝，泰一之佐也，宜立泰一而上亲郊之"。上疑未定。齐人公孙卿曰："今年得宝鼎，其冬辛巳朔旦冬至，与黄帝时等。"卿有札书曰："黄帝得宝鼎宛朐，问于鬼臾区。区对曰：'黄帝得宝鼎神策，是岁己酉朔旦冬至，得天之纪，终而复始。'于是黄帝迎日推策，后率二十岁得朔旦冬至，凡二十推，三百八十年，黄帝仙登于天。"卿因所忠欲奏之。所忠视其书不经，疑其妄书，谢曰："宝鼎事已决矣，尚何以为！"卿因嬖人奏之。上大说，召问卿。对曰："受此书申功，申功已死。"

上曰："申功何人也？"卿曰：申功，齐人也。与安期生通，受黄帝言，无书，独有此鼎书。曰：'汉兴复当黄帝之时。汉之圣者在高祖之孙且曾孙也。宝鼎出而与神通，封禅。封禅七十二王，唯黄帝得上泰山封。'申功曰：'汉主亦当上封，上封则能仙登天矣。黄帝时万诸侯，而神灵之封居七千。天下名山八，而三在蛮夷，五在中国。中国华山、首山、太室、泰山、东莱，此五山黄帝之所常游，与神会。黄帝且战且学仙，患百姓非其道，乃断斩非鬼神者。百余岁然后得与神通。黄帝郊雍上帝，宿三月。鬼臾区号大鸿，死葬雍，故鸿冢是也。其后黄帝接万灵明廷。明廷者，甘泉也。所谓寒门者，谷口也。黄帝采首山铜，铸鼎于荆山下。鼎既成，有龙垂胡髯下迎黄帝。黄帝上骑，群臣后宫从上龙七十余人，龙乃上去。余小臣不得上，乃悉持龙髯，龙髯拔，堕黄帝之弓。百姓仰望黄帝既上天，乃抱其弓与龙胡髯号，故后世因名其处

"传此书的人是申功，申功已经死了。"皇上说："申功是什么人？"公孙卿说："申功是齐地人，与安期生有来往，接受过黄帝的教诲，没留下书，只有这部鼎书。书上说'汉朝兴盛又当重现黄帝得鼎之时。汉朝的圣君应在高祖的孙子或者曾孙之中。宝鼎出现就能与神仙相通，应举行封禅。自古举行过封禅的有七十二位帝王，唯独黄帝能得以登上泰山封禅'。申功说：'汉朝的皇帝应当也登上泰山封禅，登上泰山封禅就能成仙升天了。黄帝时有上万个诸侯国，而为祭祀神灵建立的封国就占了七千。天下名山有八座，而有三座在蛮夷地带，五座在中原地区。中原地区有华山、首山、太室山、泰山、东莱山，这五座山是黄帝经常去游览，与神仙相会的地方。黄帝一边作战一边学仙道。他担忧百姓反对他所学的仙道，就断然斩杀了诋毁鬼神的人。一百多年后才得以与神仙相通。黄帝在雍县郊祭上帝，住了三个月。鬼臾区别号大鸿，死后葬在雍县，所以就有了如今的鸿冢。此后黄帝在明廷接见了上万的神灵。明廷就是甘泉宫。所谓寒门，就是谷口。黄帝开采首山之铜，在荆山下铸鼎。鼎铸成之后，有一条脖颈垂肉、两腮长着胡须的龙从天上下来迎接黄帝。黄帝骑上龙背，群臣和后宫嫔妃跟着骑上龙背的有七十多人，之后龙才飞升离去。其余

的小臣没能上去，就全都抓住龙须，龙须被拉断，黄帝的弓也掉了下去。百姓仰望着黄帝上天，就抱着那弓和龙须号哭，所以后世把那个地方称作鼎湖，那张弓称作乌号。'"于是天子说："啊呀！我如果能像黄帝那样，那我离开妻子儿女就像脱掉鞋子罢了。"于是封公孙卿为郎官，派他去东方太室山迎候神灵。

皇上就去雍县举行郊祭，到了陇西，向西登上空桐山，驾临甘泉宫。命祠官宽舒等人设置泰一神的祭坛，祭坛仿照薄忌所说的泰一坛建造，坛分三层。五帝的祭坛环绕在泰一坛下，各依照它们所属的方位。黄帝坛在西南方，修出八条供鬼神通行的通道。泰一坛所用祭品与雍县一时相同，另加甜酒、枣果和干肉之类，还宰杀一头牦牛作为祭器的牺牲。而五帝坛只有牺牲和甜酒进献。祭坛下四周的位置，作为连续祭祀随从的众神和北斗星的地方。祭祀完毕，将剩余的祭品全部烧掉。祭牲所用的牛是白色的，把鹿放在牛的腹中，把猪放在鹿的腹中，然后放在水中浸泡。祭日神用牛，祭月神用羊或猪一头。祭泰一神的祝官穿紫色绣衣，祭祀五帝各按五帝所属颜色，祭日神时穿红衣，祭月神时穿白衣。

十一月辛巳朔日早晨交冬至，黎明时，天子就开始在郊外祭拜泰一神。早晨朝拜

曰鼎湖，其弓曰乌号。'"于是天子曰："嗟乎！吾诚得如黄帝，吾视去妻子如脱蹝耳。"乃拜卿为郎，东使候神于太室。

上遂郊雍，至陇西，西登空桐，幸甘泉。令祠官宽舒等具泰一祠坛，坛放薄忌泰一坛，坛三垓。五帝坛环居其下，各如其方，黄帝西南，除八通鬼道。泰一所用，如雍一畤物，而加醴枣脯之属，杀一牦牛以为俎豆牢具。而五帝独有俎豆醴进。其下四方地，为馔食群神从者及北斗云。已祠，胙余皆燎之。其牛色白，鹿居其中，彘在鹿中，水而洎之。祭日以牛，祭月以羊彘特。泰一祝宰则衣紫及绣。五帝各如其色，日赤，月白。

十一月辛巳朔旦冬至，昧爽，天子始郊拜泰一。朝朝日，

夕夕月，则揖；而见泰一如雍礼。其赞飨曰："天始以宝鼎神策授皇帝，朔而又朔，终而复始，皇帝敬拜见焉。"而衣上黄。其祠列火满坛，坛旁烹炊具。有司云"祠上有光焉"。公卿言："皇帝始郊见泰一云阳，有司奉瑄玉嘉牲荐飨。是夜有美光，及昼，黄气上属天。"太史公、祠官宽舒等曰："神灵之休，祐福兆祥，宜因此地光域立泰畤坛以明应。令太祝领，秋及腊间祠。三岁天子一郊见。"

其秋，为伐南越，告祷泰一，以牡荆画幡日月北斗登龙，以象天一三星，为泰一锋，名曰"灵旗"。为兵祷，则太史奉以指所伐国。而五利将军使不敢入海，之泰山祠。上使人微随验，实无所见。五利妄言见其师，其方尽，多不雠。上乃诛五利。

其冬，公孙卿候神河南，

日神，傍晚祭祀月神，行作揖礼；而祭拜泰一神的礼仪与在雍县的郊祭相同。劝神进食的祝辞说："上天当初把宝鼎和神策授予皇帝，并让他一天又一天享有天下，终而复始，皇帝在此恭敬地拜见。"祭服为黄色。祭坛上布满火炬，祭坛旁摆着烹煮器具。主管官员说"祠坛上方出现了光彩"。公卿大臣说："皇帝当初在云阳宫郊祭并拜见泰一神，主管官员手捧大玉璧，将肥美的牲畜祭献给众神。当夜有美丽的光彩出现，等到白天，有黄色云气上升到与天相连。"太史公、祠官宽舒等人说："神灵显示美好景象，是保佑福禄的吉祥征兆，应在此地光彩照耀的地域建立泰畤坛以回应神明的显灵。下令让太祝主管，在秋天与腊月之间举行祭祀。每三年天子郊祭一次。"

这年秋季，为讨伐南越，告祷泰一神，用牡荆做幡旗杆，旗上画有日月、北斗、飞龙，用来象征天一三星，将其作为泰一神的先锋旗，名叫"灵旗"。为兵事祈祷时，则由太史手奉灵旗，将其指向所要讨伐的国家。而五利将军作为使者不敢进入海域，只去泰山祭祀。皇上派人暗中跟随查验，实际上他没见到神仙。五利将军妄言见到了他的老师，而且他的方术已用尽，大多不能应验。皇上于是杀了五利将军。

这年冬季，公孙卿在河南等候神仙，

在缑氏城上见到仙人的踪迹，有个像雉鸡一样的神物，往来于城上。天子亲自驾临缑氏城察看踪迹，问公孙卿："你该不是在效法文成和五利吧？"公孙卿说："仙人并非有求于人主，而是人主有求于仙人。求仙之道若不稍微放宽一点，神仙是不会来的。谈到神仙之事，此事像是迂腐荒诞，要经年累月才可以请到神仙。"于是各郡国都修治道路，修缮宫殿楼台和名山上的神庙这些地方，以期望天子能驾临。

这年，灭了南越后，皇上有个宠臣李延年借优美的音乐进见皇上。皇上很喜欢，就让公卿讨论，问公卿："民间祭祀尚且有鼓舞音乐，如今举行郊祭却没有音乐，这合适吗？"公卿都说："古代祭祀天地都有音乐，这样天地神灵才会歆享祭祀。"有人说："泰帝让素女弹奏五十弦的瑟，声音悲切，泰帝禁止弹奏，但她不能自止，所以把她的瑟改为二十五弦。"当时在平定南越，祷祝祭祀泰一神、后土神时，开始采用乐舞，广召歌童，从此开始制作二十五弦的瑟及箜篌瑟。

第二年冬天，皇上提议说："古代要先整顿军队，再解散军队，然后进行封禅。"于是北上巡视朔方郡，带着十余万人的军队，回来时在桥山祭祀黄帝陵，在须如解散军队。皇上说："我听说黄帝没有死，如今却有陵墓，这是为什么？"有

见仙人迹缑氏城上，有物若雉，往来城上。天子亲幸缑氏城视迹。问卿："得毋效文成、五利乎？"卿曰："仙者非有求人主，人主求之。其道非少宽假，神不来。言神事，事如迂诞，积以岁乃可致。"于是郡国各除道，缮治宫观名山神祠所，以望幸矣。

其年，既灭南越，上有嬖臣李延年以好音见。上善之，下公卿议，曰："民间祠尚有鼓舞之乐，今郊祠而无乐，岂称乎？"公卿曰："古者祀天地皆有乐，而神祇可得而礼。"或曰："泰帝使素女鼓五十弦瑟，悲，帝禁不止，故破其瑟为二十五弦。"于是塞南越，祷祠泰一、后土，始用乐舞，益召歌儿，作二十五弦及箜篌瑟自此起。

其来年冬，上议曰："古者先振兵泽旅，然后封禅。"乃遂北巡朔方，勒兵十余万，还祭黄帝冢桥山，泽兵须如。上曰："吾闻黄帝不死，今有冢，何也？"或对曰："黄帝已仙

上天，群臣葬其衣冠。"既至甘泉，为且用事泰山，先类祠泰一。

自得宝鼎，上与公卿诸生议封禅。封禅用希，旷绝莫知其仪礼，而群儒采封禅《尚书》《周官》《王制》之望祀射牛事。齐人丁公年九十余，曰："封者，合不死之名也。秦皇帝不得上封。陛下必欲上，稍上，即无风雨，遂上封矣。"上于是乃令诸儒习射牛，草封禅仪。数年，至且行。天子既闻公孙卿及方士之言，黄帝以上封禅，皆致怪物与神通，欲放黄帝以尝接神仙人蓬莱士，高世比德于九皇，而颇采儒术以文之。群儒既以不能辩明封禅事，又牵拘于《诗》《书》古文而不敢骋。上为封祠器示群儒，群儒或曰"不与古同"，徐偃又曰"太常诸生行礼不如鲁善"，周霸属图封事，于是上绌偃、霸，尽罢诸儒弗用。

三月，遂东幸缑氏，礼登

人回答说："黄帝成仙升天之后，群臣就将他的衣帽葬在了这里。"到甘泉宫后，因为将要上泰山举行封禅，所以就先祭祀了泰一神。

自从得到宝鼎，皇上与公卿大臣及众儒生就开始商议起封禅之事。封禅大典举行得非常少，久已失传，没有人知道它的礼仪，而众儒生主张采用《尚书》《周官》《王制》中所载的望祀射牛的礼仪来进行。齐地人丁公九十多岁了，说："封禅，合乎长生不死之名。秦始皇未能登上泰山封禅。陛下一定想登上泰山，稍微上去一点，如果没有风雨，就可上山封禅了。"皇上于是就命令众儒生练习射牛，草拟封禅礼仪。数年后，到了将要实行的时候了。天子听说了公孙卿及方士之言，黄帝举行封禅，能招来怪物以感应神仙，便想效仿黄帝，用曾迎接过神仙之人和蓬莱方士以示超脱世俗，德行可与九皇比配，而且广泛采用儒术来对其加以修饰。众儒生既不能辩明封禅事宜，又拘泥于《诗经》《尚书》等古文而不敢自行决定。皇上把封禅用的祭器拿给众儒生看，儒生们有的说"与古代的不同"，徐偃又说"太常的祠官们安排礼仪不如鲁地儒生好"，周霸等人又策划封禅事宜，于是皇上罢免了徐偃、周霸，把儒生们全部罢黜不予任用。

三月，皇上东行驾临缑氏县，登上中

岳太室山举行祭祀。随从官员在山下听到好像有人喊"万岁"。问山上的人，山上的人说没喊；问山下的人，山下的人说没喊。于是皇上封给太室山三百户以供祭祀，命名为崇高邑。向东登上泰山，山上的草木还没有长出新叶，于是命人把石碑运上山，立在泰山之巅。

皇上继续东巡海上，举行仪式祭祀天、地、阴、阳、日、月、星辰主、四时主八神。齐地人之中上书谈论神仙鬼怪奇异方术的以万计，但没有应验的。于是增派船只，命令说海中有神山的数千人去访求蓬莱仙人。公孙卿经常手持符节，先行到各大名山去等候神仙，说到东莱时，夜间见到一人，身长数丈，一靠近那人就会不见，看见他的脚印很大，类似禽兽的脚印。群臣中有人说见到一位老人牵着狗，说"我想见天子"，过会儿忽然就不见了。皇上见到大脚印之后不相信，等到群臣中有人说到老人之事，才深信那老人就是仙人。皇上留宿海上，给方士驿车乘坐，并且陆续派出数以千计的人去寻找仙人。

四月，回到奉高县。皇上心想众儒生及方士所说的封禅礼仪各不相同，不合常情，难以施行。天子到了梁父山，遵照礼仪祭祀地神。乙卯日，下令让侍中里的儒生头戴白鹿皮帽，身穿插笏于绅带的官服，射牛举行祭礼。在泰山下的东方筑坛祭天，

中岳太室。从官在山下闻若有言"万岁"云。问上，上不言；问下，下不言。于是以三百户封太室奉祠，命曰崇高邑。东上泰山，山之草木叶未生，乃令人上石立之泰山颠。

上遂东巡海上，行礼祠八神。齐人之上疏言神怪奇方者以万数，然无验者。乃益发船，令言海中神山者数千人求蓬莱神人。公孙卿持节常先行候名山，至东莱，言夜见一人，长数丈，就之则不见，见其迹甚大，类禽兽云。群臣有言见一老父牵狗，言"吾欲见巨公"，已忽不见。上既见大迹，未信，及群臣有言老父，则大以为仙人也。宿留海上，与方士传车及间使求仙人以千数。

四月，还至奉高。上念诸儒及方士言封禅人人殊，不经，难施行。天子至梁父，礼祠地主。乙卯，令侍中儒者皮弁荐绅，射牛行事。封泰山下东方，如郊祠泰一之礼。封广丈二尺，

高九尺，其下则有玉牒书，书
秘。礼毕，天子独与侍中奉车
子侯上泰山，亦有封。其事皆禁。
明日，下阴道。丙辰，禅泰山
下阯东北肃然山，如祭后土礼。
天子皆亲拜见，衣上黄而尽用
乐焉。江淮间一茅三脊为神藉。
五色土益杂封。纵远方奇兽蜚
禽及白雉诸物，颇以加祠。兕
旄牛犀象之属弗用。皆至泰山
然后去。封禅祠，其夜若有光，
昼有白云起封中。

　　天子从封禅还，坐明堂，
群臣更上寿。于是制诏御史：
"朕以眇眇之身承至尊，兢兢
焉惧弗任。维德菲薄，不明于
礼乐。修祀泰一，若有象景光，
屑如有望，依依震于怪物，欲
止不敢，遂登封泰山，至于梁父，
而后禅肃然。自新，嘉与士大
夫更始。赐民百户牛一酒十石，
加年八十孤寡布帛二匹。复博、
奉高、蛇丘、历城，毋出今年
租税。其赦天下，如乙卯赦令。

与郊祀泰一神的礼仪相同。祭坛宽一丈二
尺，高九尺，祭坛下有玉牒书，文书内容
是保密的。祭礼完毕，天子单独与侍中奉
车都尉霍子侯登上泰山，也设坛祭天。这
些事都是保密的。第二天，从山北道路下
去。丙辰日，在泰山脚下东北方的肃然山
举行祭地礼，与祭祀后土的礼仪相同。天
子都亲自拜见，身着黄色祭服并全部用了
音乐。采用江淮一带出产的三棱灵茅作为
祭神的垫物。用五色土混杂填满祭坛。放
走远方的奇珍异兽及白毛野鸡等动物，很
是增加了祭祀的气氛。但兕牛、旄牛、犀
牛、大象之类的动物没有使用。它们都是
到达泰山之后被放走离去的。举行封禅大
典，这晚天空仿佛有光，白天有白云从祭
坛中升起。

　　天子从封禅场所归来，坐在明堂中，
群臣相继上前庆贺。于是下诏给御史："我
以微小的一己之躯继承至尊之位，一直谨
小慎微唯恐不能胜任。德行浅薄，对礼乐
并不明了。祭泰一神时，好像有祥瑞之光，
倏忽间像是望见了什么，我被奇异景象所
深深震惊，想要停下来却又不敢，于是登
上泰山祭天，到了梁父山，然后在肃然山
举行祭地礼。我将修身自新，希望与士大
夫一起重新开始。赐给百姓每百户一头牛、
十石酒，年过八十的老人和孤儿寡妇另加
二匹布帛。免除博县、奉高、蛇丘、历城

的赋役，不用交纳今年的租税。大赦天下，与乙卯年的赦令一样。巡行所过之处的苦役犯人一律赦免。凡是两年前犯下罪的，一律不再追究。"又下诏说："古代天子每五年一巡狩，在泰山举行祭祀，诸侯前来朝拜应有住所。命令诸侯各自在泰山脚下修建府邸。"

天子在泰山封禅完，其间没有遇到风雨灾害，方士们便又说蓬莱诸神山好像将能找到，于是皇上高兴地希望可以遇到神山，就又向东到海上眺望，希冀遇到蓬莱仙人。奉车都尉霍子侯暴病，一天就死了。皇上于是就离去，沿海而上，向北到达碣石山，自辽西开始巡行，经过北方边境到达九原郡。五月，返回到甘泉宫。有大臣说宝鼎出现的年号应为元鼎，今年封禅就应该以今年为元封元年。

这年秋，有彗星在东井天区光芒四射。十九天后，又有彗星在三能天区光芒四射。望气之人王朔说："我观测到那星出现时形如葫芦，一会儿又隐没了。"相关官员说道："陛下创建了汉家封禅的礼制，上天这是以德星的出现来报答陛下。"

来年冬天，天子至雍县郊祭五帝，回来后，以拜祝的礼仪祭祀了泰一神。祝辞说："德星光芒普照，象征吉祥美好。寿星相继出现，深远地闪耀光明。信星昭然显见，皇帝敬拜诸神享用祭品。"

行所过毋有复作。事在二年前，皆勿听治。"又下诏曰："古者天子五载一巡狩，用事泰山，诸侯有朝宿地。其令诸侯各治邸泰山下。"

天子既已封禅泰山，无风雨灾，而方士更言蓬莱诸神山若将可得，于是上欣然庶几遇之，乃复东至海上望，冀遇蓬莱焉。奉车子侯暴病，一日死。上乃遂去，并海上，北至碣石，巡自辽西，历北边至九原。五月，返至甘泉。有司言宝鼎出为元鼎，以今年为元封元年。

其秋，有星茀于东井。后十余日，有星茀于三能。望气王朔言："候独见其星出如瓠，食顷复入焉。"有司言曰："陛下建汉家封禅，天其报德星云。"

其来年冬，郊雍五帝，还，拜祝祠泰一。赞飨曰："德星昭衍，厥维休祥。寿星仍出，渊耀光明。信星昭见，皇帝敬拜泰祝之飨。"

其春，公孙卿言见神人东莱山，若云"见天子"。天子于是幸缑氏城，拜卿为中大夫。遂至东莱，宿留之数日，毋所见，见大人迹。复遣方士求神怪采芝药以千数。是岁旱。于是天子既出毋名，乃祷万里沙，过祠泰山。还至瓠子，自临塞决河，留二日，沉祠而去。使二卿将卒塞决河，河徙二渠，复禹之故迹焉。

是时既灭南越，越人勇之乃言："越人俗信鬼，而其祠皆见鬼，数有效。昔东瓯王敬鬼，寿至百六十岁。后世谩怠，故衰耗。"乃令越巫立越祝祠，安台无坛，亦祠天神上帝百鬼，而以鸡卜。上信之，越祠鸡卜始用焉。

公孙卿曰："仙人可见，而上往常遽，以故不见。今陛下可为观，如缑氏城，置脯枣，神人宜可致。且仙人好楼居。"于是上令长安则作蜚廉、桂观，甘泉则作益延寿观，使卿持节设具而候神人。乃作通天台，

这年春，公孙卿说在东莱山遇见了仙人，好像听仙人说了"见天子"。天子于是驾临缑氏城，封公孙卿为中大夫。随即到东莱，在那里留宿数日，结果什么也没看见，只见到了巨人的脚印。又派数以千计的方士去访求神仙鬼怪并采集灵芝仙药。这年大旱。天子这时没有出巡的名义，就到万里沙去祈雨，路过泰山时举行了祭天仪式。返回到瓠子口，亲临堵塞黄河决口的地方，留宿两天，沉下白马祭祀河神而去。派两位将军率士卒堵塞黄河决口，把黄河疏通成两条河渠，恢复了夏禹治水时的原貌。

这时已经灭了南越，越人勇之便说："越人有信鬼的习俗，而他们祭祀时都能见到鬼，好几次都有效果。昔日东瓯王敬鬼，寿命达一百六十岁。后世怠慢鬼神，所以衰败下来。"于是命越地巫师建立越祠，安置祭台，不设祭坛，也祭祀天神上帝与百鬼，而且用鸡占卜。皇上相信这些，就开始使用越祠和鸡卜了。

公孙卿说："仙人可以见到，而皇上前往求见时经常太仓促，所以不能见到。如今陛下可以修建一座观台，比照缑氏城那样，摆上干肉和枣果，神人应当可以被请到。况且仙人喜欢住在楼阁上。"于是皇上命令在长安修建蜚廉观和桂观，在甘泉修建益延寿观，派公孙卿持节摆好祭品，

等候仙人。又修建了通天台，在台下摆设供品，希望请到那些神仙。于是在甘泉宫设置前殿，开始广建宫室。夏天，有灵芝草生长在殿房中。天子堵塞黄河决口，又兴建通天台，当时好像有神光出现，就下诏说："甘泉宫的殿房中生长出九茎灵芝草，大赦天下，赦免苦役犯人。"

第二年，讨伐朝鲜。夏天，发生旱情。公孙卿说："黄帝时举行完封礼就会天旱，为了使封土干燥要连旱三年。"皇上于是下诏说："天旱是为了使封土干燥吗？这是让天下百姓尊祭灵星啊。"第二年，皇上到雍县举行郊祭，沿刚修通的回中道一路巡行。春天，到达鸣泽，从西河郡返回。第二年冬，皇上巡行南郡，到江陵而东行。登上潜县的天柱山举行祭祀，称天柱山为南岳。乘船顺江而下，自寻阳县出发到达枞阳县，经过彭蠡湖，祭祀那里的名山大川。北行到达琅邪郡，再沿海而上。四月中，到奉高县举行封禅。

起初，天子封禅于泰山，泰山脚下的东北方古时建有明堂，那里地势险要而且不敞亮。皇上想在奉高旁边修建明堂，但不知晓建制尺度。济南人公玊带献上黄帝时的明堂图。明堂图中有一座宫殿，四面没有墙壁，茅草铺盖顶部，周围通有水道，环绕宫墙修有复道，其上有楼，从西南方可以进入殿堂，命名为昆仑道，天子从此

置祠具其下，将招来神仙之属。于是甘泉更置前殿，始广诸宫室。夏，有芝生殿防内中。天子为塞河，兴通天台，若有光云，乃下诏曰："甘泉防生芝九茎，赦天下，毋有复作。"

其明年，伐朝鲜。夏，旱。公孙卿曰："黄帝时封则天旱，干封三年。"上乃下诏曰："天旱，意干封乎？其令天下尊祠灵星焉。"其明年，上郊雍，通回中道，巡之。春，至鸣泽，从西河归。其明年冬，上巡南郡，至江陵而东。登礼潜之天柱山，号曰南岳。浮江，自寻阳出枞阳，过彭蠡，祀其名山川。北至琅邪，并海上。四月中，至奉高修封焉。

初，天子封泰山，泰山东北阯古时有明堂处，处险不敞。上欲治明堂奉高旁，未晓其制度。济南人公玊带上黄帝时明堂图。明堂图中有一殿，四面无壁，以茅盖，通水，圜宫垣，为复道，上有楼，从西南入，命曰昆仑，天子从之入，以拜

祠上帝焉。于是上令奉高作明堂汶上，如带图。及五年修封，则祠泰一、五帝于明堂上坐，令高皇帝祠坐对之。祠后土于下房，以二十太牢。天子从昆仑道入，始拜明堂如郊礼。礼毕，燎堂下。而上又上泰山，有秘祠其颠。而泰山下祠五帝，各如其方，黄帝并赤帝，而有司侍祠焉。泰山上举火，下悉应之。

其后二岁，十一月甲子朔旦冬至，推历者以本统。天子亲至泰山，以十一月甲子朔旦冬至日祠上帝明堂，毋修封禅。其赞飨曰："天增授皇帝泰元神策，周而复始。皇帝敬拜泰一。"东至海上，考入海及方士求神者，莫验，然益遣，冀遇之。

十一月乙酉，柏梁灾。十二月甲午朔，上亲禅高里，祠后土。临渤海，将以望祠蓬莱之属，冀至殊庭焉。

上还，以柏梁灾故，朝受计甘泉。公孙卿曰："黄帝就青灵台，十二日烧，黄帝乃

道进入，去拜祭上帝。于是皇上命令在奉高县的汶上修建明堂，按公玉带所献的明堂图修建。等到五年后在此举行封禅，就在明堂上座祭祀泰一和五帝，把高皇帝的灵位设在对面。在下房祭祀后土，用二十太牢做祭牲。天子从昆仑道进入殿堂，开始祭拜明堂，与郊祭时的礼仪一样。祭礼完毕，在堂下焚烧祭品。而皇上又登上泰山，在山顶举行秘密祭祀。而在泰山下祭祀五帝，各按其所属方位，黄帝与赤帝合并一处，由相关官员陪祭。在泰山上举火，山下也全都举火相应。

这以后两年，十一月甲子朔日交冬至，推算历法者以此为起点。天子亲自到泰山，于十一月甲子朔日交冬至这天在明堂祭祀上帝，没有举行封禅。祝辞说："上天授给皇帝泰元神策，周而复始。皇帝敬拜泰一神。"天子东至海上，考察入海去访求仙人的方士，没有应验的，但仍增派人员，希望可以遇到仙人。

十一月乙酉日，柏梁台发生火灾。十二月甲午朔日，皇上亲临高里山举行祭礼，祭祀后土。驾临渤海，就举行望祭来祭祀蓬莱中的仙人，希望能到达仙人的异域。

皇上返回，因为柏梁台遭受火灾，所以在甘泉宫临朝受理各郡国的计簿。公孙卿上奏说："黄帝建成青灵台，十二天就

被烧毁，黄帝于是修建明庭。明庭，就是甘泉宫。"方士大多说古代帝王有在甘泉建都的。那以后天子又让诸侯到甘泉宫朝见，在甘泉宫修建诸侯的府邸。勇之于是说："越地发生火灾时的风俗，是另起的房屋一定要比原来的大，用以制服灾殃。"于是修造建章宫，规模大到有千门万户。前殿的规模高于未央宫。它的东面是凤阙，高二十多丈。它的西面是唐中，周围有数十里虎圈。它的北面建造有大池，渐台高二十多丈，名叫泰液池，池中有蓬莱、方丈、瀛洲、壶梁四座仙山，模仿海中的神山和龟鱼之类。它的南面有玉堂、璧门和大鸟之类。于是设立神明台、井幹楼，规模有五十余丈，楼台间由辇道相互连接。

夏天，汉朝更改历法，以正月为一年的开始，并且崇尚黄色，官名印章改为五个字，即定当年为太初元年。这年，向西讨伐大宛。蝗虫大量出现。丁夫人和洛阳人虞初等人用方术诅咒匈奴和大宛。

第二年，有大臣说雍县五畤祭祀没有煮熟的太牢祭品，芬芳的祭品不齐备。于是下令让祠官把熟牛犊作为祭品进献给各畤，五色食物按五行相克的规律摆设，而以木偶马代替马驹。只有祭祀五帝用马驹，天子亲自举行郊祭用马驹。至于祭祀各名山大川所用的马驹，全部用木偶马代替。巡行经过的地方举行祭祀，才用马驹。其

治明庭。明庭，甘泉也。"方士多言古帝王有都甘泉者。其后天子又朝诸侯甘泉，甘泉作诸侯邸。勇之乃曰："越俗有火灾，复起屋必以大，用胜服之。"于是作建章宫，度为千门万户。前殿度高未央。其东则凤阙，高二十余丈。其西则唐中，数十里虎圈。其北治大池，渐台高二十余丈，名曰泰液池，中有蓬莱、方丈、瀛洲、壶梁，象海中神山龟鱼之属。其南有玉堂、璧门、大鸟之属。乃立神明台、井幹楼，度五十余丈，辇道相属焉。

夏，汉改历，以正月为岁首，而色上黄，官名更印章以五字，因为太初元年。是岁，西伐大宛。蝗大起。丁夫人、雒阳虞初等以方祠诅匈奴、大宛焉。

其明年，有司言雍五畤无牢熟具，芬芳不备。乃命祠官进畤犊牢具，五色食所胜，而以木禺马代驹焉。独五帝用驹，行亲郊用驹。及诸名山川用驹者，悉以木禺马代。行过，乃用驹。他礼如故。

其明年，东巡海上，考神仙之属，未有验者。方士有言："黄帝时为五城十二楼，以候神人于执期，命曰迎年。"上许作之如方，名曰明年。上亲礼祠上帝，衣上黄焉。

公玉带曰："黄帝时虽封泰山，然风后、封钜、岐伯令黄帝封东泰山，禅凡山，合符，然后不死焉。"天子既令设祠具，至东泰山。东泰山卑小，不称其声，乃令祠官礼之，而不封禅焉。其后令带奉祠候神物。夏，遂还泰山，修五年之礼如前，而加禅祠石闾。石闾者，在泰山下阯南方，方士多言此仙人之闾也，故上亲禅焉。

其后五年，复至泰山修封，还过祭常山。

今天子所兴祠，泰一、后土，三年亲郊祠，建汉家封禅，五年一修封。薄忌泰一及三一、冥羊、马行、赤星，五，宽舒之祠官以岁时致礼。凡六祠，皆太祝领之。至如八神诸神，明年、凡山他名祠，行过则祀，

他礼仪依旧如故。

第二年，天子向东到海上巡行，考察访求神仙之事，没有应验的。有方士说"黄帝时修建五城十二楼，用来在执期等候仙人，命名为迎年"。皇上允许修建城楼，按那个方士所说的进行，名叫明年祠。皇上亲临祭祀上帝，穿黄色衣服。

公玉带说："黄帝时虽在泰山封禅，但风后、封钜、岐伯让黄帝到东泰山祭天，到凡山举行祭地礼，使之合乎福瑞，然后长生不死。"天子下令陈设祭具后，到达东泰山，东泰山矮小，与它的名声不相称，就令祠官祭祀它，不在那里举行封禅。之后命令公玉带在此供奉祭祀，等候神仙。夏天，天子便返回泰山，同以前一样举行五年一次的封禅大典，而在石闾山增加祭祀地神的仪式。石闾山，在泰山脚下的南方，方士大多说这是仙人的居所，所以皇上亲临祭祀地神。

之后五年，天子再次到泰山举行封禅大典，返回时顺道祭祀了常山。

当今天子所兴建的祭祠，泰一祠、后土祠，每三年亲自郊祭一次，创建汉家封禅礼制，每五年举行一次祭天。薄忌建议修建的泰一祠及三一、冥羊、马行、赤星这五个神祠，由宽舒带领的祠官每年按时祭祀。共六座祭祠，都由太祝主管。至于像八神等诸神，以及明年、凡山等其他名祠，

巡行路过时就祭祀，离开后就作罢。方士所兴建的祭祠，由他们各自祭祀，本人死后就作罢，祠官不再主持。其他祭祠都依旧如故。当今皇上封禅，此后十二年以来，所祭神灵遍及五岳、四渎。而方士等候祭祀神人，入海访求蓬莱仙人，始终都没有应验。而公孙卿等候神仙，仍以巨人的脚印为说辞，也没有效验。天子也日益怠慢厌恶方士们怪诞迂腐的言辞了，然而还是对他们加以笼络，没有断绝和他们的关系，希望能遇到真正的神仙。自此以后，方士谈论祭祀神仙的越来越多，但它的效验如何却也可以看出来。

去则已。方士所兴祠，各自主，其人终则已，祠官弗主。他祠皆如其故。今上封禅，其后十二岁而还，遍于五岳、四渎矣。而方士之候祠神人，入海求蓬莱，终无有验。而公孙卿之候神者，犹以大人迹为解，无其效。天子益怠厌方士之怪迂语矣，然终羁縻弗绝，冀遇其真。自此之后，方士言祠神者弥众，然其效可睹矣。

太史公说：我跟从皇上出巡，祭祀天地诸神和名山大川，并且参加了封禅大典。我进入寿宫陪侍皇上祭祀，细听神语，推究观察方士和祠官的言论，回来后便依次论述自古以来祭祀鬼神的活动，把这些活动的里外情形完全展现出来，使后世君子，能够据此了解其中情形。至于祭祀时的俎豆、珪币的使用详情，献祭酬神的礼仪，则有相关官员记载保存下来。

太史公曰：余从巡祭天地诸神名山川而封禅焉。入寿宫侍祠神语，究观方士祠官之言，于是退而论次自古以来用事于鬼神者，具见其表里。后有君子，得以览焉。至若俎豆珪币之详，献酬之礼，则有司存焉。